新编公共行政与公共管理学系列教材

公共政策学

Public Policy

黄顺康 /主　编

乔永忠 冯　春 /副主编

北京大学出版社
PEKING UNIVERSITY PRESS

图书在版编目(CIP)数据

公共政策学/黄顺康主编. —北京:北京大学出版社,2013.1
(新编公共行政与公共管理学系列教材)
ISBN 978-7-301-21566-1

Ⅰ.①公… Ⅱ.①黄… Ⅲ.①政策科学—高等学校—教材 Ⅳ.①D0

中国版本图书馆CIP数据核字(2012)第273808号

书 名:公共政策学
著作责任者:黄顺康 主编
责 任 编 辑:张盈盈
标 准 书 号:ISBN 978-7-301-21566-1/C·0833
出 版 发 行:北京大学出版社
地 址:北京市海淀区成府路205号 100871
网 址:http://www.pup.cn 新浪官方微博:@北京大学出版社
电 子 信 箱:ss@pup.pku.edu.cn
电 话:邮购部62752015 发行部62750672 编辑部62753121
出版部62754962
印 刷 者:三河市博文印刷有限公司
经 销 者:新华书店
730毫米×980毫米 16开本 19.75印张 352千字
2013年1月第1版 2019年5月第4次印刷
定 价:36.00元

前言

公共政策学是20世纪50年代在西方工业国家兴起的一门全新学科。在六十年的学科发展历程中，由于运用范围广泛，对优化公共管理具有重要作用，加之受政治学、管理学、经济学、社会学、伦理学等相关学科的综合影响，公共政策学的发展取得了丰硕的研究成果，公共政策已成为政府实施公共管理的主要工具之一。自20世纪80年代我国恢复建立公共行政学科以来，公共政策的研究得到了学术界的高度重视。在众多专家、学者的辛勤努力下，其研究成果斐然。进入21世纪后，随着我国社会经济的高速发展、依法治国的大力推进、民主政治的稳步发展，以及社会管理水平的不断提高，迫切需要政府提高自身制定与执行公共政策的能力，从而对公共政策的研究与教学又提出了更高要求。

公共政策学是行政管理专业的核心课程之一。西南政法大学是国内较早开设行政管理专业的重点高校，早在1985年，我校就成立了司法行政管理系，并招收司法行政管理专业的专科生，1996年开始招收行政管理本科生，2004年开始招收行政管理专业硕士生。2009年我校行政管理专业被批准为国家级特色专业。2001年，法律出版社出版了我们编写的《公共政策学》一书，本书由郑传坤教授主编。作为教学与研究成果的总结，本书获得了学界同仁的认可与好评。近十年来我国公共政策学发展迅速，涌现出了大量的研究成果，许多高校、行政学院(党校)都纷纷设立了相关专业，开设了相关课程。为了适应政府政策实践变化的要求，作为建设国家级特色专业的措施之一，我们借鉴学界同仁最新的研究成果，总结十年来公共政策学界的教学与科学研究的经验，重新编写了这本教材。

新出版的这本《公共政策学》，我们力求从以下几个方面进行较大的改进和完善：

一、本书不是我们2001年版《公共政策学》一书的修订和再版，而是在原书基础上重新编著的一本教材，在体系与内容上都进行了全新的思考。在编写方面既注重对公共政策基本概念与理论的介绍，又注重对政府决策基本过程与环节的剖析；既注重对学界最新研究动态、最新学术观点的梳理，又注重总结我们多年来在教学科研方面的经验教训，力争使本书跟得上学科的快速发展，跟得上时代前进的步伐。

二、公共政策学是一门科学性、实践性、应用性和操作性都很强的学科，学科性质与定位决定了本教材在内容编排上必须坚持理论联系实际的原则。我们在以下两方面进行了尝试：其一，在内容的安排上尽可能把理论的系统性与学科的实践性相结合，在大部分章节中都附有“案例分析”，我们希望这些案例有助于读者更为准确、深入地理解相关的公共政策理论，掌握相关的公共政策分析方法。其二，本书十分重视公共政策学的实用技术的介绍，不少章节都介绍了一些实用的模型和技术，第九章还对公共政策学的量化研究方法进行了较为详细的介绍。

三、本教材适合管理学、政治学、社会学等专业公共政策学核心课程教材使用，尤其适合高等学校行政管理、公共事业管理等公共管理类各专业本科生使用，也可作为MPA学员及社会各界实际工作人员的学习参考用书。

四、对于这部新版教材，我们在写作与编排时力求规范。章、节的逻辑结构力求合理、清晰；直接引文和重要的参考文献统一用脚注方式注明出处；每一章的前面按照统一格式设置了“知识框架图”与“本章概要”，每一章的后面统一编写了“关键术语”和“复习思考题”；每一章都附上了一定数量的“资料链接”，便于读者进行延伸阅读。

本书由黄顺康任主编，乔永忠、冯春任副主编，各章的具体写作分工是：

第一章　黄顺康
第二章　周正春
第三章　邹东生
第四章　周连辉
第五章　冯　春
第六章　乔永忠
第七章　金　莹

第八章　刘云香

第九章　石海燕

在本书即将付梓之际，我们对为本书作出贡献的诸位同志表示感谢！对帮助过本书编写的专家学者表示感谢！对北大出版社同志的大力支持和帮助表示感谢！

在本书的写作过程中，我们参阅了大量中外文献，吸收了许多中外学者的研究成果，在行文中不能一一注出，在此一并致谢！同时，由于时间和水平所限，书中肯定存在不当甚至错误之处，恳望学界同仁和广大读者批评指正！

编著者

2012 年 10 月 25 日

于西南政法大学

目 录

第一章　公共政策学导论

【知识框架图】

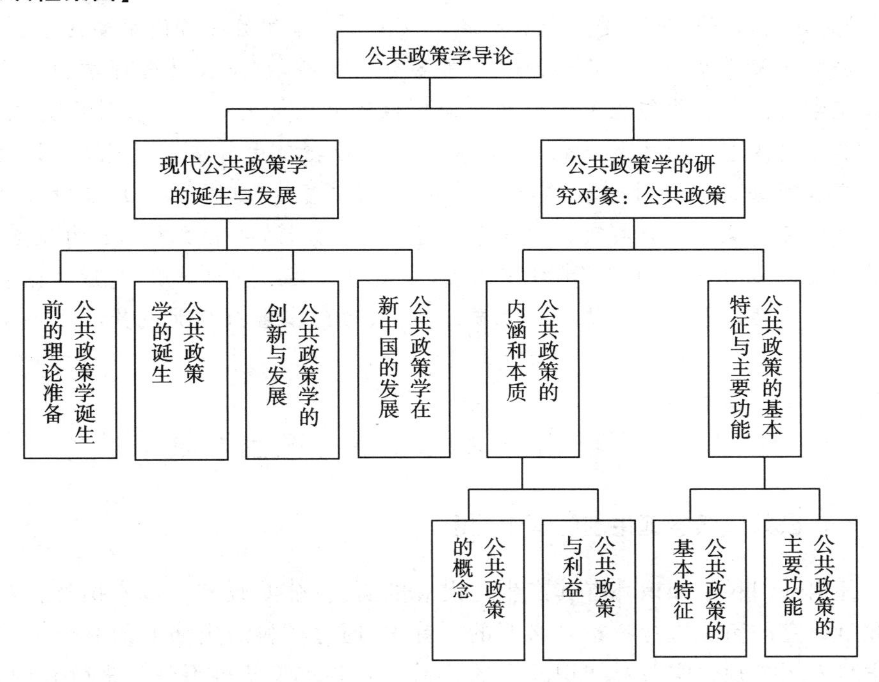

内容摘要

公共政策是随着公共权力机关的产生而产生的。随着公共政策的产生与发展,人们就开始了对公共政策进行思考和研究。但公共政策学科的产生并非与公共政策的产生同步,而是在一定的社会实践和有关知识积累的基础上提炼和升华出来的。20世纪前半期系统论、信息论、控制论的产生,决策科学的形成,尤其是行为主义的盛行、社会问题的不断增多、政策领域扩大等因素成为公共政策学产生的主要因素。此外,一系列学者的研究为公共政策学的诞生作出了重要贡献。拉斯韦尔被公认为是公共政策学的创始人,德洛尔在1968年至1971年旅居美国期间,写出了被称为公共政策科学的"三部曲",这是公共政策学的第二个范式,标志着西方公共政策学进入发展阶段。最近半个多世纪,公共政策学取得了长足的进展。公共政策学在这个过程中逐步地具备和发展了它的学科要素,于是这门新兴学科日趋成熟和完备。以上便是本章第一节的主要内容。

公共政策学既是政治科学的一个重要分支学科,也是公共管理学的一个重要分支学科。它作为纯理论研究和纯操作性研究之间的一个过渡性研究领域,既具有重要的理论探索的价值,也具有广泛的社会应用价值。因此,公共政策学现在在很多国家的社会科学研究中都是一门"显学"。本章第二节对公共政策学的研究对象——公共政策的概念进行了比较分析,并引用陈庆云的观点,从公共政策的核心要素"利益"的角度出发,来认识公共政策的本质,然后在此基础上来分析公共政策的基本特征和主要功能,以帮助读者对公共政策有一个基本的了解。

第一节　现代公共政策学的诞生与发展

一、公共政策学诞生前的理论准备

任何一门科学知识都有其产生与发展的历史,公共政策学也不例外。对公共政策研究的历史进行考察是必要的。首先,通过学科历史演变的研究可以了解学科发展与社会实践及知识积累的关系。公共政策学科不是从来就有的,而是在一定的社会实践和有关知识积累的基础上产生出来的,随着社会实践的深化和知识积累的增多,公共政策学科研究的主题就会改变,结构形态也会变化,从而导致学科向前推进和走向完善。其次，通过对学科历史的研究还可以了解学科内在要素的演变。公共政策学科的发展，不仅与人们的政策实践有关，也与政策学科内在的逻辑变化有关。通过公共政策学者理论上的探索和各学派的较量，公共政策学科的范畴不断得到更新、充实，原理不断得到补充、丰富。这两个方面对公共政策学科发展较晚的国家来说，其意义会更大，别国的公共政策学科的形成与发展的历史会成为这些国家在建立和发展该学科时最好的参照系统。

人们常讲的西方公共政策学实际上指的是美国的公共政策学科。公共政策学科首先在美国形成并获得巨大发展，日本学者药师寺泰藏曾指出，公共政策学之所以诞生于美国，是因为美国“的确具有适合公共政策学生长的土壤”。所谓适合公共政策学产生的土壤，主要是指当时的美国社会所具有的三种特别的因素：普遍流行的行为主义方法、日益加剧的社会问题、政策领域扩大，正是这三种社会文化因素构成了公共政策学在美国诞生的现实条件。下面介绍中国古代的政策思想和西方一些学者对政策学研究作出的贡献。

1. 中国古代政策思想的主要内容

中国古代积累了丰富的有关“治国平天下”的方略、思想和观点。如先秦诸子百家的大量论著、冯梦龙的《智囊补》、晁错的《论贵粟疏》和《备塞劝农疏》、桓宽的《盐铁论》、诸葛亮的《隆中对》、柳宗元的《封建论》、韩愈的《谏迎佛骨表》等等，都是政策分析的名篇。[①] 内容主要包括：(1)“世异则事异，事异则备变”的政策思想。(2)以民为本、政在得民的政策原则。(3)“惠民”、“养民”、“富民”的政策传统。(4)重农抑商的政策主张。(5)“不患寡而患不均”的政策倾向。(6)无为而治的政策构想。在古代中国，有关政府政策的知识、思想和观点都没有发展成“公共政策学”这门相对独立的学科。这主要是因为：由于古代国家在政治体制上尚非依据“主权在民”的理念设计而成，国家权力的公共性和政府政策的公共性都还没显露出来，参与决策的人很少且决策过程纯属“黑箱”运作，因此人们有关政府政策的知识、思想和观点大多是对政策结果所做的观察和分析，而不是对政策过程所做的观察和分析。众所周知，只有当研究者能够对政策过程进行直接地或比较直接地观察和分析的情况下，才有可能产生公共政策学。[②] 可见，中国古代虽然有方略、思想和观点，但却没有公共政策，更没有公共政策学。

2. 亚当·斯密对政策研究的贡献

亚当·斯密对政策研究的贡献包括：(1)他谴责一切封建关系，既对重商主

① 宁骚主编：《公共政策》，高等教育出版社 2000 年版，第 6—8 页。

② 同上书，第 9 页。

义进行了严峻的批判，又克服了重农学派认为只有农业才创造财富的偏见，力图证明刚刚诞生的资本主义生产关系的合理性，证明只有分工进一步发展才能增进整个社会的福利，反对一切阻碍经济自由的政策和学说，并提出了一套理论和经济政策。(2)他有关政策与市场关系的理论对整个自由资本主义时期国家的经济政策和社会政策提供了一种基本的政策理念，界定了政策的范围和方向。经济自由是它的基本观念。(3)在研究方法上，他以经济人的利己心这一假设作为立论的基础。

3. 卡尔·冯·克劳塞维茨的贡献

卡尔·冯·克劳塞维茨的贡献包括：(1)他提出系统的战略决策思想，认为应当把战争或战争中的各个战局看成一条完全由相互衔接的一系列战斗所组成的锁链，并把每一个战斗都看成这条锁链中的一个环节。他认为要取得相对的优势，即在决定性地点上巧妙地集中优势兵力，就往往必须准确地选定决定性地点并使自己的军队一开始就有正确的方向，就必须有决心为了主要的东西而不惜牺牲次要的东西。这样，他就正确地设定了战略、策略和战术之间的关系，为政策研究中“政策链”、“政策群”概念的形成奠定了基础。(2)他将战略要素区分为精神要素、物质要素、地理要素和统计要素。(3)他强调战略决策须依据条件的变化而变化，从而为公共决策如何根据内部情势和外部环境的变化而予以修正和完善提供了很好的思路。

4. 卡尔·马克思的贡献

卡尔·马克思的贡献包括：(1)他的全部理论为世界各国无产阶级政党的战略与策略提供了理论指导，规定了根本的政策目标和实现目标的重要途径，为社会主义国家各个发展阶段的元政策和各项基本政策，甚至为各个领域的部门政策，提供了基本的政策理念，界定了政策的范围和方向。(2)他的辩证唯物主义的认识论为政策研究从注重政策结果到注重政策过程的转变指明了方向，而且政策研究遵循这样的认识论路线能够正确地勾画出政策过程及其各个主要阶段的一般特点。(3)他的历史唯物论为我们深入地研究各种社会现象，探索社会发展的固有规律提供了科学的方法论。

5. 马克斯·韦伯对公共政策研究的贡献

马克斯·韦伯对公共政策研究的贡献：(1)他强烈地主张对社会、政治现象进行文化解释，甚至将社会科学称做文化科学。(2)他认为，人的行动或社会行动包括两个基本要素：动机和目标。(3)他提出了官僚制理想模型，并通过对官僚制组织结构的设计而探讨了合乎理性的、科学的决策模型。(4)他在社会科学方法论上的建树，就是提出了理想类型和主张价值无涉。

二、公共政策学的诞生

（一）公共政策学的创立者哈罗德·D.拉斯韦尔

公共政策学的创立者是哈罗德·D.拉斯韦尔（Harold D. Lasswell），他是政治学行为主义学派的先驱者和重要代表人物之一，早在1943年的一个备忘录中，他就提到了“政策科学”的概念，而这一概念在出版物中的首次出现则是在他与卡普兰合著的《权力和社会：政治研究的框架》（1950年）一书中。学界一般认为，公共政策学诞生的标志是美国著名政治学家勒纳（D. Lerner）和拉斯韦尔共同主编的《政策科学：视野与方法的近期发展》一书的面世。该书出版于1951年，是由卡内基基金会赞助、在斯坦福大学召开的“关于国际关系理论的革命性、发展性学术讨论会”的会议论文集，该讨论会的参加者除勒纳和拉斯韦尔外，还有人类学家玛格丽特·米德、社会学家罗伯特·默顿、经济学家肯尼斯·阿罗、心理学家爱德华·希尔兹等被认为是“学界泰斗”的一批著名学者。该书首次提出并界定了“政策科学”（Policy Sciences）这一概念，指出“政策科学是用于解决社会问题、特别是解决那些结构和关系都很复杂的社会问题的工具”。书中所收论文对公共政策的概念、政策科学的学科特点和基本范畴、科学的决策方法等，都做了比较深入的探讨，拉斯韦尔在论文集中他的一篇题为《政策方向》（The Policy Orientation）的文章中，第一次对政策科学的对象、性质、发展方向和政策过程等学科要素做了论述。他认为政策科学或社会科学中的政策方向应当超越社会科学各学科的门户界限而具有跨学科的性质；主张这门学科致力于一般选择理论的研究，并采取一种全球观点，重视政策的历史脉络但尤其要面向未来；要求学科建设“关心解释政策制定和政策执行过程，关心搜集数据并提供对特定时期政策问题的解释”。拉斯韦尔还为揭示公共政策的价值分配功能提供了最初的思路，这些研究奠定了公共政策的学科基础。这本书被誉为“公共政策学的开山之作”。在20世纪40年代后半期的研究中，拉斯韦尔还阐明了政治科学与政策科学之间的关系，他认为对政治学的实证部分即政治科学的研究，应重视对公共政策的研究。在他看来，政府机构所做的规定、行政命令、法律文件都是一种动态的政府行为，对政府决策行为的科学研究是政治科学的重要内容。①

拉斯韦尔揭示了这门学科的如下特点：（1）它是关于民主主义的学问。公共

① 宁骚主编：《公共政策》，高等教育出版社2000年版，第26—27页。

政策学是与个人选择相关联的学问，归根结底，它须以民主的政治体制为前提。政府须首先弄清楚公民个人对政策的反应，然后再进行政策干预。公共政策学还须对政府和政治权力具有敏锐的洞察力。(2)它的哲学基础是逻辑实证主义。公共政策学追求政策的“合乎理性”，使用数学公式和实证性“数据”，以科学的方法论作为研究、分析的工具。(3)它是一门对于时间和空间都极敏感的学问。当选择某一模型进行政策分析时，这个模型须在时间和空间上有明确的记录。也就是说，政策是特定时空环境中政策问题的解决方案，记住这一点对于政策研究来说极其重要。(4)它具有跨学科的性质。拉斯韦尔指出政策科学不等于政治学，它融汇了其他社会科学，具有新的学科体系。如果研究政治学、经济学、社会学、心理学以及其他学科的学者开展合作研究，那么就能够找到最好的解决政策问题的办法。(5)它是一门须和政府官员共同研究的学问。从公共政策学的研究对象的特殊性来说，学者们非常需要了解政府官员对政策的认识和所掌握的数据；同时，政府官员也需要了解学者们的政策研究思路和政策建议。(6)它是一门以社会变迁和发展为研究对象、以动态模型为核心的学问。公共政策学须重视发展概念，当研究一项以社会发展为前提的政策的实施时，须注重观察它究竟给社会带来了哪些积极的变化。①

（二）公共政策学的初步发展

自公共政策学诞生之日起，由拉斯韦尔等人倡导的行为主义就是这个学科的主导范式。与此同时，主要是由西蒙创立的、自管理科学（主要是公共管理学）领域里成长起来的决策科学和行为主义也同样是其主导范式。因此，公共政策学与决策科学一开始就形成你中有我、我中有你的难分难解之势。公共政策学是属于政治科学的一个分支学科还是属于管理科学的一个分支学科的争论，至今没有停止。

20 世纪 50 年代和 60 年代前半期，公共政策学取得的进展主要是在两个方面：(1)在政策分析的定量方法和技术方面，尤其是在系统分析、运筹学、线性规划以及成本—收益分析等方法和技术的应用上，取得了显著的成就。公共政策学的研究成果从形式上看越来越自然科学化，以至于连研究公共政策学的学者也认为这门学科“充满了复杂难懂的数学公式和原理”，“拼命地想使自己异乎寻常地复杂化、理性化”，成了“一门令人费解的高难学问”。(2)许多政治学研究者，包括一批著名的政治学家在内，日益重视政治科学的公共政策取向，投身于

① 宁骚主编：《公共政策》，高等教育出版社 2000 年版，第 27—28 页。

公共政策学研究。除拉斯韦尔以外，以下面三位政治学家为例：

其一是戴维·伊斯顿。他于1953年著成《政治体系——政治学状况研究》一书，对公共政策学给予了特别的重视。他指出，政治学的任务就是了解社会政策应当是什么，哪种政策应当如何制定出来并付诸实施。政治学对权力的关注，只是从它致力于研究政策如何制定和执行中引申出来的。他又指出，政治学之所以要以政策为研究取向，原因就在于一项政策的实质是不让一部分人享有某些东西，而允许另一部分人占有它们；换句话说，就在于一项政策包含着一系列分配价值的决定和行动。

其二是林德布洛姆(Charles E. Lindblom)，他是对公共政策学这个领域关注和贡献甚多的著名政治学家。他于1956年出版《政策分析》，1959年在美国《公共行政评论》杂志上发表论文《渐进调适的科学》，1963年出版《决定的策略——政策体系是一种社会过程》，1965年出版《民主的智慧——经互相调节产生的决策》，1968年出版了《决策过程》。特别是他1959年的那篇论文，一举奠定了他在公共政策学这个学科领域中的重要地位。

其三是阿尔蒙德(Gabriel Abraham Almond)。他大力提倡应用政治学，即公共政策取向的政治学。他批评法理主义、制度主义、规范主义的政治学过于重视演绎法则，它对政策方案的选择和政策目标的达成无所助益。他在1960年出版的《发展中地区的政治》一书中首次构建了他的结构功能主义政治分析理论框架，1966年在他与鲍威尔(G. Bingham Powell, Jr.)合著的《比较政治学：发展研究途径》和《比较政治学：体系、过程和政策》等书中对这个理论框架做了新的探讨。这个影响深广的理论框架，在结构方面分为体系、过程和政策三个层次，从新的视角对政策分析做了探讨。阿尔蒙德的结构功能主义在两个方面对公共政策学作出了突出贡献：(1)它把政治系统的过程、政治过程、政府过程、政策过程作为一个统一的过程来进行分析，从而使政策研究与政治学研究紧密地结合在一起，这有利于克服政策研究中的纯技术、纯操作主义倾向。(2)它把公共政策看做政治系统输出的产品，并将公共政策的功能概括为四种类型，即提取性功能、分配性功能、管制性功能和象征性功能。①

① 宁骚主编：《公共政策》，高等教育出版社2000年版，第29—31页。

三、公共政策学的创新与发展

（一）公共政策学发展的新阶段

1. 德洛尔等人对拉斯韦尔的批判

20 世纪 60 年代后期，美国政治学界开始酝酿着一股对行为主义方法论反叛的情绪，并且立即波及公共政策学。以著名学者叶海卡·德洛尔（Yehezkel Dror）为代表的学派，对拉斯韦尔等学者倡导的行为主义方法论进行了全面的批评。德洛尔是以色列耶路撒冷希伯来大学教授，美国著名政策研究机构兰德公司的研究员，从事政策研究的著名学者。西方公共政策学进入发展阶段的标志是德洛尔在 1968 年至 1971 年旅居美国期间，写出了被称为公共政策科学"三部曲"的《重新审查公共政策的制定过程》（1968 年）、《政策科学探索》（1971 年）、《政策科学构想》（1971 年）。德洛尔等人的主要观点包括：(1)他们认为，拉斯韦尔等人的致命错误在于他们把方法论的发展视为公共政策学在学术上取得进步的唯一动力，并且把公共政策学的很多极为重要的问题都归纳为方法论问题，使学科发展忽略了政策的实际内容，这样就在方向上犯了战略性错误。(2)他们认为，拉斯韦尔等人倡导的行为主义方法论主张用自然科学的"纯科学"方法来研究人类社会，把经济学、社会学中使用的逻辑实证主义方法论原封不动地引进公共政策学且奉为唯一适当的研究方法，相信政策过程中诸环节、诸因素之间存在着单一的决定关系和机械的因果关系，甚至将以这样的方法论所做的研究视为解决所有政策问题的唯一的逻辑基础，从而忽略了政策过程与自然过程以及各种政策问题相互间在性质上存在的根本差别。(3)他们认为，拉斯韦尔等人以人的理性为前提的各种论点，导致在公共政策学的研究中片面地追求理性化，不断地推出各种统计方法和定量化方法，而不使用统计分析与数学公式的研究成果大都被武断地判定为缺乏科学性。但是事实上，有大量的政策问题是无法用定量化和数学公式来进行研究的，而且过于强调"科学性"必然导致公共政策学研究者回避研究复杂而难以量化的社会和政治问题，以及价值判断色彩强烈的社会伦理问题，淡化他们的社会责任感。历史地看，拉斯韦尔等人大力推崇社会科学的科学方法论，希冀能够赋予社会科学"近似自然科学"的"科学性"，是由于他们生逢乱世——西方国家在第二次世界大战前后大都处于混乱状态。而"在混乱时期，人们必然去追求理性"。不过，拉斯韦尔等人将自然科学的研究方法视为社会科学追求理性的唯一手段，是错误的。"显然，自然科学的推理并不代表所有的理性。因为对于人类的运动，自然科学只能解释很少的一部分。”①

2. 德洛尔对公共政策学的主要贡献

在1968—1970年，德洛尔受聘为兰德公司研究员期间，出版了三部重要著作，即《重新审查公共政策的制定过程》(*Public Policy-making Re-Examined*, 1968)、《政策科学探索：概念与适用》(*Ventures in Policy Sciences: Concepts and Applications*, 1971)和《政策科学构想》(*Design for Policy Sciences*, 1971)，这些成果标志着公共政策学进入了第二个发展阶段。此外德洛尔还发表了一批高质量的公共政策学论文，他还在加州大学洛杉矶分校和南加州大学兼任教职，讲授公共政策学课程。他与兰德公司另一著名的政策分析专家——阔德(E. S. Quade)创办了《政策科学》(*Politic Sciences*)杂志，从1972年起参加该刊编委会的工作。从而奠定了这门学科进一步发展的理论基础。德洛尔被公认为是第二代公共政策学的代表性人物，其学术背景是公共管理学而不是政治学。他对公共政策学作出的学术贡献主要有：(1)他分析了行为科学和管理科学在学科建设上存在的一些误区。他认为，行为科学分为以提供有关人的行为的理论分析框架为职志的理论行为科学和以直接应用为职志的应用行为科学，并且将这种划分与自然科学分为理学和工学等量齐观，是错误的。这是因为工学研究的是产品，是一种物质；而行为科学研究的是人，二者不可同日而语。他认为以理性人假设为前提的管理科学无视制度问题，不能研究诸如维护全体一致和派系的形成这样的政治问题，不能研究政治价值、意识形态以及神的恩宠等非理性问题，可以发现既有政策方案的缺陷而不能推出有创造性的新的政策方案。(2)他肯定了管理科学和决策科学研究中使用的系统群研究方法，并大力主张将这种方法引进公共政策学。(3)他提出并界定了“总体政策”、“超政策”和“政策系统”的概念。所谓总体政策，指的是学者为推动公共政策学的发展必须维护的学术上的政策，即指导方针。德洛尔共提出了十二项总体政策，其中真正具有总体政策特点的有七项，即制定总体目标(如一国针对世界政治体系制定的综合性全球战略；又如中国分三步走基本实现现代化的经济发展战略)、界定政策范围、设定时间单位、设定风险承受力、选择总策略(如渐进调适还是推倒重来)、选择普遍性还是特殊性(通常所有政策都同时具有两种特性，但每项政策还是有所侧重，如“中国特色社会主义”强调特殊性，“中国决定参加 WTO”强调普遍性)、选择均衡还是重点(行为主义研究以保护弱势群体为重点，而系统群研究则是在维持整

① 宁骚主编：《公共政策》，高等教育出版社2000年版，第31—33页。

个系统的均衡、协调的前提下进行政策分析的,因此这是研究方法的选择)。这七项总体政策之间存在着相辅相成的关系。所谓“超政策”,是指有关“应该如何确定政策”的政策。例如,虽然第一项总体政策即制定总体目标十分重要,但是,如果没有具体的制定方法,那么总体目标就不能够制定出来。而这种制定方法,德洛尔就称之为“超政策”。“超政策”研究是与“政策系统”的研究密切相关的。政策是由政策系统决定的,是各种复杂因素相互作用的结果。因此,要想得到预期的政策,就需要研究政策系统的结构并致力于改进政策系统。(4)他强调公共政策学的跨学科性质和实践性。早在社会矛盾激化、政策问题丛生的60年代,美国就兴起了跨学科研究(Interdisciplinary Study)。德洛尔认为公共政策学是从各相关学科,尤其是管理科学、决策科学、行为科学、政治科学等相互交叉中发展起来的一门学问。鉴于许多政策问题靠单一学科的知识是无能为力的,因此公共政策学必须提倡跨学科研究。

他强烈主张建立一种将管理科学、行为科学、系统科学、政治科学、经济科学和决策科学等融为一体的新的公共政策学。德洛尔还认为,学习和研究公共政策学,缺乏感性知识是不可想象的。因此,大学里设公共政策学课程,应当聘请在公共政策的制定或执行方面有丰富实践经验的人与大学老师一起登上讲台。他主张政策研究者即使牺牲一些学术自由,也要解决贴近决策者的问题。

3. 公共政策学在学术上取得的新成就

公共政策学在其发展的第二个阶段上,在以下四个方面取得了显著的成就:

(1)方法论的多样化。对拉斯韦尔等人的批评,改变了公共政策领域行为主义方法论一统天下的局面,出现了方法论的多样化。其一,行为主义虽受到批评,但是尽可能地赋予公共政策学类似自然科学那样的科学性,仍然是众多学者的追求。他们采用系统科学、统计学、数学、心理学、政策模拟等方法,运用各种知识和技能,提出解决政策问题的方案,帮助公共权力机关进行科学决策。其二,公共选择(Public Choice)方法论崭露头角。这是用经济学的分析途径来研究非市场决策即公共政策问题。这一理论分析途径是由美国著名经济学家詹姆斯·布坎南(James M. Buchanan)于20世纪40年代创立的,但是直到后行为主义时期才受到经济学、政治学研究者比较多的关注,并逐渐地成为公共政策学领域越来越重要的一种方法论。公共选择理论假定理性人为经济人,并以此为逻辑起点去研究集体决策,其研究范围包括国家、政府、国防、警察、教育、环境保护、消防、财产权和分配等政治和政策问题。它运用的方法是经济理性主义、效用最大化、交换、供求分析等经济学的方法。其三,博弈论也成为公共政策分析中一种重要的方法论。博弈论本来是20世纪20年代由美国人博雷尔(E. Borel)研制出的一种智力游戏,从40年代起被引进经济学、管理科学、决策科学(如鲁斯和赖发合著的《博弈与决策》,1957年)、国际关系理论等学科,并被发展成为一种颇具影响力的方法论。后行为主义时期博弈论被一些公共政策学者用来观察政策执行过程中相关参与者就政策目标的达成所进行的谈判、评价与妥协的互动情形,形成政策执行的博弈理论。美国学者尤金·巴达赫(Eugene Bardach)是这方面的主要代表。其四,个案研究受到重视。公共政策学中的个案研究法,指的是致力于探讨具体的个别的政策的特殊性,并从中发现普遍性或验证某一普适性假设的研究方法。在后行为主义时期,一般论述性质的政策研究被具体的个案研究所取代,一批学者在个案研究方面取得了重要成果,如马萨·得希克对美国联邦政府补助金计划的研究(1970年),以及对美国约翰逊政府关于在都会地区公有土地上创建新社区的计划的评估(1972年),又如杰罗姆·墨菲对美国联邦政府初级与中级教育法第五条的研究(1974年),等等。

(2)对政策过程研究重点的转变。公共政策学在其发展的第一个阶段里,跟决策科学一样,把对政策过程研究的重点放在前期阶段即政策的制定上,而在它发展的第二个阶段里,研究重点被转移到了政策过程的后期阶段即政策的执行(Implementation)、评估(Evaluation)和终结(Termination)上。其一,关于政策执行。60年代西方国家公共政策(如教育政策、种族政策、战争政策等)的失败,引起公共政策研究者的反思,使他们认识到政策执行的实际结果与政策形成过程中设定的政策的逻辑结果可能存在着很大的差距;认识到一项合理的决策由于执行机关的执行不力或方法不当,仍有可能造成政策失败。因此,在公共政策学发展的第二个阶段上,许多学者致力于政策执行的研究并取得了突出成绩。如美国加州大学伯克利分校公共政策学院普雷斯曼和韦尔达夫斯基(J. L. Pressman and A. B. Wildavsky)等学者在对一项政策进行跟踪研究的基础上于1973年写成的《政策执行》(*Implementation*)一书;美国学者米尔布里·麦克拉夫林(Milbrey Mclaughlin)于1976年完成的《互相调适的政策实施》一书;美国学者马丁·雷恩和弗朗希·拉宾诺维茨(Martin Rein and Francine Rabinovitz)于1978年在一项合作研究成果中提出的政策执行循环理论模式;T. B. 史密斯(T. B. Smith)1973年在《政策科学》杂志第2期上发表的论文《政策执行过程》;萨巴蒂埃和马兹马尼安(P. Sabatier and D. Mazmanian)1979年在《政策研究杂志》(*Policy Studies Journal*)第4期上发表的论文《公共政策的执行:一个分析的框架》,都颇受赞誉。其二,关于政策评估。从60年代起,美国联邦政府提交评估的政策和用于评估的经费大幅度地增加；同时评估的重点和手段从效率测量变为实地调查再变为社会实验；对政策过程诸环节的评估既包括政策方案评估、政策目标的价值评估，又包括政策执行、评估、政策结果的价值评估。这样就有力地推动了公共政策学的评估研究。美国在这个时期面世的有较高学术成就的公共政策评估研究成果很多，如著名政治学家戴伊(T. R. Dye)的《理解公共政策》(1972年)和《政策分析：政府做什么，他们为什么做，以及造成什么差别》(1976年)、魏斯(C. H. Weiss)的《评估研究》(1972年)和《评估活动项目》(1972年)、利彻菲尔德(N. Litchfield)等的《政策规划过程中的评估》(1975年)、罗西(P. H. Rossi)等的《评估的系统学途径》(1979年)，以及斯奈德等1980年发表于《管理学会评论》第3期上的论文《人力资源开发项目的系统评估模式》，等等。其三，关于政策终结与政策周期。在公共政策学发展的第二个阶段，对政策过程的最后一个环节即政策终结和新一轮政策过程的开始即政策周期(Policy Cycle)，也有一些学者进行了研究。有关政策终结的研究探讨了错误的政策能否终结、如何终结以及采取何种终结策略等问题，比较重要的学术成果有博桑和考默(D. Bothun and J. C. Comer)1979年发表于《政策研究杂志》第3期上的论文《终结的政治学：概念与过程》，尤金·巴达赫1976年发表于《政策科学》第7卷上的论文《作为政治过程的政策终结》，德龙(P. Deleon)1978年发表于《政策分析》(*Policy Analysis*)杂志第3卷夏季号上的论文《公共政策终结：结束与开始》，贝恩(R. D. Behn)1978年发表于《政策分析》杂志第3卷夏季号上的论文《如何终结一项公共政策》，等等。有关政策周期的研究成果对政策过程循环往复的认识论意义以及在新的周期里如何提高政策质量做了探讨。

(3)重视政策过程中的价值因素和伦理因素的作用。所有的公共政策都包含着价值判断和伦理考量，所有的公共政策的制定和执行过程都受到价值因素和伦理因素的影响。对此，在公共政策发展的第二个阶段上，学者们普遍地给予了重视。如安德森(James E. Anderson)于1979年出版的《公共决策》一书，在谈到决策者选择政策方案的标准时指出，绝大多数的决策都会涉及有意识的选择。“因此，问题在于：何种准则(价值和标准)影响着决策者的行动?”虽然许多因素都会对政治决策者的选择发生作用，但是对决策者的行为起指导作用的则是决策者本人的价值观。他将价值观以政治价值观、组织价值观、个人价值观、政策价值观和意识形态价值观这五种范畴予以概括。帕顿和沙维奇(Carl V. Patton and David S. Sawicki)认为，政策规划者、政策分析者、从事政策研究的学者和政策顾问“每天都会遇到伦理问题”。这个时期研究价值和伦理问题的重要学术成果有：费舍(F. Fisher)的《政治学、价值与公共政策》(1980年)，费舍与弗雷斯特(J. Forester)合编的《政策分析中的价值冲突：评估标准的政治策略》(1987年)，邓恩(W. N. Dunn)编的《政策分析的价值、伦理和实践》(1983年)，瓦彻斯(M. Wachs)编的《政策规划中的伦理》(1985年)，等等。

(4)公共政策比较研究开始起步。在公共政策学发展的第一个阶段里，比较公共政策领域尚不存在。从20世纪70年代中期起，这块处女地开始得到开垦，比较有影响的学术成果有：安德森于1975年发表的论文《在比较政策分析中的系统和策略》，莱彻特(H. Leichter)于1977年在美国《政策科学评论年刊》第1卷里发表的论文《比较公共政策：问题和观点》，海德海默尔等人合著的《比较公共政策》(1975年)，西格尔和温伯格合著的《比较公共政策》(1977年)等。[①]

(二) 公共政策学的进一步发展

近二十年里，公共政策学在各主要国家里都取得了重大进展。这门学科的发源地美国，在以下三个方面取得的进展应予以特别指出：

1. 课题选择的新取向

公共政策学跟其他学科一样，在一定时期内会形成主导性的选题方针。在20世纪90年代，研究课题的选择偏重于以下三个取向：

(1)伦理取向和价值追求。政策过程是一个不断地选择的过程：政策问题需要选择，政策目标需要选择，政策方案需要选择，政策执行的方式和手段需要选择，等等。而任何选择都须有一定的标准，其中价值和伦理的标准是不可或缺的。基于这一认识，一些学者对公共政策研究课题的选择以伦理和价值为取向，而且早在后行为主义时期刚刚开始的时候就已经显露出这一趋势，到90年代这一趋势得到了巩固和加强。我国台湾学者丘昌泰教授将美国学者在这方面的研究成果从研究途径上分为三类：第一，社会哲学与政治理论。从社会和政治哲学的立场探讨政策伦理是最普遍的方法，如在对自由、人权、公平、正义、和平等诸范畴的寻幽探微中，对本国或外国政府已经或准备制定的某项政策做出分析、批评和建议。美国学者罗尔斯(John Rawls)于1971年出版的《正义论》，强调应以分配正义(Distributive Justice)取代功利主义的伦理，就是一个突出的例子。第二，伦理问题与社会道德。对诸如国家安全、社会福利、堕胎和死刑犯等特定的社会问题进行个案研究，从中引申出政策伦理问题。这种研究途径是问题取向的。布昌普(Thomas Beauehamp)的《伦理与公共政策》(1975年)就是采用这种

① 宁骚主编：《公共政策》，高等教育出版社2000年版，第34—38页。

研究途径。第三,专业与行政伦理。这一研究途径特别重视专业道德规范与行政伦理的建立。按照这一途径,研究工作通常是通过分析政府机关或专业组织的伦理问题而确立公共责任与义务。高斯罗普(L. Gawthrop)的《公共部门管理、系统与伦理》(1984 年),就是采取这种研究途径的一个例子。90 年代的政策研究涉及更广泛的伦理问题,如政策规划中伦理考量的两难选择,有关性别、年龄、代际、阶级、阶层、职业、种族、民族的政策制定和执行中的伦理问题,等等。他们的研究成果表明:对于决策者来说,只有在相关的价值已经得到确认之后,才能开始理性的政策分析。

(2)管理取向。政策是管理的一环,而公共政策则是另一种形式的战略管理。组织、计划、指挥、管制等管理工具的运用,对于公共政策产生预期效果是至关重要的。在 20 世纪 80 年代,梅尔茨纳与贝拉维塔(A. Meltsner and C. Bellavita)合著的《政策组织》(1983 年)和林恩(L. Lynn)的《管理公共政策》(1987 年)在这方面已经做了基础性的研究。在 90 年代,管理取向的政策研究呈现出更强的发展势头。

(3)政府改革取向。没有一个现代化的决策系统,就没有顺应并引导潮流的高质量的公共政策。而决策系统现代化的目标,就是建立一个高效能的新型政府。20 世纪 90 年代,“政府改革”在发达国家成为一种潮流。1993 年 3 月,美国总统克林顿宣布针对联邦政府进行六个月的“全国绩效评估”(National Performance Review)计划,由副总统戈尔负责成立“政府重塑小组”以推动联邦政府的改革工程,并成立“政府重塑实验室”(Reinvention Laboratories)。同年 9 月,“政府重塑小组”完成评估报告,确定重塑的目标是“创建一个做得更好、成本更低的政府”。政府改革对公共政策研究产生了广泛而深刻的影响。德洛尔在《行政改革、发展和变迁的战略》一文中指出,政府改革或行政改革,就是对某一公共行政系统作指导性的改变。改革的方向是在客观方面重视效率和效果,在主观方面强调质量和满意度。在这里,效率(Efficiency)是指成本和效率的比率;效果(Effectiveness)是指产出的结果或目标达成的程度;质量(Quality)是指服务的水准或程度;满意度(Satisfactory)是指被服务者对服务的肯定程度。为此,政府决策在微观甚至中观的层面务须裁减规制,而在政策的传输上务须减少层次和缩短通道。①

2. 方法论的非科学趋向

自 20 世纪 80 年代起,不断有人批评主导社会科学诸学科的逻辑实证主义

① 宁骚主编:《公共政策》,高等教育出版社 2000 年版,第 38—40 页。

的科学观，批评牛顿力学所开创的决定论和机械唯物论的研究范式，强调后现代社会是介于秩序(Order)与混沌(Chaos)之间的社会。他们批评在逻辑实证主义和实用主义这两条思想路线的影响下形成的决策理论，“偏向于理性的、逻辑的、分析的方法，忽略直观的、感性的、综合的方法”，把理性视为“知识与社会进步的根源、真理之所在以及系统性知识的基础”，是“偏于静态结构”的理论，“不符合后现代社会的需求”。他们倡导的是“混沌原则”、“不确定性”和“诠释学观点”，并据此来说明当代的决策环境已非理性的思考所能把握。他们强调“权变观点”(Contingency Perspectives)或“多元思考”(Multiplistic Thinking)的价值，因此认为决策者所必备的“创造性思维”(Creative Thinking)决不限于理性这一条途径，应当视不同的情境有其不同的相应途径与模式。他们认为聪明的决策者不是避免做出错误的决策，而是善于从错误中学习并不再继续犯错误。他们相信他们主张的这种决策理论即从过去主导公共政策学的寻求客观真理的研究方法，逐渐走向探讨决策者主观的思维方法或思维倾向，会成为一种基本的趋势。

以主观的研究方法代替客观的研究方法，势必影响到以什么标准来评估和选择政策以及如何判断一项政策是好政策这样的基本问题。主观的研究方法认为，客观的研究方法过于重视以经济理性和技术理性为主体的选择理论，过于强调如何使“利益最大、损失最小”，过于强调依据决策者的偏好来排列优先顺序以进行政策方案的评估和选择。采取主观的研究方法的学者认为，没有一项政策能够被社会全体成员普遍接受为好政策。因此，确认一项政策为好政策比较可行的办法是主观认定的办法，即具有法律正当性的政策就是好政策。主观的研究方法对公共政策研究的影响是相当深入的，甚至行为主义决策理论的鼻祖和集大成者赫伯特·西蒙也提出了超理性的、可运用于实际政策环境的决策模型，即行为模型、直觉模型和演进模型。

由于对客观的研究方法的批评和对主观的研究方法的张扬，有相当一些研究公共政策的学者对“政策科学”的科学性持怀疑态度，因而主张以“政策研究”这一名称来代替“政策科学”。

3. 公共政策学的建制化

公共政策学经过数十年的发展，逐步形成一门比较成熟的独立学科，建制化则是学科成熟的外在标志。建制化表现在以下三个方面：

(1)学会的成立和专业研究刊物的问世。学会是随着研究队伍的壮大，为适应学者和其他相关专家相互交流学术信息与研究成果的需要而建立起来的组织。20世纪70年代美国先后建立了三个公共政策学方面的学会：政策研究学会(The Policy Studies Organization,1971 年建立)、评估研究学会(Evaluation Research Society,1977 年建立)、政策分析与管理学会(The Association for Policy Analysis and Management,1979 年建立)。与此同时,一系列公共政策学研究刊物相继问世,如《政策科学杂志》(*Journal of Policy Sciences*)、《公共政策杂志》(*Journal of Public Policy*)、《政策分析与管理杂志》(*Journal of Policy Analysis and Management*)、《政策研究评论》(*Policy Studies Review*)、《政策研究杂志》(*Policy Studies Journal*)等。这些核心期刊的刊行对公共政策学的发展有极大推动作用。特别值得一提的是,《政策科学年鉴》从 1977 年起开始编辑、发行。

(2)专门研究机构的建立。公共政策学的研究机构由于能够直接地为决策者出谋划策,所以往往被决策者视为"智囊团"或"外脑"。一些发达国家利用政策研究组织协助政府、企业和其他机构制定政策、处理问题,开始于两次世界大战之间,而在第二次世界大战结束后越来越成为一种普遍的做法。美国著名的政策研究机构兰德公司(Rand Corporation)成立于 1918 年,地点在洛杉矶地区的圣莫尼克,经费充足,规模庞大,研究人员众多。这是一个全能型的智囊团,政策研究所涉及的领域有科学技术、外交、军事、企业管理、经济和社会等。公司在 1970 年创办了兰德研究学院,培养高级的政策分析人员和决策者。美国其他的政策研究机构还有 5000 多家,比较著名的有福特基金会、卡内基基金会、传统基金会、赫特逊政策研究所、斯坦福研究所、布鲁金斯研究所、普林斯顿大学国际问题研究中心和美国企业研究所等。其中布鲁金斯研究所(The Brookings Institute)、美国企业研究所(American Enterprise lnstitute)、传统基金会(Heritage Foundation)和斯坦福研究所(Stanford Research lnstitute)被认为是美国四大公共政策研究机构。

(3)大学教育中专业与课程的设置。从 20 世纪 70 年代起,美国一批著名大学纷纷设立政策科学、政策分析专业。到 80 年代,公共政策学在美国的大学里已经普遍地作为政治学或管理科学的一个基本的教学领域设置了系列课程,教学计划完备,出版了大量教材。同时,许多名牌大学设立了政策科学、政策分析专业博士点,培养了一批又一批专攻公共政策学的高级研究人员。另外,有些大学还编制了理论与实际相结合的教学计划,对美国和来自世界其他许多国家的政府官员进行公共政策学系列课程的培训。①

① 宁骚主编:《公共政策》,高等教育出版社 2000 年版,第 40—43 页。

4. 20世纪90年代后国外政策科学研究的新发展

随着政策科学研究的逐步深入，政策科学作为一个庞大的学科体系在20世纪70年代已经趋向成熟。到了80年代，随着经济政策、社会政策、国防政策等各具体领域政策研究的深入，随着政策研究方法和分析方法的改进和提高，政策科学的分支学科和研究领域已经多到需要重新整合的程度。90年代后，面对经济全球化、政治多元化、世界多极化的国际新环境，国外政策科学研究的发展表现出一些新的趋势，主要可概括为以下几个方面：

(1)高度重视宏观政策分析，促进政策制定系统的改进。这一趋势产生的背景是经济全球化所带来的国际政治经济政策环境的变化对各国国内政策的影响和压力日益增大。苏联解体、东欧剧变、世界贸易组织的创立及其新规则的形成、联合国组织介入地区冲突和重大事件的作用明显增强、欧洲共同体的实质性进展和欧洲统一货币制度的推行、亚洲金融危机引发的经济震荡和全球恐慌，所有这些政治经济事变和发展在不同程度上对各国政府的政策制定产生着深刻影响。从政策制定者到政策分析专家和学者开始深切感受到加强宏观政策分析对于国家兴衰、政权命运、社会经济可持续发展的重要性。宏观政策分析要求站在历史的高度、以世界眼光来思考本国政策制定框架的改进和推动社会经济可持续发展的宏伟事业。宏观政策分析更加重视国家总体政策制定，重视政策的价值追求、重视战略性大政方针和政策范式的改进与创新。例如，20世纪末，罗尔斯、诺奇克、沃尔泽、哈耶克等一大批学者对公平正义、分配正义进行了深入的研究，推出了一大批有重大影响的成果。在经济政策研究方面，发展中国家的总体发展战略和发达国家的产业发展战略以及区域性经济联盟的发展战略成为宏观政策分析关注的焦点。

从政府宏观政策制定层面来看，各国政府都从未来变化的趋势出发，更多地考虑政策制定系统的改进和政策的创新。欧共体各国在全民公决《马斯特里赫特条约》后陆续重新审阅本国政策与欧共体规则的一致性。美国政府于1993年成立“国家绩效评议委员会”，对联邦政府的政策制定框架和政策绩效进行评估，开展了“重塑政府运动”。韩国在民主化改革后又开始“第二次建国运动”，对国家总体发展战略从大政方针到公共文化进行全面革新。日本政府的“新行政审议会”不断推出改革政府政策制定的新思路，促进了《行政程序法》、《政府情报公开法》等一系列法律的出台，大力推动了政府政策制定体制和程序的改进。

从政策科学研究成果方面看，宏观政策分析的研究成果大量涌现。代表性著作有海伦·英格拉姆的《为实现民主的公共政策》(1993年)、《制高点》(1998年)和马克·莫尔的《创造公共价值——政府中的战略治理》(1995年)，以及保罗·萨巴蒂尔的《政策过程理论》(2004 年)、托马斯·戴伊的《理解公共政策》(2002 年)等等。

与此相适应,宏观政策分析在政府高级官员培训和大学官员学位教育课程内容中的地位越来越重要。美国哈佛大学肯尼迪政府学院、法国国立行政学院、英国伯明翰大学公共政策学院、韩国中心公务员教育学院、日本中心公务员研修院等纷纷在政府官员培训和官员学位教育中增加宏观政策分析方面的课程,以便增强官员的宏观政策意识和把握全局性政策走向的能力。

(2)加强规制政策研究,推动政府行政改革。由于规制政策是贯穿于各具体部门政策的具有主线性的基本政策类型,规制政策的调整直接导致和影响政府职能的变化和社会经济的发展。90 年代以来,各国政府和学术界普遍运用政策科学理论对政府在调节市场方面的职能进行诊断,从而推动了政府在机构、人员、职能和政策诸方面的综合改革。许多国家都认为在全球经济一体化条件下的政府改革,主要精力和工作应集中在规制政策调整方面。各国规制政策的调整趋向仍然是大力放松经济规制,大幅度精简规章制度。在调整政府规制政策的同时,学术界对政府规制政策的研究成果不断涌现。各国都有大量对政府改革产生影响的规制政策研究成果。有些研究成果的作者还是政府规制改革机构的重要成员,对推动政府改革事业的发展发挥了作用。

(3)政策绩效评估成为研究热点。90 年代以来,随着各国政府改革的推进,政府绩效评估研究引起了政府部门、大学科研机构以及世界银行、亚洲银行和国际货币基金组织等国际机构的广泛重视。在政策评估领域,既开展了大量关于具体部门政策如环境政策、人权政策、贸易政策、教育政策、投资政策等政策的评估工作,也开展了关于政府总体政策能力的评估工作。经济全球化的形势要求各国政府对区域乃至全球性危机及时作出新的政策反应。这就要求对原有的政策绩效作出全面反省。各类政策评估的方法和指标体系不断得到丰富和发展。有关政策评估和实验的新进展、新成果不断在各种国际政策研讨会上得到交流和讨论。

(4)注重理论整合和多维方法、方法论的综合运用。政策科学研究的成果汗牛充栋,浩如烟海。90 年代以后,各国在这些成果的基础上重新进行理论整合的条件已经成熟。政策的价值目标和政策执行后的实际结果之间的距离成为理论研究的关注点。政策科学的范畴在价值转化为制度和实践的过程方面,在政策目标、趋向、条件、备选方案方面,在政策功能和政策论述等方面,都有大量新的概念工具和理论范畴涌现。在政策科学的研究方法方面,除传统的运筹论、系统论等方法外,政策科学研究方法更向各类自然科学和人文社会科学全面开放,不断引入新的分析方法和模型。

四、公共政策学在新中国的发展

中国共产党从延安时期起就十分重视政策研究。从中华人民共和国成立到60年代中期，体制内的政策研究机构(如中共中央政策研究室)做了大量的政策研究工作，其研究成果对于党和政府最高领导机关的决策起了一定的作用。在“文化大革命”期间，无论是体制内还是体制外，政策研究成了一片空白。

从20世纪70年代末开始，中国社会进入改革开放的新时期。从1979年至90年代初，以邓小平为代表的中国共产党和中国政府进行了举世瞩目的制度和政策创新的实践。在这一阶段，邓小平支持和领导了真理标准大讨论，实现了第一次思想大解放。在此基础上，果断地抛弃了“以阶级斗争为纲”的错误政策，提出了以“一个中心、两个基本点”为主要内容的党在初级阶段的基本路线。与此同时，邓小平还在许多领域提出了一系列的新政策。比如，“一个国家，两种制度”的政策；“发展是硬道理”的政策；物质文明和精神文明要两手抓、两手都要硬的政策；科技是第一生产力的政策；允许一部分人、一部分地区先富起来的政策；等等。

党的十一届三中全会以后，面对改革开放的新形势，对过去重大决策的严重失误必须予以重新认识和科学总结，决策体制的弊端、决策过程的无程序性以及决策手段的落后性必须尽快克服和解决，决策科学化与民主化成为全社会现代化建设的迫切要求。于是，公共政策学作为一门新兴学科在中国应运而生。

在领导政策创新实践的同时，邓小平对新时期的政策理论作了研究。他指出，政策的本质要求是要讲求实效，给人民以物质上的实惠；检验政策是否正确的标准，不是人们的主观愿望，而是客观实践；政策的合法性是由多数群众满意来决定的，一项政策好不好，主要看工人、农民和知识分子赞成不赞成；政策执行必须坚持稳定性与连续性的原则，一项政策经过实践检验是正确的政策，就必须坚持，凡被实践证明是不完全正确甚至错误的政策，就必须修正或抛弃。

1983年，孟繁森在《理论探讨》杂志第7期上发表文章，呼吁“建立一门研究党和国家生命的科学——政策学”；1984年，李铁映在《哲学研究》第4期上发表题为《决策研究》的论文，依据辩证唯物主义认识论对决策过程做了分析，并指出决策须由硬结构和软结构两部分组成：前者指的是研究机构和咨询机构以及电子计算机等设备，后者指的是决策者包括形式逻辑的思维方式和辩证逻辑的思维特点在内的思维结构，还提出了做出正确的决策所需要的条件。这篇文章最后呼吁“加快决策科学化的步伐”，为此“各级领导应该学习决策科学的知识”。同时，“在各级干部学校、有关大学的某些系和专业应开设决策理论的选修课，系统地讲授各种决策知识和技术，培养造就未来的各级决策者”。科学决策和民主决策的问题引起了最高决策层的高度重视。在 1986 年 7 月召开的全国软科学学术会议上，国务院副总理万里明确地提出了实现决策的科学化和民主化的任务，并提出了要做“政策研究”这一重大课题。[①]

随后，从中央到地方党和政府各级领导部门以及中共中央、国务院所属各部、委、局，都建立了从事政策研究的专门机构。一批国外的决策科学和公共政策学的专著相继翻译出版。如克朗的《系统分析和政策科学》(1985 年)、林德布洛姆的《决策过程》(1988 年)、安德森的《公共政策》(1990 年)、凯尔曼的《制定公共政策》(1990 年)、药师寺泰藏的《公共政策》(1991 年)、大岳秀夫的《政策过程》(1992 年)、德洛尔的《逆境中的政策制定》(1996 年)等。与此同时，以大学本科教学为对象的决策科学与公共政策学的概论(教科书)陆续出版。如王文捷和石磐生的《马克思主义政策学》(1985 年)、姜圣阶等的《决策学基础》(1986 年)、刘悦伦等的《决策思维学》(1986 年)、黄净主编的《政策学基础知识》(1987 年)、孙光的《政策科学》(1988 年)、朱松春和孙云荣的《实用决策科学》(1988 年)、黄孟藩等的《实用决策新技术》(1988 年)、舒扬等的《政策学概论》(1989 年)、高长舒和张立荣的《社会主义政策学》(1989 年)、宣家骥的《多目标决策》(1989 年)、孙琬钟主编的《立法学教程》(1990 年)、桑玉成和刘百鸣的《公共政策学导论》(1990 年)、林德金的《政策研究方法论》(1991 年)、王福生的《政策学研究》(1991 年)、张金马主编的《政策科学导论》(1992 年)、邱菀华的《仿真决策引论》(1994 年)、胡象明的《地方政策分析——体制、文化与过程》(1994 年)、李忠尚的《现代决策论——软科学与科学决策研究》(1995 年)、陈庆云的《公共政策分析》(2006 年)、张国庆的《现代公共政策导论》(1997 年)、许文惠和张成福等的《行政决策学》(1997 年)、陈振明主编的《政策科学》(1998 年)、朱崇实和陈振明等的《公共政策》(1999 年)，等等。近年来，出版了一大批“公共政策学”教材，如严强主编的《公共政策学》(2008 年)，王骚编著的《公共政策学》(2010 年)，李建军、武玉坤、姜国兵编著的《公共政策学》(2009 年)，杨冠编著的《公共政策学》(2009 年)，冯静主编的《公共政策学》(2007 年)，陶学荣主编的《公共政策学》(2009 年)，马海涛、温来成主编的《公共政策学》(2006 年)，王曙光、李维新、金菊编著的《公共政策学》(2008 年)，刘圣中主编的《公共政策学》(2008 年)等。

---

① 宁骚主编:《公共政策》，高等教育出版社 2000 年版，第 40—43 页。

有关政策研究和分析的学术论文，对政府重大决策所做的论证报告和提交的备选政策方案、对政府某些重要政策（如人口政策、环境保护政策）的执行结果所做的阶段性评估或最终评估的报告，在一些社会科学杂志和党政领导机构的内部刊物上发表，或者成为公共决策部门的决策依据和参考。党政各级领导部门体制内的决策调研机构在政策形成过程中起了相当重要的作用。

到 20 世纪 90 年代，北京大学、中国人民大学、上海师范大学、厦门大学、武汉大学等高校的政治学与行政管理系率先在大学本科和硕士研究生培养方案中设置了公共政策学单科或系列课程，嗣后在党校系统、行政学院系统以及越来越多的高等院校内设立的公共管理系、行政管理系和政治学系里，也做了相同或相似的课程设置。北京大学和厦门大学在 1993—1994 年分别在行政学硕士点中设立公共政策分析方向，着手培养研究公共政策学的专业人才，接着又有一些著名大学也这样做。1997 年初，北京大学建立公共政策研究所，这是全国高校系统中第一个公共政策研究机构。随后，一大批高校相继建立了与公共政策研究相关的院系，如中国人民大学公共政策研究院等。

严肃的学术团体的建立也是学科形成的一个标志。在这方面，已成立了两个全国性的公共政策学组织：1992 年全国政策科学研究会建立，吴明愉任理事长；1994 年建立中国政策科学学会，马洪任会长。在这之后，还建立了一些全国性的部门政策研究的学术团体，如 1998 年成立了全国民族政策学会；一些省、市、自治区也成立了综合性的政策科学研究会和一些部门政策研究会。

总起来看，到 90 年代中期，公共政策学在中国已经形成为一个比较完整的学科。就这个新学科的研究内容来说，基本上包括三个方面：(1)在借鉴和综述国外和我国台湾学者的研究成果的基础上，从中国大陆政策制定和执行的一般情况出发，以适应大学本科教学需要为宗旨编撰而成的概论，是对公共政策学知识的综合性介绍；(2)对国外政策研究和政策评估中广为使用的数理方法、系统方法（如系统仿真）、社会调查和量化处理方法等，以及这些方法在研究政府大型工程决策和大型社会治理或改革方案的科学性、可行性与优化中的应用，所做的研究、综述和介绍；(3)针对政府部门面临的经济和社会问题所做的对策性研究。存在的主要问题是：对公共政策学的理论和方法论所做的开创性研究，还十分少见；注重中国政治体制、结构和政策过程的经验性研究课题的成果、使用符合中国政策研究特点的定量分析方法的成果、扎扎实实地进行学科范式的本土化研究的成果，为数也不多。这些方面都是中国的公共政策学研究在新的世纪里要大力加强的。①

近十年来，我国的公共政策学成为教育、培训，以及研究的热门领域；有越来越多的学者在各种场合（尤其是论著的作者简介中）表明自己从事公共政策或政策分析领域的研究与教学工作。公共政策领域的教学、研究与咨询机构大量涌现。20世纪末，我国只有少数几所大学在政治学和行政学系科中成立公共政策教研室或研究所，而目前大部分的“985工程”和“211工程”院校以及MPA试点院校都设有公共政策教研室、系、研究所（研究中心）或研究院。到现在，我国高校的公共管理、政治学等学科各专业的本科生教育中，公共政策学（政策科学或政策分析）已经成为最重要的基础课（主干课）或专业课，不少高校还开出系列课程；一些高校（如北京大学、中山大学、西北大学）还开设了公共政策本科专业；另一些高校则在政治学与行政学专业或行政管理专业中设立公共政策专业方向。在研究生教育方面，许多大学在政治学、行政学、经济学和社会学等学科的硕士点中设立政策分析或公共政策方向。2001年国务院学位委员会批准设立公共管理硕士（MPA）专业学位，在该专业学位中，公共政策及行政管理是其最基本的学科基础，“公共政策分析”被列为最重要的核心课程之一；而且大部分MPA试点院校都设立公共政策分析研究方向。进入21世纪，政策分析的博士教育也开始起步，在1998—2002年间国家设立的第一、二、三批行政管理的博士点中大多设有公共政策分析方向（北京大学、清华大学和厦门大学等）；到2006年为止国务院学位委员会批准的13个公共管理一级学科博士点（以及随后设立的公共管理博士后流动站）大都设有公共政策二级学科或研究方向（2011年通过省级学位委员会自审设置的新一批公共管理一级学科博士点的情况也大致相同）。特别值得一提的是，在2011年国务院学位委员会新修订的学科专业目录中，公共管理一级学科拟增加的唯一一个二级学科就是“公共政策”，这将为公共政策学科的发展创造更好的条件。

近年来，公共政策被许多高校列入重点学科建设领域之中。例如，在“211工程”三期创新平台与“985工程”重点学科的建设项目中，不少高校设立了“公共管理与公共政策”或类似名称的创新平台或重点学科项目（目前有大约三分之一的“985”学校设立了这样的项目）。另外，国家教育与科研主管部门尤其是国家自然科学基金会和国家社科规划办公室在“十一五”和“十二五”期间设立了大量的公共政策研究项目。例如，国家自然科学基金会管理科学部《宏观管理与政策学科“十一五”发展战略与优先资助研究报告》将“公共政策的理论与实践”作

① 宁骚主编：《公共政策》，高等教育出版社2000年版，第44—46页。

为“十一五”时期“宏观管理与政策学科”的四大重点发展领域之一，指出要强化公共政策的理论与实证研究，立足于我国现实的重大经济社会政策问题，关注转型期新旧体制之间的摩擦、利益多元化、资源与环境限制等多重约束条件下我国公共政策的制定和执行所面临的挑战，并对其进行分析、评估和判断；研究公共政策基本理论与方法论以及政策分析方法及技术；研究中国公共决策体制与政策过程以及公共决策中的公民参与问题；研究我国在建设社会主义和谐社会和法治国家的过程中，如何推进公共决策的科学化、民主化和法制化；跟踪西方公共政策分析的发展趋势并与我国进行比较分析，注意引进、消化和吸收当代国外的政策科学研究的积极成果。笔者为国家社科基金政治学科“十二五”发展战略提供的关于公共政策领域的重大及重点建议选题有：中国公共政策学科的理论体系构建、中国特色的公共决策经验及模式、公共政策研究的新途径及新方法、政策过程的新理论框架、决策科学化民主化与智库建设、中国社会政策创新、国外政策科学发展趋势的跟踪研究等等。

其次，公共政策的学术研究取得了丰硕的成果。特别是近十年来，我国公共政策学领域的文献迅速增加，国外公共政策学的一批代表性论著被翻译介绍过来(如中国人民大学出版社和三联书店分别推出的“公共政策经典译丛”)，国内学者也出版了大量的公共政策学的专著或教材(例如，仅 MPA 核心课程“公共政策分析”的教材就不下几十本)。这些年来，公共政策与公共管理成为了一个出版热点，许多出版社已推出公共政策与公共管理(以及 MPA)的丛书、系列教材或译丛。学界在国外公共政策学理论和方法成果的评介、引进和消化，中国政策系统及其运行，中国政策实践经验的总结以及中国优秀的政策遗产的继承，当代中国及世界现实政策问题尤其是经济社会政策问题等方面的研究上取得明显的进展。目前，公共政策学的基本概念、理论和方法的探索已见成效，初步确立起中国公共政策学的基本理论框架。与此同时，公共政策的学术交流日趋活跃。大批的国外著名的公共政策学家来华访问、讲学或参加学术会议；一批在国外学习公共政策学的学生和访问学者相继回国服务，他们带回了国外公共政策学发展的大量新信息；一些高校、科研机构、行政学院以及政策研究部门与国外大学的公共政策学院或思想库建立了正式或非正式的学术交流关系，使中国的公共政策学发展日益与国外接轨，有力地推动了中国公共政策学的国际化与规范化。特别是近十来年，国内公共政策学界的学术交流相当活跃，举办了大量的国际性和全国性的公共政策学方面的学术研讨会。

近十年来，越来越多的公共政策学者个人及团队以各种各样的方式(尤其是以政府部门的顾问或咨询专家的形式)参与到政府的决策实践中，政策分析的研究成果被大量应用到改革开放和经济社会建设的政策决策以及重大工程项目的研究与论证之中。近年来,一批公共政策学者活跃在行政体制改革、公共服务与服务型政府建设、创新社会管理、应急管理、政府绩效评价以及经济、社会和文化等政策领域的咨询活动中,在推进我国公共决策的科学化民主化方面起着越来越重要的作用。作为公共政策学最纯粹的组织体现的思想库或智囊团在我国开始发育并发挥作用。一大批官方的或民间的政策研究机构相继建立,公共政策学或政策分析作为咨询业的学科基础和人才培训基础的作用开始为人们所认识。①

第二节　公共政策学的研究对象:公共政策

一、公共政策的内涵和本质

(一)公共政策的概念

1. 政策的内涵

汉语中的“政策”一词,是由汉字中的两个字“政”与“策”组合而成。“政”,在中国古汉语中有“政权”、“政事”之意,如人们常说的“不在其位,不谋其政”。“策”在中国古汉语中有“计策”、“策划”之意,如《战国策》中的“策”,是说战国时代各国发生政治事件时所采取的各种对策。

我国现代汉语对“政策”一词的解释,往往与路线、方针、策略、计划、措施相联系。关于“政策”的定义很多,其中最有代表性的是《辞海》对“政策”的定义:“国家、政党为实现一定历史时期的路线和任务而规定的行动准则。”

《辞海》的定义中实际包含着四层内容:(1)政策制定主体是“国家与政党”;(2)政策存在的基本形式是“行动准则(规范)”;(3)政策的目的是“实现路线与任务”;(4)政策的时效是“一定历史时期”。②

人们往往发现,在实际生活中为实现一定阶段的路线与任务而制定行为规范的主体绝不仅仅是政党和国家。一般的社会团体或各类组织同样也存在着这种需求,不过是性质、范围和影响力不同而已。《辞海》把政策主体仅限在“国家与政党”层面上似乎太窄,因为按照这种理解,并从我国的现实出发,只能说明政策所体现的是国家的管理行为。

---

① 陈振明:《寻求政策科学发展的新突破》,《中国行政管理》2012年第4期。

② 陈庆云主编:《公共政策分析》,北京大学出版社2006年版,第2—3页。

与之相反，国外也有许多著名学者曾对“政策”下过定义。卡尔·弗雷德里奇把政策看成是“在某一特定的环境下，个人、团体或政府有计划的活动过程。提出政策的用意就是利用时机、克服障碍，以实现某个既定的目标，或达到某一既定的目的”。这一定义不仅强调了政策是朝着既定目标或目的前进的某一活动过程，而且认为政策主体既有政府也有社会团体或个人。美国学者安德森也认为：“政策是一个有目的的活动过程，而这些活动是由一个或一批行为者，为处理某一问题或有关事务而采取的。”①

2. 公共管理与公共政策

《辞海》对“政策”的解释实际上可视为对“公共政策”的一种理解。“政策”与“公共政策”之间的差别就体现在“公共”二字上。社会生活中存在着大量的涉及千百万人利益的公共事务，为规范社会成员的行为，实施有效管理，需要相关主体制定特定的规则。从理论上讲，凡是为解决社会公共事务中的各种问题所制定的政策，都是公共政策。在我国，所有制定公共政策的主体中，最基本、最核心的主体是中国共产党和政府。

除政府（无论是狭义还是广义）外，还有哪些组织是公共政策的主体？不少人认为是NGO，即非政府组织。陈庆云等人认为，“非政府组织”是个涉及面较广的范畴，联合国在20世纪40年代提出这个概念时，实质上所指的对象较为宽泛。或许有人会问，在非政府组织后面再加上“非营利”的限定，是否就可以体现出制定公共政策的要求？大量实践说明，在社会中确有这些非政府组织，它们把“不以营利为目的”作为组织的基本目标，仅为组织的共同利益而存在，甚至有的还承担了为社会提供部分公共产品（服务）的任务，但它们并不是公共组织，因此谈不上它们所制定的行为准则是“公共政策”。也有学者用“第三部门”来代替前面的“非政府组织”概念，这似乎也不确切。因此，陈庆云一直坚持沿用“非政府公共组织”概念，并认为，公共政策是政府、非政府公共组织和民众为实现特定时期的目标，在对社会公共事务实施共同管理过程中所制定的行为准则。对这一定义应该强调四点：(1)公共政策制定主体是政府、非政府公共组织和民众；(2)公共政策的需求基础是社会公共事务；(3)公共政策是社会公共事务管理中所制定的行为规范；(4)公共政策的主体在对社会公共事务实施管理的同时，也要对自身管理制定准则。

此外，社会公共事务的管理并不仅仅是对社会性公共事务的管理。社会公共事务应该包括政治性公共事务、经济性公共事务和社会性公共事务等。

① 陈庆云主编：《公共政策分析》，北京大学出版社2006年版，第3页。

在政治性公共事务中，民众自然是主体之一。

社会公共事务所指的“社会”是相对的，横向层面暂且不论，即使在纵向上就可划分为多个层次，比如全球、全国、地区（例如我国的省、市、县、乡）、社区。在不同的层次上，社会公共事务所表现出的内容在质与量上都会有所区别。

社会公共事务所指的“公共事务”，不仅包括人们公认的、涉及所有或绝大多数人的共同事务，而且也包括那些可能转换为前者，但却与部分人（如某些组织或集团），甚至个别人相关的事务。

公共政策的理论与实践研究，十分需要引进治理理论的相关内容。陈庆云把治理理论的精髓归纳为“参与、合作、互动、服务”八个字。

3. 公共政策的概念分析

无论是在当代国外学术界，还是在中国学术界，人们对公共政策概念的认识也不尽相同，关于公共政策的界定不仅多样，而且也存在矛盾。

中外学者分别对公共政策的内涵，做出了如下几种比较有代表性的界定①：

(1)伍德罗·威尔逊认为，公共政策是由政治家，即具有立法权者制定的，而由行政人员执行的法律和法规。这个定义对政策内容规定得太窄，并受到政治与行政二元论的影响。

(2)拉斯韦尔与卡普兰认为，公共政策是一种具有目标、价值与策略的大型计划。这个定义强调了政策作为一种以特定目标为取向的行动计划，以及它与一般计划的区别，但内涵过于笼统。

(3)托马斯·戴伊认为，凡是政府决定做的或者不做的事情就是公共政策。

这个定义强调了政策的表现形式，特别提出了“不做”的形式，但它没有严格地指出政府要做的事情与决定做的事情之间存在着偏差。

(4)国内学者张金马认为，公共政策是党和政府用以规范、引导有关机构团体和个人行动的准则或指南。其表现形式有法律规章、行政命令、政府首脑的书面或口头声明和指示，以及行动计划与策略等等。这个定义比较全面地指出了公共政策的表现方式，而且突出了它是一种行为规范，但该定义没有把公共政策的本质反映出来。

(5)国内学者陈振明认为，“政策是国家机关、政党以及其他政治团体在特定时期内，为实现或服务于一定的社会政治、经济、文化目标而采取的政治行为或规定的行为准则，它是一系列谋略、法令、措施、办法、方针、条例等的总称”。

这个定义外延了政策主体，包括了“其他政治团体”，同样也强调了政策是行

① 转引自陈庆云主编《公共政策分析》，北京大学出版社 2006 年版，第 4 页。

动准则。但这个定义既认为政策是政策主体所采取的政治行为，又说它是一种行动准则。制定准则固然是政治行为，但政策实质是“行为”还是“准则”？①

4. 对戴维·伊斯顿界定的评价

美国著名学者戴维·伊斯顿从政治系统分析的理论出发，认为公共政策是政治系统权威性决定的输出，因此它是对全社会的价值作有权威的分配。②这个定义包含了四层内容：(1)公共政策的实质是分配；(2)分配的内容是价值；(3)分配是面向全社会的；(4)分配的行为与结果具有权威性。

5. 关于价值与利益的辨析

陈庆云对公共政策的“价值”与“利益”有十分精辟的分析。他认为，西方学者提出的“价值”一词，有着丰富的内涵，“它不仅包括实物、资金，还包括权力、荣誉、服务等等有价值的东西”③。我国学者对“价值”的理解，与国外学者略有差别。如《现代汉语词典》中说：价值一是指“体现在商品里的社会必要劳动。价值量的大小决定于生产这一商品所需的社会必要劳动时间的多少。不经过人类劳动加工的东西，如空气，即使对人们有使用价值，也不具有价值”。二是指“积极作用”，如有价值的作品。这里，价值的第一个定义是从经济学的角度界定的。实际上，从哲学、伦理学、美学与政治学的角度，学者的理解还存在着相当大差别。根据中国人的思维逻辑，满足人类这两种需要的是那些供人类生存、享受和发展的社会资源；通俗地讲是“好处”；规范地说乃是“利益”。人们的一切努力都会与自身的利益有关。因此，陈庆云主张用“利益”代替“价值”更为恰当，因而他把“公共政策”定义为：“公共政策是政府依据特定时期的目标，通过对社会中各种利益进行选择与整合，在追求有效增进与公平分配社会利益的过程中所制定的行为准则。”④

综上所述，我们认为，公共政策是以政府为主的公共机构，依据特定时期的目标，通过对社会中各种利益进行选择与整合，以及具体实施产生效果的途径，利用公共资源，为达到解决社会公共问题所制定的行为准则。

（二）公共政策与利益

1. “利益”是公共政策的核心要素

从中外学者研究公共政策理论的成果考察，人们选择了从制度、权力、价值、

---

① 转引自陈庆云主编《公共政策分析》，北京大学出版社 2006 年版，第 5 页。

② 转引自陈振明：《政策科学》，中国人民大学出版社 1998 年版，第 59 页。

③ 张金马：《政策科学导论》，中国人民大学出版社 1992 年版，第 18 页。

④ 陈庆云主编：《公共政策分析》，北京大学出版社 2006 年版，第 10 页。

规范(非制度)、技术等多层面开展研究,其成果斐然。我们认为,当今世界是一个利益分化的政治时代。无论在理论研究中,还是在社会实践中,我们都深深体会到自己身处利益重组和利益分化的进程之中。马克思主义从辩证唯物主义和历史唯物主义出发,对利益问题展开了深入分析,从而科学地、深刻地揭示了利益的本质内涵。所谓利益,是指处于不同生产关系、不同社会地位的人们由于对物的需要而形成的一种利害关系。人的利益,首先起源于人的需要。需要是利益的主观基础,利益是需要的社会形态。利益以需要为基础,但不能简单归结为需要。人类的生产是实现利益的基本方式。人类要生存和发展,首先要满足对衣、食、住和其他东西的需要。利益是人们企图借助于生产来满足的需要,要想实现对需要的满足,人类必须从事生产。随着人类生产和生活的发展,人们不仅需要物质对象,而且需要精神对象,这就使得人们不仅从事物质生产,而且同时也从事精神生产。在社会生产中,利益的实现基本上有两种途径。可见,“利益”是公共政策的核心要素,公共政策是利益选择、利益整合、利益分配和利益落实的主要工具。要认清公共政策的本质,必须弄清公共政策与利益的关系。

2. 公共政策对社会利益进行权威性分配

陈庆云等人认为,假如一定要把公共政策理解为“它是对整个社会价值所做的权威性分配”的话,那么为免于对“价值”一词有宽泛的理解,同时又能突出公共政策的本质,不如把“价值”改为“利益”。也就是说,公共政策的本质是社会利益的集中反映。政策的形成过程,实际上是各种利益群体把自己的利益要求输入到政策制定系统中,由政策主体依据自身利益的需求,对复杂的利益关系进行调整的过程,公共政策的制定与执行是社会各种利益冲突的集中反映。

对利益的需求是人类行为的动因。社会由无数个体组成,没有每一个个体的利益,自然也无从谈起社会的利益。但个人只有在组织或社会中才能得到发展,个人利益必须同组织利益、社会和国家利益有效地结合起来。无产阶级的利益原则是:个人利益、集体利益和国家利益是统一的。一旦它们之间发生矛盾,个人利益要服从集体和国家的利益。无产阶级获得政权后,每一项重大方针、政策的制定和实施,都要考虑到全社会的整体利益。在承认每一个利益主体对利益追求的合理性和自主性的基础上,解决好人们之间的利益矛盾,使得人们在承担对社会的责任和义务的同时,对利益的追求真正成为社会进步的动力。

政府常常利用公共政策,去保护、满足一部分人的利益需求,同时抑制、削弱甚至打击另一部分人的利益需求。通过政策作用去调整利益关系,在原有利益格局的基础上形成新的利益结构。正是从这个意义上讲,公共政策的本质应该是政府对社会利益实行的权威性分配。因此,我们主张可以在戴维·伊斯顿对公共政策的定义中，把“价值分配”改为“利益分配”。①

3. 公共政策需增进社会利益

陈庆云等人认为公共政策的功能绝不仅限于分配上。公共政策确实有分配利益的功能，但这种利益分配的基础是社会利益的增进。如果仿照经济学的语言做一个类比，分配社会利益是分蛋糕，而这种分蛋糕的基础就是做蛋糕。所以公共政策的实质之一是如何增进社会利益。

即使单从分配的逻辑上看，人们会沿着“分配”的思路提出问题：为什么应该这样分配？为什么能够这样分配？分配的结果是什么？需要不需要再分配？即人们既会关心分配前的状况，又要关心分配后的结果，以及若干其他的分配以外的问题。这与戴维·伊斯顿的定义有所不同。

分配利益是一个动态过程，在增进社会利益的前提下，分配的基础是选择利益和整合利益；分配的关键是利益落实。从社会利益中，由利益选择到利益整合，由利益分配到利益落实，这是一个完整的过程。公共政策的过程取向，是与这种利益取向完全一致的。

（1）利益选择。政府对利益的分配，不是任意的、无的放矢的。作为公共权力的占有者，政府把利益分配给谁，首先来自政治统治的目的。在阶级社会里，无论何种社会、何种政府，它们所制定的公共政策，都必须符合统治阶级的利益要求。因此，政府要选择那些与政府的价值取向一致的社会群体作为分配对象，满足他们的利益需要：按照马克思主义的观点，在剥削阶级占统治地位的国家里，其政策从根本上讲自然是为少数剥削者的利益而制定的，它与剥削阶级的价值取向一致。而在无产阶级掌握政权的国家中，公共政策的制定和执行，是要维护无产阶级和广大劳动人民的根本利益。

不过，这中间有种认识需要澄清：作为社会公共权力代表的各级政府，除了全社会的利益之外，有没有自身的利益？大量实践使得人们愈来愈清楚地认识到，政府也是社会多元利益主体之一，也要寻求自身的最大利益。作为一个相对独立的社会行为组织，政府是由若干成员组成的，每个成员的利益以及他们的总体利益是借政府的机构来实现的。所以制定什么样的政策，政府首先是选择利益，选择那些与社会整体利益一致的方面，也选择那些与政府自身最大利益相一致的方面：

政府的这种人为、主观的选择特征，必然使公共政策在分配社会利益时带有明显的倾向性。比如，少数政府官员偏袒某些利益群体，经常给予这些利益群体

① 陈庆云主编：《公共政策分析》，北京大学出版社2006年版，第7页。

“优惠政策”,使得他们从政策中获得更多的利益。明白了这一点,就容易理解为什么我们有时也会出现事与愿违的公共政策。

(2)利益整合。美国著名学者罗尔斯认为,所谓社会是为获取共同利益组成的协同事业体,因而各社会成员在通过建立社会及其相互协作以增加利益时,具有互相一致的利害关系。至于社会总体所获得的利益,如何向每一个社会成员进行分配,却构成了人与人之间在利害关系上相互对立的态势。① 所以政府在向社会各成员分配利益时,除了考虑到社会的整体利益与政府利益之外,还要充分考虑到社会各成员之间的利益相关性。

政策本身所反映的利益关系,是通过社会问题表现出来的。社会上,人们已获得的利益和想要得到的利益之间总是存在着差距,因而由利益差距所形成的个人利益与他人利益、组织利益的矛盾总是客观存在的。为解决由错综复杂的利益关系所产生的矛盾,政策制定者会制定出不同的政策,引导持有不同利益的相关组织和个人采取不同的行为。

与社会利益紧密相关的公共政策,要提供一种普遍遵循,或者至少相关人员应该遵循的行为准则,规范人们在追求利益时的行为,避免出现矛盾或冲突。

政府必须综合地平衡各种利益关系,或简称为“利益整合”。利益整合建立在利益选择的基础之上,前者既是后者的逻辑结果,又是实现结果,而且往往是两种结果的有机统一。

利益整合,除体现在政治行为与普通准则上,还体现在原则性与灵活性的结合上。现实社会中,利益主体的利益是多元化的。政策既要反映社会大多数人的利益需求,又要兼顾保护少数人的合法利益。政策的作用,是要调动人的积极因素,排除那些消极因素,把各种利益矛盾尽量控制在较小的范围之中,以保证社会的稳定与发展。

(3)利益分配。不少人认为,政策是一种资源;谁得到了政策,谁就拥有了一定资源。实际上,公共政策本身并不是资源,而是由于政策实施后一部分人的利益得到满足,这意味着政策起到了向社会有关成员分配利益的功能。对不同的政策对象来说,公共政策所分配的利益,往往对一些人是直接的,而对另一些人是间接的。

一般地说,人们从政策那里所得到的好处,从程度上看是不等的。比如,获得减免税政策的企业,是直接利益的获得者,而与这些企业产、供、销相关的其他组织与个人,很可能是这一政策的间接获益者。

---

① 〔美〕约翰·罗尔斯:《正义论》,谢延光译,上海译文出版社 1991 年版,第 3—6 页。

利益分配的结果既能使部分人获得利益,也可以使部分人失去利益。比如物价政策,就经常在生产者与消费者之间谋取合理的平衡。它们有时会削弱生产者的利益,有时则抑制消费者的利益。但公共政策的最大特点之一,总是要保护绝大多数人的利益,尤其是绝大多数人的长远利益,而抑制少数人的利益。

不过,人们从政策中获得利益或失去利益并不是绝对的,有时还会出现这样的情况:某一政策使得一些人既获得利益,又失去利益。比如人口流动政策,使得农村剩余劳动力大量涌入城市,这固然使农民得到利益,同时给城市居民的某些生活服务也带来了很大方便,从中获得了好处。但因流动人口管理上的困难以及其他多种原因,城市居民的利益又常常受到程度不同的影响。至于对那些失去利益而又不接受做出让步或牺牲的政策对象来说,公共政策会对他们构成一种强制性的规范。

(4)利益落实。政策分配利益,满足一部分利益群体的合理要求是十分重要的。但更重要的是这些利益群体能否按照政策规定的目标,获得应有的利益,这不仅是相关利益群体关心的事,更应该是政府关心的事。政府的政策主体地位,需要它们主动地把政策内容贯彻到实践中去,产生应有的政策效果,即从本质上讲,使得分配的利益到位:比如,为了减轻农民负担,中央、国务院曾多次制定了相关政策,三令五申地指出,严禁向农民乱摊派、乱收费、乱集资以及“打白条”等现象发生。然而在实际执行过程中,许多地方的农民负担仍然十分沉重,农民的实际利益受到了严重侵犯,使得他们产生了“被剥夺感”。很显然,中央政策是要真正减轻农民负担、保护农民利益的,但政策不能有效地落实,就意味着农民没有从中央政策中获得利益。

可见,人们按照戴维·伊斯顿“分配”的思路理解公共政策显然是不够的,这就如同经济学所讲的那样,仅讲分蛋糕不行,还要做蛋糕,公共政策不仅要分配利益,更要增进全社会的利益。改革开放之初,由于“文化大革命”造成的恶果“中国经济已走到崩溃的边缘”。为了恢复经济,促进经济的快速增长,政府出台了“让一部分人先富起来”的政策,农村中实行“联产承包责任制”政策等,其目的主要不是表现在利益的分配上,更多的是为了增进全社会的利益。增进全社会的利益与效率有关,分配全社会的利益则体现在公平上。①

4. 公共政策的本质

公共政策的本质是要解决利益的增进与分配问题,既包括物质利益增进与分配,也包括精神利益的增进与分配。公共政策对利益的分配,是一个动态过

① 陈庆云主编:《公共政策分析》,北京大学出版社 2006 年版,第 9—10 页。

程。这种分配服从于政策主体的整体目标需要，或者更直接地说，服从于政策主体对利益的追求。公共政策对社会利益的分配过程，是有时间与空间限制的。突出“追求”，说明公共政策仅是某种规范，其实际结果如何，有待于对执行效果的分析。在对公共政策本质的理解上，应突出以下内容：一是公共政策要实实在在地增进社会利益；二是公共政策要对全社会的利益进行分配；三是这种利益分配是基于多种利益关系的有选择的利益分配；四是这种利益分配是通过整合各种利益矛盾后所进行的利益分配；五是这种利益分配是要在实践中得到兑现的利益分配；六是公共政策要在增进社会利益中突出效率，在分配社会利益中突出公平。①

二、公共政策的基本特征与主要功能

（一）公共政策的基本特征

作为对社会利益进行分配的政策，是要调整社会成员之间的利益关系，实现政府的目标。在不同的社会形态里，公共政策的表现形式各异。在阶级社会里，它具有如下明显的共同特征：

1. 政治性与阶级性

公共政策是为实现政党、政府的政治目的，由政治性组织制定的行动方案和行为准则，因此，公共政策具有鲜明的政治性。

公共政策是公共权力机构为解决某一社会问题而制定的行为规范，是政府政治行为的产物。政府是统治阶级行使国家权力的核心工具。政府的政策要符合统治阶级维护和巩固现行政治统治的需要，要体现统治阶级的意志，反映统治阶级的根本利益和共同愿望。明显的政治倾向与阶级性，会强烈地表现于每一项政策之中。因此，公共政策具有鲜明的阶级性，超阶级的政策是不存在的。

马克思主义认为，“统治阶级的思想在每一时代都是占统治地位的思想。这就是说，一个阶级是社会上占统治地位的物质力量，同时也是社会上占统治地位的精神力量。支配着物质生产资料的阶级，同时也支配着精神生产资料，因此，那些没有精神生产资料的人的思想，一般地是隶属于这个阶级的。”公共政策的指导思想，是统治阶级思想的集中体现，其理论基础是统治阶级倡导并支持的理论。比如二战结束后，西方资本主义国家依照资产阶级的统治需要，普遍实行凯恩斯主义，采取了国家干预的经济政策。毫无疑问，社会主义国家的政策集中反

① 陈庆云主编：《公共政策分析》，北京大学出版社 2006 年版，第 10—11 页。

映了占统治地位的工人阶级和广大劳动群众的利益需求。①

2. 目标取向

公共政策是政策主体拟制和选择的一种行动方案。这种方案是对一定政策目标如何实现所做的设计。任何政策都是为解决政治、经济、社会、文化领域的特定问题而制定的，因此，问题的解决就是政策的目的。但是，问题朝着什么方向解决、解决到什么程度，则需要通过政策目标的设定来确定。而目标的设定，是具有鲜明的价值取向、资源配置取向和利益分配取向的。换句话说，政策主体的意识形态、价值观及其行为的目的性、行为的能力，都会通过政策目标的设定而得以体现。无目标取向和目标取向模糊的政策，就是盲目的政策。总之，目标取向是公共政策的灵魂。②

3. 整体性与层次性

公共政策要解决的问题是复杂的。尽管某一政策是针对特定问题提出的，但这些问题总与其他问题交织在一起，相互关联，相互影响。孤立地解决某一问题，往往是不成功的。即使暂时解决，也会牵连其他问题或产生新问题。比如埃及的阿斯旺高坝，解决了上游的水利问题，却引发了生态平衡的破坏等一系列环境问题。之所以会产生这种结果，是由某项政策功能的有限性与社会问题的庞大和复杂之间的矛盾造成的。政府很难通过某一项或几项政策对全社会实行有效管理。

人们经常讲，政策要配套，是指由众多数量、类型不一的政策组成政策体系，强化政策的整体功能。整体性不仅表现于政策的内容与形式上，而且还表现在政策过程中。一个理想的政策过程，基本包括了政策的制定、执行、评价和调整等多个环节，不同的环节之间相互联系，共同对政策的质量发生作用。政策体系的整体功能，以及政策过程诸环节的整体作用，除取决于自身的联系之外，还与政策环境密切相关。环境的变化，必然会引起政策过程诸环节的变化，同时也将导致政策及政策体系的变化。为保证政策机制的运行，需要注意政策内容、政策过程与环境之间的整体作用。

政策作为政府行为的产出项，根据不同层次的政策主体，会具有不同规格。按照权力主体来划分，政策包括中央政策和地方政策。从内容上看，政策体系中的各项政策，也有不同的层次关系，可划分为总政策、基本政策、具体政策等。尽管不同的政策间是相互联系的，但不同类型的政策之间并非是“平起平坐”的关

① 陈庆云主编:《公共政策分析》,北京大学出版社 2006 年版,第 11 页。

② 宁骚主编:《公共政策》,高等教育出版社 2000 年版,第 158 页。

系，而有主次之分。

从政策体系的纵向分析，高层次政策对低层次政策起支配作用。但高层次的政策内容都是概括性强的原则性规定，常常难以直接规范人们的行为。只有把高层次的政策加以具体化，并逐层分解，才能转化为低一层次可操作性的一系列政策。“一刀切”政策至少没有认识到政策的层次性。

需要特别指出的是，按照系统论的能级原则，不同层次的系统要素具有不同的能级。中央政府的宏观调控政策是从整个国家的全局考虑制定的，各地方政府必须依照本地区的实际情况，具体分析客观对象，制定出适合本地区的政策，而不是简单地照搬中央政策。即使处于同一层次上的政府政策，也可能由于政策问题提出的背景等因素的不同，在政策内容上会有一定差别，同样不应该生搬硬套。

4. 超前性

尽管公共政策是针对现实问题提出的，但它们是对未来发展的一种安排与指南，必须具有预见性。任何政策都有明确的政策目标，即解决政策问题所要达到的目的、结果和状态。先进的政策目标，决定了政策应是超前的。比如“允许部分地区和个人靠勤劳先富”的政策，其目的是要达到“共同富裕”。社会主义制度的本质特征，决定了“共同富裕”这一目标是先进的。为实现这个目的，政策鼓励先富的地区和个人，要以富帮穷，犹如滚雪球，逐步壮大，最终实现“共同富裕”。如果没有“先富”，就不可能“同富”。由此可见，政策目标愈先进，政策的超前性愈强。

政策的超前性，不仅是保证政策稳定的必要条件，而且是合理分配社会利益的有力保证。那些处于最佳超前度的政策，必将对社会产生强大的吸引力和推动力。政策的超前性，不是脱离实际的空想，而是建立在科学预测与对客观事物发展规律充分认识基础上的必然结果。

5. 多样性

公共政策的多样性，显然源于政策的“公共”特征。现代政府在社会生活中所处的举足轻重的地位，直接由政府职能的日益拓展所决定。政府职能是政府在一定时期内，依据社会发展需要，所承担的职责和具有的功能。多数人把政府职能分为政治统治、社会管理和经济管理职能。

随着生产力的不断发展，社会事务的日益增多，总的说来政府职能的发展趋势日益丰富、复杂和扩大。那些在过去不太需要政府管理的问题，如人口问题、环境保护问题、资源问题等，均被列入现代政府的管理范围内，由此而引发的政策问题，自然变得多样与复杂。

在我国，由于受政治、经济、历史和文化等各种因素的影响，政府管理范围相当广泛，因而政府的政策内容极其繁杂。比如，我国的公共政策，按社会领域划分，不仅可以划分为政治、经济、科技、社会等政策，而且这些政策还可以划分为若干子政策，如经济政策可包括财政政策、金融政策等。同样，这些子政策还可以再分为更低一层次的子政策。

6. 合法性

政府行为是一种特殊的“法人行为”，体现政府行为的政策，本身就具有一定法律性质。它的规范作用，与社会上一般所讲的道德规范不同。它既要依靠社会舆论来维持，更要通过国家的强制力量来监督执行，因为政策集中反映了统治阶级的思想。

政策与法律之间存在着特殊关系，它们都共同体现并代表了统治阶级的利益。但政策是法律的重要依据，法律是实行政策的最有效形式。法律比政策更条例化、固定化，而政策比法律具有一定的灵活性，所以政策是法律的前身。对于一个逐步走向法制化的国家来说，政策的合法性是极其重要的政治要求。它首先表现在内容上不能与宪法、法律相抵触；其次表现在程序上要严格守法。

这充分体现了对法律的尊重，有利于民主政治的培育与发展。在一定条件下，政策与法律之间可以相互转化。在此需说明，西方学者对公共政策内容与形式的理解，要比我们宽泛得多。

(二) 公共政策的主要功能

所谓公共政策的功能，就是公共政策在管理社会公共事务过程中所发挥的作用。依据我们的理解，公共政策的基本功能有三个：导向功能、调控功能与分配功能。

1. 管制功能

政策问题的解决，可以通过政策对象不做什么来达成政策目标。政策主体要制约、禁止政策对象不做什么，或者说要使政策对象不发生政策主体不愿见到的行为，就须使政策对政策对象的行为具有管制功能。这种功能是通过政策的条文规定表现出来的。通常采取两种做法来设定政策的管制功能：(1)条文规定使政策对象不能、不愿、不敢超出规范擅自行为，这是政策的积极性管制功能：譬如一些国家和地区的公务员制度条例规定高薪养廉，使公务员认识到奉公守法、忠于职守可以享有很好的待遇并有一个美好的前程，而贪污腐败、玩忽职守必定使这一切化为泡影。这样就在政策的条文规定上使政策主体禁止的行为在政策对象那里不发生。(2)条文规定使政策对象发生违反规范的行为时，受到相应的惩罚，这是政策的消极性管制功能。用于法庭审判的法律条文，一般都具有这种功能。在国际贸易关系中，有的国家践踏双边、多边协议或国际惯例，由此受到损害的国家在交涉无效的情况下便采取贸易报复措施，也是政策的这种功能的一种应用。①

2. 导向功能

公共政策是针对社会利益关系中的矛盾所引发的社会问题而提出的。为解决某个政策问题，政府依据特定的目标，通过政策对人们的行为和事物的发展加以引导，使得政策具有导向性。具体地讲，政策为社会的发展、人们的行为确定方向，能有效地使整个社会生活由复杂、多变、相互冲突、漫无目的的行为，纳入到统一而明确的目标上来，使之按照既定方向有序前进。

政策的导向，是行为的导向，也是观念的导向。公共政策是规范人们行为的准则。它所倡导的是，告诫人们应该按照什么原则，做什么事而不能做什么事；这必然会对社会的观念产生巨大影响，尤其在体制变革的年代或制度创新时期，这种影响会更大。人们看到在体制转轨的过程中，政府的许多政策对人们的观念导向比起对行为的导向来说，其作用可能更大。这是因为由于历史环境等各种原因，在迅速变革的年代里，人们在观念上的需求动机会有较大的变化，但不一定在行动中就立即或全部表现出来。

公共政策的导向功能，有两种作用形式：一种是直接引导，另一种是间接引导。我国的许多农村政策，既直接引导了农民发展农业生产的行为，同时也间接地对城市居民的工作与生活发生了影响，引导与制约了他们的行为。正如前面提到的，这种间接导向作用，反映在行为上，更反映在观念的转变上。比如，在城市居民中，如何看待农村及农村生活，从观念上发生了深刻的变化。甚至还出现这一类情况，某项政策对一部分人的观念与行为，原本是起到间接引导作用的，在一定条件下这种间接引导作用却转变成直接引导作用。

从作用结果来看，公共政策的导向功能包括正向引导功能和负向引导功能。

正导向是政策对事物发展方向的正确引导，体现了人们对事物发展规律所表现出的正确认识。这一点理论上不会有什么争议，关键是如何理解负导向功能。

有些学者认为，那些违背事物发展规律、对事物发展方向起逆转作用的、被实践证明是错误的政策，才具有负导向功能。我们认为这种理解未免太窄，原因是公共政策不是符合一切人利益的政策。

在我国，政府政策所谋求的是要符合绝大多数人的利益。即使在绝大多数

① 宁骚主编：《公共政策》，高等教育出版社 2000 年版，第 163 页。

人中，人的素质有差别，也不排除一部分人从实用主义的角度来理解某一项公共政策的内涵。更何况，任何一项政策不可能是尽善尽美的，总需要在实践中不断完善：所以，不正确的政策，违背绝大多数人利益的政策，固然具有负导向功能；而那些基本正确的政策，因其具有不可克服的负效应，也会产生负导向功能。

西方国家公共政策的负导向功能，其表现非常突出。比如，美国的福利政策，采取了对未成年子女的家庭进行补助的措施，由此产生了私生子女增多的不良后果。公共政策所具有的导向功能是客观的，是不以人们意志为转移的。人们既要充分发挥政策的正导向功能，又要清醒地认识到政策的负导向功能，要主动地调整社会的利益关系，克服它们的消极影响，特别要尽量避免那些因错误政策所产生的负导向作用。

3. 调控功能

公共政策的调控功能是指政府运用政策，在对社会公共事务中出现的各种利益矛盾，进行调节和控制的过程中所起的作用。正如不少学者所指出的那样，它既有调节作用，也有控制作用。但我们认为，调节作用与控制作用往往是联系在一起的，经常是调节中有控制，控制中达到了调节。

政策的调控作用，主要体现在调控社会各种利益关系，尤为重要的是物质利益关系。现实社会里存在着追求各种不同利益的群体。他们中有些人的利益是一致的，有些人的利益则不一致。有些人在一定时期内，利益是一致的，而在其他时期内又会不一致。利益的差别、摩擦以致冲突是不可避免的。为了平衡各种利益矛盾，实现社会的稳定和发展，作为一项政治措施的公共政策，需要承担起调控社会利益关系的重任。

公共政策涉及社会、阶级和国家的根本利益，浸透了政府决策者的认识能力和主观偏好。正因为如此，公共政策作为政府用以管理社会的工具，首先必须在维护统治阶级的利益与需要方面，起到巨大的政治作用。这是政策发挥调控作用的出发点。人们看到，不少政策之所以失灵，没有实现预期目标，就是因为人们有意或无意地忘记了这一点。

公共政策的调控功能，也有直接的和间接的两种形式。对中央政策而言，那些宏观调控政策，如以产业政策为核心的经济政策，控制人口增长、保护生态平衡等政策，对我国经济的发展、人口的数量和质量、环境的保护，都直接起到了调控作用；同时，它们也对企业的发展起到了间接调控作用，政府制定政策去调控市场，市场引导企业的生产、经营，促使资源的优化配置。在计划经济体制下，人们混淆了两种调控方式的区别，使宏观经济政策产生了许多消极作用。

政府政策的调控功能，常常还表现出特有的倾斜性。因为政府目标在不同时期会有不同的侧重点,政策要围绕政府目标的侧重点,鲜明地倾向于政府工作的某一方面,即政府在满足整体利益的前提下,优先对某一领域,以及相应的某一些利益群体施加保护或者采取促进性措施,使之得到充分发展,而这些措施往往是倾斜政策的重要内容。政策不仅指明人们应该做什么、不该做什么,而且还指明应该先做什么、后做什么,以此调控社会群体和个体的行为,规范人们的行动。

政策的调控功能,也有积极与消极之分。消极的调控作用也被称为负调控功能。这种消极作用,往往是因强调一种倾向而掩盖了另两种倾向所致。比如,强调扩大地方自主权的“分灶吃饭”政策实施后,中央财政收入出现了较为明显的下降趋势。

4. 分配功能

在关于“公共政策”的定义中,我们特别强调了它在分配社会利益中的本质特征。毫无疑问,公共政策应具有利益的分配功能。这种功能需要回答三个方面的问题:将那些满足社会需求的资源(即利益)向谁分配?如何分配?什么是最佳分配?这里,我们只讨论第一个问题。

社会经济地位、思想观念、风俗习惯以及知识水平等方面的差别,造成了不同目的的人有不同的利益需求。然而社会的实际资源是有限的,不可能时时、事事都满足每一个人的需要。社会中每一个利益群体与个体都希望在有限的资源中多获得一些利益,这必然会在分配各种具体利益时产生冲突。如果这些冲突激化,就会造成社会的不稳定。

为减少社会成员之间的利益摩擦,需要站在公正的立场上,用政策来调整现实的利益关系。一旦某项政策付诸实施,必然是一部分人获得利益,另一部分人未获得利益;或者是一部分获得了较多的利益,另一部人非但未获利益,甚至失去原有的利益,这就是政策所起到的利益分配作用。每一项具体政策,都有一个“谁受益”的问题。换句话说,政策必须鲜明地表示:把利益分配给谁?

利益究竟分配给谁?在通常情况下,下列三种利益群体和个体,容易从公共政策中获得利益:

(1)与政府主观偏好一致或基本一致者。政府是政策制定的主体,自然也是利益分配的主体。政府显然愿意把社会利益分配给自己的拥护者,而不是反对者。现实中常有这种情况,那些口头或表面拥护而实际上反对政府偏好的人,也同样会从政府手中获得同等的利益,甚至更多的利益。

(2)最能代表社会生产力发展方向者。公共政策的利益取向,要求必须明确谁是政策的受益者。对于任何一届政府来说,大力发展社会生产力总是第一位的。政策的好与坏、正确与错误,首先看它是否有利于生产力的发展。不言而喻,其行为体现生产力发展趋势者,必然会从政策中获益。

(3)普遍获益的社会多数或绝大多数者。一项政策的实际效果,取决于该政策是否符合绝大多数人的利益。因为在政策实施过程中,利益得到满足或基本满足的各种利益群体与个体,会自觉不自觉地拥护和执行政策,促使政策的实际效果与预期效果一致。一般地说,在特定时期内政策受益的人越多,发生政策偏离的可能性就越小。

在市场经济体制下,市场调节以效率为原则。但对任何一个进步国家来说,它又要坚持社会公平原则。多年来,尽管我们一再提倡效率优先、兼顾公平的原则,但是社会利益矛盾仍然突出地反映在分配不公上,尤其是物质利益的分配不公。那些不合理的分配政策,假如得不到及时纠正,必然大大加剧利益分配中的矛盾,有可能会从物质利益冲突发展到非物质利益的冲突。

因此,认真地研究公共政策的利益分配功能,既是重要的理论问题,又是一个严肃的实践问题。可以这样讲,离开了“究竟把利益分配给谁”这一核心问题,公共政策将失去制定的必要性,即使制定出来也会失去其灵魂。①

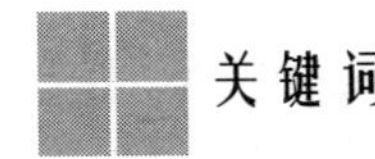

关键词

公共政策学　　公共政策学的研究对象　　公共政策的本质
公共政策的基本特征与主要功能

本章小结

本章讨论了公共政策学诞生和发展的过程,首先简述了公共政策学之所以在美国诞生,是因为美国具备公共政策学产生的土壤,当时的美国社会具有三种特别的因素:普遍流行的行为主义方法、日益加剧的社会问题、接受政策替代方案的文化。正是这三种社会文化因素构成了公共政策学在美国诞生的现实条件。在此基础上我们进一步介绍了为公共政策学诞生作出了较大贡献的学者及其主要观点。

美国学者哈罗德·D. 拉斯韦尔为公共政策学的诞生作出开创性的贡献,他本人被认为是公共政策学的创立者,他与美国著名政治学家勒纳共同主编的《政策科学:视野与方法的近期发展》一书被誉为“公共政策学的开山之作”。早期的

① 陈庆云主编:《公共政策分析》,北京大学出版社 2006 年版,第 14—16 页。

公共政策学研究以拉斯韦尔等人倡导的行为主义为主导范式，戴维·伊斯顿、林德布洛姆、阿尔蒙德等人作出了很大贡献。20世纪60年代后期，以著名学者叶海卡·德洛尔为代表的学派，对拉斯韦尔等学者倡导的行为主义方法论进行了全面的批评。他们强烈主张建立一种将管理科学、行为科学、系统科学、政治科学、经济科学和决策科学等融为一体的新的公共政策学。之后，公共政策学的研究向多元化发展。

我国的公共政策学起步较晚，但发展十分迅速。到90年代中期，公共政策学在中国已经形成为一个比较完整的学科，取得了一大批可喜的成果，建立了大量的研究机构，但民间的研究机构较少，独立的研究成果还比较欠缺。

本章的第二节较为详细地探讨了公共政策学的研究对象“公共政策”的概念与本质，分析了公共政策与利益的关系，介绍并分析了陈庆云关于“公共政策的本质是利益”的观点，包括利益选择、利益整合、利益分配和利益落实。公共政策的基本特征为：政治性与阶级性、目标取向性、整体性与层次性、超前性、多样性、合法性。公共政策的主要功能是管制功能、导向功能、调控功能和分配功能。

思考题

1. 公共政策学科的创始人及其主要贡献。
2. 德洛尔对拉斯韦尔的批判及其对公共政策学的主要贡献。
3. 公共政策的概念与本质。
4. 公共政策与利益的关系。
5. 公共政策的基本特征与主要功能。

推荐阅读

1. 陈庆云：《公共政策分析》，北京大学出版社2006年版。
2. 宁骚主编：《公共政策》，高等教育出版社2000年版。
3. 陈振明：《政策科学》，中国人民大学出版社1998年版。
4. 张金马：《公共政策分析：概念、过程、方法》，人民出版社2004年版。
5. 陶学荣：《公共政策学》，东北财经大学出版社2006年版。
6.〔美〕托马斯·戴伊：《理解公共政策》，彭勃等译，华夏出版社2004年版。
7.〔日〕药师寺泰藏：《公共政策：政治过程》，张丹译，经济日报出版社1991年版。

第二章　公共政策系统

【知识框架图】

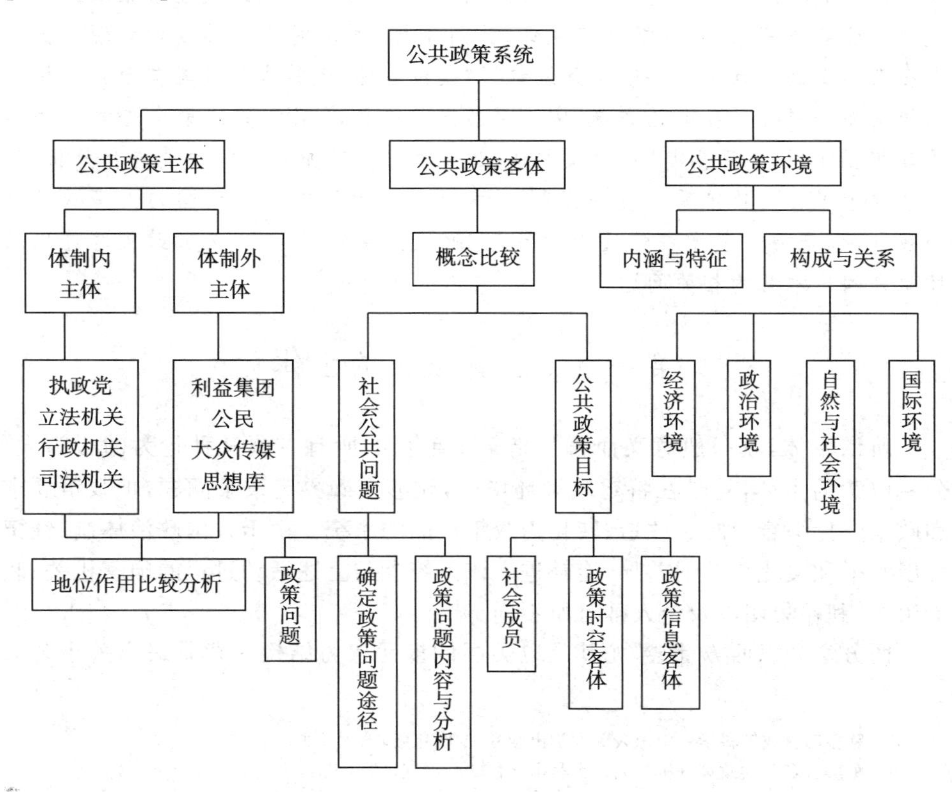

内容摘要

“系统”概念涉及许多社会科学学科，而其最早来源于生物学的专业术语。许多社会科学的学者立足于自己的学科角度提出了种种界定；综合更多的观点，我们认为“系统”是我们应考察的对象自身内在各种相互作用的因素和所在环境相互作用的集合。当我们在研究某个系统时实际上是在考察种种因素及其相互作用。公共政策系统显然是指其内外的种种因素及其相互作用，而又由于存在认识角度不同、强调重点的不同，对它的分析与界定仍然存在着不同观点。西方学者更多地强调公共政策主体及价值观、社会总体的法律制度，即倾向于我们所考察对象自身内在各种因素及其相互作用的结果。例如美国学者詹姆斯·E. 安德森著的《公共政策》、S. S. 那格尔主编的《政策研究百科全书》、E. 贝·克鲁斯克等编的《公共政策词典》中的观点。我国的学者中有人从发生政策顺序角度提出了公共政策系统，包括制定主体、执行主体、作用对象及其政策环境。国内大多数学者的观点是公共政策系统包括“政策主体、政策客体及其与政策环境相互作用而构成的社会政治系统”①。即倾向于全面考察公共政策内外种种因素及其相互作用，其理由是“从政策主体、政策客体和政策环境的角度进行分析，较好地揭示了公共政策系统的内涵”②。本章作者为了充分尊重国内大多数学者的观点，也是便于教学中体现中国特色，故从公共政策主体、公共政策客体以及环境来阐述本章的相关问题。

第一节　公共政策的主体

所谓主体，就一般意义而言是指某个事物的所有者或某种行为的行为人。公共政策的主体，就是在特定政策环境中，能够准确界定政策问题，把政策要求和政策支持综合、加工、改造、转化为政策产品的系统。由于各国政治体制、经济发展水平和文化传统的差异，能够进入该系统参与上述活动过程的国家机关、政治组织、利益集团以及个人都有所不同。

西方学者以西方社会，尤其是以美国的多元权力结构为背景提出关于公共

① 陈振明：《政策科学》，中国人民大学出版社 1998 年版，第 105 页。

② 陈庆云：《公共政策分析》，北京大学出版社 2006 年版，第 68 页。

政策主体的观点。美国学者詹姆斯·E.安德森认为，国家立法机关、行政机关、行政管理机构、法院以及利益团体、政党、作为个人的公民是政策产品的主要生产者和供给者，前四类是"官方的政策制定者"，后三类是政策过程"非官方的参与者"。[①] 美国学者琼斯和曼特斯则根据政府提案的来源，将公共政策的主体分为政府内部和政府外部两大类：前者包括行政长官（总统、州长、市长等）、官僚、咨询者、研究机构、议员及其助手，后者包括利益团体和协会、委托人团体、公民团体、政治党派和传播媒介等。[②]

国内学者基于中国政治体制之特色，倾向于以政治体制内外为界，划分体制内政策主体和体制外政策主体两大类。前者着重探讨在集权模式中执政党、立法机关、行政机关的权力配置问题；后者着重探讨参政党、利益集团以及作为个人的公民政策参与问题。也可根据在政策过程中所处的地位、所起的作用及参与决策的方式，将公共政策的主体表述为直接主体和间接主体两大类。作者认为作为执政党的中国共产党的历史充分说明：新中国建立以来无论何种社会政治经济文化事务，"体制"是认识问题、解决问题非常主要的因素，也最大程度地被社会公众习惯接受，因此我们采用体制内外主体来阐述相关问题。

一、体制内公共政策的主体

现代西方民主国家的政治体制是依据三权分立原则建立的，即西方民主国家的公共政策的体制内主体为立法机关、行政机关、司法机关等。三者以相互制约、相互监督的权力配置，形成一个有机统一的体制内公共政策的主体群。中国是以中国共产党为唯一执政党的、高度集权模式的政治体制，在这其中执政党的思想观念、政策方针成为公共政策主体必须遵循的根本依据。

（一）执政党

现代国家普遍实行政党政治，即国家政治需要通过政党政治来实现；同时社会不同集团和公民的利益诉求需要政党发挥利益聚合功能，将分散的、特定的公共利益要求转化为一般的可供选择的政策方案。因此，政党，尤其是执政党是公共政策最重要的主体，公共政策在很大程度上可以视为执政党的政策。在实行多党轮流执政的国家，在野党的存在本身只是一种制约和监督力量，公共政策主

---

① 〔美〕詹姆斯·E.安德森：《公共政策》，唐亮译，华夏出版社1990年版，第31页。

② 〔美〕斯图亚特·S.那格尔：《政策研究百科全书》，林明等译，科学技术文献出版社1990年版，"政策形成"一章。

体通常需要考虑在野党的存在及其所代表的利益;在野党通过议会的合法活动,如提出议案,促成议案通过,对公共政策议案投赞成票或不赞成票来影响公共政策的制定。中国实行一党执政、多党参政的高度集权体制,执政党在公共政策制定的各个环节发挥决定性的主导作用,而其他参政党通过政治协商制度参与国家重大公共政策的讨论与决定。只要中国执政党的思想观念方针政策符合现行宪法、法律,便成为其他公共政策主体必须遵循的根本依据。而如果其思想观念、方针政策在现行宪法、法律中找不到依据,更多的是通过法定程序修订、调整宪法、法律来完善。新中国建立以来所经历的新民主主义社会,社会主义计划经济时期以及社会主义市场经济时期的历程就充分说明了这点。

（二）立法机关

立法机关在西方国家指国会、立法会议、代表会议等国家权力机构,在我国则是指全国人民代表大会及其常务委员会。立法机关的基本职能是制定法律,即就那些具有稳定性、普遍性特点的社会问题制定法律,以确定政府与公民的行为准则。因此立法是立法机关制定公共政策的基本形式,立法机关由此成为公共政策的重要主体。

由于中西方政治体制的不同,同为公共政策重要主体的立法机关,其地位与作用存在差异。西方国家基于三权分立原则,立法机关与其他公共政策主体处于对立、制衡状态,中国立法机关与其他国家机关之间是分工与合作的关系,所以无论是在立法权限上(公共政策制定权),还是在政策过程中的作用和具体决策内容上,以及在政策过程中追求的价值目标上的差异都比较大。

中国立法机关与其他体制内公共政策主体,如国务院的权力机关与执行机关、最高人民法院等,总体关系是层级关系和从属关系。具体地说,中国立法机关遵循执政党指导思想、方针政策,利用宪法赋予的职权,在公共政策过程中的地位与作用是:第一,最高立法机关,即只有全国人民代表大会有权修改宪法并同时监督宪法的实施,也只有全国人民代表大会有权制定和修改涉及整个国家、各族人民根本利益的基本法律。第二,最高任免机关,中国国家机关的重要领导人选均是通过全国人民代表大会选举或决定产生,并可以对不履行职责的国家领导人作出罢免决定。通过此立法机构影响政策过程,左右其他政策主体及决策者的价值取向。第三,国家经济、社会发展规划的审批机关,即全国人民代表大会审查批准国民经济和社会发展计划以及计划执行情况的报告,审查和批准国家预算和预算执行情况的报告,决定省级行政区域的建置,决定特别行政区的设立及其制度。第四,最高监督机关,全国人民代表大会常务委员会、国务院、最高人民法院、最高人民检察院都要对全国人民代表大会负责并报告工作。总之，作为国家最高权力机关，全国人民代表大会是非常重要的公共政策主体，它履行着两项重要职能：一是把执政党的指导思想、方针政策及党的政治领导按照立法程序转化为国家意志；二是建立国家权力体系并监督其运行。

（三）行政机关

现代国家均显示出行政权力扩张的特征。随着经济全球化进程的加快，国家行政机关需要处理的社会问题越来越多，越来越复杂，由此导致国家行政机关在政策过程中的地位与作用更加突出，“行政国家”或“行政为中心”的时代形成。以美国为例，总统在美国权力体系和政治生活中居于主导地位，这表现为：积极地倡议立法，更多地使用否决权，从法律、法院裁决和先例中得到更多机会以行政命令和其他方式直接决策。根据授权，特别是在外交和军事领域，总统所拥有的合法权利和行动自由比其在内政方面所拥有权力和自由要大得多。[①]

我国的行政机关包括国家最高行政机关和地方各级行政机关。国家最高行政机关依法享有很多职权，如行政立法权，即根据宪法和法律，制定行政法规，发布决定和命令；提案权，即向全国人大及其常委会提出相关议案；行政管理权，这是其职权中内涵最丰富的部分，也具有一定的不确定性（行政自由裁量）。而这些众多的职权受制于执政党的政治领导和立法机关的职权，故有人主张“行政机关担负起政策运行中具有最现实意义的执行者的角色”。“行政机关更多着眼于政策的具体化、现实化，以及对立法机关没有涉及的空白领域作出某种应急性的必要补充。”[②]纵观新中国建立以来的历程，行政机关首先定位在国家最高权力机关的执行机关，同时基于行政事务趋于复杂化以及理论上一致认为的行政自由裁量权，行政机关不能是完全被动的执行机关，应有自己独立的决策范围与空间，即它既执行执政党和国家的大政方针也对行政管理中具体的，尚无定例、定律的事务进行决策。

（四）司法机关

司法机关是国家机器的重要组成部分，也是体制内公共政策的主体之一。在实行“三权分立”的国家，司法机关与其他体制内公共政策主体的地位与作用很难划分主次、轻重。以美国为例，美国法院能够审查立法机关制定的法律是否符合宪法以及行政机关的行为是否符合宪法及法律。美国法院有权利解释那些

① 陈庆云：《公共政策分析》，北京大学出版社 2006 年版，第 70 页。

② 吴立明：《公共政策分析》，厦门大学出版社 2006 年版，第 63—64 页。

只有抽象表述又容易引起歧义的法律法规，这种解释实际上是对相关政策的选择，它能使政策的选择得到法律的肯定，从而为政策的形成和实施扫清一部分障碍。这些说明它们同为公共政策的体制内主体之间的权力制约与平衡的形成。

我国司法机关主要是指人民法院和人民检察院。依照《宪法》规定：人民法院的主要职能是运用国家法律，独立行使审判权，保障正确运用法律，维护国家和人民的合法利益。依照《宪法》规定，人民检察院独立行使检察权，对各级国家机关及其工作人员、公民是否遵守宪法和法律实行监督，以保障宪法和法律的统一实施。这说明我国司法机关的职权须是宪法和法律赋予的，须在宪法和法律的框架内行使职权，它在公共政策过程中的主要作用是监督其他政策主体及政策执行，"并没有成为真正政策制定的主体"①。本章之所以将其列入体制内公共政策主体范围，缘由是我国司法机关符合划分体制内外标准的体制内国家机关，它们可以在职权范围内成为影响政策运行的动力或阻力，即谓之"保驾护航"。

二、体制外公共政策主体

所谓体制外公共政策主体，是指不具有公共权力，不能直接参与政策制定过程，但是对政策过程的影响不容忽视的非国家机关的利益集团、公民、大众传播媒介、思想库等。

（一）利益集团

将利益集团列为公共政策体制外主体之首，这与公共政策的根本目标有紧密联系。公共政策表面上看是解决社会公共事务，但实质上是对社会公共利益的调整与分配。社会公共利益不是纯粹客观存在的，它往往分散于各种利益集团、公民的利益倾向和价值追求之中，公共政策过程中首先要界定社会各种利益倾向和价值追求是否属于公共政策解决的范围。其次是要将处于分散状态的各种利益倾向和价值追求进行聚合与综合，使之成为社会公认的、能够纳入公共政策解决范畴的社会公共利益。在公共政策过程中各种公共政策主体还必须就公共利益与公共代价进行讨价还价，因为公共利益总是与公共代价紧密联系在一起的，而且两者并不总是成正比，即公共政策的利益与代价既可以广为分布，也可以分布狭窄。美国学者詹姆斯·E. 安德森在《公共政策》一书中提出了公共利益与公共代价直接关系的静态分布类型，两者存在着四种对应关系。分析詹姆斯·E. 安德森的观点，四种对应关系存在一定相似性，实践中公共政策也不

---

① 陈庆云：《公共政策分析》，北京大学出版社 2006 年版，第 71 页。

会全部或彻底地归入某种类型。如果将公共政策视为一个连续不断的过程，公共政策与公共代价的关系是复杂的。因此，作为公共政策主体，究竟选择哪一种利益与代价关系是合理的，事实上并没有一定的标准，关键在于某一项政策所引起的利益与代价之比是否可以在一个平衡过程中最终获得社会各方面的认可。这正是应当研究体制外公共政策主体，特别是研究利益集团的主要理由。

所谓利益集团，是指在利益倾向和价值追求上具有共同性的个人所组成的团体或团体联盟。由于我国社会主义的国家性质，实行一元化的政治体制，并且经历过计划经济体制，所以无论是执政党、政府，还是理论界都倾向于看到各个社会阶层利益的一致性，忽视各个社会阶层利益上的差别和冲突，甚至否认社会主义国家存在不同的利益集团。现在社会主义市场经济不断完善与发展，作为市场经济国家的基本特征已显现出来，即利益多元化格局基本形成，各种利益集团逐渐产生，如私营企业主阶层、新型市民团体、各种非营利性组织、社会中介组织以及管理性质、技术性质从业人员群体。它们的利益倾向和价值追求与当前中国社会主义市场经济发展方向是一致的，也是推动中国社会经济发展的重要政治的力量。新中国建立以来长期存在的各个参政党，同样扮演着体制外公共政策主体的角色，是作为体制内公共政策主体的执政党的重要助手，起着一定的辅助作用。

西方国家的利益集团，其在规模、成熟程度、管理状况等方面，特别是在行动的公开度和自由度上，都超过我国，这是因为它们市场经济的历史比我们要长得多。它们对公共政策过程的影响方式和途径是多样的，其有效程度也较高。如通过抗议示威、政治游说、政治捐款、舆论宣传等来积极表达自己的利益倾向和价值追求，这对于为体制内公共政策主体提供更多信息资源、推动政策的合理化非常有益。而正是由于西方国家的利益集团规模大、比较成熟，各种利益集团之间的利益之争同样影响到公共政策过程，当某项政策的实施有利于某些利益集团时，它们通常会表现出积极和拥护的态度，从而成为该项政策执行的动力，而当某项政策的实施会损害或危及某些利益集团的利益时，它们通常会表现出消极或反对的态度，从而成为该项政策执行的阻力。西方国家大多实行两党制或多党制，政党往往是利益集团的代表或者会假借利益集团的力量来推行自己的政策、进行政党之间的斗争。西方国家的政党在此前提下，首要任务在于通过选举获取执政权力，控制政府人事，然后才能把自己的政治纲领和政策转化为公共政策，成为公共政策的体制内重要主体。

（二）公民

公共政策过程的基轴是公共权力机关与公民的关系，在现代民主社会中，公民不仅是公共政策主体的构成要素之一，同时也是公共政策作用的基本对象。纵观世界各国的实践，大多数公民总是作为消极、被动的政策遵从者而存在的。特别是在崇尚精英决策模式的国家中，公民常常被看做是冷漠、无知、自私的乌合之众，它们既无严密的组织，也缺乏政治兴趣和政治参与能力，所以仅是公共政策作用的对象。

作为公共政策体制外主体之一，公民有权向公共政策体制内主体表达其利益倾向和价值追求，并影响公共政策过程。这不仅是因为国家宪法和法律为公民成为公共政策主体提供了合法的制度化轨道，而且因为作为个体的公民是社会公共利益的最终体观者，公共政策目标实现的最终受益者。所以，无论作为个体的公民在政治兴趣、影响政策的能力上存在什么差别，均不能无视他们对公共政策的影响。

公民主要通过以下途径来参与公共政策过程：第一，以国家主权者的身份，对某些重大政策问题，如宪法的修订、国家领导人的选举、基本国策或主要的地区性政策的制定采用全民公决的投票方式直接进行决定。第二，用间接的公式，即通过公民选举的代表参与制定、修改或执行公共政策。第三，使用各种体制外压力模式的方法（如请愿、示威游行、罢工、罢课等）反对某些政策，迫使公共政策体制内主体接受其利益倾向和价值追求，或者迫使政府修订或废止某项政策，制定符合自己利益倾向和价值追求的政策。第四，通过参加利益集团，借助团体的力量去影响政策，或通过制造舆论或游说的方式去影响政策。第五，少数特殊的公民通过其政治活动或知识活动对政策过程产生实质性影响或提供思想指导（如美国黑人领袖马丁·路德·金的政治活动推动了对种族隔离的法律规定的废除）。

（三）大众传媒

现代大众传媒对一个国家社会政治经济文化的巨大影响是有目共睹的。在政治领域，它是政策流动的重要渠道，无论是公共政策体制内外主体之间的信息流动，还是政策本身的传播沟通，均不能离开传媒。大众传媒还是监督公共政策过程的重要渠道，它能够引导和控制公民舆论的热点和走向，从而对各种公共政策主体形成舆论压力。确定大众传媒为公共政策体制外主体是立足于其对公共政策过程的监督与沟通功能。在类型众多、功能存在差异的传播工具中，有的是被公共政策体制内主体控制的，它的作用更多的是将主体的政策意图自上而下、及时、有效地告知公众，同时接受社会公众的信息反馈。有的是社会公众能最大自由度使用的，它的作用更多的是对与公共政策有关的事件、人物、问题等进行讨论,并由此形成公众舆论而影响公共政策。

（四）思想库

思想库,又称公共政策支持系统,它主要是指现代公共政策研究组织,它既不同于社会科学的理论研究部门,又不同于体制内政策研究机构。公共政策研究组织的主要特征有:第一,从组织功能看,它以改进公共政策制定为目标,为产出高质量的政策方案服务。第二,从人员及知识结构看,它是由具有多学科知识素养的学者和具有丰富实践经验的前政治活动家、前高级公务员组成的智囊型群体。第三,从组织体制和运行看,实行学科分类与课题研究相结合的管理体制。既坚持研究、教学、开发(咨询)三位一体,也坚持基础研究与应用研究并重、描述性研究与解释性研究并重。第四,从价值追求和道德要求看,它的特殊定位决定了必须尽可能地与各种公共政策主体保持良好的合作关系,同时保持政策研究和咨询的相对独立性。它的价值追求和道德要求,尤其强调实事求是的科学态度与作风,由此尽可能获得各种公共政策主体的信任,了解其意图和目标,获得重要的不便公开的信息,使研究结果易于被理解和接受。

基于公共政策研究组织不同的研究领域、研究方法和服务对象,可以将其划分以下几种类型:

1. 官方的思想库

这类组织不仅进行研究,提供咨询意见,还拥有一定的决策权力。根据其地位与作用不同又可划分为五种具体类型:一是直属于国家、政府最高长官的,由最高长官的办事机构和各种专门委员会组成的,如美国总统顾问委员会。二是隶属于最高政治或政府机关的决策咨询机构,如我国国务院政策研究室、国务院发展研究中心。三是隶属于政党的政策研究机构,如中共中央政策研究室。四是直属国家和政府某一部、委的政策研究机构,如国务院司法部政策与法律研究室。五是各级地方政府直属的政策研究机构。

2. 半官方的思想库

这类组织处于民间,但与公共政策体制内主体有着密切联系。国家和政府通过设立和资助重点研究领域和方向,使其为国家和政府服务;或者签订合同,建立合作关系。按照它们之间的关系状况可以细分三种情况:一是政府资助建立的决策咨询机构,如美国的国家科学基金会、德国基尔世界经济研究所。二是与政府有合同关系的研究机构,如美国的兰德公司。三是与政府部门对口挂钩的研究咨询机构,如美国的对外关系委员会(与国务院对口挂钩)、日本的国际问题研究所(与外务省对口挂钩)。

3. 民间思想库

它是由民间发起并得到基金会和企业资助的社会性政策研究机构，具有选题自由、研究范围广、独立性强、灵活性大等特点。由于中西方政治体制的约束程度不同，西方国家这类组织的规模大、成熟程度高、专业性强，可以细分为四种类型：第一类研究经济和国内公共政策问题，如美国的"现代问题研究所"、加拿大的公共政策研究所等。第二类研究对外政策问题，如美国的胡佛研究所。第三类研究军事问题，如伦敦国际战略研究所、瑞典的斯德哥尔摩国际和平研究所等。第四类研究国际性公共问题，如美国斯坦福国际咨询研究所等。

改进公共政策过程、实现公共决策的科学化与民主化是思想库的最终目标，围绕这一目标，它对公共政策的影响表现在：第一，帮助公共政策决策者发现问题、确定目标。政策问题界定是否客观、全面，目标是否合理、准确，是公共政策制定者能否做出正确决策的前提和基础。思想库及研究人员必须通过广泛而深入的调查研究以及对所有信息的全面分析，才能客观、全面掌握政策问题，确定合理、准确的政策目标，并向决策者提出科学的决策建议。第二，为公共政策决策者拟定、评估备选政策方案。即以丰富的背景知识和动态对称信息，借助各种定性、定量分析等科学方法，拟定、列举不同政策方案，供决策者参考，第三，对政策执行情况进行检测和反馈。即对政策结果进行评估，对政策执行情况进行客观评价，发现政策实施过程中暴露出的问题，探索政策执行的障碍及原因，为政策主体对政策的修正或调整提供相应的对策建议。第四，提出相关思想理论和分析模型。影响公共政策的因素很多，且这些因素之间存在一定的因果联系或其他相关性，而对这些关系的认识，需要用科学方法进行分析，思想库具备这方面的能力优势。

第二节　公共政策的客体

不同学科对"客体"的界定，强调的侧重点不同，法学意义上的"客体"是指法律关系所指向的权利与义务。至于政策学意义上的"客体"是什么，绝大多数国内学者认为，公共政策发生作用的对象，是相对于政策主体而言的，两者构成了政策过程中对立统一的矛盾。透过矛盾双方的表面现象，政策学意义的"作用对象"与法学意义的"权利与义务"在实质上有相通点，即公共政策客体实质上指向公共利益，它是对公共利益的维护、增进，是对分散的、不同层次利益集团及公民利益的调整（给予或剥夺）。当公共政策给予某些利益集团及公民一定的利益时，即是赋予他们一定的权利；当公共政策剥夺某些利益集团及公民一定的利益时，即是要求他们承担一定的义务。

一、社会公共问题

什么是社会公共问题？有人认为它是指社会理想状态与现实状态之间的差距；也有人认为它是指一定能够满足人们需要或引起人们不满的社会条件。美国学者詹姆斯·马奇和斯伯特·西蒙认为社会问题就是要达到的状态与观察到的状态之间的距离。结合我们对公共政策客体概念的界定，社会公共问题实质是社会利益的集中体现，是各种各样需要解决的社会矛盾，是社会正常发展中遇到的某些偏差或重大障碍，是需要调整的、涉及相当多社会成员或影响较大的社会利益。

（一）政策问题

并非所有的社会公共问题都会成为公共政策客体，只有那些列入公共政策主体议事日程，涉及相当多社会成员利益的社会公共问题才是公共政策客体。而又由于社会问题是普遍存在、复杂多样的，存在着公共问题与私人问题之分，故社会公共问题又存在政策问题与非政策问题的差别，所以把握公共政策首先要界定哪些是可以进入公共政策过程的政策问题。国内学界通常采用分层界定法来解决。

首先是确定社会公共问题与私人问题的界限。公共政策的本质是公共权力机关为实现公共利益而进行的社会资源的配置和社会价值的分配，公共权力机关必须选择相当多的社会成员作为资源配置、社会价值分配的首要对象。同时，现代政府不是万能的，属于“私人”范畴的社会问题，应由个人、家庭、企业及其他社会组织解决。特别是在市场经济环境中，公共权力机关不能随意介入“私人”的独立空间。这就必然要求在公共政策过程中，必须准确划分社会公共问题与私人问题的界限。其次要确定政策问题与非政策问题的界限。这可从两个方面来把握：一是有些社会公共问题的性质、范围、层次虽然涉及相当多社会成员或者影响较大的社会利益，但不属于政府职责范围，或者不具备作为政策问题的条件、时机，或者程序上不符合公共政策程序，那么这些问题应由其他社会行为准则、规则调整。如用法律来加以调整，则这些问题就成为了我们熟知的法律问题。二是有些社会公共问题无论什么因素均属于政策问题，又由于已有相关政策存在、可遵循相关政策解决，于是这些社会公共问题在公共政策过程中成为执行性政策问题。或者这些问题无论从成本考虑，还是从社会效益考虑，不需要采取具有权威性、广泛性特征的政策来解决，则可以通过其他方式，例如行政合同、志愿者服务来解决。最后是正确界定政策问题的性质、内容、范围、层次等，由此确定公共政策主体层次、政策效力空间与范围，避免不同层次公共政策主体之间轻重倒置、职责权限不清问题。

（二）确定政策问题的途径

前述社会公共问题实质上是社会成员的利益问题。凡是涉及一定社会成员利益的问题，这部分社会成员总是期望其解决方式成为政策，其利益得到政策的承认、维护、增进。公共政策是一种国家和政府行为，它需同时具备三个初始条件：公共问题的形成、公共决策机关的产生和公共强制机构的出现。综合三者就产生了公共政策过程中必须解决的问题——确定政策问题的途径。在奴隶制和封建制社会中，国家和政府的政策不以公共利益（涉及相当多的社会成员）而完全以统治阶级乃至某一统治集团的利益为根本诉求，确定政策问题的途径是封闭的，即决策权掌握在少数统治者手中，甚至最终由一个人决定。现代国家和政府制度的基本理念是人民主权，公共政策体制内主体在法理上是人民主权的代理人，因此公共政策在内容上须以人民大众的根本利益为唯一诉求，在形式上须经过合法的程序，即人民代表机构的直接批准或授权批准。同时，现代公共政策的内容日益丰富，涉及政治、经济、文化、环境保护等各个领域。现代社会公民民主意识增强，希望能够有更多而有效的渠道，表达自己的利益要求，凝聚共识，形成舆论，敦促国家和政府将自己所关注的问题列入政策议程。

中西方国家在确定政策问题的具体途径上存在差异。现代西方民主国家经历了较长的民主社会历程，实行的是两党或多党执政的政治体制，由于民众参政议政意识较强以及利益集团规模大、成熟程度高等原因，公共政策主体比较重视体制外的政策问题途径。美国学者马休斯从政府和私人两种主体出发，将确定政策问题的主体状况区分为四类：私人主动、政府有限介入；政府主动、私人有限介入；两者都主动；两者都不主动。① 即体制内外的途径是并重并列的。

我国的民主历史和政治体制决定了倾向于体制内确定政策问题的途径。很多观点把政治领袖提议（执政党和国家领导人提议）放在确定政策问题的途径的首位。有人将确定政策问题的途径具体分为八种：一、执政党和国家领导人提议；二、立法机关中的代表、委员、议员提出提案；三、政府直接介入；四、国家公务员依法介入；五、其他党派的提议；六、利益集团的提议；七、人民群众通过民主渠

① 〔美〕斯图亚特·S.那格尔《政策研究百科全书》，林明等译，科技文献出版社1990年版，第94—96页。

道的提议；八、国际机构的提议。[①] 由此学界存在这样的观点：西方许多国家确定政策问题的途径是“体制外输入机制”；中国虽在理论上已有“上下来去”模型，但实际上确定政策问题的途径主要是“体制内输入机制”。

除上述确定政策问题的途径选择，它在实践中还要受特定的条件、时机和环境因素的影响和制约。美国学者詹姆斯·E.安德森把这些特定条件、时机和环境因素划分为：内在触发器，即突发意外事件（危机）、自然灾害与生态变迁，科技进步的结果以及社会资源分配不公造成的后果等；外在触发器，即国际政治格局变化，突发外交冲突、危机，战争和军事侵略以及外国科技进步的结果等。

（三）公共政策问题的内容与分析

1. 公共政策问题内容

对此问题最通常的处理方法是按照社会生活不同领域，划分为政治、经济、社会文化等方面的问题。具体内容可以概括为：政治领域问题，包括政治体制和机构、军事、外交、行政、人事、民族与宗教等；经济领域问题，包括生产、流通、分配、消费等生产过程各环节的问题，以及围绕市场经济中心的财税、金融、产业、交通能源、反垄断等问题；社会文化领域问题，包括科技、教育、卫生、环保、人口与社会保障、社会福利与治安等问题。

2. 公共政策问题分析

公共政策分析是一个多层次的、动态的过程，包括政策问题分析、政策方案分析、政策执行效果分析等方面。公共政策问题分析是其中的首要环节，它聚焦于现实与人的期望理念、期望值之间，现行政策与规范等之间存在的差距，以及社会成员不同的利益诉求和政策行动需求差异，其意图是按照社会公认的或政策主体认为的利益分配标准，为政策主体决策议程能达到以下理想结果——社会利益分配获得各方认可或使各方形成大致平衡——做准备。因此，公共政策问题的分析方法既包括与其他政策分析方法共用之方法，也包括着眼于问题界定、分类、溯源等特别适用于政策问题分析的方法，下面主要介绍：

（1）边界分析法，就是对公共政策问题的本质属性和实际状况进行分析和界定的方法。政策问题并不是孤立存在的，它与其他一些事物和问题有不同程度的联系，多重问题交织在一起使问题呈现异常的复杂性。如果能对公共政策问题做出清晰界定，就能够厘清政策问题的本质与特征，进而确定公共政策的效力空间与范围、成本与效益等。例如，经济适用房问题，首先必须区分经济适用房

---

① 兰秉法：《政策学》，中国统计出版社 1994 年版，第 124—125 页。

与商品房的界线，确定经济适用房的标准以及享受经济适用房的社会群体，这样才能保障经济适用房政策目标的实现。边界分析法的大致步骤是：饱和抽样，诱导性提问，边界估计。

(2)多角度分析法，即通过系统地运用个人、组织、技术等多角度认识来获得对公共政策问题全面了解的分析方法。从个人角度分析，是由于许多政策决策往往与决策者个人的偏好、感知和利益密切相关，因而政策问题的分析必须重视决策者的个人偏好、感知和利益等对政策问题的影响。依然按照前一历史阶段的逻辑，是由于现代民主国家，普遍遵循少数服从多数的议决原则，加之社会公共事务越来越复杂，已非个人英明善断所能处理，"谋"、"断"分离的现状决定了必须分析组织形态、自我利益、价值取向等因素对有关政策问题的影响。从技术角度分析，即具体使用技术手段，如概率统计、成本—收益分析、计量及系统分析等探寻公共政策问题的客观性所在，将政策问题的特征、效益或危害程度加以定量和定性分析，以增强分析论证的说服力，从而不仅推动政策问题进入政策议程，并且保证政策质量及效果。

(3)原因层次分析法，即将政策问题的原因划分为可能原因、合理原因和可行原因三个层次进行分析。所谓可能原因，是指一切可能促成某种问题产生的因素。所谓合理原因，是指以科学的研究或直接的经验为基础所考察出的问题成因。所谓可行原因，是指合理原因在实践中肯定产生作用的因素。在考察了政策问题上述各个层次原因后，再进行一定类比，从类似的问题中推导出某个政策问题的成因、特质与类别，尽可能地把握政策问题的确切性和解决问题的有效性。我国改革开放过程中许多政策就是参照这样的方法制定的。

二、公共政策目标

公共政策目标问题，从政策过程讲是"第二个功能活动或逻辑步骤"①。很多人强调公共政策目标的重要性，称之为政策的出发点和归宿，制约着整个公共政策过程。本书认为公共政策是通过调整和规范社会成员的行为而实现既定的政策目标的，因此目标是公共政策的客体之一，与社会公共问题共同构成了多层次的政策客体。政策目标又可以划分为公共政策规范、管制、调节和服务的社会成员以及其中包括的事物、时间、信息等要素。

---

① 陈振明:《公共政策学》，中国人民大学出版社2004年版，第114页。

（一）社会成员

在社会实践中，社会成员有多种存在形式，他们之间存在着错综复杂的关系，这决定着社会成员对公共政策的态度选择，而制约影响社会成员态度选择的根本因素是利益关系。由于社会成员地位、分工等不同，存在着利益诉求差异，个人之间、个人与群体之间、群体之间存在着各种利益冲突，公共政策便要公正地处理这些利益冲突。如果一项政策被社会成员认为是能够获得一定利益的，他们便会理解、接受、遵从该项公共政策，成为推动该政策实施的重要推动力；而如果一项政策被社会成员视为是损害和剥夺其利益的，那该项政策很难得到社会成员的认可，甚至他们会成为阻挠该项政策实施的障碍。当然，影响社会成员态度选择的因素还有很多，如社会政治、环境、政策自身的合法化，对成本收益判断的能力和方法、趋利避害的心理活动，甚至一些传统观念等。

联系前述公共政策主体中的体制外主体，由于公共政策作用于社会成员，社会成员的态度选择又制约着政策过程，所以社会成员扮演着公共政策主体和客体的双重角色。这也正说明公共政策主体和客体的划分是相对的，它们之间是相互作用的，在一定条件下会相互转化。公共政策过程不能排除社会成员主体的地位和作用，也不能忽略社会成员态度选择的影响，否则均会导致公共政策丧失民主性、科学性。这正是民主社会倡导的民主在公共政策问题中之要义，也是目前中国政府提出“以人为本”、“科学发展观”思想理论之基础。

（二）公共政策的时空客体

抽象的社会公共利益会反映为具体空间事物、时间、信息等因素，即社会公共利益的物质化、时效性及享受的对称性。公共政策决策时必须考虑政策目标应该同什么事物发生联系，政策目标的有效时间以及政策所涉及的社会成员如何平等享受政策信息资源等问题；公共政策实施时又必须与上述具体因素产生相互作用或形成相应结果。可以说，当一个国家处于量变过程时，公共政策基本框架就具有相对成熟的模式，公共政策的决策和实施注重上列具体因素，是实现公共政策过程民主化、科学化的重要途径。

任何社会公共问题都发生在具体的空间中，任何公共政策过程也必须在一定的空间中进行。公共政策的空间客体是指它处于一定的地形地貌中，并与具体的自然资源、社会资源产生相互作用并形成一定结果，如有关交通能源基础设施建设的政策，就必须根据具体的地形地貌和自然资源、社会资源状况而定。反过来，公共政策的实施也会引起相关地形地貌的改变，其对自然资源、社会资源的开发利用，也会导致一定的结果。中国建设青藏铁路的决策，便是充分考虑了青藏高原特殊的地形地貌以及青藏铁路要经过长达五百多公里的冻土地带的现实情况，甚至考虑到青藏铁路沿线稀有动物保护的问题，经过长时间、多方面的科学论证而产生的。青藏铁路建成通车后，不仅加强了西藏同其他省市的联系，也推动了西藏独有资源的开发利用，拉动了西藏经济的发展。中国政府西部大开发政策强调生态环境保护和建设，要求环境生态保护先行，政策中规定继续加大长江上游、黄河上中游天然林的保护工程实施力度；同时采取积极措施，有计划、有步骤地将陡坡耕地退耕还林、退耕还草，封山绿化治理水土流失，力争合理保护与科学开发西部资源。

与公共政策空间客体一样，任何社会公共问题都发生在具体时间，任何公共政策都针对具体时间的社会公共问题，而当社会公共问题解决后，公共政策便归于失效。人类社会发展的历史时期划分，除根据社会历史类型、时期性质、体制、生产力发展水平等方面的差别之外，还涉及时间概念。公共政策过程时间因素，有的是基于社会公共问题的时间性，如目前中国关于国民经济发展中长期规划，就是根据一定时间段内中国国民经济发展过程中的主要问题而制定；区分不同的中长期国民经济发展规划的一个重要标志就是时间。最为典型的是突发事件（危机），时间性非常强，因此应对突发事件（危机）的政策也具有非常强的时间性。例如美国的“9 · 11”事件，表面上看“9 · 11”是一个偶然的时间，但它一旦发生后，便成为公共安全事件、反恐怖的重要标志。2003 年 3 月 12 日，世界卫生组织发出全球性警告，称一种未知病原的非典型肺炎正从越南、中国等地向全世界蔓延。3 月 15 日，世界卫生组织正式将此未知病症定名为严重急性呼吸道综合征（SARS）。随后无论中国政府还是相关国家政府都严格按照一定时间制定相关政策措施和通报疫情。事实上在以后相当长时间内，人们都以时间标志来谈及这些公共危机。2008 年 5 月 12 日，我国四川省汶川县发生了强地震，此后“5 · 12”成为铭心之痛以及完善相关公共政策的标志。此外，公共政策过程的时间因素还有的是基于作用对象自身在时间概念上的特征来确定，如青少年教育政策、成人教育政策、职业教育政策等，且这些政策作用对象因时间变化而不断发生变化，其数量和结构呈现周期性变化。

当公共政策功能业已实现，或制定或执行某项政策的组织消失，或新的公共政策能够替代原政策，此时即意味着政策终结，在决定是否终结某项政策时，时间因素是关注的主要因素。公共政策主体应科学地确定某项政策终结的时间，适时地制定新政策并组织实施。

任何政策科学的研究者，在政策分析中均要从方法论入手，所使用的政策分析方法包括时间分析法，采用的分析指标离不开时间指标。在公共政策分析中，首先要界定社会公共问题产生的时间，这是区别此问题与彼问题的界限；然后确定处理社会公共问题完成的时间或时间段。这是借助逻辑推理、对公共政策进行系统分析时不可缺少的环节。公共政策分析中常面临的问题是政策的不确定性，对此学界大多是从公共政策方案与环境的差异的角度来认识，实践中大多亦是检测环境在公共政策方案决策与实施时产生的变迁，这种变迁实质上是因时间流动而造成的前后环境变化，所以制定公共政策方案必须预测外部环境可能发生的变化，即具有前瞻性。

（三）公共政策信息客体

无论是考察社会公共问题、确定政策目标、制定和议决政策方案还是实施政策，均包含着一定的信息量和信息流动途径。公共政策信息反映的对象与涉及的范围不同于自然信息和一般社会信息，它以社会公共问题、政策目标及过程为限，判断一事务能否成为公共政策反映的对象或进入涉及的范围，根本条件是看它们是否直接进入公共政策过程。在传递方式和载体性质上，公共政策信息客体又具有高度的组织性和控制性，强制性地控制着信息传递的方向、步骤及速度。而社会组织和公民存在着信息识别、储存和流动能力的差异，易出现对公共政策信息接收、理解不对称现象，从而影响公共政策实施及效果。因此公共政策主体必须做到公共政策信息真实、全面、及时、适用、连续和反馈，以及保证全社会能够接受的信息成本等，充分利用现代信息制作和传播技术与工具，建立公共政策信息资源共享平台，保证相关的社会组织和个人平等获取政策信息资源。

第三节 公共政策的环境

“环境”原是生态学的专业术语，意指围绕某一事物并与该事物发生相互作用的外部因素。公共政策学研究者借用此术语，旨在考察公共政策过程中围绕公共政策并与之发生相互作用的各种外部因素，由于对外部因素与公共政策间关系的理解不同，所以在界定公共政策环境内涵的观点上产生了不同侧重点。强调“相互作用”的大多认为公共政策是环境的产物，或“是政策赖以产生和发展的基本条件”。[①] 系统论视角却认为公共政策系统以外所有事物均构成环境因素的组成部分，且两者之间存在着既可以分辨又可以渗透的界限。

① 郑传坤主编：《公共政策学》，法律出版社2001年版，第87页。

一、公共政策环境的内涵及特征

所谓公共政策环境，是指影响公共政策产生、存在和发展的一切因素的总和，也可以概括为凡是在公共政策系统以外的、影响和作用于公共政策过程的所有因素。

公共政策环境的主要特征：一是高度复杂性。公共政策的环境既有自然的，也有社会的；既有物质的、有形的，又有精神的、无形的；既有国内的，也有国际的。这些因素类型多样而又相互联系。高度复杂性使公共政策过程具有一定的不确定性。二是巨大差异性。上述复杂的环境因素本身就表明了其差异性的存在。加之不同国家、地区、时期的决策者面临着完全不同的环境因素：既有地理位置、辖区规模、地形地貌、气候资源等自然环境方面的差异，也有社会结构、经济发展、历史传统、民族文化等方面的不同。巨大的差异性使不同公共政策呈现出不同的特点。三是历史变异性。从社会历史发展的角度看，公共政策环境总是处于不断变化之中。这种变化既表现为人对自然的改造能力的不断提高，也表现为社会政治制度的演变，还表现为国际环境的变迁。这种变化不仅是已经发生的，还包括未来的变化趋向。这就要求公共政策既要适应变化的需要，还要具有一定的预见性。

二、公共政策环境的构成因素

界定公共政策环境的构成因素，角度不同，形成的观点的不同，美国学者安德森认为，公共政策环境包括地理因素（比如气候、自然资源、地形地貌）、人口变量（比如人口规模、年龄分布、种族构成、空间分布）、政治文化、社会结构和经济体制。国内学者陈振明把公共政策环境划分为一般环境和工作环境两类。所谓一般环境是指作用和影响公共政策的所有外部因素的总和，可以进一步划分为地理自然环境、经济环境、政治环境、社会文化环境和国际环境等。所谓工作环境是对一般环境中真正与具体作用于公共的具体成分，是一般环境中的不同部分在特定时间点上的聚合，具有多样性、变动性、主观性和人为性等特点。从范围与层次角度划分，可以把一国的现实国情作为制定总政策、基本政策的基础环境。而上列观点中的自然环境、社会环境、国际环境等因素，则是制定具体的各个方面政策的环境条件。

对于公共政策的构成问题，大多数人的观点，是与其他相关学科在环境问题上的界定是近似的，即将公共环境划分为经济、政治、自然、社会和国际环境。

（一）经济环境

经济环境是指对公共政策过程具有重要影响和作用的各种经济因素的总和。它包括生产力发展状况、生产资料所有制的形式、经济结构与经济体制、市场主体成熟程度等。从经济基础与上层建筑关系模式来界定公共政策与经济环境相互制约和影响，首先得出的认识是“经济环境因素是制定、实施公共政策的基本出发点”①。而其中生产力的发展状况直接决定公共政策的性质和基本目标，同时也为公共政策过程提供必需的物质资源。公共政策在对社会资源进行科学合理的配置时，不能超越生产力发展水平的制约；生产力发展状况同时反映出经济资源的存量，反映出特定时空条件中的人力、物力、财力、信息等状况；公共政策制定和实施必须以上述环境因素为基本依据和主要内容，这决定了公共政策的经济目标取向。生产资料所有制决定着公共政策主体的性质以及公共政策的具体目标，不同的生产资料所有制的形式或比例，是公共政策确定经济制度和体制的依据，公共政策不能脱离特定时空条件中生产资料所有制的形式来进行经济制度安排。对此，中国的计划经济和市场经济两个时期便是充分证明。市场经济体制中，公共政策必须维护市场主体独立的法律地位，这是保持市场有序竞争的基础。如果市场主体成熟程度低，公共政策则应具备推动市场主体走向成熟的功能；如果市场主体成熟程度高，公共政策则应具备维护成熟的市场主体有序竞争、预防垄断、反垄断之功能。

（二）政治环境

政治环境是指对公共政策过程具有重要影响的政治状态，主要包括一个国家基本的政治制度、政党制度、政治生活与政治形势状况、法治状态等。其中基本的政治制度决定了公共政策体制内主体之间的权力分配关系，从而决定了不同的体制内主体在公共政策过程中的地位和作用不同。政党制度决定着政党之间参与公共政策的不同途径；一党执政与两党或多党执政的不同政党制度在公共决策中遵循的议决原则也不同。例如，一党执政的中国所遵循的民主集中制议决原则，以民主为基础，而关键环节是集中，无集中便无议决。两党或多党执政的国家遵循的是少数服从多数原则，即多数派意见是议决的关键。良好的政治生活与稳定的政治形势是体制内主体与体制外主体形成良性互动的保障，也是构建畅通的、制度化的公共政策参与途径，实现公共决策民主化的重要因素。只有在具有健全的法律制度、真正依法治国、依法行政的社会环境中，公共政策

① 吴立明：《公共政策分析》，厦门大学出版社2006年版，第73页。

才有可能从内容到形式都实现合法化，合法的公共政策才具有最高公信力，也才能得到有效贯彻实施。

（三）自然与社会环境

自然与社会环境是一个国家和民族生存与发展的物质基础，也是经济建设的立足点和归宿，因而构成公共政策系统的基础环境。它包括一个国家的地理位置、领土面积、地形地貌、气候条件、自然资源以及政治经济法律状况、人口状况、文化传统等。其中自然环境影响并制约一国的国内政策。中国是一个幅员辽阔、地区差异很大的国家，协调受自然因素和历史因素而形成的地区发展不平衡是公共政策的重要功能。自然环境对一国的对外政策也具有特殊的意义和影响。例如，严重依赖国外资源和市场的国家由于需要回避与资源供给国发生直接的冲突，而很难制定完全独立的政策。虽然现代科学技术的发展，降低了地缘政治在公共政策中的影响，但是地理因素依然是现代主权国家制定对外政策的主要依据。同时，面对全球日趋严重的生态环境问题，人类与自然资源、自然环境之间的矛盾日益突出，各国纷纷制定环境保护、资源保护方面的法律和政策，形成了环境保护的共同政策，这也说明自然环境是影响和制约公共政策的重要变量。

在社会环境中，除前已阐述的经济政治法律等方面以外，还包括人口数量、结构、分布、受教育程度、出生率与死亡率、城乡人口比率、人口迁移规律以及贫富分化状况、社会不同阶层对抗和融合程度等。中国率先制定的控制人口的计划生育政策，便是基于中国 20 世纪 70 年代以来的人口状况而出台的。当前中国政府推行城镇化发展目标，是中国公共政策过程围绕总体发展规划、解决城乡人口比率问题的具体政策。无论社会贫富分化状况如何，不同社会阶层对抗与融合度如何，社会问题的调整，均需通过公共政策调节、控制各种利益差别，化解社会矛盾的功能来实现。

与上列各种社会环境因素密切关联的是文化传统，它包括民族成分与分布、民族习俗与意识形态，也反映为一国的文化环境，即在长期历史沉淀中形成的意识形态、价值观念、社会思维与行为准则、道德观念及行为模式等。文化环境同公共政策相互影响，便成为重要的变量——政治文化。自美国政治学家阿尔蒙德提出“政治文化”概念以来，众多的学者对其界定各有不同，但基本上是将其认作人类社会政治生活的主观意识范畴，认为它是某种相对固定的主观取向，即一个民族在特定历史时期形成的政治意识、信仰、态度、感情和评价等。它与公共政策的关系可作以下概括：政治价值观是政治文化的核心内容，它一旦形成，就以相对固定的观念的形式独立存在，规范并制约公共政策主体的行为及政策实践方向。政治理论是公共政策过程的指南，也是公共政策理论的指导；政治意识形态作为公共政策主体及其所代表的阶层、政党利益与愿望的集中表达，是决定公共政策主体价值取向和行为准则的无形力量；政治信仰是公共政策主体决策的定向因素和精神支柱。

（四）国际环境

国际环境包括国际格局，即全球范围内政治、经济、文化演变发展的一般趋势与国际秩序及相应的规则；也包括对一个国家或地区的生存与发展产生影响的，由国家间、国际组织间的竞争、合作与冲突而形成的具有一定稳定性的国际关系；还包括因不同国家综合国力而形成不同的国际地位等。其中，国际格局不仅影响和制约一国的对外政策，而且制约和影响一国的总政策、基本政策和具体政策。20 世纪 50 年代至 80 年代的“冷战”，促使每个国家把国家安全置于对外政策的首要地位，都不得不在两大阵营中选择一方作为自己的依靠对象。70 年代后期“冷战”形势趋缓，两极对抗的国际格局开始消解，和平与发展成为人类社会发展的主流，各国开始调整对内外的基本政策，把发展本国经济、加强国际经济交往作为公共政策的基本出发点。此时中国政府实行改革开放政策，把经济建设作为基本国策的中心，便是顺应了这种国际形势的变化。

基于国际政治、经济发展状况而形成的国际关系、地区关系以及国际组织间的关系是影响公共政策的又一个重要因素。80 年代末以来，全球经济一体化、信息化、市场化的趋势，使世界各国、各地区的经济、政治、军事、科技文化等方面的联系加强，各国逐渐相互依赖，各种因素实现了跨国流动；各种区域性合作组织（如欧盟、北美自由贸易区、亚太经济合作会议）、国际组织（如联合国、世贸组织、世界银行）以及非政府组织（如国际奥委会、国际红十字会）的作用不断加强，民族国家的主权和作用受到挑战和限制。市场经济成为全球主导性经济体制，它以前所未有的强大力量冲垮了一切僵化过时的体制，整合、改造和重塑世界各国的生产、经营、流通、消费等方式。同时，现代科学通讯技术、计算机技术、网络技术飞速发展，人类正经历着一场以信息技术为特征的产业革命，信息的制造、加工、传播和应用成为推动各国经济增长重要的动力。上述国际环境状况使各国公共政策的范围和功能发生转变，在某些政策领域丧失了决策权在这些领域取而代之的是国际性规章、决议和协议。

一国的综合国力是决定其国际地位的基本要素，它也是比较意义上的实力；即它是与其他国家的综合国力相比较而显现出长处与短处、优势与劣势，反映出一国在国际事务中所处的地位，表明该国在国际上的行动分量。因此一国的综合国力与国际地位既是各国公共政策决策者制定和评估其政策的基本依据之一，也是影响其确立外交政策目标的重要因素。

关键词

体制内主体	体制外主体	社会公共问题	公共利益与公共代价
利益集团	社会成员	经济环境	政治环境
自然与社会环境	国际环境		

本章小结

公共政策系统包括政策主体、政策客体及其与政策环境相互作用而构成的社会政治系统。国内学者基于中国政治体制之特色，倾向于以政治体制内外为界，将公共政策主体划分为体制内政策主体和体制外政策主体两大类。对前者的研究着重探讨在集权模式中执政党、立法机关、行政机关权力配置问题；对后者的研究着重探讨参政党、利益集团以及作为个人的公民政策参与问题。政策学意义上的“客体”，即公共政策发生作用的对象，是相对于政策主体而言的，二者构成了政策过程中对立统一的矛盾。公共政策客体实质上指向的是公共利益，是对公共利益的维护、增进，是对分散的、不同层次利益集团及公民利益的调整（给予或剥夺）。

社会公共问题实质是社会利益的集中体现，是各种各样需要解决的社会矛盾，是社会正常发展中遇到的某些偏差或重大障碍，是需要调整的、涉及相当多社会成员或影响较大的社会利益。公共政策通过调整和规范社会成员的行为而实现既定的政策目标，因此目标是公共政策的客体之一，与社会公共问题共同构成了多层次的政策客体。

公共政策环境是指影响公共政策产生、存在和发展的一切因素的总和。也可以概括为凡是公共政策系统以外的、影响和作用公共政策过程的所有因素。公共政策环境主要特征是高度复杂性、巨大差异性和历史变异性。公共政策环境可以划分为经济、政治、自然、社会和国际环境等。

思考题

1. 比较体制内外主体在公共政策过程中的地位和作用。
2. 正确分析不同政策客体的层次与功能。
3. 公共政策环境发展变化趋势的影响。

推荐阅读

1. 陈振明:《政策科学》,中国人民大学出版社 1998 年版。
2. 陈庆云主编:《公共政策分析》,北京大学出版社 2006 年版。
3.〔美〕詹姆斯 · E. 安德森:《公共政策》,唐亮译,华夏出版社 1990 年版。
4.〔美〕斯图亚特 · S. 那格尔:《政策研究百科全书》,林明等译,科学技术文献出版社 1990 年版。
5. 吴立明:《公共政策分析》,厦门大学出版社 2006 年版。
6. 兰秉法:《政策学》,中国统计出版社 1994 年版。
7. 郑传坤主编:《公共政策学》,法律出版社 2001 年版。

第三章 公共政策决策的理论模型

【知识框架图】

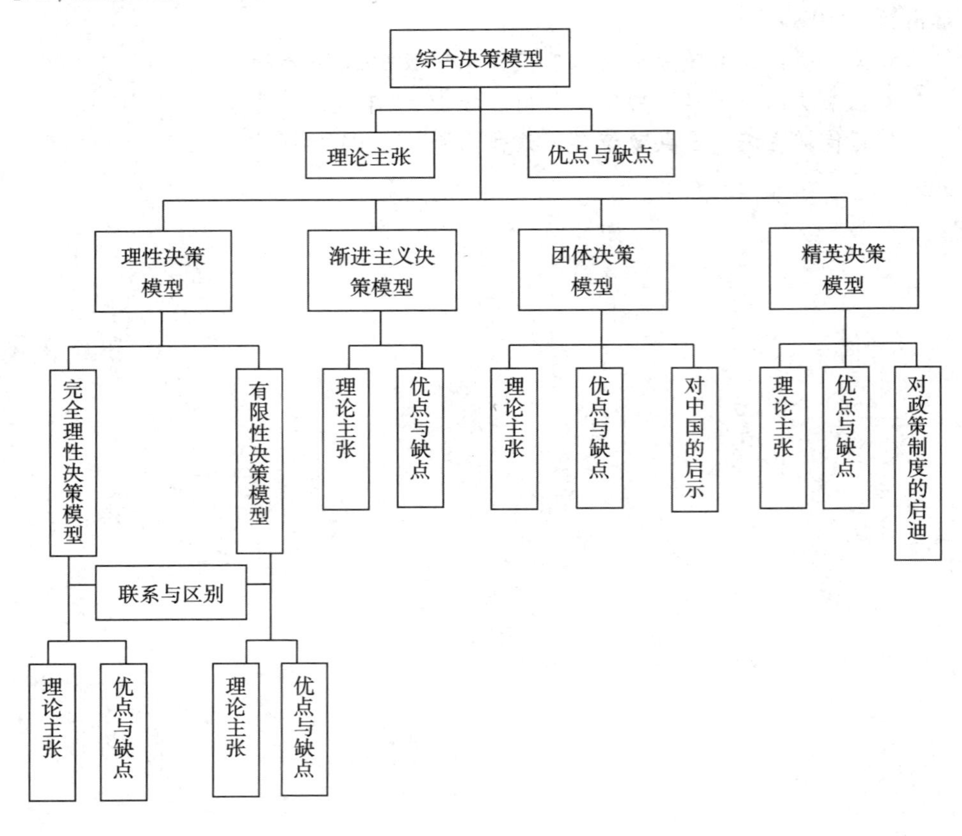

内容摘要

随着人类社会不断向前发展,新事物层出不穷,公共政策的决策者面临的政策环境越来越复杂,政策问题与政策环境中相关因素之间的关系变得千变万化。政治学家和政策科学工作者为了帮助人们理解和解释政治生活、思考公共政策的原因、社会效果并预测其未来的发展,不断对公共政策的形成过程进行研究,并总结出各种公共政策决策模型。所谓的公共政策的决策模型,表示的就是政策制定和决策的机构和人员究竟通过什么途径和使用什么方法去应对和解决所面临的政策问题。对于公共政策决策模型有各种分类方法,但大体相似。例如,托马斯·戴伊提出了体制模型、过程模型、集团模型、精英模型、理性模型、渐进模型、对策模型、系统模型等。又如,伍启元先生给出了理性最佳决策模型、非理性主义的决策模型、有限理性决策模型和综合决策模型、政治协调的决策模型、渐进决策模型、个人判断与集体决策模型以及其他决策模型。在本章中,我们主要介绍以下五个常见的决策模型:理性决策模型、渐进决策模型、综合决策模型、团体决策模型、精英决策模型。

第一节 理性决策模型

第二次世界大战以后,理性主义成为西方政治学界的一个主要流派。这个流派假定,个人的行为是建立在理性的功利计算的基础上,个人不受正式或非正式的制度的限制而进行个人选择。在公共政策研究中,托马斯·戴伊对政策的理性作了界定:"一项理性的政策之所以理性,是因为它以'社会收益最大化'为目标,即政府应当选择给社会带来的收益最大限度地超过所付成本的政策。如果收益没有超过成本,政府就必须避免采用这些政策。"[①]与此同时,戴伊还对社会收益最大化做了注脚,说明了"社会收益最大化"必须遵循的两条重要准则:其一,如果支出大于收益,某项公共政策就不能实施;其二,在政策选择中,决策者所选择的政策所创造的最大收益必须大于支出。只有满足这两个条件下的政

① 〔美〕托马斯·戴伊:《理解公共政策》,彭勃等译,华夏出版社2004版,第15页。

策,才是理性的政策。根据理性程度的高低,理性决策模型又可以进一步细分为完全理性决策模型和有限理性决策模型。

一、完全理性决策模型

(一) 完全理性决策模型的主张

完全理性决策模型根据数字和事实,用合理的科学方法与精细的计算,分析解决问题的各种政策方案的优劣,从而求得最佳的政策或问题解决办法。完全理性决策模型的最终目的,是希望能够设计出一套程序,以使决策者能够通过该程序制定出有最大净价值成效的合理政策。换言之,完全理性决策旨在花最少的代价取得最大的成果。因此,完全理性决策模型也叫最佳决策模型,其实质是一种政策选优的方法。[①]

完全理性决策模型的主要内容包括:(1)决策者面临的是一个既定的政策问题,该问题同其他问题的区别非常明显,或同其他问题相比较是最重要的;(2)决策者具有明确的目标、价值和目的,希望以最少的成本获得最大的利益,并且可以根据不同目标的重要性进行排列顺序;(3)决策者有两个以上的备选方案,通过对这些方案的逐一分析,能够选取其中一个;(4)决策者对同一个政策问题会面临着一种或多种自然状态,它们是不以人们意志为转移的因素;(5)决策者会将每一方案在不同的自然状态下的受益值和损失值估算出来,经过比较后,选取其中的最佳者。

根据上面的论述,决策者运用完全理性决策模型时需要遵循以下步骤:(1)确认政策目标;(2)尽可能收集一切能够收集到的资料;(3)梳理针对特定政策目标可行的各种备选方案;(4)根据可能收集到的资料对各种备选方案的产出/投入比值或者收益/成本比值进行分析,并预估各种备选方案可能引起的社会后果;(5)根据分析结果把各个方案按优化次序排序;(6)根据产出/投入比值或者收益/成本比值最大原则选择最佳备选方案作为最后的政策方案。

完全理性决策的步骤可以用图 3–1 来说明。

---

① 陈庆云:《公共政策分析》,北京大学出版社 2006 版,第 327 页。

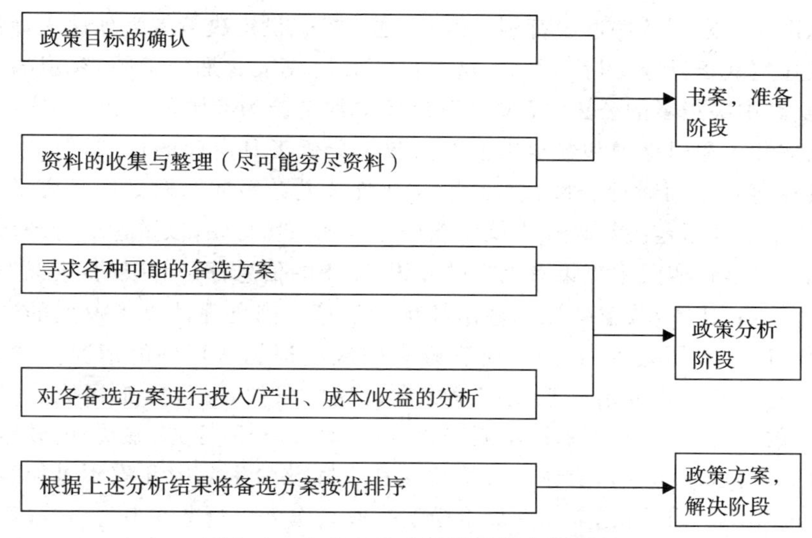

图 3–1　完全理性决策模型的决策步骤

对完全理性决策模型而言，一个理性的政策就是效率最高的政策，而为了达成理性的政策，它必须具备一些条件，如完善的政府结构；畅通无阻的情报渠道；正确可靠的反馈信息；政策制定者有权衡各种社会影响因素的能力；政府的决策者必须知道所有的社会价值偏好及其相对比重，知道所有可能采取的政策方案，知道每一个政策方案可能产生的后果，能估计每一个政策方案所能得到与失去的社会价值比例，选择最经济有效的政策方案；以及政策制定者优秀的个人素质等等。①

总而言之，完全理性决策模型要求设定明确的解决问题的目标、穷尽目标的策略和方案、预测每种方案的结果及其概率，以及选择成本最低的解决问题的方案。在完全理性决策模型的视角下，只要决策过程的每一个步骤都是出于理性的考虑，最后所决定的政策自然是合理的，能使问题迎刃而解。

（二）对完全理性决策模型的评价

从理论角度而言，运用完全理性决策模型找到最佳决策方案这一做法并不是不可行的。然而，社会现实不等同于理论假设，完全理性决策模型的限制条件使其遭遇到许多现实障碍，因而政策实践中的许多现象都难以用它进行解释。完全理性决策模型失效的原因不在于它的逻辑体系有缺陷，而在于其前提假设

① 陈庆云主编：《公共政策分析》，北京大学出版社 2006 年版，第 328 页。

有问题以及其限制条件过于苛刻。第一，这个模式设定决策者为理性人，然而这个设定显然缺乏经验支持。第二，这个模式假定决策者是公正的、客观的、理智的，而实践中决策者的公正、客观和理智却常常是极为有限的。第三，这个模式过高地估计了逻辑推理和数学模型作为政策分析工具所起的作用，但这两种分析工具在实践中面对社会性、政治性、文化性公共政策问题时却往往束手无策。第四，这个模式假定决策者在决策前能全盘考虑一切行动，以及这些行动所产生的影响。但是在实践中决策者拥有的知识、获得的信息都是有限的，难以对政策的投入/产出、成本/收益的比例做出精确的计算。完全理性决策模型的决策只有在所有的方案都能找到，并且所有方案的成本都能估算到的情况下才适用。然而，没有任何一个政治体系能够全部满足这些条件，况且由于择优的标准不一、信息的不可能完全、事物的不断变化，一旦时过境迁，原先"最优"的政策便可能不再有效，这意味着完全理性决策模型在实际政治生活中几乎不可能得到一劳永逸的应用。因此，完全理性决策模型一般只作为决策者在考虑、选择政策时的一种标准。

上述的种种缺陷使得完全理性决策模型受到了激烈的批评。在所有批评者中，经济学家和管理学家西蒙和政治学家林德布洛姆是最具权威性和代表性的。他们认为，理性主义从"理性人"假设出发以逻辑推理方式所确立的规范性政策理论无法解释现实生活中政策制定过程的实际行动。现实生活中不存在纯粹的理性，完全理性决策模型只能被认为是一种理想的追求，而缺少实践的基础。换言之，完全理性决策模型是一种理想的模型，它在现实中并不可行。

尽管完全理性决策模型在一定程度上带有"乌托邦"的色彩，但对其采取过于简单和绝对的否定态度也是不可取的。其实，所谓"乌托邦"无非是指不能实现之事，而不能实现不等于没有意义，完全理性决策模型虽然没有实践基础，但也绝非是无稽之谈。人们总是在追求尽善尽美中得到较善较美。因此，从这个意义上讲，完全理性决策模型的部分思想价值应该受到理论界的肯定。

二、有限理性决策模型

（一）有限理性决策模型的缘起

有限理性决策模型缘于对完全理性决策模型的批评，认为人类行为受知识、能力、心理及信息等各方面因素的限制，几乎不可能达到完全理性决策模型的要求。对完全理性决策模型最有名的批评来自美国的行为主义科学家赫伯特·西蒙——唯一获得过诺贝尔奖的公共行政学者。西蒙认为，在决策过程中，必须存在一些可以供选择的方案，这是非常重要的。在这个基础上，决策者才可以通过选择一个最能有效实现目标的方案，实现目标和价值的最大化。然而，在这个过程中，存在着许多难以克服的问题。

随后，西蒙指出了一系列阻碍完全理性决策的因素。首先，西蒙指出，按照完全理性决策的要求，行为主体必须完全了解并预期每项政策的结果，而实际上，决策者对决策结果的了解总是不完整的、零碎的。也就是说，决策者的认知能力是有限的，他不能考虑到所有可能的方案，因而就没有办法进行精炼的选择；在选择方案的过程中，有可能根据意识形态和政治的原因来进行选择，没有参考效率的标准。

其次，西蒙认为，按照完全理性决策的要求，行为主体要在所有可行的备选行为中做出选择。而在真实情况下，主体只可能想到有限的几个可行方案而已。而且，各种方案的结果预测和评估也不可能是完全的，有很大的不确定性。每一种政策方案都有很多正确的和反面的结果，这使得对方案进行比较相当困难。因为同一种方案是否有效在很大程度上取决于具体的环境，决策者不可能达成关于哪一种选择更好的一致结论。在西蒙看来，这是人类理性的局限所造成的。这些局限并不是一成不变的，而是取决于个人决策所发生的组织环境。

最后，按照完全理性进行决策的困难还在于区分决策过程中的事实和价值、手段和目的。完全理性决策模型假设先有明确的目标设定，然后再设定符合达成目标的手段。然而，在西蒙看来，组织事实上并不是一个同质的实体，组织的整体价值与组织中个体的价值之间有可能存在着一定的差异。如果决策是以组织目标为导向的，我们可以把这一类决策称为“组织理性”的决策；如果决策是以个体目标为导向的，我们可以把这一类决策称为“个人理性”的决策。决策者进行决策时能够在多大程度上摆脱“个人理性”的影响，并尽可能使决策符合“组织理性”呢？西蒙对此提出了质疑。此外，西蒙还提出，实现目标的手段是不可能脱离价值的。在政策执行上，组织目标的实现最终需要落实到具体的个人和群体身上，个人或群体在这一过程中掌握着很大的自由裁量权。在完全理性决策模型中，这些自由裁量权应当应用于实现组织目标而非个人目标。同样，西蒙也对完全理性决策模型的这一假设做出了质疑。他认为组织目标和目标的实行在某种程度上只是反映了一部分人的目标和价值。基于上述对完全理性决策模型的质疑，西蒙提出了有限理性决策模型。

（二）有限理性模型的主张

西蒙认为，人的理性实际上是介于完全理性和非理性之间的一种有限理性，决策行为正是在人的这种有限理性基础之上而做出的。这种有限理性在决策过程中的表现是：(1)在情报活动阶段，人的决策行为往往受到知觉选择性的支配，不同经验和背景的决策者，对决策环境会有不同的解释。(2)在设计活动阶段，人们并不试图找出所有可行性方案，而是通过力所能及的问题求解活动，寻找尽可能多的决策方案。(3)在选择活动阶段，决策者的选择往往与备选方案的提出顺序有关，如果方案一是先于方案二提出来的，且方案一已经令决策者满意，那么决策者就不会再花时间去考虑方案二，哪怕方案二比方案一更好。因此，完全理性决策模型只是一个理想的模型。在真正的决策过程中，基本上不存在像经济学模型所提出的那样的完全理性的假设前提。决策者往往很难对每一项备选方案可能产生的后果进行完全正确的预测，往往在不十分了解的基础上就要做出最后的决策，这就意味着决策者会不可避免地做出具有强烈个人色彩的主观判断，而且也很难考虑到所有可能的决策方案。此外，一项决策是否正确在很大程度上受到决策者本人的价值观、对决策目标的认识程度、有关的知识广度与深度以及决策资料的了解程度等因素的影响。所以，完全理性决策模型中的决策条件永远不可能得到满足。在这种意义上而言，所有的决策都必然是在有限的理性状态下进行的。

此外，在有限理性决策模型中，决策者要寻求的不是经济学模型所主张的所谓最佳方案，而只是符合某个预先设定好的最低限度标准，也就是要选定那些符合或超过该标准的备选方案，即在决策过程中运用“满意原则”替代“最优原则”来指导决策。事实上，按照效用函数计算出来的最佳方案，在实际决策过程中不一定就会被决策者看做是他心目中最佳的方案。所以，决策者寻求的是符合要求的方案或满意方案而非最佳方案，决策者在决策过程中是以“满意原则”而非“最优原则”来进行决策的。

西蒙还认为，有限理性决策模型有两种，“一种是不采取最佳的决策，而愿意采取第二最佳或第三、第四最佳的决策，这种方法可被称为次佳决策模型。另一种有限理性决策模型是满意的模型，即决策者不坚持采取最佳的政策，而愿意采取任何可以被认为‘满意’的政策”①。在次佳决策模型中，一方面决策并不能保证一开始就有十分明确的目标，而决策环境又经常不容许我们等到目标完全明确之后再作选择，所以决策目标只能是有限的目标。另一方面决策者对决策的满意程度是由决策者的期望水平决定的。然而，这个期望水平并不是固定不变的，它随着环境条件和个人体验的变化而变化。在存在众多好的备选方案的良

① 伍启元：《公共政策》，香港：商务印书馆有限公司1989版，第66页。

性环境中，期望水平会提高；在比较恶劣的环境条件下，期望水平会降低。在这种情况下，决策者有可能采纳次佳的决策方案。实际上，这是由于决策者心中“满意”原则下降的结果。因此，为决策目标确定一个恰如其分的期望水平，是决定决策成功与否的关键环节，在可能的条件下，应尽量采用量化方法将期望水平明确地表达出来。然而，在多数情况下，我们不得不求助于经验来为自己确定目标期望水平。

总之，在西蒙看来，客观理性是存在的，但是对它的追求不是一次完成的，只能一步一步地向它逼近，这个过程将是一个永远不可能完成的过程。决策者完全按照理性的、最佳的模型进行决策是不切实际的。在现实的决策过程中，由于问题不确定、信息不完全的因素，决策者不可能穷尽所有可行的方案，也不可能对所有的方案一一进行成本—收益分析，这样做的成本过高，在现实中往往让位于有限理性的决策模式。

第二节 渐进主义决策模型

渐进主义将公共政策看做是政府过去行为的延续，只有一些增量性的改动。政治学家林德布洛姆在批评传统的理性决策模型时，首次提出渐进主义决策模型。在林德布洛姆看来，决策者并不是每年一次地回顾现有政策或者曾经提出的政策建议，确定社会目标，研究为达到某个目的的政策选项的成本和收益，同时以净收益的最大化为标准，对每个政策选择进行排序，然后在所有相关信息的基础上做出决策。相反，由于时间、信息和成本的限制，决策者无法在对所有政策选项及其后果进行充分评估后再进行决策。① 此外，林德布洛姆还进一步指出，一种和以往政策越不同的方案，就越难预测其后果，也就越难获得一般人对这项政策的支持，其政治可行性就越低。重大创新的政策，其后果也特别难以预料。因此，公共政策不过是过去政府活动的延伸，即政府在旧有的基础上把政策稍加修改，而且决策者通常是以现有的合法政策为主要依据。简而言之，在林德布洛姆看来，“政策制定基本上应是保守的，而且应该把政策创新限定在‘边际性的改革’范围之内”②。

---

① 〔美〕托马斯·戴伊：《理解公共政策》，彭勃等译，华夏出版社2004版，第16页。

② 〔美〕查尔斯·林布隆：《政策制定过程》，朱国斌译，华夏出版社1988版，第5页。

一、渐进主义决策模型的主张

在林德布洛姆看来,决策制定中通过对早期决策"连续性的有限比较"过程来形成政策,而这些决策往往是他们所熟悉的。进行决策是一步一个脚印、逐步前进的过程。如果说理性决策模型是一种根部法,从根本出发,围绕某个基本问题而生成各种构建;那么渐进主义决策模型则是分支法,依据不同时期的现实情况,逐步地改变政策选择。

在渐进主义决策模型的视角中,公共事务的复杂性使决策者不可能面对一成不变的问题,而是先要找出当下的问题并做出说明。由于时间和资源的限制,公共决策并不可能穷尽所有资料信息,或者等一切分析妥当再决策,因为这样做会贻误时机,且不经济。相反,决策者应该在现有政策的基础上根据决策环境等相关因素的具体情况适时进行决策,这样的决策过程就是一个连续不断的过程。此外,渐进主义决策模型还把决策活动着眼于解决目前问题,而不是追求远大的目标。决策的手段是从试错过程中产生出来的,而不是在对所有可能的手段进行综合评估之后选择的结果。决策者考虑的仅仅是一些熟悉的恰当选择,当他们发现一个可接受的方案时,他们就会停止寻求这个过程。渐进主义决策模型把公共政策制定过程看做是对以往政策行为的不断修正的过程。它在以往的政策、惯例基础上制定新政策,只对过去的政策作局部的调整和修改,是过去政策的延伸和发展。换句话说,渐进主义决策模型经常修正过去的政策,而不全面更替。

渐进主义决策模型遵循三个基本原则,即按部就班原则、积少成多原则和稳中求变原则。基于这三个原则,该模型认为,一种和以往政策越不相同的方案,就越难预测其后果,也就越难获得一般人对这项政策的支持,其政治可行性就越低。由于重大创新的政策后果特别难以预期,所以渐进主义决策模型主张,政策制定基本上应是保守的,是不得已而为之的,且应将创新之举限于边际性的改变。

渐进主义决策模型可以用图 3-2 给予粗略的说明。它表示了政策不断修正、渐进与变迁的动态过程。图中每十年的同一政策方案的变化呈现出保守主义的特征。

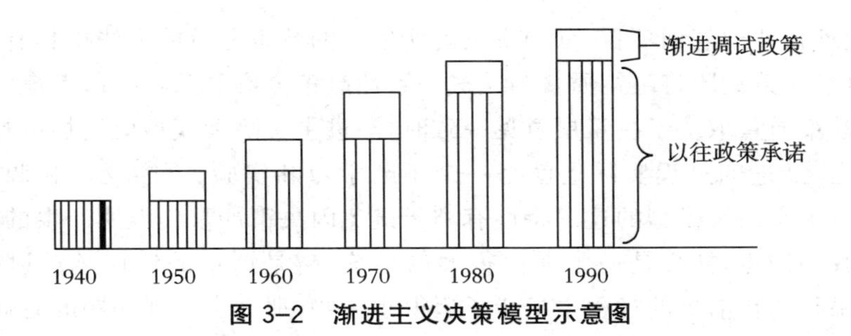

图 3-2　渐进主义决策模型示意图

渐进主义决策模型有以下一些特征：

(1)渐进主义决策模型实际要求决策者必须保留对以往政策的承诺。政策制定要以现行政策为基础，不能另起炉灶，政策要有继承性。

(2)渐进主义决策模型注重研究现行政策的缺陷。决策者不必过多地分析与评估新的备选方案，只需着意于现存政策的修改和补充。

(3)渐进主义决策模型着意于目标与备选方案之间的相互调适，使问题较易处理，而并不关心基础的变革。

(4)渐进主义决策模型在面对同一社会问题的不同解决方案时，只着重减少现行政策的缺陷，不注重目标的重新改进，也不注重手段和方案的重新选择。①

林德布洛姆认为，决策无法进行大幅度修改的主要原因有以下几个方面：首先，讨价还价的活动需要各方参与者共同参与对有限资源的分配。在这种情况下，各方往往不愿寻找激进的新方案，所以现存分配模式就很容易持续下去。这是因为在现有的政策条件下，各方参与者可以明确彼此的成本和收益。然而，政策改变后将会带来什么样的成本和收益，相对来说却很不明确，这就使得各方难以达成关于改变的共识。因此，政策结果往往是现实的持续，或者只是一些细小的变化。其次，墨守成规是官僚行为的特性，这在另一方面也促进决策者保持现状。在规则导向和非人格化的官僚体制中，官僚只是按照规章制度办事，这往往会阻碍政策创新，固化现存的制度安排。最后，林德布洛姆还指出，在多数的政策领域中，政策选择的一致性是难以达成的。因此，决策者往往会避开那些难以达成一致意见的老问题，这样，与原来政策有着细微差别的决策就会得到维持。

运用渐进主义决策模型进行决策需要满足以下几个条件：(1)现行政策大体能满足社会各阶层成员的需要，只要进行一些边际调适即可充分显示政策有效性的进展。(2)待处理的政策目标和社会问题本质上也带有持续性，如国家预算

① 陶学荣：《公共政策学》，东北财经大学出版社 2006 版，第 156 页。

编制、大型长期的规划项目。(3)决策者所使用的政策分析的方法也具有高度持续性。(4)决策集团将政策质量与达成一致性政策方案联系在一起考虑时,特别是认为政策质量取决于决策层意见一致时,渐进主义决策模型就更加可行。

总之,渐进的过程实际上就是一个不断学习和实验、不断反馈和调整的过程。渐进主义决策模型的这一特性有利于避免因决策严重失误所产生的持久性结果。我们知道,社会是一个惯性很大的系统,越是严重的错误越难以完全纠正。如果我们在前进的过程中把步子迈得小一些,那么当出现问题的时候,就有可能及时纠正。而迈大步往往意味着进行重大的政策变革,这样做一方面可能会引起决策层内部的紧张和冲突,导致权力的改组和社会形势的重大变化,所冒的政治风险相对较大;另一方面重大的政策变革可能会在制度安排和公众心理方面遇到很大阻力,形成政策执行中的障碍,引起一些意想不到的后果,不利于社会的稳定。因此,如果我们能够把大步变为连续的小步,步幅虽小但频率不慢,那么上述的风险就会大大地缓解。所以,正像林德布洛姆自己所讲的:"政策制定是一种永无止境的过程,在这一过程中,不断的'蚕食'代替了可能永远也不会出现的'全盘解决'"。按部就班、修修补补的渐进主义或许看上去不像是英雄,因为它缺少惊人的壮举,但它作为足智多谋的问题解决者在现实生活中却大有用武之地。①

二、对渐进主义决策模型的简要评价

对理性决策模型进行批判后而出现的渐进主义决策模型明显比前者更加具有现实可能性与可操作性。它的优点主要有以下几个方面:

首先,运用渐进主义决策模型做出的公共政策是对旧政策中存在问题的补充和修正,现实性和可操作性更强。一方面,渐进主义决策模型的前提假设与适用条件没有理性决策模型的那样苛刻。另一方面,渐进主义决策模型的关键在于寻找"临界点",在"老政策是好政策"的指导原则下,根据外界的政治、经济和社会环境来确定渐进模式的速度。因此,渐进主义决策模型更符合现实的情况以及更加具有可操作性。

其次,渐进主义决策模型在缓解矛盾冲突和决策集团内部稳定方面具有现实的重要意义。在高层决策者内部,原有政策的修正容易达成协议。相反,重大的政策变更,风险较大的方案出台,容易引起决策集团内部的政治冲突和紧张状

---

① 张金马:《公共政策分析——概念、过程、方法》,人民出版社 2004 版,第 127 页。

态，甚至导致政治权力改组。因此，在原有政策尚有一定有效性的时候，渐进主义决策模型能够有效化解政治冲突，维持政治组织系统的稳定。① 渐进主义决策模型是减少冲突、保持稳定、保护政治体系自身的重要手法。

最后，渐进主义决策模型能够有效维护社会的稳定。我们知道，要具备使用理性决策模型所需的条件相当困难，这使得比较稳健的决策者习惯于接受保守的观念。特别是在缺少公认的社会目标和统一的价值判断标准的时候，固守现行的政策就不失为上策。因此，当原有的政策没有造成政治、经济、社会、组织、行政体制上的失调，不致造成重大的不良社会后果时，采取渐进主义决策模型进行决策有利于社会的稳定。

尽管渐进主义决策模型在某种程度上正确地描述了公共政策是如何制定的，然而，渐进主义决策模型也存在一些内在的缺陷。首先，渐进主义决策模型在理论上和实践上都带有维持现状和缺乏变革的保守主义色彩，使公共政策的制定成为修修补补的游戏。批评者指出，渐进主义决策模型缺少目标导向，它使人们一直停留在十字路口，找不到前进的方向，并且它内在地有着过于保守的倾向，怀疑大规模的改变和创新。其次，渐进主义决策模型被认为是不民主的，它把决策的范围局限在小部分高级决策者之中。再次，由于渐进主义决策模型排斥系统的分析和计划，破坏了寻找有益的新选择的动力。在这一点上，批评者指出，渐进主义决策模型容易产生短视的决策，不利于社会的长期发展。最后，批评者对渐进分析的适用性提出了质疑。德罗尔指出，只有在属性前后始终一致的政策问题面前，并且解决方案是现成的情况下，渐进主义决策模型才能起作用。换言之，渐进主义决策模型常常只能应用在相对稳定的环境中，而在社会危机面前，它便失去了解释力。

就我国的实际情况而言，自党的十一届三中全会以来，中国的改革开放实践证明，中国的经济发展已经取得了历史性的突破，其成就令世人瞩目。在经济转轨的路径选择上，基于中国的历史传统因素以及复杂的国内外环境，我国没有选择与苏联和东欧国家一样的改革道路，没有采取激进的休克式疗法和谋求一步到位。此外，也没有现行的成功经验可以借鉴。因此，我们的政策出台和实施都采取了“摸着石头过河”的渐进式改革模式。渐进主义决策模型可以避免社会震动过大，在保持社会稳定条件下推进改革，使改革带来的利益关系调整约束在社会和公众可以承受的范围内，从而可以较好地处理体制改革、经济发展和社会稳定的关系，实现平稳的经济转轨。因此，渐进主义决策模型于中国改革道路的研

① 张金马:《公共政策分析——概念、过程、方法》，人民出版社 2004 版，第 128 页。

究具有重大的理论以及实践意义。

渐进主义决策模型原本是针对理性决策模型的质疑提出的,但它又带来新的缺陷。为了寻求更加适合各种复杂社会状况的优化模型,德罗尔与埃奇奥尼分别提出了规范优化模型和综视决策模型,统称为综合决策模型。

第三节 综合决策模型

理性决策模型与渐进主义决策模型两者都有缺陷:前者对于决策的要求过于理想化,以至于超出了决策者认识问题和解决问题的能力范围;后者对决策的要求过于保守,政策替换上的逐渐变化有时无法真正解决社会的根本问题。而且,现代社会面临的决策问题过于复杂,在进行决策时难以只用一种方法就做出科学的决策。因此,现代决策方法在运用的时候,通常是各种不同的方法混合或交替使用,有时候是以一种方法为主,其他一种或几种方法为辅,有时候则是两种或多种方法同时并用。因为对一个政策问题从多角度进行观察分析,使用两种或者多种决策方法进行决策,就可能对问题有更全面深入的了解,从而制定更佳的政策。这种成功地运用两种或两种以上决策方法进行决策的方法就被称为综合决策模型。例如,新加坡、中国台湾综合运用理性模型与儒家伦理思想来制定国策和政策,以色列、伊朗等国家则是综合运用理性模型与宗教思想来制定国策,美国、英国等西方国家则是综合理性决策模型和渐进主义决策模型去制定有关的政策。以下我们着重介绍两种主要综合决策模型:德罗尔的综合决策模型和埃奇奥尼的综视决策模型。

一、德罗尔有关政策制定的综合决策模型

德罗尔的综合决策模型,也被称为规范优化方法或者规范最佳方法,该方法是作者在他政策科学的代表作《公共政策制定的再审查》中提出的。他认为,理性优化决策所要具备的那些条件,在现实世界中难以达到。渐进主义决策虽然比较接近实际政策的制定过程,但也只适于安定的社会,并且它并不鼓励运用创造力,妨碍社会的真正进步。因此,决策者在决策中需要综合运用多种决策模型进行决策,以避免使用单一决策模型的内在缺陷。德罗尔指出,决策者在决策时需要在认清问题性质、决策根据、决策目标和确定价值标准后,一方面通过多种过程或手段来利用理性方法或是增加理性方法的内容,通过理性方法来分析各种方案的利弊得失,以寻求具有创造性的方案;另一方面,依照渐进主义决策模

型，根据现行政策的实际情况，再加上决策者的知识、经验、能力、直觉等，去探讨各种方案的可能效果。这样就综合了理论、经验、理性、有限理性、非理性等决策方法，有可能得到更佳的政策方案。

德罗尔的规范优化方法强调政策制定系统的过程分析。它把政策制定过程理解为三个主要阶段：

(1)元政策的制定阶段。元政策的制定即探讨政策制定的政策。它包括社会价值分析(如社会指标体系分析)，环境因素的调查、分析，政策问题的认定，开发与分配资源，重新评估与设计决策体系，研究政策战略与策略等。

(2)政策的制定阶段。包括资源分配后的调剂，建立按优排序的操作目标，对价值分析的各种结果按优排序，对第一阶段尚未考虑到的因素继续进行价值分析，设计有限的一些政策备选方案，对这些方案进行可行性分析与可靠性分析，进行预测分析，使用投入/产出、成本/收益或成本/最大净收益方法对备选方案按优排序，对优化方案进行全面评估。

(3)后政策的制定阶段。包括激励政策执行，政策评估、政策执行后评估等内容。

在运用德罗尔综合决策模型的时候要准确把握如下六个方面的内容：(1)认清政策问题的价值、目标和决策标准；(2)探讨问题的解决方法，积极致力于新方案的研究，对相关论著进行比较性研究阅读，深入探讨实际经验的操作、可行性理论的应用等，以促成创造性的新方法；(3)预先估计各种方案与决策的期望得失，再确定最少风险的政策或改革的政策；(4)决策者应该首先依据渐进主义决策模型检验现行政策，然后再运用自己的知识与直觉，寻求一种比较便捷的途径，用以考虑政策方案的可能成果，并指出主要的期望值；(5)综合决策模型是对其他模型的综合，如何进行综合要以各种方法的可行性和政策问题的本质为依据；(6)综合决策模型对政策制定者和决策者的素质有较高的要求，决策者应该做出积极的努力，善于在实践中学习，接受系统的培训，培养自己的创造力和敏锐度。

规范优化方法基于对现行政策的检查与评估，吸收了渐进主义决策模型的可取之处，同时也充分吸收了理性决策模型的操作方法以及优点。另外，他还将理性原则加以扩大，把规范科学的手段与艺术方法相结合。诸如，利用必要的专家直觉、经验判断，设计新的备选方案，进行各种可行性研究等。在实际的分析中该模型还利用各种定性方法弥补社会因素难以量化的不足。例如，采取德尔菲法、脚本使用等各种心理学模型。这就保证了方案的相对优化。最后，德罗尔的规范优化方法还把一般意义上的决策与政策制定系统的改进联系在一起，提出了元政策的制定与后政策的制定，并把它包含在整个政策生命过程的系统中。这样，规范优化方法至少包含了渐进主义决策模型、理性决策模型、过程模型与系统模型的合理成分，成为更富实用价值的模型之一。

二、埃奇奥尼的综视决策模型

综视决策模型的主要动机与规范优化方法有相似之处。该理论认为，理性决策模型过分理性化，导致在现实中难以实现，渐进主义决策模型又过于墨守成规，暴露出无法接触和改进政策核心问题的缺点。为了克服理性方法的缺点，弥补渐进主义决策模型的不足，艾米特依·埃特奥尼提出了一种介乎理性主义与渐进主义之间的折中决策理论——综视决策模型。埃奇奥尼的综视决策模型综合运用了理性决策模型和渐进主义决策模型，其核心内容是发挥两种方法的长处，避免它们的缺点，使这两种方法优势互补，从而增强了做出最佳决策的可能性。

埃奇奥尼在他的著作中对综视决策模型作了如下形象的阐述：假定我们准备利用气象卫星建立一个全球性的气象观测网，若采用理性主义的方法，那么我们就将利用能够进行细节观测的摄像机，尽可能安排对所有的空间进行考察，以便对全球气象情况作穷尽式探索。这种做法当然会产生数不胜数的细节，分析的代价极高，而且很可能远远超出我们所具备的活动能力。而渐进主义则要求把注意力集中于过去我们对其气象情况较为熟悉的地区，或许还包括一些邻近的地区。这种做法会使我们忽略产生于事先未曾想到的地区、本应引起我们高度重视的气象情况。混合扫描则使用了两种类型的摄像机，从而涵盖了上述两种方法的基本内容。第一种是多角度摄像机，它能观察全部空间，只是观察不了细节；第二种摄像机能对空间进行深入细致的观察，但不再观察已被多角度摄像机观察过的地区。尽管混合扫描有可能忽略只有用第二种摄像机才能发现问题的地区，但相对于渐进主义而言，它不太容易忽略过去情况不熟悉的地区所出现的非常明显的问题。

从埃奇奥尼的阐述中，我们可以得知：综视决策模型要求决策者既要从宏观上去观察分析政策问题，又要从微观上对政策问题进行把握；在具体操作方面，综视决策模型要求对理性决策模型和渐进主义模型方法进行灵活运用。在宏观方面，综视决策模型要求把握政策方案的具体特征，不拘泥于细节，避免理性决策模型对所有备选方案和与目标无关的次要细节进行观察分析的不现实性；在微观方面，综视决策方法要求对重点方案进行深入的观察分析，避免渐进主义决策模型通常具有的忽略基本政策目标的倾向。在通常情况下，综视决策模型要求运用渐进主义决策模型去分析观察一般性的政策要素，同时运用理性决策模型来观察分析特殊的项目。通过这两种决策模型的综合灵活运用，决策者只需要调查分析经过选择的重点问题，而不需要全面调查分析所有的细节问题，就能够既掌握重要的具体问题，又不会忽略基本点政策目标。

另外，综视决策模型还为我们提供了一个收集、整理、分析、利用有限资料的特定程序和资源分配的标准，与理性决策模型比较，它借助渐进主义决策模型缩小审查分析范围，节约了大量时间和人力物力；和渐进主义决策模型相比，它借助理性决策模型对各备选方案进行精细测量、计算，提高了方案的可靠性，给创造性方案的出台打下了坚实的基础。

综视决策模型在观察和分析政策问题以及进行政策决策时有较高的实用性，其主要优点包括：(1)综视决策模型可以从实际社会问题及现行政策出发，吸收理性决策模型与渐进主义决策模型各自的优点，因而会保证政策质量的提高。(2)综视决策模型有较大的调节弹性，能够适应突变的政策环境。(3)综视决策模型首先要在众多备选方案中进行主观选择，因此，能发挥决策者的主观能动性。又由于它强调经验与直觉的作用，不苛求决策者具备高度的科学修养和理性能力，因此更能适应决策者水平与能力上的差异。

综视决策模型利用理性决策模型的优点，根据科学的方法审视一致性的政策要素，又利用渐进主义决策模型的优点从宏观上把握主要的备选方案，特别是现行的政策方案。这样就避免了对与目标无关的次要细节和无关备选方案做无意义的考察。另一方面，综视决策模型重视理性决策模型探讨长期方案和创新方案的优点，以克服渐进决策模型的保守倾向。在对选定的备选方案的审视上又注重使用理性方法的优点，避免渐进主义决策模型通常具有的忽略基本政策目标的倾向。换言之，综视决策模型要求在宏观上把握政策方案总体的特征，不拘泥于细节，避免了理性决策的不现实性，又在微观上对重点方案进行深入考察和检验。可见，该模型利用了理性方法和渐进主义的优点，克服了它们各自的不足。像规范优化方法一样，综视模型也提供了一个收集、分析、利用有限资料的特定程序和资源分配的策略标准。和理性决策模型相比，它借助渐进主义决策模型缩减审查范围的优点，节约了大量开支；和渐进主义决策模型相比，它借助理性决策模型科学方法对各种备选方案进行精细的测量，从而提高了方案的可靠性，又为各种创造方案提供了方便。因此，综视决策模型更具可行性。

第四节　团体决策模型

团体理论提出，政治就是团体之间为了影响公共政策而展开的斗争，而团体之间的互动就是政策的核心内容。在现实生活中，个人在共同利益的基础上以正式或非正式的方式结合形成团体，然后向政府提出要求以及施加压力，迫使政府做出对自己有利的公共政策。根据政治学家戴维·杜鲁门的看法，这一类群体就是利益集团，即“有着共同态度的团体，并对社会上其他团体提出一定的要求。如果这类团体通过政府或者向政府机构提出要求，它就成为政治性团体”①。由此可见，团体是个人和政府之间重要的桥梁，离开团体的个人将难以对政治体系产生实质性的影响，团体是政治体系中最基本的活动单元。另一方面，团体之间的互动、博弈要受到政治体系的约束。政治体系管理团体间冲突的方式包括：(1)为团体之间的争斗制定游戏规则；(2)促成不同利益之间的妥协与平衡；(3)通过公共政策通告妥协内容；(4)贯彻实施妥协方案。

因此，我们可以说公共政策就是在决策者不断回应团体压力，与之讨价还价、协商以及和有影响力团体的竞争性要求达成妥协后产生出来利益分配方案。② 可以预料，这种利益集团相对影响力的变化会导致公共政策的变化；公共政策的发展方向会符合那些获得影响力的团体的希望，而与那些失去影响力的团体的希望相左。

一、团体决策模型的主张及其简单评价

首先，团体决策理论认为，公共政策实际上是团体斗争中相互妥协的结果，是不同利益之间的一种平衡。制约这种平衡的力量来自不同利益团体的相互影响。毫无疑问，公共政策往往更倾向于影响力较大的利益团体，公共政策的相对稳定依赖于团体斗争均衡状态的持续。一旦这种状态被破坏，公共政策就会起变化，待到新的平衡形成，新的政策随之出现。任何利益团体政治影响力的减弱或增强都会延伸到政策的制定领域，从而导致公共政策程度不同的变化。其变化的方向无疑更靠近力量增强的团体的要求，远离力量减弱的团体的要求，并在新的基础上达到平衡。团体对公共政策的影响力由其成员的数量、财力的状况、

---

① 〔美〕托马斯·戴伊：《理解公共政策》，彭勃等译，华夏出版社 2004 版，第 18 页。

② 同上书，第 19 页。

团体的实力、领导者的能力、团体的凝聚力以及与政府决策层的关系等因素来决定。[①] 团体决策模型可以用图 3–3 进行形象的说明。两个团体 A、B 同时对政府施加压力。压力表现为 A、B 团体对公共政策的影响。政府采取 O 点的政策方案使之均衡。当 A、B 的影响发生变化时,政策会随之变化,又在 O′点采取新的政策方案而达到新的均衡。图 3–3 表示了一架概念式的天平,O、O′点分别是备选方案横杆上的均衡点,它对应了旧的和新的政策方案。

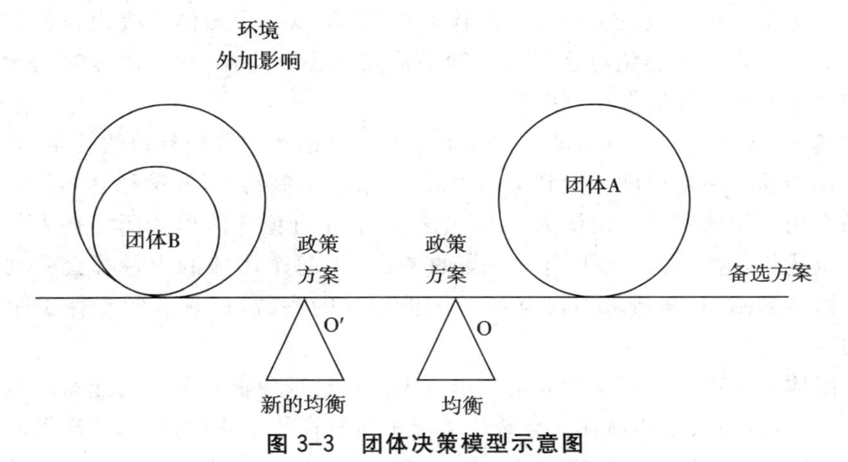

图 3–3 团体决策模型示意图

其次,团体决策理论试图以团体斗争的分析框架解释所有重要的政治活动。公共政策只是利益团体斗争结果的合法化表现形式,政策制定者的任务就是对团体的压力不断地做出反应,即通过讨价还价、相互妥协、折中调解等形式寻求利益群体间冲突性要求的平衡。[②] 尽管团体理论将政治系统看成是利益团体之间竞争的系统,然而这种竞争也有其制约因素。其一,他们都不能违背宪法。在政府、各利益团体之外的人群中也有潜在的团体因素,如新闻、宣传等团体都起到了维护宪法的作用。宪法成为任何利益团体不得超越的行为规范,这也保证了政策的相对持久性。其二,各利益团体也并非截然对立,存在着各种复合成员,他们有时从属于多个团体,起到了缓和冲突的作用。其三,利益团体竞争的存在也同时产生相互制约的因素,这种斗争与制衡导致了团体间的动态均衡。

最后,团体决策理论认为,政治体系本身实质上是所有社会团体的互动体系,这种体系的平衡依赖于几种重要力量的支撑。

---

① 吴立明:《公共政策分析》,厦门大学出版社 2006 版,第 38 页。

② 张金马:《公共政策分析——概念、过程、方法》,人民出版社 2004 版,第 141 页。

其一，社会上存在着一个非常庞大的、极为普遍的、潜在的社会团体拥护和支持国家的宪法体系和维护社会稳定的运行机制。这种团体并不总是显现出来，而一旦有任何团体破坏“游戏规则”，威胁团体间的平衡，这种潜在的力量就会被激活，它会奋起反击，从而对破坏势力形成巨大的压力。

其二，团体之间成员资格的相互重叠会使任何孤立的团体难以偏离社会的基础价值观，从而对平衡的维系发挥了至关重要的作用。正因为社会中有许多人既是这个团体的成员又是那个团体的成员，所以一个团体在提出自己的利益要求时就必须考虑避免对这些人的利益造成伤害。这样一来，团体间的矛盾与冲突就会在一定程度上得到缓解。

其三，团体之间的竞争能够使任何单个团体的势力得到有效的控制，并使所有团体能够在一定程度上做到势均力敌，形成相互制约，以维护社会的稳定和体系的平衡。团体决策理论认为，在一个社会中应避免任何单个团体在人数上形成压倒优势，这主要是出于利益平衡的考虑。[①] 每个团体的力量都会受到其他竞争团体的制约，其结果不仅有利于保护团体的利益，而且有利于保护个人的权利。

团体决策理论在把注意力集中于政策制定过程中那些重要的能动因素的同时，似乎过分夸大了团体在社会政治生活中所发挥的作用，而低估了政策制定者（政府官员）在政治过程中所具有的独立且富有创造性的作用。事实上，政府部门及其成员并非总是处于被动的地位，并非只需要对不同团体的利益需求做出反应。许多社会团体实际上是公共政策的产物，没有公共政策的出台，它们就不可能存在。尽管团体决策理论对政策分析有着重要的启发性意义，但是我们在解释公共政策问题时绝不能忽略政治生活中其他重要因素的影响。

二、利益集团对我国公共政策制定的影响及其规制

自从实行改革开放和发展社会主义市场经济以来，我国的经济成分、组织形式和分配方式日益多元化，整个社会的利益结构不断分化重组，这使得我国利益集团的产生与发展具有了客观的社会基础。此外，公民利益意识的觉醒和维权意识的加强、政治民主化、法治化进程的加快以及现代交通与信息技术的发展也为我国利益集团的发展提供了大量有利条件。当这些条件逐渐聚合在一起的时候，我国利益集团的产生与发展就成为一种不以人的意志为转移的客观趋势。

---

① 吴立明：《公共政策分析》，厦门大学出版社 2006 版，第 38 页。

就现阶段而言，我国的利益集团主要包括国有企业、民营企业、行政机构、外资企业、外国政府以及其他公益性组织等。

近年来，我国利益集团的活动越来越活跃，其力量也随着社会的发展不断增大，以至于这些集团已经成为影响我国公共政策制定的一股重要力量。一般而言，利益集团会尽其所能游说政府部门或者政府官员以影响我国公共政策的制定，从而使有利于自身利益的公共政策能够出台。因此，利益集团作为一种客观趋势而出现，其对我国公共政策的制定产生了重大的影响，对此，我们可以从以下两方面看待。一方面，利益集团的出现使我国政府决策更加民主化和科学化，优化了政策环境。我们知道，决策者在进行决策前必须对各个备选方案的优缺点进行分析、评估以及权衡利弊，然后才能选定其中一项政策方案或综合形成新的政策方案。然而，信息的匮乏以及技术上的不足使得公共政策的决策者在这个过程中会面临着许多的障碍，特别是专业性较强的领域，所以决策者并不能保证每次都能做出科学合理的正常。相反，利益集团具有信息、技术以及其他方面的优势，而这些优势正是决策者所缺少的。因此，当利益集团为影响公共政策的制定而向决策者提供大量的信息时，公共政策的科学性也就相应地得到提高了。此外，众多利益集团的游说活动实质上是不同利益主体与政策制定者之间的互动，迫使决策者在决策时不得不考虑更多群体的利益。从这个角度而言，我国利益集团的产生有力地推动着我国决策民主化的进程。另一方面，利益集团的出现也会降低我国政府的决策效率，同时可能导致局部利益与共同利益的冲突。公共政策的本质是合法化以后的资源分配方案，其核心是利益的“公共性”。然而，由于利益集团与政策制定者之间存在着巨大的信息不对称情况，利益集团能够在向决策者提供相关政策信息时轻而易举地隐瞒不利于自身利益的信息，从而实现对国家政策制定的“绑架”。此外，势力强大的利益集团因资源雄厚而在公共政策所体现的利益分配关系中占有较大的份额，相反，弱小的利益集团则只能占有较小的份额，甚至颗粒无收。再者，利益集团力图实现的是特定群体的利益，这些利益有可能与公共利益背道而驰。当与公共利益相悖的集团利益得到公共政策的保护时，公共政策的“公共性”就遭到了损害。从这几个角度而言，我国政府的决策也会因利益集团的左右而出现效率低下的弊病。

现阶段，我国利益集团游说的环境还有待完善，许多游说活动因为缺乏规范进而“异化”为行贿。因此，为了维护公共政策的公共本质、防止强势利益集团实现对国家政策的“绑架”以及保证博弈的公平性，我们需要从以下几个方面规制我国利益集团的游说活动：(1)为利益集团游说活动的生存和发展提供良好的社会环境和制度安排。包括制定《游说法》、严厉打击贿赂行为等。(2)加强大众传媒监督力度,提高大众媒体的监督地位。(3)出台相关保障弱势利益集团利益的相关法规,防止弱势利益集团被“淹没”。(4)加强政府信息机构的建设,减少决策者与利益集团之间的信息鸿沟。

第五节　精英决策模型

当代精英决策模型是从多个学科的角度对政治精英进行微观实证的研究,认为所有的政治系统都分为两个阶层——统治者与被统治者。精英决策模型的核心观点在于,公共政策是政治精英的偏好和价值体现,大众在相当程度上是被精英所操纵的。在精英决策模型看来,公共政策是由杰出的政治精英决定的,大众不能决定公共政策,公共政策反映的是占统治地位的精英们的价值观而不是大众的需求和意愿。在决策过程中,占少数的政治精英与大多数的无决策权的群众分隔开来,政治精英的主要价值观在公共决策中占据支配性地位。

哈罗德·拉斯韦尔认为,在任何给定的时期,所有大型社会中的决策权都典型地掌握在若干少数人手里。此发现证明了这样一个基本事实:无论是以少数人的名义,还是以某个人的名义,或者是以很多人的名义,一个政府总是由那么一些少数的人所操纵控制。[①] 拉斯韦尔把“政治精英”定义为“获得绝大多数价值的人”。政治精英的分析家们认为,政治精英乃是政治系统的决定性因素,政治精英决定政治系统的性质、政治过程和政治系统的变迁。

一、精英决策模型的主要代表人物及其观点

精英决策模型的主要代表人物有意大利的帕雷托、莫斯卡,德国的米歇尔斯和美国的赖特·米尔斯。

帕雷托认为,任何社会都可以分为三个群体:人数较少的统治精英集团、非统治的精英集团和普通大众或非精英集团。尽管统治精英集团人数在总人口中所占比例较小,但他们却掌握着社会的绝大部分的稀缺资源和国家政治权力,同时也是在经济、军事、学术、工业、宗教、文化、大众传媒和其他制度环境中起到重要作用的关键人物。这一小部分人之所以能够掌控稀缺资源并垄断社会政治权力,是因为非统治精英阶层以及普通大众没有足够的能力掌握政治权力并对社

① 〔美〕托马斯·戴伊:《自上而下的政策制定》,鞠方安、吴忧译,中国人民大学出版社2002版,第1页。

会进行统治。因此，他们只能在政治上依附于统治精英。除此之外，帕累托还认为精英统治必然性的最主要原因是统治精英自身的优越性。统治精英的这种优越性体现在，为了能够有效地维护政治权力来统治社会和维持社会稳定，统治精英阶层会不断地从不执政的精英阶层中吸收成员，同时不断地淘汰不合格的统治者，也就是把统治阶层中已经算不上精英的成员清除出去。经历了这样的循环，整个统治精英阶层的能力、才干的平均值当然要高于非统治精英阶层，从而在社会统治中发挥无以替代的作用，这就使得政治精英的统治成为一种必然。帕雷托据此认为，少数精英统治社会，而人数更少的精英实施政治统治，这是任何社会的普遍规律。

莫斯卡认为，一切社会都存在统治阶级和被统治阶级两个阶级。统治阶级人数较少，但是履行着所有政治职能，垄断各种权力并享受由此而来的利益。而被统治阶级接受统治阶级的指挥和控制。统治阶级并不是经济上占统治地位的资本家阶级，而是社会的精英，即社会各个领域中最杰出的优秀分子。他们能力超群，在各方面都胜过常人，而且具有某些明显的不同凡响且又令人尊敬的品质。莫斯卡还指出，精英的组织化使得权力可以在精英中进行分配以及精英的统治能够得到有效的维护。因此，有组织的少数对于无组织的多数实施统治是必然的。

米歇尔斯从政党的角度研究权力问题，并提出了著名的"寡头铁律"，认为组织从来就是寡头的组织。任何社会都由政党来实施统治，而政党又是由少数领袖来实施统治，民主的政党也无法例外。米歇尔斯指出，讲组织就是讲寡头政治。他认为，与组织单一的小社团比较，组织复杂的大集团是被封闭性的一群人统治的。而这一群人保持的权力，受到自己能自由处理的资源、行动模式、身份保障等的保证而得天独厚。并且，他们的政策与社会地位或资源的运用，不受成员政策选择的约束。随着组织的扩大，组织规模、成员、复杂性、专业化等元素，都会提高权力的集中化程度，扩大精英与大众之间的差异。[①] 因此，政治家一旦掌握了权力，他们的权力就具备了累积性，最终将导致少数寡头垄断权力。在米歇尔斯看来，这是一个铁律，它适用于包括国家在内的所有组织。

赖特·米尔斯在《权力精英》一书中指出，当人们在社会组织中占据支配地位时，他们便拥有了权力。一旦掌握了权力，无论是有所作为还是无所作为，他们都会使其他人感受到权力的存在，都会对其他人的行为产生极大的影响。米尔斯还指出，权力精英做不做出这种决策并不十分重要，重要的是精英占据着关

① 陈庆云主编：《公共政策分析》，北京大学出版社 2006 版，第 323 页。

键的位置。无所作为和不作为决策本身就是一种行为,甚至可能比做出决策产生更大的影响。

综合以上几位代表人物的观点,精英决策理论的主要观点可以大致总结为以下几个方面:

(1)社会被分成两个部分,少数人掌握权力,而其他许多人则没有。只有很少的人为社会分配价值;大众不能决定公共政策。

(2)少数行使统治权的人,在被统治的大众中并不一定具有代表性。精英主要是从社会经济体系中不成比例地抽取出来的。

(3)从非精英演变为精英的过程很漫长,同时可以持续不断地维持社会稳定和防止革命。在非精英的大众中,只有那些接受基本的精英共识的人才能为统治圈所容纳。

(4)精英的共识代表了社会系统的基本价值以及如何维护这一系统的理念。

(5)公共政策反映的不是大众的要求,而是精英的最主流价值观。因此,公共政策是从精英流向大众的,而且它的演变将是渐进而不是革命性的(参见图3-4)。

(6)冷漠的大众对精英们的直接影响相对较少。精英影响大众要甚于大众影响精英。

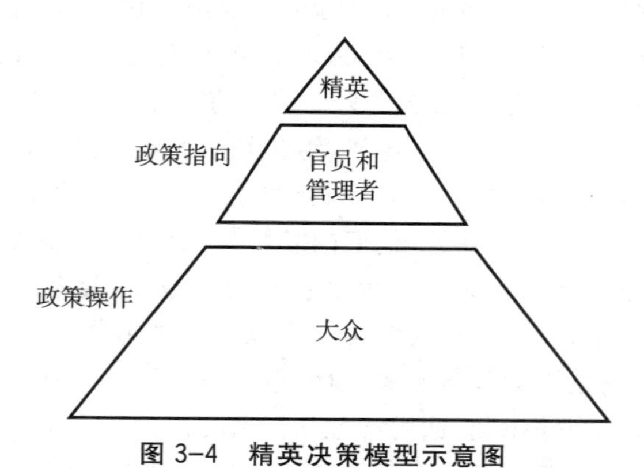

图 3-4 精英决策模型示意图

二、精英决策模型在政策分析中的启示

首先,它告诉我们公共政策不反映公众的要求,而反映精英的兴趣和偏好。因此,公共政策的变革和创新只是精英们对其价值重新定义的结果。出于维护社会制度的需要,精英阶层怀有浓重的保守主义情结,所以,公共政策的变化必

然是渐进性的，而不是革命性的。尽管公共政策经常会被修改和补充，但极少会被替换和取代。渐进的变革将以现行社会制度最小牺牲和最小混乱的方式，对威胁社会系统的重大事件做出必要的反应。社会的稳定对维护社会制度发展和精英所处的地位起着至关重要的作用。精英们的价值观中可能含有很强烈的公众情结，“贵族行为理应高尚”的观念早已深深地融入他们的心中，公众福利可能是精英决策时需要考虑的一个非常重要的内容。精英决策理论并不认为公共政策一定要违背公众福利，只是说为公众谋取福利的责任由精英人物承担，而不是公众自己去承担。

其次，精英决策理论认为公众是被动、麻木和信息闭塞的，公众的情感往往被操纵在精英们的股掌之中，公众对精英价值观的影响微乎其微。精英与公众的沟通在极大程度上是自上而下的。因此，普选与政党竞争并不会使公众参与统治，政策问题的决定极少会通过民众选举或政党提出政策方案的形式进行。选举和政党这些民主制度在很大程度上只具有象征意义，它们作为民主的符号有助于把民众牢牢地束缚在政治制度的罗网中。公民们在选举日可以行使自己的权利，在平时也有权加入他们认同的政党，他们会以为自己能够而且已经在国家政治生活中发挥着作用，而实际上这只是一种错觉。精英政府认为，公众对精英们的决策行为充其量只会有间接的、微小的影响。

最后，精英决策理论认为，对支撑社会制度的基础准则，精英集团有着一致的认识。这也就是说，他们对基本的“游戏规则”具有共识，对社会制度的延续看法一致。社会的稳定和秩序的存在就依赖于精英集团的这种共识以及对社会制度的延续看法一致。这种共识反映了社会的基本价值观。政策方案只有与此相符才可能进入政策议程，得到决策层的认真考虑。当然，这并不意味着精英集团的成员之间不存在意见分歧，他们彼此也会为一些问题争得面红耳赤。从历史发展情况来看，没有一个社会在精英之间不存在竞争，冲突的产生是一种必然的情况。但是，精英决策理论认为，这类争论往往是围绕具体和枝节的问题，范围也比较狭小，不涉及一些根本性的问题。而且，精英之间观点一致的方面远远多于不一致的方面。所谓根本性的问题包括很多方面的内容。比如在美国，精英集团的一致性表现在立宪政府、民主程序、多数原则、言论和出版自由、组成反对党和竞选公职的自由、在社会生活中机会均等、私人财产神圣不可侵犯、个人奋斗及其回报的重要性、自由企业、经济制度的合法性等方面。民众对这些民主制度的象征可能会给予一定的支持和拥护，但往往是非常形式化和表面性的，难以像精英们那样给予这种价值观以一贯性的、令人信赖的支持和信任。

三、对精英决策模型的简要评价

精英决策模型认为公共政策是由掌握统治权的精英人物决定并由行政官员和行政机关付诸实施,公共政策反映的是精英阶层的偏好、利益和价值选择。因此,精英决策模型一定程度上反映了代议制民主下各国决策的实际可能的情形,尤其是在一些民主根基并不深厚的地方。另外,政治精英的分析方法为比较政治研究及比较政策分析开辟了新的研究途径。这是因为,在不同政治系统以及同一政治系统的不同时期,政治精英的基本品质、选拔途径、培养方式与民众的关系等均有不同。通过这些变量的比较,可以发现不同政治系统及同一政治系统不同历史时期中政治精英的基本区别,进而揭示整个系统的差别。

然而,精英决策模型是将公共政策视为反映占统治地位的精英们所持的信念、价值观和偏好的一种决策理论。精英的政策立场不会受到民众舆论的影响,而是民众对政策的看法常受到精英政策立场的影响。政策是从精英向下流至民众,而不是政府响应民情的结果。因此,不是人民大众通过他们的需求与行动决定公共政策,而是占据统治地位的精英决定公共政策,政府只是执行已经决定的政策。从这个角度看,精英决策模型更多地强调了居社会少数的精英阶层的利益,一定程度上偏离了公共政策的"公共"原则,漠视了公众的公共利益。①

此外,精英决策模型"少数精英操纵一切"的断言受到了多方面的批判,被认为是难以证实的观点。多元主义理论、统合主义理论、职业化理论、专家政治论、马克思主义理论都对此提出质疑。尽管精英理论引起了颇多的争议,但简单地认定其不成立也不是一种实事求是的态度。的确,大众参议政是现代社会公共政策制定的发展趋向,也是民主制度所要追求的目标。但是,口号代替不了现实,表象总与真实存在很大的差距,如果仅以理想为标准就很难得出正确的结论。精英理论作为一种启发性方法,为政策分析提供了一条重要思路。托马斯·戴伊认为,20 世纪 60 年代美国一些人权政策的形成过程,非常适宜用来解释精英决策模型的实际应用。这些政策是这个国家的政治精英对影响少数民族环境的问题所做出的一种反应。精英决策模型最关心公共政策形成过程中领导人物所发挥的作用,所以在发展中国家特别是一些带有专制色彩的政治系统中,精英决策模型在分析和解释公共政策制定过程时,其作用可能会远远超出其他的一些政治系统。

① 陈庆云主编:《公共政策分析》,北京大学出版社 2006 版,第 323 页。

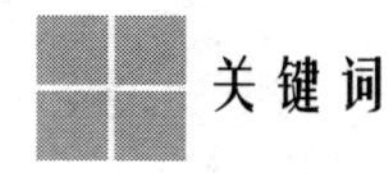

关键词

理性决策模型　完全理性　有限理性　渐进决策模型
综合决策模型　规范优化决策　综视决策模型　团体决策模型
精英决策模型

本章小结

基于对政策本质的不同理解，学者们从不同角度提出了对公共政策过程的不同理解和思考，由此形成了各种各样的公共政策分析模型。公共政策分析模型是对复杂公共政策过程的简化表述，它突出了公共政策及政策过程的本质特征，成为公共政策研究中主要的内容板块。综合众多的公共政策分析模型，基本上可以分为两大类，一是政治分析模型，二是理性分析模型。它们代表了公共政策分析中“政治”和“技术”两种不同的分析取向。政治分析指向公共政策的政治性，精英决策模型和团体决策模型表明的正是公共政策的政治本质，更多地属于政治学研究的范畴；而理性决策模型则主要关注公共政策分析的技术属性。在理性决策模型中，包括完全理性决策模型、有限理性决策模型。理性决策模型更多的是管理学和经济学研究的内容。现代社会面临的决策问题越来越复杂，因此决策者在进行决策时很难只用一种方法就可以做出科学的决策。此外，尽管各种决策模型有其科学合理之处，但同时它们也有自己的内在缺陷，单独使用一种决策模型将无法避免该模型的内在缺陷，进而造成政策失败。因此，决策者进行决策时需要综合运用各种现代决策方法，通常是各种不同的模型混合或交替使用，以克服各种决策模型的缺陷，提高决策方案的科学性与可行性。

与公共政策模型相比，公共政策框架的抽象性相对弱一些，主要是对政策过程进行描述。近十几年来，针对政策过程阶段模型的缺陷与不足，西方公共政策研究提出了一些公共政策的解释框架，而这些都将有助于人们进一步理解政策过程的复杂性和多样性。

案例分析

奥巴马政府医改风波

2012年6月28日，美国最高法院首席大法官约翰·罗伯茨出人意料地支持了奥巴马《病人保护与廉价法案》中“美国公民必须参加医保否则将处以罚款”条款，认为这一条款并不违宪，从而令最高法院以5:4的比例作出裁决，在事实上支持了奥巴马医改的法案。至此，历时四年的奥巴马政府的医疗改革取得了阶段性的进展。美国是发达国家中唯一没有全民医保的，换言之，是唯一非“福利国家”的发达国家，在经历了几届总统的努力，经历了参众两院、共和党和民主党两党的激烈交锋博弈之后，奥巴马提出的全民医保得以实现。如果从老罗斯福总统1912年提出全民医保计划算起，经历了整整一个世纪。

（一）奥巴马医改历程一波三折[①]

第一阶段，两院议案酝酿期。2009年2月26日，奥巴马向国会提交了首份预算案，进行医改是其中重要内容之一。3月5日，奥巴马在白宫举行医疗改革高层会议，要求国会在年内全面启动医改计划。6月17日，美国参众两院开始正式分别讨论医改方案。与此同时，奥巴马与医院行业团体等利益相关者进行接触并进行政治交易，给予优惠条件，以换取利益集团的支持。10月中旬，参议院筹资委员会通过了基本符合奥巴马原则的医改议案。10月29日，众议院率先通过众议院版医疗改革法案。2009年12月21日，美国参议院通过了关键的“预投票”。时隔3天，参议院正式表决通过了参议院版医改法案。

第二阶段，民主、共和两党博弈期和矛盾升级阶段。按照程序，接下来参众两院应就捏合两院法案进行磋商，形成统一版本后分别表决。由于两党对于医改在关键问题上分歧严重，直至2010年2月22日，矛盾双方仍然对峙，奥巴马推出白宫版医改方案并在25日召开两党医改峰会，但“折中版”方案也未得到通过，两党在关键问题上未达成一致。

第三阶段，决战期——预算协调法案的推出。针对共和党人利用“阻碍议事程序”来拖延医改法案通过的战略，奥巴马于2010年3月初再一次推出修改版医改方案，同时，开始启用“预算协调案”，成功瓦解了共和党企图利用“利用长时间辩论阻碍议事进程”拖延立法的战术。最终，2010年3月21日，众议院通过

① 曹琦、王虎峰：《美国新医改：根由、路径及实质》，《中共中央党校学报》2010年第13期。

了参议院2009年12月通过的法案和对其中部分进行修正的“预算协调案”，标志着最终版本的医改法案在众议院获得通过，也吹响了奥巴马医改成功的号角。2010年3月23日，奥巴马在白宫正式签署医改法案。

（二）奥巴马医改中各利益集团唇枪舌剑

奥巴马政府提出的医疗改革的核心在于成立公营保险公司，与私营保险公司竞争，从而压低参保价格，制止私营保险公司“有病不能入”的限保制，改变官僚以及不择手段追求利润的作风。

民主党：全力支持

民主党中少数民族、妇女、中低收入阶层的比例较高，这次医改法将使美国人口的医保比例提升到95%，这增加的人群中多数应该是目前没有保险的低收入阶层。因此，这次医改法案主要是为民主党的基础选民带来最大的利益。民主党在本届国会占据了多数，除了个别民主党议员由于各种原因没有支持外，总体上民主党都在最后投票时全力支持了这个新法案。

共和党：一致反对

共和党中白人、男性、中高收入阶层的比例较高，共和党在很大程度上还代表着美国企业主以及投资人的利益。这次医改法案由于规定小企业也必须资助员工的医保，不然将面临罚款，这些企业将因此承担额外的成本。除了所代表的企业主与投资者利益外，共和党还代表着中高收入阶层的利益，只是目前这个阶层绝大多数是有保险的，因此这次医改法增加覆盖的人群对于这个阶层带来的实质性利益不大，相反得为这次扩大的医保基数买单而承担额外的个人所得税。所以，这次共和党的最终表决是一边倒的全部反对。

总商会：反对

本次医改不是一个政府全额买单的全民医保，相反法案规定了绝大多数企业都得为员工购买私营的医疗保险，不然将面临罚款。这将从某种程度上增加企业，尤其是中小企业的支出，出于其会员自身利益的考虑，美国总商会本次采取了反对的立场。

保险行业协会：坚决反对

奥巴马采取了私营保险在政府监督的形式下继续提供服务的“官督商办”模式，私营保险业总算还能继续存在。但这个医改法案规定保险公司不能给病人设置医疗费用的上限，不能以投保时现存的疾病而拒绝病人参保，也不能在病人生病时取消保险，或病后增加保险费用。这几项规定大大增强了保险公司的操作难度，其赢利也被大幅压缩。

医师协会：支持

这次医改将一直扣在医生头上的医疗费用限额去除了。在新医改法实施后，医生将不再像现在这样，在治疗病人时还要时时计算费用。这次医改应该说至少在短时期内给医生松了绑，因此美国医师协会对此是支持的态度。

医药产业协会：谨慎支持

在政府主导的全民保险下，药价一定会下来，而美国药厂对这一点看得很清楚：目前药厂卖给美国政府机构，如军队和国家机关的药品价格（俗称联邦供应单的价格）就要比一般的市场价低得多。与其以往一贯反对医改的态度形成180度翻转的是：美国医药产业协会对本次医改却采取了谨慎支持的态度。

【案例思考题】

在奥巴马“低成本、广覆盖”的医疗改革面前，美国各利益集团对改革的方向产生重要影响，请运用团体决策模型对此进行评析。

【简要分析】

就像所有的改革一样，表面上改的是制度，实际上改的是利益格局，这也是奥巴马医改举步维艰的根本原因。在美国历史上，因为改革而陷入利益集团之争泥潭中的总统不在少数，因为利益集团之争而夭折的决策也不在少数。在当代，几乎所有的政府决策都是利益团体互动的结果，是利益集团之间利益斗争、妥协的产物，这一现象在利益集团高度发达的美国尤为明显。奥巴马政府出台医疗改革的整个历程也是各个利益集团不断进行利益博弈的过程。

奥巴马医疗改革获益最大的是美国3500万没有医疗保险的人，而对于像私营保险公司、医院、制药商等这些从美国现有医疗体制中获益的利益集团，它们的利益却会受到不同程度的损害，所以在改革中为了维护现有利益分配格局，上述利益集团对改革持反对或者不支持的态度。奥巴马为了改革方案能得到利益集团的支持，私底下与各个利益集团进行了多次谈判，各个击破，来减少利益集团对改革的阻力。在与制药商、医院和医护人员进行谈判的过程中，就通过利益交换使这些利益集团与改革站在同一阵营中。几大利益集团之中，制药商和美国医院协会首先与奥巴马政府达成协议。根据协议，美国的制药商和大医院在未来十年内将分别拿出800亿美元和1550亿美元支付部分医改成本。作为交换，奥巴马保证将阻止国会减少制药商和大医院从国家出资的医疗救助和医疗照顾这两个计划中所获得的收入。换言之，为了换取医生这个高收入阶层对医改的支持，美国政府大约要在未来十年内放弃2300亿美元的财政收入。

从团体决策模型可以得知，任何政府政策都是利益集团利益妥协的产物，是当时利益均衡点的体现。奥巴马的医疗改革方案的最终出台并获得国会的表决通过就是民主党、共和党、制药商、保险公司、医院协会等这些利益集团进行较量的结果，也是各方利益集团实力对比的真实反映。然而，利益均衡状态只是暂时的，一旦某一类利益集团力量得到增强、博弈能力得到提高以后，整个利益格局也会随之而改变。而当利益集团重新进行利益博弈并达到新的利益均衡点时，新的利益分配方案也就是新的公共政策也就产生了。

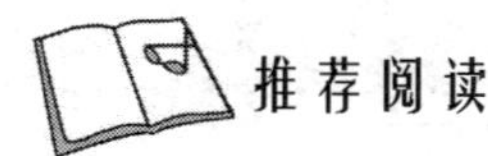

思考题

1. 试述完全理性决策的前提条件及其优点和缺点。

2. 使用渐进决策模型进行决策时需要满足哪些条件？

3. 埃奇奥尼的综视决策模型是如何融合理性决策模型以及渐进决策模型两者的优点的？

4. 政府在集团模型中的角色和作用是什么？

5. 精英们决定的公共政策是否一定会违背一般大众的福祉？

推荐阅读

1. 陈庆云：《公共政策分析》，北京大学出版社 2006 年版。

2. 张金马：《公共政策分析：概念、过程、方法》，人民出版社 2004 年版。

3. 陶学荣：《公共政策学》，东北财经大学出版社 2006 年版。

4.〔美〕托马斯·戴伊：《理解公共政策(第十版)》，彭勃等译，华夏出版社 2004 年版。

5.〔加〕迈克尔·豪利特、M. 拉米什：《公共政策研究—政策循环与政策子系统》，庞诗等译，生活·读书·三联书店 2006 年版。

6. 药师寺泰藏：《公共政策》，经济日报出版社 1991 年版。

7. 陈振明：《政策科学：公共政策分析导论》，中国人民大学出版社 2003 年版。

8. 胡伟：《政府过程》，浙江人民出版社 1998 年版。

9.〔美〕保罗·A. 萨马蒂尔编：《政策过程理论》，彭宗超译，三联书店 2004 年版。

10. 贺卫、王浣尘：《试论公共政策研究中的模型方法》，《中国软科学》2000 年第 1 期。

第四章　公共政策的制定

【知识框架图】

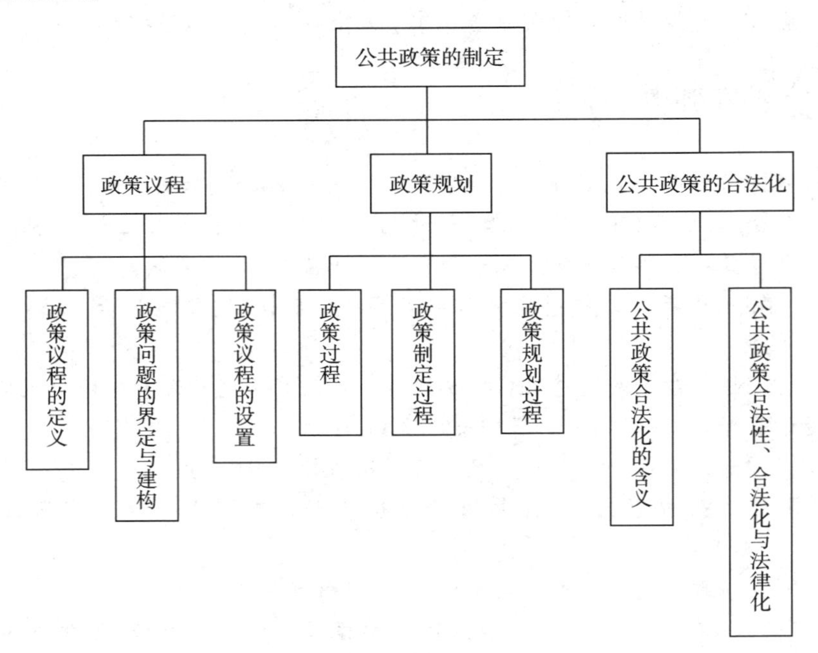

内容摘要

公共政策是一个活动的过程，公共政策的制定也是一个过程，后者可视为构成前者的有机组成部分。如果说政策过程是一个动态的循环往复、渐进流变的过程，那么，我们可以把公共政策的制定理解为一个相对来说有始有终的有着明确期限的政府行为过程，在此过程中，特定的政策制定者总是怀着某种特定的政策目标而试图有效地应对、解决或处理特定的政策问题。

如何制定公共政策，或者说，制定公共政策的程序问题，其实主要是一个技术问题；相比之下，公共政策是怎样被制定出来的，政府部门为什么要就这个问题而不是那个问题制定公共政策，为什么要制定如此这般的一项公共政策而不是那样的一项公共政策，一句话，公共政策制定过程所涉及和包含的政治利益及其较量，才是更具实质性的、需要我们倍加关注和思考的严肃的政治问题。因此，我们在本章中将重点阐述政策问题及议程设置。

第一节　政策议程

在形成一项公共政策之前，最重要的事情莫过于什么问题能够最终成为政策问题，并被列入政策议程之中；而在一项公共政策出台之后，最重要的事情则莫过于政策执行的有效性。

政策议程是从政策问题到政策决策的中间环节。在一定的时期之内，社会上会产生许许多多的有待人们去解决的问题，针对这些问题，社会各界会通过各种渠道和方式向政府部门提出这样那样的诉求，但在所有这些诉求中，通常只有一部分能够引起政策制定者的注意。再者，即使是政府已经注意到的问题，政府常常也无力全部通过公共政策的形式予以解决。换言之，只有那些为政府决策者所关注并感到必须尽快加以解决的问题才可能被提上议事日程，才可能列入政府的公共政策议程。

政策问题只有纳入政策议程，才能成为公共政策研究的对象，才能通过政策制定和执行等程序而最终使问题得到解决或处理。

政策议程的形成过程，也就是问题有可能得到解决的过程。“这一过程实质上是政治组织，尤其是党政机关确定政策问题的轻重缓急，是公共部门集中与综合它所代表的阶级、阶层和集团的利益以及公众利益，并通过政策制定予以体现的过程，是社会各阶层、各种利益团体和人民群众反映和表达自己的愿望和要求，促使政策制定者制定政策予以满足的过程。”

一、政策议程的定义

在美国学者金登看来，“所谓议程，就是对政府官员以及与其密切相关的政府外人员在任何给定时间认真关注的问题进行的编目”①。

需要指出的是，政府议程和决策议程有所不同。政府议程是对正在为人们所关注的问题进行的编目；而决策议程则是指对政府议程内部的一些正在考虑就此做出某种积极决策的问题进行的编目。

中国学者王传宏、李燕凌则认为，“公共政策议程是指将政策问题提上公共部门议事日程，公共部门正式决定加以讨论，纳入决策过程，并准备研究如何采取有效措施的活动过程”②。那些被政府决策者选中或者在决策者看来必须对之采取行动的要求就构成了公共政策议程。

综合以上意见，我们认为，政策议程是决定一个社会问题能否引起人们普遍关注，特别是能否引起公共部门关注并进一步将其转换为政策问题，而后设法予以解决的一个环节，对这一环节的认识、理解、把握与处理将决定整个公共政策制定过程，或者说，将决定一项公共政策的价值追求、政策目标以及某种公共利益的博弈、整合与实现。

通常，政策议程可分为公众议程和政府议程。③ 较早提出这种划分的是美国政策学者科布和埃尔德(Roger W. Cobb and Charles D. Elder，1972)，他们区分了两种基本的议程类型：系统议程(system agenda)或公众议程(public agenda)；正式议程(formal agenda)或政府议程(governmental agenda)。④

所谓公众议程，是指某个社会问题引起社会公众广泛关注，并呼吁政府出面解决的过程。什么样的问题容易引起公众的关注呢？一是与公众切身利益密切相关，对公众的生产、生活有较大影响的问题；二是问题已经存在相当一段时间，公众对该问题已经有相当的共识；三是该问题民众无权或无力解决；四是该问题政府出面能够解决。

---

① 〔美〕约翰·W.金登：《议程、备选方案与公共政策》，丁煌、方兴译，中国人民大学出版社2004年版，第4页。

② 王传宏、李燕凌：《公共政策行为》，中国国际广播出版社2002年版，第198页。

③ 朴贞子、金炯烈：《政策形成论》，山东人民出版社2005年版，第69—71页。

④ 〔美〕詹姆斯·E.安德森：《公共决策》，唐亮译，华夏出版社1990年版，第69—70页。

所谓政府议程，是指引起政府官员的深切关注，并介入政府部门的议事日程加以讨论，以确定是否采取行动的议程。在这一阶段，问题得到较为清晰的描述，政府基本掌握了问题的原因、性质和状态，并根据问题的轻重缓急决定采取政策行动的时间和次序。

二、政策问题的界定与建构

就公共政策的制定而言，也可以说就公共政策的决策而言，政策问题的界定与建构是最具实质意义的环节。

为什么决策者所关注的是这件事情而非另一件事情？为什么行政当局不去解决一些真正重要的问题，而去应付一些毫无意义的事情？①

我们需要思考为什么有些问题在议程中变得很重要而其他问题却不是这样，为什么某些可供选择的备选方案很受重视而其他备选方案被忽视。

戴伊指出，与政策内容、政策原因与结果相比，更为重要的是公共政策是如何制定出来的。在整个政策过程中，问题界定和议程设置可以说处于核心的地位，即“某些社会情境被识别为政策问题并被列入政府议程，而其他社会情境则不然，为什么会这样，这些社会情境又是如何被识别为政策问题并被列入政府议程的，才是问题的关键之所在”。“那些决定什么能够成为政策问题的力量是政策制定过程的关键。决定什么是政策问题要远比决定什么是解决问题的办法重要得多。”②

拉塞尔·L. 阿考夫则认为：“要想成功地解决问题，就必须对真正的问题找到正确的方案。我们经历的失败常常更多的是因为解决了错误的问题，而不是因为我们为真正的问题找到了错误的解决方案。”③

只有弄清了问题，才能正确地制定政策，才能有效地解决问题。正如陈云所说：“重要的是要把实际看完全，把情况弄清楚，其次是决定政策，解决问题。难者在弄清情况，不在决定政策。只要弄清了情况，不难决定政策。我们应该用百分之九十以上的时间去弄清情况，用不到百分之十的时间来决定政策。这样决

① 〔美〕约翰·W·金登：《议程、备选方案与公共政策》，丁煌、方兴译，中国人民大学出版社2004年，第2页。

② Thomas R. Dye, *Understanding Public Policy*, Peking University Press, 2006, pp. 31—32.

③ 转引自〔美〕威廉·N. 邓恩：《公共政策分析导论》，谢明等译，中国人民大学出版社2002年版，第155页。

定的政策才有基础。”①

（一）问题与社会问题

所谓问题，通常泛指实际状态与社会期望之间的差距。就一个社会而言，问题通常可分为个人问题、团体问题和社会问题。② 严格地讲，公共政策问题只应从社会问题中搜寻和建构。

美国学者谢泼德和沃斯将社会问题界定为：一个社会的大部分成员和一部分有影响的人物认为某种社会状况不理想或不可取，应该引起全社会关注并设法加以改变的情形，便构成了一个社会问题。③

社会问题具有相对性、动态性。以人与自然环境的关系为例，人们的主观认识、价值准则的变化就必经三个阶段：刚开始是“要钱不要命”，到后来是“要钱也要命”，最后是“要命不要钱”。

（二）政策问题

所谓公共政策问题，是指基于特定的社会问题，由政府列入政策议程并采取行动，通过公共行为希望实现或解决的问题。

一般说来，政策问题具有如下基本特征：

(1)各种政策问题之间相互依存。一个领域的问题经常会影响到其他领域的问题。现实中的政策问题并非独立的实体，它们都是“混沌”的整个问题系统的组成部分。对相互依存的问题系统，需要用系统论的方法来看待和分析。我们看问题要尽可能从多种不同的视角去审视、思考。

(2)政策问题具有主观性。尽管问题本身存在与否是客观的事实，但问题的性质、状况如何，取决于人们对客观事物的不同认知，因此，问题往往又带有主观性。通常，我们所遇到的只是问题情势而非问题本身，政策问题乃是我们思想观念的产物。对同样的问题情势，不同的人会抽象出不同的问题。换言之，面对同样的情形，不同的认识主体会产生不同的知觉，形成不同的认识。

(3)政策问题具有人为性。问题的产生、存在和改变具有社会性，问题不能脱离对其进行界定的个人和群体而存在，也就是说，并不存在其自身就构成政策问题的“自然的”社会状态。政策问题都是社会问题，而社会问题都是人的问题，是人与人之间的关系问题，是不同利益群体之间的利益博弈问题。

---

① 《陈云文选》第三卷，人民出版社 1995 年版，第 46 页。

② 陈庆云主编：《公共政策分析》，北京大学出版社 2006 年版，第 94—95 页。

③ 谢明：《政策分析概论》，中国人民大学出版社 2004 年版，第 170 页。

(4)政策问题具有动态性。对一个特定问题有多少种界定,就会有多少种可能的解决办法。问题及其解决方案都在不断变动,问题并不等在那儿听候解决——也许问题本身不会过时,但解决问题的方案是会过时的。这说明政策问题会随着环境的变化而变化。任何政策问题的解决都要尽可能及时,要选择恰当的时机。①

(三)问题的建构

问题的建构应该优先于问题的解决。很多时候,解决问题并不是特别困难的事情,但对问题的正确建构和把握却并非易事。只有找准了问题,我们才可能做出正确的、有价值的公共政策决策。

为什么有些问题而不是其他的问题最终引起了政府官员的关注呢?其答案不仅在于那些官员借以了解状况的手段,还在于状况被界定成问题的途径。也就是说,状况和问题之间是有区别的。

状况最终可以被界定为问题,而且当我们最终相信应当为改变某种状况而采取某种行动的时候,状况就更有可能被提上议程。政府内部及其周围的人们把某种状况界定为问题的方式有以下几种:第一,一些违背重要价值观念的状况会被转变成问题;第二,状况可以通过与其他国家或其他相关单位的对比而变成问题;第三,把一种状况归入一种类型而不是另一种类型也可能会使得这种状况被界定为一种问题。

问题建构的具体内涵是什么呢?

有学者提出,问题建构的基本内容是:(1)发现问题,确认特定问题是否政策问题。在发现问题之后,要确认它是否属于政府职责范围内应该解决的问题,要考虑政府介入和采取行动是否具备正当性,政府是否具备解决问题的能力等。(2)确认问题情境。也就是要弄清问题的由来、是谁提出的问题、问题的性质如何、问题涉及的范围、问题的严重程度,由此确定可能采取的行动方案。(3)了解政策利害关系人的切身感受。(4)问题陈述。具体要求:澄清问题的本质,包括问题的严重程度、影响范围、是否新问题等;陈述问题发生的原因,是自然原因抑或人为原因引起的;确定标的人口,即政策的受益人口或受约束的人口;初步提出解决问题的思路,并阐述其现实可能性、政策资源的承受能力等。②

---

① 〔美〕威廉·N.邓恩:《公共政策分析导论》,谢明等译,中国人民大学出版社2002年版,第159—160页。

② 朴贞子、金炯烈:《政策形成论》,山东人民出版社2005年版,第63页。

也有学者认为政策问题的确认是对政策问题的察觉、界定和描述的过程。①

一般说来,问题的有效确认比方案的精心设计更为重要,这实际上涉及管理的根本问题:"做正确的事"与"正确地做事"的关系问题。(1)问题察觉是指某一社会现象被人们发现并扩散,逐渐引起社会公众和政府有关部门关注的过程。在此过程中,人们普遍感到应该行动起来做点什么,以改变现状。问题察觉能否顺利实现,既取决于某些外部环境因素,又和有关人员的价值准则、政治立场、个人利益等密切相关。(2)问题界定即对有关问题进行分析、解释和判断的过程。首先要对问题进行必要的归类。其次,要诊断问题的"症状"和"病因",即找出特定问题所隐含的现实状态与理想状态之间的差距,以及造成这种差距的原因何在。第三,要把问题情境转变为实质性问题。问题界定旨在从复杂的、混沌的问题情境中抽象出清晰的实质性问题。(3)问题描述意味着运用明白、准确并尽可能数字化的语言文字对问题做出明确表述的过程。

公共政策问题建构通常要经过怎样的程序?

在公共政策过程中,政策问题建构通常由问题感知(problem sensing)、问题搜索(problem search)、问题界定(problem definition)和问题陈述(problem specification)四个相互依存的环节组成;政策问题建构包括问题情境(problem situation)、元问题(meta problem)、实质问题(substantive problem)和正式问题(formal problem)四种实质内涵。

第一阶段:以"问题感知"体认"问题情境"。

第二阶段:以"问题搜索"认定"元问题"。

第三阶段:以"问题界定"发现"实质问题"

第四阶段:以"问题陈述"建立"正式问题"。②

整个过程有一个前提条件,即认识或感知到问题情势的存在。从问题情势出发开始搜索问题,通过问题界定而发现实质问题,再通过详细阐述问题而使问题明确化,从而形成正规问题。③

社会中总是有大量的需要解决的问题,而任何公共部门解决社会问题的能力都是有限的,经过各种力量的角逐之后,最终会有一些社会问题能够进入政策议程,也有一些社会问题会被排斥在公共政策议程之外。如果想要重要的紧急

---

① 谢明:《政策分析概论》,中国人民大学出版社 2004 年版,第 174—182 页。

② 陈庆云主编:《公共政策分析》,北京大学出版社 2006 年版,第 101—103 页。

③ 〔美〕威廉·N. 邓恩:《公共政策分析导论》,谢明等译,中国人民大学出版社 2002 年版,第 166—168 页。

的社会问题或公共问题能够比较顺利地进入政策议程，通常需具备几个基本条件：第一，要有问题察觉机制；第二，社会政治系统要有有效的信息传递与反馈渠道；第三，民主的政治组织体制；第四，利益集团和政治社团要能够发挥其应有的作用；第五，社会舆论机制要有效。

三、政策议程的设置

议程建立过程将问题范围缩小到那些真正成为关注焦点的问题。①

一般情况下，某一社会问题首先进入公众议程，然后再进入正式议程，形成政策问题。但在某些情况下，由于政策决策者根据自己对社会发展变化的研究分析，主动寻找问题，社会问题可能不经过公众议程而直接进入正式议程。

（一）议程设置模式

公共政策研究者常常引用科布的议程设定模型，该模型有助于分析比较世界各国的政治体系。科布区分了三种政策议程设置模式：(1)外部主导模式，由非公共部门提出；(2)动员模式，由国家政治领袖提出；(3)内部接近模式，由公共部门在“体制内”提出。②

（二）议程设置途径

朴贞子、金炯烈所著的《政策形成论》列举了公共政策议程设置的七种途径：(1)公民个人；(2)利益团体；(3)政治领袖；(4)大众传媒；(5)专家学者；(6)政府体制；(7)危机和突发事件。③

陈庆云主编的《公共政策分析》也列举了略有不同的七种政策议程设置途径：(1)公民个人；(2)利益团体；(3)政治领袖；(4)政府体制；(5)大众传媒；(6)专家学者；(7)问题自身的作用。④

社会问题自身的特征对政策议程的建立起着十分重要的作用。美国学者科布和埃尔德指出：一个问题的定义越模糊，则该问题到达更广泛的公众的可能性就越大(问题的特殊性程度)；一个问题被认为的社会意义越大，则此问题到达更广泛的公众的可能性就越大(问题的重要性程度)；一个问题被认为长期的关联性越大，则该问题到达更广泛的公众的可能性就越大(关联期的长短)；一个问题

---

① 〔美〕约翰·W. 金登：《议程、备选方案与公共政策》，丁煌、方兴译，中国人民大学出版社 2004 年版，第 4 页。

② 朴贞子、金炯烈：《政策形成论》，山东人民出版社 2005 年版，第 72—76 页。

③ 同上书，第 71—72 页。

④ 陈庆云主编：《公共政策分析》，北京大学出版社 2006 年版，第 110—113 页。

被认为越不具有技术性,则该问题到达更广泛的公众的可能性就越大(问题复杂程度);一个问题被认为越是缺少明确的先例,则该问题到达更广泛的公众的可能性就越大(先例的明确程度)。①

(三) 政策议程的创立

一个公共问题只有以一定的形式,经过一定的渠道进入政策过程,成为决策者研究的对象,才能通过政策途径得到解决或处理。

政策议程的创立是一个十分复杂的过程,各种政治力量在议程创立过程中会不断地、反复地较量,会运用各种合法的或非法的、公开的或隐秘的方式、方法与手段进行政治博弈,其中,利益集团之间的"议价"或"交易"起着关键的作用。一句话,一项政策议程最终能否得以创立,取决于各种政治力量相互影响、相互作用所形成的合力之方向与大小。

政策议程的创立是公众议程与公共部门议程两种力量相互作用的结果。公众议程本质上属于讨论议程。但也正是因为其所涉及的问题在社会上被广为关注,引起社会大众的广泛议论,才形成强大的社会力量,使政策制定者注意到并研究相应的社会问题,从而可能将其列入政府的议事日程。

为了能够较为系统而详尽地阐明政策议程是如何设置的,是如何一步一步地从设想变成现实的,我们在这里着重对美国学者约翰·W.金登所著的《议程、备选方案与公共政策》一书中关于议程设置的论述加以概括和梳理。

> 人们将状况界定为问题的方式要么是通过将现状与他们对更理想事态的价值观进行比较,要么是通过将他们自己的绩效与其他国家的绩效进行比较,要么就是通过将问题置于某一种类而不是另一种类之中。("问题溪流")
>
> 那些因受到重视而幸存下来的建议要符合若干标准,其中包括:它们具有技术上的可行性,它们符合主导价值观和当前的国民情绪,它们的预算具有可操作性以及它们可能会经历的政治支持或反对。("政策溪流")
>
> 适合当前国民情绪的潜在议程项目、得到利益集团支持或缺乏有组织反对的潜在议程项目以及适合主要立法联盟或行政当局倾向的潜在议程项目要比那些不符合这些条件的项目更有可能被推上议程的显

① Roger W. Cobb and Charles D. Elder, *Participation in American Politics: The Dynamics of Agenda-Building*, Johns Hopkins University, 1983, p. 86.

著位置。民选官员的变动会对政策议程产生强大的影响。被觉察的国民情绪与民选官员的变动相结合则尤其会影响议程。组织力量的平衡更有可能对那些受到重视的备选方案产生影响。（“政治溪流”）

问题、政策和政治这些分离的溪流往往会在某些关键时候汇聚在一起。

一个政府议程是政府官员在任何给定的时间给予某个受关注的主题编目。因此，一个议程的建立过程可以把可能被视为引起了他们关注的那组主题的范围缩小至他们实际上的确关注的那个主题编目上。

在议程内部还有议程，它们涉及从一些具有高度普遍性的一般议程到一些很专门化的议程。前者如总统及其亲信们所关注的项目编目，后者如生物医学研究或水路运输这种子共同体的议程。在一般议程上没有出现的主题可能在专门化的议程上十分活跃。

备选方案的阐明过程从范围上把一大批可能的备选方案缩小到实际上要从其中进行选择的那一批备选方案上。

为什么有些主题被提上了议程而其他的主题被忽视了呢？为什么有些备选方案更受重视呢？我们对这些问题的回答有些集中在参与者身上：我们揭示了谁影响议程以及他们为什么影响议程。对这些问题的其他回答探讨的则是这些参与者影响议程和备选方案的过程。我们设想了三条过程溪流：问题溪流、政策溪流以及政治溪流。人们识别问题，提出公共政策变革的政策建议并且从事诸如竞选活动和压力集团院外游说这样的政治活动。

这些参与者和过程各自都可能充当一种促进因素或者约束因素。作为一种促进因素，这些参与者或过程把某一主题提到议程上的更高位置，或者某一备选方案得到更为积极的考虑。作为一种约束因素，这些参与者或过程可以阻抑对某一主题或备选方案的重视。例如，压力集团对某一项目强有力的反对就可以使该项目在优先考虑的项目编目上地位下降甚或被逐出议程。①

① 〔美〕约翰·W. 金登：《议程、备选方案与公共政策》，丁煌、方兴译，中国人民大学出版社 2004 年版，第 23、24、247、248 页。

第二节　政策规划

我们这里所讲的政策规划实际上是指狭义的公共政策制定过程，通常包括政策目标的确定、政策方案的设计、政策方案的论证评估、政策方案的选择等四个环节。

客观地说，在政策规划过程中，政策规划主体需要做大量具体而细微的工作；不过，只要前期的政策议程设置工作行之有效，找出了那些真正需要政府部门予以认真解决的问题，政策规划工作相对来说还是简单易行的。

我们在此有必要对政策过程、政策制定过程、政策规划过程以及政策分析过程等概念之间的关系予以澄清。"政策分析过程"这一概念主要为理论研究者所运用，在活生生的政策实践过程中，没有所谓的政策分析行为。因此，我们在这里按照概念外延的大小依次阐明"政策过程"、"政策制定过程"、"政策规划过程"等三个常用术语。

一、政策过程

总的来说，学界普遍认同政策过程这一概念，并把它看做是一个包含所有公共政策行为的循环往复的动态过程。

美国公共政策学者威廉·邓恩认为，政策制定过程包含一系列政治行为，"从时间角度看，它们构成一系列独立的阶段：议程建立、政策形成、政策采纳、政策执行、政策评估"①。很显然，邓恩所指的"政策制定过程"乃是广义的政策过程。

美国政治学者哈罗德·拉斯韦尔将政策过程划分为情报、建议、规定、行使、应用、终结和评价等七个环节。

国内学者张国庆等人则认为，政策过程可分为政策问题确认、政策议程设定、制定公共政策、政策合法化、公共政策执行、公共政策评估、公共政策终结等七个环节。②

我们认为，整个政策过程可分为政策制定、政策执行、政策评估、政策监控、政策终结等五个阶段，其中，公共政策的制定包含政策问题的界定与建构、政策

---

① 〔美〕威廉·N. 邓恩：《公共政策分析导论》，谢明等译，中国人民大学出版社 2002 年版，第 13—14 页。

② 张国庆主编：《公共政策分析》，复旦大学出版社 2004 年版，第 185 页。

议程的设置、政策规划(即狭义的政策制定)、公共政策的合法化等四个重要环节。

二、政策制定过程

詹姆斯·安德森认为,政策的形成与通过涉及三个方面:公共问题是怎样引起决策者注意的;解决特定问题的政策意见是如何形成的;某一建议是怎样从相互匹敌的可供选择的政策方案中被选中的。①

张国庆等人主张,政策制定过程是指从确立政策目标到抉择政策方案的过程,包括确定政策目标、设计政策方案、论证评估方案、抉择政策方案等四个环节。②

王传宏、李燕凌提出:"所谓公共政策制定,指针对公共政策问题提出并选择解决方案的过程,包括目标确立、方案设计、方案的评估、可行性论证、方案选择五个环节。"③

我们认为,公共政策的制定过程包含政策问题的界定与建构、政策议程的设置、政策规划(即狭义的政策制定)、公共政策的合法化等四个重要环节。

三、政策规划过程

刘雪明认为,政策规划过程包括政策问题的确认、政策目标的确立、政策方案的设计、政策方案的评估择优、政策方案的可行性论证、政策合法化等六个步骤。④

在我们看来,上述张国庆、王传宏、李燕凌等学者关于"公共政策制定过程"的陈述其实是对"政策规划过程"即狭义的政策制定过程的描述。

赫伯特·西蒙关于决策过程的观点不仅广为人知,而且经常被学界所引用。由于政策制定过程也是一个决策过程,因此,西蒙的观点也适用于政策制定的决策。他把决策过程分为:明确决策问题、设计决策方案、评估论证方案、选择决策方案。

在综合上述刘雪明及西蒙观点的基础上,我们主张,政策规划过程包括政策目标的确定、政策方案的设计、政策方案的评估论证、政策方案的选择等四个

---

① 〔美〕詹姆斯·安德森:《公共决策》,唐亮译,华夏出版社 1990 年版,第 65 页。

② 张国庆主编:《公共政策分析》,复旦大学出版社 2004 年版,第 185,188—198 页。

③ 王传宏、李燕凌:《公共政策行为》,中国国际广播出版社 2002 年版,第 206 页。

④ 刘雪明:《政策运行过程研究》,江西人民出版社 2005 年版,第 71—84 页。

步骤。

第三节　公共政策的合法化

公共政策的合法化主要是一个政治问题，而不是法律问题，更不是管理问题。从某种意义上讲，公共政策的合法化具有重要的形式价值，但同时也具有十分重要的实质意义。

一、国内外学者对“公共政策合法化”的不同理解

公共政策学学者琼斯(J. O. Jones)认为，公共政策的合法化涉及两个层面：首先是政治系统自身的合法化，其次才是公共政策的合法化。

戴伊认为，公共政策合法化“即选择一项政策建议，为这项建议建立政治上的支持，将它作为一项法规加以颁布”①。

国内学者朱志宏则认为，“政策合法化，就是赢得多数立法人员对政策方案的支持。在美国，政策合法化过程就是政策方案经参、众两院多数议员同意，并经总统签署的一个过程。也就是使政府政策得到授权或取得合法化地位的过程”②。

另一位国内学者伍启元指出，“政策合法化过程是指一种由法律或习惯所规定的程序，使政策能够具有约束性或合法性，使政策受大多数人接受和遵行。任何政策必须经过合法化的程序，才是真正的政策”③。

林水波、张世贤在其著作《公共政策》中则提出：在政治系统中存在两个层次的政策合法化，“第一层次的政策合法化是政治系统统治的正当性，这是政治系统存在、稳定、持续、成长与发展的前提，而且也是塑造某一政治系统政策制定过程的特殊性与有效性运作的基础”；“第二层次的政策合法化，乃政策取得法定地位的过程，亦即政府有关机关，反映人民的政治需要与人民所提供的资源、表示之支持，进而将其转变成公共政策的过程。”④

张国庆从狭义和广义两个层面阐释了公共政策的合法化：“狭义的公共政策

---

① 〔美〕托马斯·戴伊：《公共政策新论》，罗清俊等译，台北：韦伯文化事业出版社 1999 年版，第 461 页。

② 朱志宏：《公共政策概论》，台北：三民书局 1999 年版，第 155—156 页。

③ 伍启元：《公共政策》，商务印书馆 1989 年版，第 6 页。

④ 林水波、张世贤：《公共政策》，台北：五南图书出版公司 2001 年版，第 194，204 页。

的合法化仅指被选择出的公共政策方案获得合法性被批准实施的过程。从广义上讲,不仅仅指最后选择的公共政策方案获得合法地位准予实施;而且还指具备特定条件的公共政策上升为法律的过程。”①

二、公共政策的合法性、合法化与法律化

严格说来,公共政策的合法化也是一个特定的活动过程,即将政府部门所制定的公共政策通过一定形式或途径使得有关政策为人们普遍知晓、认可并遵循或实施的过程。这一过程涉及三个既密切联系又有所不同的问题:合法性、合法化与法律化。其中,如何正确理解公共政策的合法性是关键。

这里所说的合法性,乃是实质意义上的合法性,而非形式意义上的合法性。形式意义上的合法性通常只是要求符合法律规定;而实质意义上的合法性实际上是一种更为严格的要求,就公共政策而言,合法性意味着一种尽可能广泛的公共性,意味着一项公共政策的制定、出台与生效主要取决于广大社会公众对公共政策正当性、合理性的认同程度。

从政治统治主体方面看,合法性意味着政治统治主体必须有能力使统治对象认为其统治地位是理所当然的,换言之,统治者能够使统治对象自觉自愿地服从其统治。反过来,从政治统治对象方面看,处于被统治地位的政治力量基于对统治者的了解和认识,基于某种政治价值和政治态度,对统治者的政治统治表示认可、接受、遵从和支持,认为统治者的政治统治是合法而合理的。

有学者指出,公共政策的合法性涉及几个方面:政策主体特别是决策主体的合法性;政策内容的合法性(是否与宪法和现行法律相一致);政策程序的合法性;公共政策的法律化。②

我们认为,公共政策的合法性大体上可从两个角度来理解:一是沿着韦伯的思路,从这个角度来理解的公共政策合法性实质上一种政治态度、政治价值、政治心理上的认同、肯定和支持,这种意义上的合法性能否取得,功夫应该主要下在公共政策议程设置环节,即在解决公共政策的先决问题时,即什么样的社会问题确有必要作为政策问题来解决,政府部门要尽可能通过开放、畅通的民意表达渠道,倾听来自社会各方面、各阶层的民众意见,尽可能就“真正的问题”做出公共政策性的决策,任何时候、任何情况下,政府部门都不应单方面一厢情愿地就

---

① 张国庆主编:《公共政策分析》,复旦大学出版社 2004 年版,第 199 页。

② 谢明:《政策分析概论》,中国人民大学出版社 2004 年版,第页。

自认为是“问题”的问题制定名不副实的所谓公共政策。换言之，通过对政策议程的有效把握，力求使每一项公共政策都具有尽可能多的公共性。这样制定出来的公共政策才可能具有真正意义上的合法性，而不仅仅是被宣称具有合法性。

对公共政策合法性的另一种理解如上述谢明等学者所主张的那样，我们可以从有关公共政策是否合乎法律规定这方面来理解。这种意义上的合法性实际上是要审查有关公共政策是否与现行宪法及国家基本法律的相关规定及其精神相一致。具体来说，我们认为，主要涉及政策制定主体资格是否合法，政策内容是否合法，政策制定程序是否合法。与前种意义上的合法性相比，这种意义上的合法性是对公共政策制定的一种基本的但也是更低的要求。

无论从哪个角度去理解公共政策的合法性，一项公共政策如何取得合法性的过程便是该公共政策合法化的过程。

如果说，每一项公共政策都应该具有一定的合法性，并且都需经过一个合法化的过程，那么，法律化则并非每一项公共政策所必需。公共政策的法律化意味着某些条件成熟的公共政策通过立法途径转变为正式的国家法律，从而具有普遍适用性、稳定性和权威性。不过，实际上只有很少一些公共政策有必要上升为国家法律，也只有很少一些公共政策适合通过国家法律的形式而固定下来。

关键词

公共政策的制定　公共政策的形成　公共政策过程　公共政策规划过程
公共政策制定过程　公共政策议程　公共政策规划　公共政策的合法性
公共政策的合法化　公共政策的法律化

本章小结

如何理解公共政策的制定在整个公共政策领域所处的地位，以及如何理解“公共政策的制定”的本质，乃是阅读和把握本章内容的关键。

诚然，人们对公共政策的制定有着不同的认识、诠释和界定，这本身是正常的。学术研究就应该允许各种不同声音和意见并存。也许正因如此，我们要特别强调我们看问题的视角：我们研究公共政策着重关注其应有的本质特征——“公共性”。我们无需对“公共性”做过多的学理上的解释，但我们必须强调指出的是，“公共性”是不能或不应规定的，也是不能或不应宣称的，更不能自我标榜，但却一定要经历一个凝聚、整合不同意见、需要与利益，而且这些不同的意见、需要与利益一定要尽可能的多样和广泛。简言之，任何公共政策在正式形成之前都应该力求达到或接近能够代表社会各阶层、各领域民众或公众经过聚合之后的共同的意志与利益，否则，就不能经由包括法律程序在内的任何正式程序而形成最终的文本并公布实施。

基于这种认识，我们认为，公共政策的制定重点不在于"政策的制定过程"，而在于政策问题的界定和政策议程的设置。同样，公共政策的合法化与法律化也主要是形式问题，而实质问题则在于公共政策的合法性。这种合法性实际上就是公共性。一项公共政策所包含的公共性越多，则其合法性越强或者说越牢靠。

案例分析

中国的高考加分政策[①]

1. 我国高考加分政策概述

高考加分政策是国家为照顾某些特殊人群而制定的一项政策措施，符合条件的高考考生在考试成绩之外给予一定的加分或优先录取，获得高考加分资格的考生可以享受增加 20 分、10 分或者优先录取等不同档次的投档照顾。1978 年以前主要实行"优先录取"政策，1978 年以后则主要实行"加分录取"政策。

从 1983 年开始，国家教育主管部门规定，获得地区以上表彰的应届高中毕业生中的三好学生和优秀干部，以及高中阶段参加地区级以上体育竞赛获单项前 5 名的队员，或集体前 3 名的主力队员，考分达到规定分数线的，可提上一个分数段投档。

1986 年，国家教委又规定，获得国家二级运动员称号的考生可降低 20 分投档。

1987 年 4 月 27 日，国家教委发出《普通高等学校招生暂行条例》，其中第 35 条至第 39 条，详尽规定了可以享受加分政策优惠的项目和分值。这一条例奠定了我国高考加分政策的基础。从此，我国高考加分政策成为一项稳定的高考政策延续下来，但对于加分的项目和分值却多有调整，而且调整的幅度很大。对于这项政策，每一年国家教育主管部门都会出台具体的规定，而且常有变动，各省（自治区、直辖市）教育主管部门又会进一步做出地方性规定。

① 资料来源：《中国青年报》、新华网、中国教育在线、《中国教育报》、《南方都市报》等。

以2009年为例，教育部出台的《2009年普通高等学校招生工作规定》第43—48条规定如下：

43. 有下列情形之一的应届高级中等教育学校毕业考生，由省级招生委员会决定，可在考生统考成绩总分的基础上适当增加分数投档，由学校审查决定是否录取。同一考生如符合多项增加分数投档条件的，只能取其中最高一项分值，增加的分值不得超过20分。(1)按《中共中央办公厅国务院办公厅关于适应新形势进一步加强和改进中小学德育工作的意见》(中办发[2000]28号)和《教育部关于学习贯彻的通知》(教基[2001]1号)评选获得省级优秀学生称号者；(2)高级中等教育阶段思想政治品德方面有突出事迹者；(3)高级中等教育阶段获得全国中学生学科奥林匹克竞赛省赛区一等奖或全国决赛一、二、三等奖者；(4)高级中等教育阶段获得全国青少年科技创新大赛(含全国青少年生物和环境科学实践活动)或“明天小小科学家”奖励活动或全国中小学电脑制作活动一、二等奖者；(5)高级中等教育阶段在国际科学与工程大奖赛或国际环境科研项目奥林匹克竞赛中获奖者；(6)高级中等教育阶段参加重大国际体育比赛或全国性体育比赛取得前6名者(须出具参加比赛的原始成绩)。

44. 高级中等教育阶段获国家二级运动员(含)以上称号，报考当年在省级招生委员会确定的测试项目范围内，经测试认定达到二级运动员(含)以上技术等级要求的应届高级中等教育学校毕业考生，由省级招生委员会决定，可在考生统考成绩总分的基础上适当增加分数投档，由学校审查决定是否录取，增加的分值不得超过20分。

45. 有下列情形之一的考生，由省级招生委员会决定，可在高等学校调档分数线下适当降低分数要求投档，由学校审查决定是否录取。同一考生如符合多项降低分数要求投档条件的，只能取其中降低分数要求幅度最大的一项分值，且不得超过20分。(1)边疆、山区、牧区、少数民族聚居地区的少数民族考生；(2)归侨、华侨子女、归侨子女和台湾省籍考生；(3)烈士子女。

46. 自谋职业的退役士兵，可在其统考成绩总分的基础上增加10分投档；在服役期间荣立二等功(含)以上或被大军区(含)以上单位授予荣誉称号的退役军人，可在其统考成绩总分的基础上增加20分投档。

47. 同时符合第43条、第44条、第45条、第46条有关情形的考生，省级招办投档时只能取最高的一项分值作为考生投档附加分。凡符合第43条、第44条、第45条、第46条有关情形的考生必须向社会公示，公示由各省级招生委员会负责进行，未经公示的考生及其加分项目、分值不得计入投档成绩并使用。各省级招生委员会增加分数或降低分数要求投档的项目一般不应超出第43条、第44条、第45条、第46条规定的范围。有关省(区、市)确需增加的政策性照顾项目，须经本省级招生委员会研究确定，并报教育部核准备案后方能向社会公布。有关省(区、市)自行增加的政策性照顾项目及分值仅适用于向本地区高等学校投档时使用，且分值不得超过20分，同时不得与其他项目分值累加。

48. 退出部队现役的考生，在与其他考生同等条件下，优先录取。残疾军人、因公牺牲军人子女、一级至四级残疾军人的子女，驻边疆国境的县(市)、沙漠区、国家确定的边远地区中的三类地区和军队确定的特、一、二类岛屿部队现役军人的子女报考高等学校，在与其他考生同等条件下优先录取。残疾人民警察、因公牺牲人民警察子女、一级至四级残疾人民警察子女报考高等学校，在与其他考生同等条件下优先录取。散居在汉族地区的少数民族考生，在与汉族考生同等条件下，优先录取。

2. 高考加分政策：各方看法

《教育与考试》杂志副主编罗立祝：体现社会正义鼓励特殊才能

高考制度是一种基于能力原则对高等教育入学机会进行公平分配的机制，其特点是对考生按照总分排序，具有公平、高效、省力、操作简便、可比性强等优点，它能够有效抵挡权力、金钱、人情关系等因素的干扰，但也有单一，统得过死，不利于偏才、怪才选拔，无法有效考核品行等制度缺陷。这些制度缺陷不是仅仅通过改革高考制度本身就可以克服的，它需要在高考制度之外寻求突破，由此，高考加分、保送生政策、特长生选拔以及自主招生等应运而生，这些都是对高考选才制度缺陷的补偿与完善。高考加分的目的是为了对弱势群体进行补偿和对德才表现优秀者进行鼓励，以弥补高考选才之不足。高考加分源于对那些在文化教育上处于不利地位人群的照顾。我国从1950年开始逐渐对革命军人、少数民族考生、华侨子女、烈士子女、台湾省籍考生等对象实行适当降低分数(一般控制在20分以内)录取优惠政策。对这些在高考竞争中处于劣势群体的高考加分属于照顾性(或补偿性)加分的范畴,它符合罗尔斯正义理论中给予最少受惠者最大利益的补偿原则,不仅彰显了对社会弱势群体的关怀,维护社会正义,也有利于维护民族团结与社会稳定,增强中华民族的凝聚力,社会各界对这些对象高考加分的认同程度较高。1977年以后,随着工作重心向经济建设的转移,国家逐步加大人才选拔的力度,鼓励特长生脱颖而出,开始对三好学生、学科竞赛获奖者、体育艺术特长生、思想品德表现突出者、受政府或军队表彰的优秀青年等实行降分(降分幅度在50分以内)投档政策。2001年后对这些对象实行增加分数投档政策。这些高考加分政策属于鼓励性加分范畴,在政策立意上凸显了按能力、贡献进行分配的原则,有利于挖掘学子的才智与潜能,调动社会各界的积极性与创造性,促进经济发展与增进社会总体福利。对德、智、体、美有突出表现者的高考加分则在一定程度上弥补了高考制度的缺陷,有助于高校选拔多样化人才。而对高考弱势群体的照顾性加分,如同高考对边远落后地区的分数倾斜一样,有助于彰显社会正义、维护国家统一。所以,无论从高校选才,还是促进基础教育发展,抑或维护社会安定团结的角度,高考加分都是对高考制度的重要补充。高考加分若要走向公平公正,就必须在制度规则、实际操作以及制度监督三个方面加以完善。首先,明确高考加分的对象与标准。其次,严格高考加分的操作过程。再其次,建立高考加分的公示与监督机制。

江西省吉水中学赖佳佳:高考加分,利大于弊

实行高考加分,是为了照顾一群特殊考生的利益。虽遭到一些人的反对,但我认为总体是利大于弊。高考加分的对象主要是奥赛获奖的学生、烈士的子女、省级三好学生、贫困地区的少数民族学生等。他们中有的成绩特别好,有的父母为国家利益做出了重大牺牲,有的品学兼优。高考给他们加分,无可厚非。今年我参加高考,我很清楚高考竞争的残酷性。我没有条件享受高考加分政策,很羡慕那些能享受高考加分的同学,虽加分不多,但也是一种关怀和照顾。只是我希望他们在享受加分的同时能够心怀一份感恩,更希望不会有不公平的事情发生。

北京化工大学徐昕:我是高考加分生

最近浙江航模加分事件炒得火热,看到那则新闻,联想到自己,我有些话想说。我本人就是一名高考加分生,我的加分项目是舞蹈。很多人说起加分都义愤填膺,好像我们加分生干了什么伤天害理的事情,顶替了别人上学的名额一样。我要说,其实我们也很辛苦。就拿我自己来说,练舞是从4岁开始的,今年我19岁,已经跳了15年的舞。多少个周末,别的孩子玩的时候,我都在练功房度过,跳舞时碰伤、摔伤、扭伤,都是家常便饭,骨折一次,骨裂一次,难道艺术类

加分就是天上掉馅饼吗？不！一点不比学习轻松，至少乖乖呆在教室里学习不会骨折。更何况，我们也要同样，甚至是加倍努力地学习，毕竟只能加20分，为了考一个好的学校，我们既要练舞，又要好好复习，可以说担子一点都不轻。那些走后门加分的人，我们也同样鄙视他们。学校同意招收艺术加分学生，就说明有自身的需要，也对我们常年付出辛苦练习舞蹈的学生给予了一些照顾，请大家不要把我们正常加分的学生与他们画等号，我们也是付出了自己努力的，一竿子打翻一船人，搞得我们也抬不起头来。

在校大学生张雪艳：高考加分本身没有错

又到了一年一度的高考时节，那充满竞争、汗水和苦闷的争夺战又按时上演。两年前，高三的我埋身于无尽的试卷之中，学习的间隙，也做做不用努力就有大学上的黄粱美梦。但是家庭条件普普通通，靠做些小生意糊口的父母没有钱、没有权、没有背景。“三无”条件下，那些不切实际的“美梦”永远都不可能实现。邻近高考时总会有一些所谓“有背景”的同学会无故消失。后来我们才知道，他们就是传说中的“高考移民”，到边远地区参加考试，享受加分政策。具体在哪些地域参加的高考，还是更改了民族，我们不得而知。作为一名大学生，我认为“高考加分”本身没有错。烈士子女在成长的道路上少了一份至亲的关爱和鼓励，给他们加分充分体现了党和政府以人为本的政策；体育、艺术类加分生都是付出了自己的艰辛努力，才换得了加分，对于此类学生，只要名副其实，我没有任何意见。类似“浙江高考航模加分事件”的戏码我希望不要再上演，这对所有人都是不公平的。

江西省吉水中学刘芳：高考加分，我也想要

我的同桌是畲族，前段时间办理了相关高考加分手续。我真羡慕她的特殊待遇。她的成绩本来就比我好，再享受加分，前途一片光明，而且她还在不懈地努力，只是生活里多了一份自信与快乐。有时真希望我也是个少数民族孩子，现在就能像她一样，过一个相对快乐的高三。然而，现实不能假设。不甘落后的我，只能默默地做一个被生活鞭策的陀螺，忙碌成了生活的主旋律。我的生活依旧苦涩乏味：早上6点起床，晚上11点下晚自习，还是有做不完的作业和看不完的书。但我已经习惯了追梦途中的寂寞与孤独，不再有那么多的抱怨，我要奋力一搏，改变自己的命运。

江西省吉水中学王佳敏：奥赛加分应缓行

我的一个同学本是物理高手，可是在去年的奥赛中马失前蹄。走出考场的他垂头丧气，吐出一句“重点悬了”。我很惊讶，问他什么重点。他说，他苦学参加奥赛,完全就是为了高考加分。高考要提高一分都需要做出很大的努力,想要努力学习提高10分、20分简直“难于上青天”,然而加分就不同了。参加奥赛也需要学习,但毕竟不像备战高考这么没谱。要是考得好,一下就能加20分,这是多少人梦寐以求的呀!同学成绩不错,想用加分保驾护航,结果考砸了,心又悬起来了。奥赛已经过去了挺长一段时间,可是现在,同学还未走出阴影,每天都很焦虑。在我看来,奥赛本是学生展示才华的一个平台,是同级水平学生学科能力的切磋,重要的是参与而不是名次排列。因为有了高考加分,让竞赛变得只有名次了。大家的“急功近利”,无形中加重了学生的心理负担,背离了奥赛的初衷。不可否认,国家需要有特长的人才,但加分并不是惟一的选择。真希望高考加分别再在奥赛成绩上做文章。

河北省深州职教中心郑慧英:鼓励性加分宜大力消减

高考作为国家选拔人才的方法,虽然也有它的弊端,但毕竟是被大多数国人认可的相对公平的有效途径。而高考加分作为避免让分数成为惟一评价标准的辅助措施,也是很有必要的。高考加分分为鼓励性和照顾性两种,前者是为鼓励创新人才和有特长人才而定,后者是为照顾烈士和残疾军人子女以及少数民族、偏远山区等考生而定的。照顾性加分对受益考生而言无异于雪中送炭,我举双手赞成,而鼓励性加分宜大力消减,这样更能彰显教育公平。因为受益于这种加分的考生很少有农村尤其是家庭经济状况不好的孩子,这些孩子是没有机会和条件从小就参加名目繁多的业余体校或奥赛培训班的,也少有可能成为省级三好或优秀干部;而能够受益于这种加分的考生即便不要加分,由于从小接受了优质又有特色的教育,也会更容易比穷人家的孩子在学习上得心应手,在高考中出类拔萃,所以鼓励性加分其实是扩大了教育的不公平,而且容易驱动加分教育的加剧,滋生各种各样的腐败行为,因此还是大力削减的好。

浙江省龙游县龙游中学欧阳锡龙:高考加分重在公平公正

自从恢复高考制度以来,针对高考加分的争议也一直不断。最近,“浙江高考航模加分”事件又炒得沸沸扬扬。我认为,高考加分变味的重要原因在于加分制度本身的缺陷,即对“程序公正”的忽视,没有把操作过程全部公开,缺乏必要的社会力量的监督。与前几年发生的弄虚作假的“体育加分”一样,定向招生、机动名额、体育加分、特长生、保送生、高考补录等都可以成为某些成绩不过关学生堂而皇之上大学的通路。而要改变种种不公平、不公正的高考招生现状,最好的方法就是最大限度地公开公正,就是完完全全地把加分放到阳光下操作。我们完全有能力做到高考招生的公开公正,不妨从以下方面进行:首先,对于加分的类型、标准以及分值等，要制定一个全国统一的标准，各省份要严格按照标准执行，而不是各自为政，擅自设立加分项目和加分标准；其次，要加强对获得各类奖励、少数民族、烈士子女、见义勇为及真有特长和艺术才华的学生的信息管理和备案，以防止利用假证书、假证件或特定关系获取并不真实的证书等骗取加分；再次，借助外部力量，尤其是要充分利用报刊、电台、电视台和网络平台等对高考加分考生全部进行公示，接受群众的监督，鼓励学校学生、家长和其他社会人士积极监督，对利用不正当手段获取加分的考生要及时予以取消，并给予相应处分。可喜的是，教育部也注意到了这个问题。比如针对"浙江高考航模加分"事件，教育部新闻发言人续梅最近表示，没有经过公示的考生，以及加分的项目、加分的分值，不能计入投档成绩。续梅表示，教育部已就加分情况会同有关方面做了一些工作，比如已要求各省份清理并规范高考加分的项目、分值以及使用范围。教育部还要求各省级招生部门负责将符合加分条件的考生向全社会公布。这样的措施很好，应该全面推广。

江西南昌县人大常委会万耀华：高考加分不规范要给职能部门加"紧箍咒"

"高考加分造假"虽然作为个性的舞弊案例，在某些地方存在，甚至在个别地方还比较严重。但暴露出来的一些问题则具有一定的共性。一是高考加分政策各地不一，规范合理性有待检验和完善。二是加分政策往往是各地相关教育部门制定，但是加分项目却涉及科协、体育、外事、民委、计划生育、残联、公安等多个部门和单位。在实际操作中，由于缺乏严格的定量标准和外部监督，容易受到人为操纵。三是造假者诚信缺失，"不舞弊就吃亏"折射出社会诚信体系建设任重道远。针对"高考加分"中反映出来的问题，我们首先要规范高考加分政策。要在修改制订高考加分政策时就给职能部门套上"紧箍咒"，在高考加分政策出台这个最初环节，保证加分的公正性。高考加分政策要有多方论证，民主讨论。杜绝出现面向权势群体倾斜、面向极个别群体量身打造加分政策的现象。有条件的可以采取高考加分听证会的方式，把所有加分项目和政策摆到桌面上，邀请人大代表、学生家长、学者、媒体等广泛参与论证，如果有"民怨"过多的加分项目可以考虑调整甚至取消，获得加分的程序和资格都可以讨论进一步改进。河北省就在这方面做出了积极响应。其次要加强制度建设，严格规范加分程序，注重透明度。对于出现的高考加分舞弊，除有严格的法律制约外，还要有完善的制度约束这套"紧箍咒"。加分舞弊涉及的官员、考生，无论是谁，一经查实，都要予以严肃处理，体现在政策、法律面前人人平等。教育部门自身要形成有力的监督约束机制，地方各级人大可以视情况组织相关人员加强针对性监督，与媒体舆论监督一起，大力促进高考加分程序规范，不给暗箱操作的机会，真正让加分制度成为体现高考公平的利器。从长远考虑，政府职能部门要加快社会诚信体系建设。讲诚信乃为人之本，要加快建立完善个人诚信记录，实现多个部门记录资源共享。政府部门只有立足于无私才能彰显公正，个人只有立足于诚信才能体现清和。对于像高考舞弊的"南郭先生"在就业竞争、银行借贷等方面与诚信人员要有区别对待，积极引导社会人人讲诚信的良好局面。

《南方都市报》魏文彪：高考加分项目不能少数人说了算

实事求是地说，当前的高考加分项目并不应当全部予以取消，比如为促进体育事业发展，对于一些需要刻苦训练并取得优异竞赛成绩的体育运动项目考生可以予以一定的加分。但是对于包括航模在内一些项目进行高考加分则显然没有必要，而且这些项目的相关证书也不像体育竞赛证书一样受到严格的核发限制，因而容易出现弄虚作假与舞弊行为。也正因为如此，全部取消高考加分并不合理也不现实，重要的是要从严限制设立高考加分项目，将那些没有加分必要而又容易诱发舞弊的项目剔除出加分项目之外。而要做到这点，需要改变当前由教育行政部门关起门来设立高考加分项目，由少数人决定高考加分项目设立的决策现状，实行拟设立高考加分项目公示与听证制度，在广泛征求民众意见基础上最终确立高考加分项目，一旦确定就不可随意更改。通过如此方式制定的高考加分项目可以获得更为广泛的民意认同，可让高考加分项目设置得更为合理，同时又可防范某些部门与权势人物在确定高考加分项目上夹带私货，避免损伤教育公平。据报道，浙江省在制订 2009 年高考加分方案时曾考虑过取消"三模三电"项目，但最后还是予以了保留，如果就该项目加分政策广泛征求民意的话，这样随意确定高考加分项目乃至在此基础上滋生破坏教育公平的现象，还有可能会出现吗？

网友：状元造假暴露制度问题高考加分有失公允

对高考状元何川洋民族身份造假事件，重庆市教委日前表示：由于造假一事在其加分资格公示期间已被查处，其行为尚未构成加分事实，因此取消其加分资格，但仍保留其录取资格(《成都商报》2009 年 7 月 1 日)。造假状元该不该被保留录取资格？对此新华网发展论坛做的一项调查显示：52.9%的网友认为支持何川洋被保留录取资格，而 44.4%的网友表示不支持，还有 2.62%则持无所谓的态度。有网友表示，仅仅以取消加分作为对何川洋民族身份造假的处理似乎有点过于"简单"："仅仅取消加分，实在是太轻松了，实际上等于放纵考生今后继续'试水'冒充。因为即使被揭发，也不过是取消加分而已。如果处理到此为止，今后一定是'前假后继'。"网名为"妙龄美猪"的网友说道。"在取消考生加分的同时，这些考生的父母、背后的操纵者以及当地的民族事务主管部门和公安机关等间接沦为帮凶，同时不应逃避相应的处罚，这样才更有震慑力和警示作用。否则来年及以后的高考中，同样的作弊、造假等事件仍会重演，也许会愈演愈烈。"网友"烈日炎炎"提出了自己的建议。更有网友直接质疑高考加分制度的合理性，认为加分制度本身有失公允，用高考加分来体现对三好生、特长生、少数民族生的照顾与鼓励值得考量。网友认为，作为政府主管部门在加强制度监督与执行的同时，更应该着眼于高考制度本身。因此建议取消高考加分制度，统一录取分数线。网友"叶祝颐"说："高考加分舞弊案例林林总总，但涉足者无外乎权贵阶层，也就是权力和金钱的砝码让社会公平的天平倾斜。考生'民族更改'并不只是招生办的事，还涉及民族事务、公安、社区、学校，必须顺利'过五关'，'更改民族'才能'水到渠成'；而普通老百姓'过五关'根本不可能，弱势权力也会'有一番头疼'，唯有权势者才能迫使'对此欲倒东南倾'。""高考档案、民族成分的造假不是一个部门能完成的。任何材料的变更都需要证明，况且制度明文禁止的'民族改变'，为什么这样的作假能如此简单？我们不知道其背后是否有交易，但作假的过程让人看到权力对制度的超越。所谓的制度和政策，很多时候在权力的熟人社会里被轻而易举地抛到了九霄云外。"网友"马九器"说。"状元作假暴露是个小概率事件，这个小概率事件的背后其实是'制度的不牢靠'。很多造假事件，不是因为没有相关的条例规范，而是关系比条例硬、潜规则比明规则厉害……当耍手腕比赤手空拳能捞，光明正大反而一无所获时，只能使越来越多的人去认同这样的潜规则，条例法规就成了摆设。"网友指出，高考造假是整个社会环境促成的。

【案例思考题】

尽管各省、自治区、直辖市在具体规定与操作上不尽相同，但高考加分政策的存在却是全国性的、长期的，在你看来，它之所以普遍存在的现实基础何在？我们要不要彻底舍弃高考加分政策？说说你的理由。

【简要分析】

在本案例中，我们介绍了来自各方特别是大中学生关于高考加分政策的不同看法，不难看出，人们从不同角度对高考加分政策做出了认真的思考或反思。这些意见均应引起我们的注意。不过，总的来说，人们的思考大都建立在一个共同的基础之上，即在不否定高考加分政策的前提下，对其提出批评或如何完善的对策。

从政策制定的角度看，中国的高考加分政策是何时出台的，有些什么样的具体规定，历年来有些什么样的变化，等等，这些其实并不是第一位的。我们认为，高考加分政策的真正问题并不在于其操作过程中出现的这样那样的问题，而是该项政策本身建立在一个错误的前提基础之上。

诚然，我国现行的全国统考统招的高考招生制度不可能尽善尽美，确实存在某些局限与不足，但不可否认的是，该项制度能够最大限度地保障所有考生公平竞争，与其他价值追求相比，高考的公平公正应该是第一位的社会价值。有人会说，我们的高考“一考定终生”，却不知即使高考不理想乃至失利，只要勇于面对，积极改变自己，同样能够创造出属于自己的辉煌人生，甚至其中不乏出类拔萃的杰出人物或社会精英；有人会说，只凭一张考卷不利于高校在“综合评价”的基础上对考生进行“德智体美全面考核”，尔后择优录取，却不知只要在试卷之外再搞所谓“综合评价”，不仅让一些人大有文章可作，更是直接践踏了公平公正的原则，因为总体来讲农村学生特别是西部地区的农村学生是无论如何也无法在与城市学生的“综合评价”PK中胜出的：省级“三好”或优秀学生—试问农村学生有多大可能被评上？奥赛—试问农村学生几人有条件去学去赛？科技创新—试问农村学生如何能够搞科技创新？国家二级运动员或国内国际体育大赛—试问农村学生有条件去争取去参与吗？……你只要比照教育部有关规定这样问下去，你的良知便会给你答案。

我们要说的是，尽管完全可以为高考加分政策列举出这样那样的支持其存在的理由，但真正的问题在于，长期以来，我们实际上是在讨论一个“伪命题”——该项政策从一开始就选择了一个错误的问题，做出了一个错误的政策决策。这个社会从来都不完美也永远不可能完美，对于全国统考统招的高考招生制度，我们为什么要殚精竭虑地试图通过其他这样那样的政策去修正它呢？严格说来，高考加分政策不能算是公共政策，因为从政策价值、政策问题及政策目标的角度看，高考加分政策严重缺乏“公共性”。就整个社会而言，一项政策若只是为少数特殊利益群体而存在，那么，无论它是什么政府部门制定的，由于其“公共性”的缺乏，必然意味着其“合法性”的缺乏。

思考题

1. 在整个公共政策过程中，公共政策的制定处于何种地位？为什么？

2. 在政策议程设置过程中，哪些社会政治力量能够影响政策议程？如何影响？

3. 为什么说就公共政策的决策而言，政策问题的界定与建构是最具实质意义的环节？

4. 公共政策的合法化与法律化有何不同？

推荐阅读

1.〔美〕约翰·W. 金登：《议程、备选方案与公共政策》，丁煌、方兴译，中国人民大学出版社2004年版。

2.〔美〕威廉·N. 邓恩：《公共政策分析导论》，谢明等译，中国人民大学出版社2002年版。

3. Thomas R. Dye, *Understanding Public Policy*，北京大学出版社2006年影印版。

4.〔美〕盖伊·彼得斯：《美国的公共政策》，顾丽梅等译，复旦大学出版社2008年版。

5.〔美〕德博拉·斯通：《政策悖论：政治决策中的艺术》，顾建光译，中国人民大学出版社2006年版。

6.〔美〕迈克尔·豪利特、M. 拉米什：《公共政策研究：政策循环与政策子系统》，庞诗等译，生活·读书·新知三联书店2006年版。

7.〔美〕赫伯特·西蒙：《管理行为》，杨砾等译，北京经济学院出版社1988年版。

8. 陈振明：《公共政策学》，中国人民大学出版社2004年版。

9. 朴贞子、金炯烈：《政策形成论》，山东人民出版社2005年版。

10. 王传宏、李燕凌：《公共政策行为》，中国国际广播出版社2002年版。

11. 刘雪明：《政策运行过程研究》，江西人民出版社2005年版。

12. 张国庆主编：《公共政策分析》，复旦大学出版社2004年版。

13. 谢明：《政策分析概论》，中国人民大学出版社2004年版。

14. 陈庆云主编：《公共政策分析》，北京大学出版社2006年版。

15. 严强主编：《公共政策学》，社会科学文献出版社2008年版。

第五章　公共政策的执行

【知识框架图】

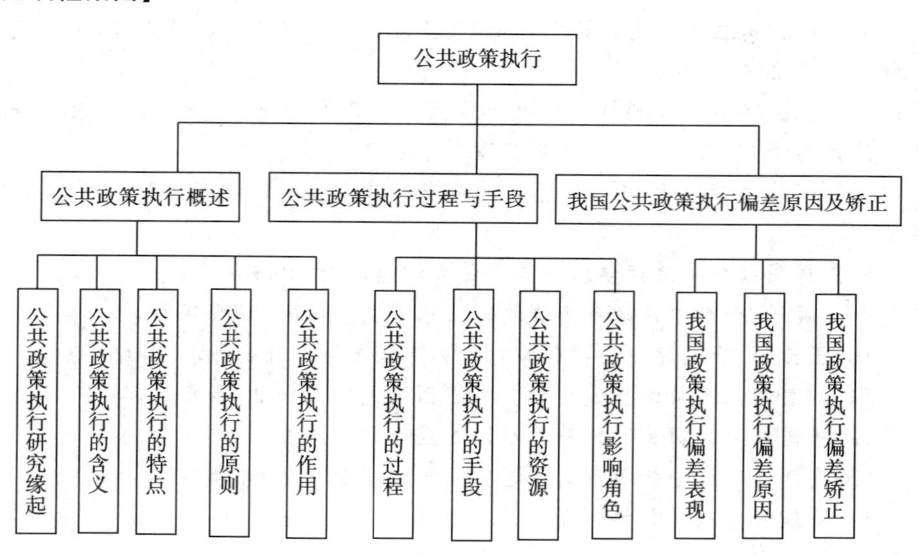

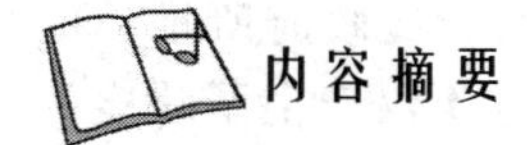

内容摘要

公共政策的执行是政策周期中重要的环节之一。本章从分析现代西方公共政策执行研究的缘起入手，主要介绍公共政策执行的含义、特点、原则及其在公共政策过程中的地位和作用。阐述公共政策执行过程、手段和影响政策执行的因素。最后剖析我国政策执行偏差的原因，并有针对性提出纠正措施。

公共政策的执行又叫政策实施，是法定政策采纳后，必须要经过的一个政策运行阶段。相对于公共政策制定而言，公共政策执行就是为了实现政策目标而将法定政策方案付诸实践，将政策内容化为现实的活动过程。公共政策经合法过程后，一经采纳即进入政策执行阶段。政策执行的有效性事关公共政策的成败。因此，政策执行是政策生命周期中最重要的环节之一。

第一节　公共政策执行概述

公共政策制定出来以后，接下来就进入政策执行阶段。研究公共政策执行，首先必须掌握政策执行的含义、特点及其在政策过程中的地位与作用。

一、现代西方公共政策执行研究的缘起

公共政策执行是政策过程的重要环节，是实现政策目标和解决政策问题的直接途径。然而，在过去相当长的一段时间里，人们更多关注政策的制定而忽略了政策的实际执行。用美国学者冈恩(L. A. Gunn)的话来说就是，传统的政策分析关注政策形成，而将政策的执行留给了行政人员。[①] 人们通常将政策执行看做是政策过程中一个不重要的环节，认为只要政策一出台，就会理所当然地得到贯彻执行而取得理想中的效果。

20 世纪 70 年代，西方尤其是美国公共政策研究领域开始出现了政策执行研究的热潮，形成了声势颇大的“执行运动”(Implementation Movement)。政策执行研究的兴起并不是偶然的。从实践上看，20 世纪 60 年代中期，约翰逊连任

---

① L. A. Gunn, “Why is Implement so Difficult?”, *Management Service in Government*, November 1978, p. 1.

总统后发起了“伟大社会”改革，试图通过一系列重要计划项目的实施，给少数民族（尤其是黑人）提供更多的永久性职业，然而事与愿违。约翰逊政府所推动的“伟大社会”改革计划的许多项目都没有取得预期的结果。这不仅产生了政府的信任危机，也造成了民众对政府政策制定与执行的有效性的质疑。人们（尤其是政策研究者）开始思考这样一些问题：为何那些庞大的、看起来具有美好前景的计划不能取得预期的令人满意的结果？为何政策设想与现实结果之间会产生如此巨大的反差？

普雷斯曼（J. L. Pressman）和韦尔达夫斯基（A. Wildavsky）通过对项目之一的“奥克兰计划”的执行进行跟踪研究，于1973年合作出版了《执行：联邦政府的期望在奥克兰市的破灭》一书。他们指出，“奥克兰计划”的失败并非是这一公共政策的内容有政治上的争议，也不是由于资金的不足，而在于这一政策的执行方式存在着问题，尤其是“联合行动”的困难。他们进一步指出，要想使政策科学成为行动的科学而不仅仅是理论科学，就必须重视政策执行问题，不仅要重视政策执行本身，而且应当在政策执行与政策制定之间建立起密切的联系。正是这本以政策执行为主题，并进行全面案例跟踪研究的开创性著作的出版，使政策研究领域产生了一个重大的转向，它引发了更多学者对政策执行的关注与兴趣，以至于形成新的研究热潮，甚至出现理论充血（plethora of theory）、观点多元的现象。[1]

除上述的实践动因之外，西方政策执行研究的兴起还有其深刻的理论背景。西方传统公共行政理论坚持行政活动与政治活动相分离，认为执行是政治活动与决策的后继。古德诺、威尔逊等人把政治视为国家法律与公共政策的制定领域，而把行政视为法律与政策的执行领域，强调行政人员要恪守“价值中立”原则，不干预政治事务。在“价值中立”的口号下，行政人员日益失去对自身工作的责任感，缺乏应有的主动性与积极性，因为任何个人都无需对公共行政活动真正负责。在传统公共行政范式的影响下，行政人员的政策执行自然不可能受到重视。20世纪60年代以伊斯顿、达尔等为代表的后行为主义政治学家向行为主义发起挑战，强调政治活动的价值取向，倡导民主主义。随后，以弗雷德里克森为首的一批青年行政学者掀起了一场行政管理的改革运动，提出“新公共行政学”概念，抛弃政治—行政二分法的观点，强调社会公平原则，主张政府官员应放弃表面的中立，致力于保护并促进社会中无特权群体的利益。分权、权力下放、项目、政治发展、责任扩大、冲突和顾客至上成了新公共行政学发现组织问题的

① 丘昌泰：《公共政策：基础篇》，台北巨流图书有限公司2000年版，第346页。

一些基本概念。公共管理论者则强调有效的政府绩效,认为除了政策分析和制定以外,更重要的是需要经过政策执行过程训练的公共管理人员在行政组织的各个层次进行有效的政策执行。这样,公共管理的重心由政策规划及分析转到了"政策执行的管理"。公共管理研究范式的转换和公共政策科学研究视野的拓宽,在理论上要求对政策系统和政策过程的各种因素和环节作全面深入的研究。①

在理论与实践的双重作用下,政策执行在20世纪70年代后成为美国及西方政策科学研究的一个焦点和热门话题。这一时期的政策研究学者们作了大量的实证案例分析,出版大量著作,提出了各种关于政策执行研究的途径、理论和模型,拓展了政策科学的研究范围,丰富了政策科学的研究内容。纵观这一时期的执行研究文献,西方学者们所提出的政策执行研究的途径主要有以下几种。

(一)自上而下的研究途径

自上而下的研究途径(top—down approach)是政策执行研究的第一代,从本质上仍然循着以前的老路子,即尽管开始了对执行的关注,但中心却围绕着"如何能让一个好的政策得到完满的落实",所以它对执行的关注仍然是以制定为中心,即执行只不过是使"制定出"的政策得以落实,因此这一时期的主要特点是"政策制定与执行的分离"。自上而下模式的关注点聚焦于如何控制和管理政策执行者以保证政策准确无误地被执行,以及政策执行组织的内外情境是否影响了达致"完美行政"的状态。

自上而下的研究也存在着一些固有的缺陷:研究以完美的政策制定为前提,但在现实的政策实践中,完美的政策制定是很难实现的;同时,行政组织对政策执行官员的严格控制是不可能的,自由裁量不可避免。而最大的局限在于政策制定与政策执行的理论区分,在执行过程中无法维持,因为政策是在执行的实际过程中被不断修正的,政策的制定过程常常在执行过程中得到延续。

(二)自下而上的研究途径

自上而下的研究因其固有的缺陷而受到许多学者的批评,人们将研究的目光从中央政策的制定转向政策执行过程中基层行动者的活动,开始了政策执行的第二代研究,形成了自下而上的研究途径(bottom-up approach)。自下而上的研究是以行动为中心的研究,强调政策制定与执行的互动,关注基层的政策执行过程,被称为"草根途径",倾向于把政策制定与执行看做一个连续的统一体,有

① 陈振明:《政策科学——公共政策分析导论》,中国人民大学出版社2003年版,第256页。

关的主体并不是单纯地接受和执行政策,相反,他们会对政策进行解释,并对政策进行再创造,甚至有些政策的变化本身就是执行者和制定者之间“合作生产”的结果。自下而上的研究关注两点:基层官僚的作用和执行结构中的多元主体互动。

自下而上政策执行研究以对自上而下研究取向的批判为起点,以克服和修正其内在缺陷为己任,通过政策制定者与政策执行者平行互动的合作关系的建构,在动态意义上推进了政策执行的研究;通过强调为基层官僚或地方执行机构提供一个自主的政策执行空间,重新建构更为有效的政策执行过程;通过对政策执行过程中各种利害关系人的研究来了解他们对政策执行的影响。但是,自下而上的政策执行研究同样存在着不足:过分强调或高估了地方基层的目标、策略与行动能力,却忽略了民主政治系统中政策领导与政治责任的归属问题;将政策过程视为一个无缝之网,因而没有决策点,没有始终。同时,由于放弃了政策形成与执行的二分法,使人们很难区分政治家和文官的相对影响,故而排除了进一步分析民主负责和官员自由裁量这个问题的可能性。

(三)整合研究途径

自上而下和自下而上两种研究途径都各有利弊,两者的针锋相对在相当程度上是由于各自为了证明自己的观点而人为地将对方视为假想敌,却忽视了两者之间所存在的相辅相成的性质,结果使双方的研究都无法跳出狭隘的视域而向前推进。自 20 世纪 80 年代中期起,一些学者开始理性地分析和对待先前的研究,努力将这两种不同的研究取向进行整合,以期在政策执行的研究领域有所突破,至此,政策执行的研究进入了第三代,即整合型研究阶段。

从严格意义上来说,整合型研究至今尚未形成较为统一完备的体系,存在着众多的分支。但这种整合已成为一种趋势或潮流,表现在:(1)对自上而下和自下而上的研究成果达成了共识,在肯定其成果的同时也清楚地认识到了两者的局限。(2)在研究方法和理论工具等方面更具有多样性。大规模研究、府际关系、治理理论、政策网络、制度分析、理性选择、统计和计量方法等被广泛运用,有助于对政策执行问题的综合考量。(3)许多原先持自上而下或自下而上研究取向的学者也纷纷重新审视自己原有的研究,并吸纳其他理论的合理要素,对自己的理论进行修正。

第三代的整合型政策模式正在发展当中,尽管它们有“整合”的倾向,但在理论关注点上却存在着较大的差异。事实上,有学者反而认为自上而下的模式与自下而上的模式完全可以并行不悖,形成互补的关系,没有必要也很难建立起整合型的执行模式。

总之,西方政策执行研究的兴起与发展,将人们长期忽视的政策执行环节纳入了政策科学的视野,拓展了政策科学的研究范围;他们从不同的途径,依据不同的取向探讨政策过程,提出了种种新的模式和理论,极大地丰富了政策科学的内容;对影响政策有效执行的各项因素及其相互关系的系统分析,为政策实践提供了强有力的理论支撑和智力支持,提升了政策绩效。不过,从政策实践的角度看,政策执行失败依然(事实上会在一个相当长的时期)是世界各国政府挥之不去的困扰之一,这就对理论的深化与发展提出了迫切的要求。

二、公共政策执行的含义

所谓政策执行,就是把采纳的政策方案的内容转变为现实的过程,是政策执行主体为达到预期的政策目标所作出的全部活动的总和。

关于政策执行的理论界定,长期以来学术界形成了行动理论、组织理论和博弈理论三大流派,它们分别从三个不同角度和侧面对政策执行进行了描述。

行动学派的主要代表人物查尔斯·奥·琼斯认为:“政策执行是将一项政策付诸实施的各项活动,在诸多活动中,尤以解释、组织和实施三者最为重要。所谓解释就是将政策的内容转化为民众所能接受和理解的指令;所谓组织就是指建立政策执行机构,拟定执行的办法,从而实现政策目标;所谓实施就是由执行机关提供例行的服务与设备,支付经费,从而完成议定的政策目标。”由此可见,行动学派关注政策作为行动指南的指导性作用,强调政策执行的关键问题在于政策执行机关如何采取政策行动。强调政策行动只要坚强有力,行动方法切实可行,就可以较为顺利地实现政策目标,合理的政策执行活动甚至在一定程度上可以弥补政策决定的局限和无能。

组织理论学派则强调政策执行组织机构的作用,认为任何政策都是通过一定的组织得以实施的。没有一定的组织机构作依托,没有一定的组织原则作保证,任何政策目标都只能停留在纸上谈兵的政策构想阶段。因此,该理论认为,尽管政策执行不力的原因是多方面的,但政策组织问题是恒定的关键原因之一。组织理论学派的代表人物J.佛瑞斯特提出:“传统的政策执行规范理论强调政策执行机构及其人员对政策目标和政策规定的顺应行为,强调依法行政,而基本上不考虑政策执行机关及其人员的审视检定、自省以及前瞻分析的能力和需求。但政策规划者、政策执行机构和人员的预期分析能力,即在危机事件或事态发生之前预感并相应采取适当步骤和程序加以有效对付的能力,实际上是对政策执行成功与否起最关键作用的因素。”组织理论学派认为，政策能否有效执行，关键在于执行机构的主客观条件。主观上要看能否理解和领会政策，是否具有执行的积极性；客观上要看是否拥有足够的资源，是否拥有足够的执行能力。

博弈理论认为，公共政策的本质是运用权威性的规范对社会利益进行协调，因此公共政策执行过程就是政策执行主体与政策目标群体在相互作用中对利益加以选择、追逐、交易和谈判的过程。在此基础上，博弈理论的代表人物 E. 巴特什认为，公共政策执行的核心在于控制，整个执行过程是在议价、劝服和策划这三种不稳定的条件下进行的。他把公共政策执行看做一种赛局，它包括竞赛者（公共政策执行人员和相关人员）、利害关系、策略与技术、竞赛的规范（取胜的条件）、公平竞赛的规则、竞赛者之间的信息沟通性质和所得结果的不稳定程度等要素。而公共政策执行的成功，取决于参加者的策略选择。

这种观点是将公共政策执行视为一种交易过程，政策执行过程就是政治上讨价还价的过程。在政策执行中，政策制定者、政策执行者、目标群体之间需经过一系列的政治交易。各种力量在互动中达成某种妥协、退让、默契。在政治交易的情况下，公共政策的目标与方案的重要性与可靠性都要大打折扣。因为政策目标与方案原先是以政策制定者和政策执行者都讲究理性为假设条件确定下来的。一旦在实际执行中出现了政治交易，目标与方案就会出现某种程度的曲解。

上述三种对公共政策执行的认识都有其片面的地方，但也都有其合理之处，应当将三者科学地综合起来考虑。公共政策执行应当是政策执行者有选择的、有组织的、复杂的行动过程。政策实施中的有选择性表明，政策执行既与执行者的能动性有关，也是基于利益的选择。政策执行的有组织性表明，政策实施必须有专门的组织来负责，政策执行必须有序进行。政策执行的能动性表明，政策实施既是政策规范运用于实践的过程，也是一个精心操作的过程。

三、公共政策执行的特点

政策执行作为政策生命过程的一个重要阶段，不仅具有政策过程各个阶段所具有的共性，而且还有其自身的特点。

（一）目标性

政策执行的一切活动和全部过程都是在实现决策目标，具有明确的目标性。执行者无论采用什么样的具体方式和手段，都必须为实现特定的政策目标服务。政策目标具有规定性和统一性，除了实践证明政策目标的确有重大失误，必须通过追踪决策予以修正外，一般情况下，政策执行主体均无权随意变更政策目标，自行其是。否则，将导致政策运行过程和社会生活出现重大紊乱。

（二）经常性

公共政策执行是国家行政机关及其行政人员的日常大量的活动，是一项经常性的繁重工作。绝大多数公共政策执行不是一蹴而就的，而是多次的反复，有些常规性的决策还得常年重复或阶段性重复执行。这也是政策执行不同于政策制定的地方。

（三）务实性

政策执行是一种实施性质的活动，其实质在于解决各种具体问题。是实践性、服务性的活动。执行过程中的组织、协调、沟通、控制等一系列前后密切衔接的环节，都涉及人力、物力、财力和信息的调配与落实，需要采取必要的行动来落实，空谈是不能解决问题的。

（四）强制性

公共政策的制定是以法律法规为依据的，具有强制力。因此，要求政策执行应不折不扣，不准讨价还价，不准依兴趣爱好而有选择地执行。当然，由于政策环境的复杂性和客观条件的多变性，政策执行需审时度势，因地、因时制宜，因势利导。具体问题具体分析，灵活实现公共政策。注意强制性与灵活性相结合。

（五）时效性

行政执行有很强的时限要求，行政执行必须做到果断、快速、高效、及时，保证行政执行的高效率。这就意味着对随意性的限制和对权力的制约。政策执行的时限性克服和防止了政策执行主体行为的随意性和随机性，为这些行为提供了外在标准，使之不能任意所为。同时，政策执行的时效性为政策参与者提供了统一化、标准化的时间标准，克服了行为的个别化和非规范化，从而使政策执行行为在时间上连贯和衔接，避免行为各环节的中断。

四、公共政策执行的原则

政策执行是政策过程的中心环节，是关系政策目标能否实现的重要活动。很多时候，会出现科学、合理的政策无法贯彻，或好政策一实施就走样的情况，问题就出在政策的执行组织和实施人员没能遵循政策执行的原则。因此，有必要制定科学的政策执行的原则。

（一）忠实原则

公共政策是具有合法性与权威性的行为规范，政策执行是关系国家、社会和人民群众利益的政治行为，这必然要求公共政策执行主体全面、准确地理解政策内容，瞄准政策所制定的目标，有计划、有步骤地组织执行。忠实原则是公共政策执行的基本原则。“有利就执行，无利就变形”、“上有政策，下有对策”，都是有悖于忠实原则的，必然导致公共政策执行偏差乃至失败。总之，政策执行过程中要维护政策的权威性、原则性和稳定性，使政策得到全面有效的贯彻。

但是，忠实执行绝不是不动脑筋地生搬硬套。政策是用来解决社会中出现的政策问题的。政策问题在社会各个层面的影响不一样，在社会各个区域、领域的表现也不一样。因此，要忠实地执行政策，就应采取灵活运用的原则。这突出地表现在贯彻政策时，能善于变通。这种变通是指不偏离政策的精神实质，只是对实现目标的方式、时间、阶段结合现实情况进行合理调整。

（二）民主原则

公共政策是对社会资源的权威性分配，反映的是大多数公民的利益诉求，因此政策执行必须坚持民主原则。这就要求：第一，政策执行的各种行为必须符合人民群众的意愿，切实做到以关心群众生活、解决社会问题为根本要求。第二，政策执行必须坚持公民参与。公民参与主要是指人民依据国家宪制所赋予的权利，采取一定的方式和途径，积极主动地介入政策执行过程，从而影响政策执行的政治行为。第三，政策执行必须维护公民知情权，坚持政务公开，即公开政策执行的政策信息、执行程序、执行方式和执行效果，使公民能及时、具体地了解政策执行的各种情况，加强公民对政策执行的有效监督。第四，政策执行面对的是广大人民群众，其宗旨是为人们谋福利，实现社会公正。执行公正是执行主体责任与义务相统一的体现。

（三）法治原则

政策执行坚持法治原则，有利于实现政策执行的法律化、制度化和规范化。政策执行必须依法定职权进行，遵守法定程序，并自觉接受法律、法规和政策的约束并依法承担执行责任，杜绝政策执行中的有法不依、执法不严、以权压法、人治代替法治等现象，从而防止政策执行权力的异化和腐败。法治原则的另一层含义，就是越权无效。即政策执行主体不能在职权范围以外行事，否则无效。这是对“执法守法”的反证。

（四）效益原则

政策执行必须进行成本—收益分析，尽可能减少政策执行成本，保证提供高效优质的公共服务或“公共产品”。政策执行的效益原则要求以经济效益为基础，同时把政策执行的政治效益、社会效益和文化效益结合起来，把物质文明建设、精神文明建设和政治文明建设统一起来。

（五）强制执行与说服宣传相结合原则

政策的强制性是由政策的本性决定的。凡是公共政策，无论是中央制定的，还是地方与基层政府制定的，其制定的主体和合法性的主体都是握有公共权力的政府机构。公共权力是具有强制性的权力，运用公共权力制定和实施的政策自然也就具有了强制性。但是，公共政策说到底是为了解决社会问题，是为了协调公众利益。公共政策的制定要依靠公众的参与，政策的实施也要充分依靠公众的积极参与。因此，在强调执行政策中的强制性这一方面时，还必须强调说服教育的原则。尽管政府制定的公共政策是为公众服务的，但是，就个人来说，人们未必能自发地认识政策的实质，从而也未必能够自觉地拥护政策。要让公众都能理解政策，并积极贯彻政策，就必须做好说服教育工作，让公众从个人、小团体的狭隘圈子中跳出来，认识政府制定和贯彻的科学性。合理性的政策是为大多数公众的根本利益、长远利益服务的，这样公众才能自觉维护政策、积极贯彻政策。

五、公共政策执行的地位和作用

政策执行作为经常性、现实性的管理活动，在政策过程中占有十分重要的地位。政策执行所产生的效果对于整个公共行政过程乃至整个社会的影响都是最直接和最现实的。政策执行的作用具体体现在以下方面。

（一）政策执行是实现政策目标的中心环节

政策执行决定着政策方案能否实现及实现的程度，是解决政策问题的关键。政策的主要目的不是研究问题而是解决问题，政策制定主要是研究问题的过程，只有政策执行才是直接地、实际地、具体地解决问题的过程。及时正确地将政策付诸实施，公共政策才具有实际意义。如果没有政策执行，政策目标就只能是纸上谈兵，政策目标得不到实现，政策也就失去了自身的价值。束之高阁的政策再好也没有实际意义，政策只有通过执行，才能转化为现实，才能体现出它的实际价值。而且执行人员的创造性活动可以弥补规划、决策的不足，提高决策的经济和社会效益。

（二）政策执行是检验公共政策质量的重要标准

公共政策经过程序化的逻辑推理和理论预设后，无论其构建多么完善，都是属于主观认识范畴。一项政策正确与否、质量高低最终必须由实践来检验，也就是必须通过执行这个重要途径来检验。政策目标只有在执行过程中得到完满实现，才能证明原政策是正确的。通过执行政策，能够发现原政策本身的错误和不足，进而根据实际的发展来进一步完善政策，以促进政策质量的提高。正是从这个意义上说，政策执行为检验政策提供重要的标准。

（三）政策执行是后继政策制定的重要依据

这里的“后继政策”包括两方面的含义：一是指对原有政策的修正和补充，也就是通常所说的追踪决策；二是指制定新的政策。就第一种情况而言，任何政策都不可能一经制定就尽善尽美，政策本身需要在贯彻执行过程中不断修正、补充、完善和发展；就第二种情况而言，任何正确的政策都有“生命周期”。超过了一定的时空范围，政策所要达到的目标已经实现，那么，这个政策就失去效用或完成了它的使命，就要被新的政策所代替。制定新的政策要以前一项政策实施后反馈回来的信息为依据，要在前一项政策后果的基础上来制定新的政策。因此，政策执行活动及其后果是后继政策制定的重要依据。

第二节　公共政策执行的过程与手段

一、公共政策执行的过程

公共政策并不是通过一两次行动就能得到贯彻和实施的，政策执行是一个复杂的过程，它包含了一系列相互衔接的基本环节或活动，通常包括以下几个阶段。

（一）公共政策执行的准备阶段

公共政策执行的准备是政策执行的开端，“好的开端是成功的一半”，“军马未动，粮草先行”等都说明了充分准备的重要性。政策执行首先要做好充分的准备工作，做到“有备无患”。

1. 学习和宣传公共政策

公共政策学习与宣传是政策执行的起始步骤。这包括两个方面，一方面是执行主体对政策的学习与掌握。要正确贯彻执行政策，执行主体首先必须认真学习和深刻理解政策。政策执行主体应深刻领会政策的精神实质、内在机理和外部关系：理解政策的精神实质，即要理解政策的指导思想、最高目标和远期目标，理解政策的内在机理，即要把握政策的界限、原则、对象、内容、措施等。同时,还要认真研究和把握政策的时效、利益群体的结构与特点、政策的一般条件和特殊条件、政策的措施与步骤、与下级的权责关系等等。使全体执行者统一思想,减少政策执行的阻力,提高执行的效率,为实现共同的政策目标而努力工作。

另一方面,是政策对象对政策的认知与理解。政策执行离不开对政策信息的宣布和传播,因为政策的有效执行绝不是执行者一厢情愿的事情,它是以作为政策目标群体的广大民众对所推行政策的认同和接受为前提的,而这种认同和接受又是以其对政策的准确认知为基础的。通过各种形式的政策宣传可以在更大范围使广大政策目标群体充分认识到所推行政策与他们切身利益之间的紧密关系,使他们认同并自觉自愿地积极接受政策,从而为政策的有效执行奠定坚实的基础。所以政策执行者在执行过程中除了要通过组织学习和知识结构等途径来提高自己的政策认知水平之外,还要通过政策宣传来促进政策目标群体对所推行政策的认知和认同。

2. 制定公共政策执行计划

政策执行是一个复杂的动态过程,这个进程要有计划地进行,这是保证执行活动有序进行的重要条件。执行者根据政策方案,结合实际情况,把完成政策所需的人力、物力、财力进行系统安排筹划。对大的决策目标,应合理分解,分期分段完成。同时还要制定执行政策的规章制度、组织纪律。通过制订计划,使执行者明白各自所负的责任和各自在执行机构中的位置及应起的作用;明白相互之间的关系及遇到问题找谁解决;明白可供利用的设备及环境条件;明白整个组织活动程序和步骤,从而按部就班,有条不紊,快速达到既定目标。

制定政策实施计划必须遵循下列原则:一是可行性原则。编制计划要实事求是,有的放矢,切实可行,客观可靠,排除主观臆断;计划的各项分目标,不保守也不冒进,不是唾手可得也非高不可攀;对有关人力、物力、财力等各种资源与条件,必须做到"心中有数"、"胸有成竹",切不可含糊笼统,过高或过低估计。二是全面性原则。编制计划要求能够统筹方方面面,理顺各种关系,实现长期目标与近期目标统一、上级目标与下级目标统一,切忌顾此失彼,前后矛盾,相互冲突,做到计划前后衔接、全局与重点均衡、公平与效率兼顾。三是弹性原则。制定政策实施计划一定要留有余地。计划不可做得太满太死,要充分考虑在政策实施中,政策的环境会发生变化,机构与人员也会出现变动,特别是会存在一些未知的和不确定的因素。计划保持一定的弹性,在政策实施时,才能进退自如。

3. 组织落实

组织准备工作是政策执行的保障机制,组织是公共政策执行的主要力量和责任承担者。没有有效的组织形式和机制,不论如何科学的政策都不可能落到实处。组织功能的发挥情况，直接决定着政策目标的实现方式。

组织落实一般包括以下三个方面的工作。一是确定政策执行机构。这是组织准备中首要的任务。通常情况下，常规性、例行性政策的执行，现行的行政组织可承担执行任务，不必另建机构。在特殊情况下，如果遇到非常规性或者是紧急而重大的牵涉面较广的政策，可采取赋予某一机构特殊地位，或以各部门协调人员组成临时机构并赋予其特殊权力。但应在政策目标实现后及时撤销。执行机构的确定应做到设置完备，权责明确，分工合理，界限清晰，防止出现争功诿过、互相扯皮的混乱现象。执行机构的设置还要有良好的沟通协调机制，能与外界环境的输入输出保持畅通和密切的关系。二是选拔和配备能胜任工作的人员。选人用人是组织准备工作中一项重要的内容。因为人是组织中最能动、最活跃的因素，是组织行为的主体。对政策执行者的素质来说，要求具有专业管理方面的知识技术和实践经验，具有较强的政策理解能力以及沟通、协调能力；同时要善于用人，做到人尽其才；具有宽广的胸怀，善于处理人际关系；讲求工作效率，善于从实际出发，采取机动灵活、与时俱进的方式方法，有步骤、有次序地实施政策。需要强调的是组织内部人员的年龄、专业、能力、素质等结构要配置合理，要有利于形成团结向上的、凝聚力强的学习型组织文化，建立团队合作型的执行机构。三是制定严密科学的管理制度。有效的制度准备能使政策执行保持领导统一、计划统一、指挥统一和行为统一。做到有章可循，规范管理。这些管理制度主要有目标责任制度、检查监督制度、奖惩制度和组织纪律、职业道德、行为规范等。

4. 做好物质准备

物质准备是政策执行顺利进行的经济基础和重要保障。物质准备主要是指必需的财力(经费)和必要的物力(设备)两方面准备。执行者应根据政策执行活动中的各项开支编制预算，争取必要的财政支持，以落实经费。经费是政策执行组织生存和发展的命脉，是政策有效执行的根本。但要注意的是有了财力应防止浪费，应本着以最小的投入获取最大产出的原则。必要的设备，包括交通工具、通讯工具、技术机械设备、办公用品等，是政策执行得以顺利进行的必要条件。"工欲善其事，必先利其器。"政策执行迫切要求提高物资设备的先进程度，利用先进的科学技术，快速、准确地处理政策信息，实现公共政策执行的高效。

(二) 公共政策执行的实施阶段

政策执行的实施阶段是实现政策目标、提高政策效益的关键环节。它包括政策试验、政策全面推广、指挥协调和监督控制等内容。

1. 政策试验

政策试验是一项新政策在正式推广之前，根据政策目标群体和政策适用范围的实际情况，选择具有代表性的局部地区、范围或群体，使用较少的成本和较短的时间，试行政策的办法。政策试验是政策执行过程的必要环节，是政策得以全面推行的基础。政策试验对于政策执行的必要性体现在：其一，政策试验有利于减少公共政策执行风险。由于政策执行的条件相对不够成熟，准备不可能完全充分，政策计划的设定也不可能十全十美，政策信息的非对称性以及政策执行主体对政策的整个过程和结果缺乏准确的洞察力，因而政策方案的全面推开面临一定风险。政策试验利用有限的政策资源作出局部性、临时性判断，能相对减少政策执行的风险。由于政策资源投入不多，即使试验全部失败，造成的损失也远远低于全面推行所造成的损失。其二，政策试验有利于降低政策执行成本。政策试验有利于检验政策的可行性和有效性，可以及时修改和完善政策，可以从政策试点中获得重要的经验和信息资源。同时，通过试点取得的成功与效益，使人们逐渐转变传统观念而接受新政策，从而有利于提高政策执行效率，降低政策执行成本。

政策试验一定要按照科学方法进行，大致包括三个步骤：

(1)选择试验对象。选择试验对象或试点，要根据政策方案的要求进行，应具有典型性和普遍性。这就要求在选择对象时应注意避开那些条件最优越的和条件最恶劣的两种极端情况。

(2)设计试验方案。试验方案是针对试验对象的实际情况试行政策内容的计划书。试验方案的设计要周密，要有利于正确指导实验工作，加强针对性、方向性和目标性。一般把试验对象分为试验组、对照组，在具体实施政策方案之前，先分别测定两个组各相关因素的状况，并将测定情况记载下来，然后在试验组中具体实施政策方案，对照组则不实施。试验结束后，再次测定两组各相关因素的变化情况，与试验前的状况进行对比分析，从而得出科学结论。

(3)总结试验结果。分析和总结试验结果是政策试验过程最关键的一个阶段，要根据试验的整个过程和最后结果检验、评估、修改、补充或否定政策方案，是为政策执行再决策和政策全面推广提供直接性的经验数据和材料。总结不当或不科学，必然导致政策试验的失效或失败，也就可能误导政策的全面推广和政策执行再决策。因此，总结试验结果要强调实事求是、全面客观、深层发掘、理性思考。分清哪些是必然性原因，哪些是偶然性原因，如果试验结果是失败的，则还要注意弄清是政策本身的问题，还是试验方案或具体试验措施的差错。总结时还必须分清试验的适用范围和条件，即哪些经验仅适用于试点本身，哪些经验具有普遍意义;在推广运用这些经验时需具备哪些条件,附加哪些条件。

2. 政策全面推广

在经过执行准备和政策试验后,就进入了政策实施的全面推广阶段。这是政策执行过程中涉及面最广,变量最多,操作性和程序性极强,因而也是最为艰难的一个环节。全面推广的成效关系到整个政策系统的有效性和功能发挥,关系到政策的可行性和质量优劣。针对我国国情和政策推广的实践经验,在这个环节上应注意将把握重点和解决难点相结合。公共政策的全面推广要面向整体,因而需要考虑和注意的环节与变量很多,在资源有限、条件不足的情况下,实际上很难做到齐头并进、等量投入。因此,在执行公共政策时应注意立足全面和着眼总体战略。既要把握重点,又要着力解决难点。把握重点,就是要把握政策执行的关键因素。对于目标群体来说要分析主导利益群体的特点和基本情况,争取获得主导利益群体的支持与配合,降低政策执行的难度。解决难点就是要把主要力量放在难点的分析和解决上,解决了难点问题,其他问题才可能迎刃而解。同时注意自上而下和自下而上的有机结合。

3. 指挥协调

政策执行是一项非常复杂的管理活动,需要不同执行机构和执行人员的共同参与和密切配合,需要调动人力、财力、物力、时间、信息、权威等多种资源。由于不同政策执行机构具有不同的职责范围和管理权限,不同的政策执行人员在知识、经验、智力、观念、利益、性格和观察问题的角度等方面存在差异,在执行过程中难免出现意见分歧、利益矛盾和冲突摩擦。而这些矛盾、冲突和摩擦往往给政策执行带来种种障碍。因此,美国著名政策科学家萨巴蒂尔和马兹曼尼强调说:"执行机关内部以及执行机关之间的整合是政策有效执行的必要前提条件之一。"[①]要实现政策执行机构和人员之间的整合,就离不开统一的指挥和有力的协调。指挥和协调作为两种重要的功能性活动,贯穿于政策执行全过程。

指挥就是行政领导者按照既定目标和计划指导执行活动,推进执行进程,以实现政策目标的行为,其主要表现形式为行政命令、决定。通过有效的指挥,能够调动执行者积极性,使行政执行计划变为行为,从而保证决策目标的实现。

指挥主要有口头指挥、书面指挥、会议指挥。口头指挥简单明了、及时方便、快捷,它最为常用,但应注意语言艺术。书面指挥,是利用公文进行指挥,责任明确,信息准确,能保持较长时间,便于核查,但应注意规范性,防止文牍主义。会议指挥是常用的方式,应注意提高会议效率和质量,防止会议过长过滥,杜绝"会

---

① 转引自陈庆云:《公共政策分析》,北京大学出版社 2006 年版,第 187 页。

海”现象。

协调是在执行中，要通过引导、调停和说服的办法，在执行组织与执行人员之间建立起良好的互相协作、互相配合的关系，使执行组织内部各部门、各环节的执行活动不发生冲突、内耗，从而有效地达到行政执行的预期目标。行政协调是一种经常性、自觉性的活动。协调主要有纵向协调、横向协调和综合协调三类。协调技术包括主体合流法、中间数法、冷处理与热处理法、当面表态法、跟踪处理法。协调的方法主要有：会议协调、组织协调、信息协调等。协调工作做好了，才能化解矛盾、解决冲突、缓和关系，保证执行活动的同步与和谐，提高政策执行效率。

4．监督控制

监督控制是政策执行者为使实际执行状态与计划所要达到的状态实现一致而进行的管理活动，是政策执行的保障环节。与行政协调不同，它不是针对各组织之间、成员之间的关系，而是针对一个组织实际执行的过程与计划有差距或背离，进而采取纠正的行动。其目的是使各项活动保质保量按时完成，达到期望的目标。监督控制有事前控制、事中控制和事后控制三种，现代行政管理强调事前、事中、事后同时并举的全过程的控制，以发挥各种控制的综合功能，从而使政策目标责任制圆满实现。实行有效监督控制的关键是：一要确定控制的标准。从计划中选出多层次多形式的目标，建立起可以考核的定量或定性的完整的目标体系。二要加强控制组织建设。确定控制的机构和人员，明确各个控制主体的职责和权限。三要遵循科学的控制原则。强调依法原则、经常原则、公开原则等。四要多种方法并用，形成严密的行政控制网络，强调各种控制手段的有机协调和衔接。

（三）公共政策执行的总结阶段

政策普遍推广后，执行工作并未结束。政策必须落到实处，要定期对正在执行的政策进行反馈，并对实施效果进行质的评价和量的考核，并应及时做出总结。这是对执行情况的回顾，也是为制订新的政策作准备。政策执行总结包括以下两个环节：

1．绩效评估

政策执行完毕后，需对执行绩效进行科学、客观、系统、全面的评估。政策执行绩效评估主要检验执行效率、效益和公平性。一项构思精良、经多方论证认定是无懈可击的政策付诸实施以后，究竟有没有达到预期的目标、产生预期的效果，不能仅由政策执行者进行主观判断，而是需要使用科学的指标，遵循严格的程序，进行客观的评估，从而决定政策去向，并进行追踪。可见政策执行绩效评估是政策执行过程这一有机链条中必不可少的重要一环，对于提高政策执行质量，克服政策执行中的弊端和障碍，具有重要作用。

2. 政策执行再决策

政策执行主体在政策执行过程中以及执行任务完成后，根据反馈信息对原政策方案所作的必要补充或修正。从实质活动上来讲，是实施过程的暂时中断，其结果是形成一项更为科学、合理的政策，但是所产生的政策与原政策联系紧密，它们针对的是同一个政策问题。① 政策执行再决策同时兼有政策执行和政策制度的双重特征。

公共政策执行再决策时，首先要做好宣传解释工作。公共政策执行再决策是对原有政策的修正或突破，势必给公众心理带来不同程度的震荡，引起公众的担心与疑虑，这就需要解释再决策的必要性及宣传再决策的主要内容，让公众明白，再决策不是决策的崩溃，而是一种战略的转移，是为了更好地解决社会中的现实问题。其次要做到集思广益、发扬民主。在再决策过程中，决策人员必须认真听取各方面的意见，充分发挥人民群众和各方面专家的聪明才智，保障人民群众的正当权益，保证政策的可行性、合理性以及利益代表的广泛性，为政策的改进、创新和执行创造有利的条件。最后，要做好经验总结工作。政策执行再决策的一个很大特点是非零起点，再决策所面临的对象和条件已经不是处于初始状态，是针对政策执行偏差，制订纠偏措施，使正在实施的政策向规定的目标迈进。所以再决策需要注意和借鉴原决策执行过程中的经验教训，在此基础上有所创新和突破。从而保证公共政策执行取得更好的效果。

上述诸环节构成了一个完整的政策执行过程。只有三个阶段的每一项工作都做好了，政策执行活动才能顺利进行，政策目标才能转变为政策现实，政策内容也才能转变为政策效益。

二、公共政策执行手段

公共政策执行手段是指执行机关和人员为实现一定的政策目标而采取的贯彻落实政策的措施和方法的总和。美国著名政策科学家詹姆斯·安德森曾经指出："行政管理机构的实施活动依靠的不仅仅是该机构官员的态度和动机，以及

① 宁国良：《论公共政策执行再决策》，《湘潭大学社会科学学报》2000 年第 2 期，第 10 页。

外部的压力，而且取决于该机构所能获取的政策实施技术。”①政策执行手段运用的恰当与否直接关系到政策执行目标能否实现，关系到执行主体的政策执行力的大小。根据性质、作用和特点不同，公共政策执行手段有下列几种：

（一）行政手段

行政手段是行政主体凭借国家行政权力，依靠行政组织的层级节制性，采用命令、决定等方式来实现国家对行政工作的领导、组织和管理的方法。行政手段的本质是借助行政权力和隶属关系来实施强制，下级必须无条件地服从。通过这种手段可使行政决策准确无误、坚决有力地推行和落实。特别是在社会运行过程中出现紧急与非常情况时，行政手段能有效促使秩序的恢复，维护公共安全。

行政手段具有以下特点：(1)权威性。这是由行政及其领导者的权力所决定的，是以行政权力为基础的。以服从为前提，实现政令统一。(2)强制性。各级行政组织及其负责人依靠行政权威发布的行政指令对被管理者具有强制执行的性质，要求下级在思想上、行动上、纪律上原则性地服从统一意志，它不顾及人们是否赞成，一经决定就要贯彻到底。(3)垂直性。行政手段按行政组织系统隶属关系向纵向层级传达，只对上下级垂直隶属关系具有约束力。下级只服从其顶头上司，低一层次只听上一层次实行垂直性传递的信息，横传的命令一般无效。(4)具体性。行政手段往往通过具体的行政命令，在特定时间针对特定对象，具有特指性。

行政手段的优点是：(1)集中统一。行政手段具有控制、制约、协调社会各方力量，集中社会优势，保证行政执行的集中统一。(2)灵活迅速、时间短、见效快。行政手段自身的时效性与强制性决定了便于行政管理职能的有效发挥，尤其在紧急情况下。行政手段的缺点在于，由于其本质依靠行政权力和隶属关系实施强制，最容易被滥用。且因其高度集中、强制性的特点易抑制民主，难以调动下级的积极性和创造性。垂直管理，又导致横向沟通困难、矛盾较多。为此，市场经济条件下行政执行的主要方式让位于经济手段和法律手段，但行政手段仍是一种行政执行方式之一，只不过与传统计划经济条件相比，市场经济条件下正反行政手段无论在机制、运用界限、条件方面，都发生显著变化。

（二）经济手段

经济手段是行政主体按照经济规律，运用税收、物价、工资、利润、经济合同

① 〔美〕詹姆斯·安德森：《公共决策》，华夏出版社 1990 年版，第 137 页。

等经济杠杆来组织、调节管理对象的管理活动和方法。经济手段是一种通过利益诱导进行间接管理的方法,在市场经济的条件下,经济手段将发挥越来越重要的作用。

经济手段具有以下特点:(1)间接性。经济手段是通过各方物质利益的调节间接影响组织和个人行为,这是它与行政手段的区别。(2)利益性(有偿性)。经济手段以等价交换、按劳取酬为原则,以有偿的物质利益刺激调动人们的积极性,这是经济手段区别于其他手段的根本特点。(3)多样性。经济手段的方式是多种多样的,它包括价格、信贷、利率、税收、工资等,且这些经济杠杆之间是相互关联的,每一种经济杠杆的变化都会引起多方面经济关系的连锁反应。不同地区、不同时间、不同部门所采用的经济手段都是不同的。

经济手段优点是:经济手段由于以物质利益为基础,能充分有效地调动组织和个人的积极性、主动性,促进横向组织间的沟通、联系与合作。同时,经济制约关系便于分权的组织管理,发挥各方面的主动性和创造性。其缺点是:由于经济手段不具备强制力和行政管理的约束力,其对行政工作的调节作用也受到一定程度的限制。从个人需要层次上讲,当基本物质需要有了相当满足后,更高层次的精神需要会上升,导致经济手段的效用递减,且经济手段不能完全解决人们的精神和社会需求问题。如运用不当,可能会具有消极影响。所以,经济手段是市场经济条件下的主要方式,但不是唯一的方式,经济手段还需与法律手段、行政手段与思想教育手段相结合。

(三)法律手段

法律手段就是人们常说的法治,是行政主体以行政立法、行政执法、行政司法的方式履行行政职能,实现公共政策目标的政策执行方法。依照法定职权和程序,把国家法律、法规实施到具体的行政活动中,以达到有效而合理的行政目的。与其他行政手段相比,在依法行政的今天,更要求行政主体以法律为武器,根据法律活动的规律、程序和特点实施行政管理。法律手段已成为行政执行的主要方式之一。

法律手段具有以下特点:(1)权威性。法律是国家意志的体现,法律手段的实施是以国家强制力为后盾的,对全体社会成员均有强制力,人人都必须平等地遵守,无条件地服从。(2)规范性。法律手段规定人们的行为准则,为其行为提供导向和依据,同时也为人们设定了行为标准。(3)稳定性。法律一经制定,便保持相对稳定性,不得随意改变,其修改需严格的程序。(4)可预测性。法律作为明确公开的规范,人们可能预测到自己行为后果,从而决定如何行为。

法律手段是其他行政手段的保障，是最具有行政执行效力的手段。但应看到依靠法律手段并不能解决所有的问题，即便在强调依法行政的今天，也不可能使所有的行政关系都转化为行政法律关系。法律手段还有不足，如灵活性不够，有滞后性的不足。还必须结合其他手段才能发挥作用。

（四）思想教育手段

思想教育手段是指依靠宣传、说服、沟通、精神鼓励等激励人们的积极性，实现行政目标的方法。这是行政管理最经常、最广泛使用的一种手段。其方式有：启发教育、说服劝告、建议协商、树立典范等。思想教育手段可从根本上激发人的主观能动性，但需时较长、工作艰巨，而且是一项政治性、科学性、艺术性很强的工作，需要在实际工作中晓之以理、动之以情，言行一致，即实现情、理、行三者的统一。

思想教育手段具有以下特点：(1)潜在性、长期性。人的思想工作观念是内在的心理活动，转变人的思想观念绝非一日之功，它需进行反复、细致、长期的工作，而且人的思想转变也是潜移默化和渐进的过程。(2)内在稳定性。一旦通过思想教育手段使管理思想内化为管理对象的自觉意识，它将产生一种稳定的动力，持续地激励和引导管理对象的行为。(3)超前性。思想教育手段一旦生效，便能调动管理对象的内在积极性，预先主动地约束自己的行为。

行政手段、经济手段、法律手段和思想教育手段各有优越性，各种手段不是孤立的，而是相互联系、相互制约和相互促进的。在行政执行中，各种手段必须协调配合、相辅相成，共同努力才能实现既定的行政目标。

三、公共政策执行资源

公共政策执行资源就是执行主体实施既定政策所必须具备的客观与主观条件。政策执行是社会资源的流动过程，其本身就需要一部分去消耗。因此，对政策执行资源的分析就是进行政策执行的成本—收益分析。具体而言，政策执行资源包括以下几个方面：

（一）财物资源

政策执行需要有必要的财物资源的投入。财物资源由两部分组成，即经费和物质设备。公共政策执行经费直接来自国家预算，而国家预算又依赖于经济发展水平，因此要改善政策执行的财物状况，就必须发展生产力。充足的经费和优良的物质设备供给是公共政策执行的必要投资和重要条件，然而财物资源的调配供给必须以国民经济发展水平及供给能力为基础。但要摒除一种错误的观念，就是花了钱一定能办成事，或是多花钱多办事，财物资源只是公共政策执行中的一个方面。过多的财政经费开支也会导致设备的过剩和闲置，造成浪费。

（二）人力资源

人力资源主要是指公共政策执行人员的配置问题。它包括人力资源结构建设、人力输入输出和素质优化等问题。人力资源的供给应根据具体执行情况而定，一般说来要注意从以下几个方面进行考察与分析：(1)政策执行的专业技术程度。专业性很强，就应录用专业对口的适合政策的人才。如果专业不对路，技术层次不配套，就不能做到人尽其才。(2)政策执行组织的结构要求。要建立具有团队精神的组织；组织成员的性别、专业、能力、性格、气质要结构优良，能形成取长补短、相得益彰、和睦、功能高强的执行队伍。(3)政策执行人员的一般素质要求包括知识、能力、心理等方面。但应注意的是，人力资源固然是保证公共政策执行的重要前提，过多的人员投入又会导致执行机构臃肿和因人浮于事而产生内耗，从而增加公共政策执行的难度。

（三）信息资源

政策执行也可看做是政策信息的流转过程，它包括执行组织内部的信息传播与供给，也包括政策执行内部与外部信息的交换与加工过程。公共政策执行因宣传不力而造成信息的非对称性，就会产生政策执行偏差。因此，公共政策的执行人员在活动时，不仅需要有足够的、可靠的信息，而且还应确保信息共享，信息传输的渠道畅通无阻。充足的信息资源、科学的信息加工、畅通的传播渠道、完全的信息产出是公共政策有效执行的重要保证。充足的信息资源指的是执行主体获得的政策信息以及与执行相关的信息的充足性。信息不充足，执行主体就不能正确理解政策的内涵，不能科学地制定执行计划。准确的信息加工是指执行主体对政策认知的准确性。畅通的传播渠道指的是政策宣传的方式、手段、路径等的畅通与有效性。完全的信息产出是指执行主体对目标群体的政策信息供给的真实性与完整性。当然，信息资源也绝不是越多越好，因为，过度的信息获取不仅要花费大量的人力、物力与财力，而且还会导致信息污染。

（四）权威资源

政策执行需要有坚定的执行权威。一定的权威也是公共政策执行中不可缺少的政策资源。权威之所以成为重要的公共政策资源，是因为权威既可以加强行使权力者的责任感，也可以促使个人遵从权威者制定的规范；权威通过保证专门知识和专门技能的利用，确保具有理性和效能的高质量的公共政策的实现；权威有助于组织的整体协调，让群体的所有成员采取彼此一致的复合决策，以达到预期的目的。在民主社会里，执行主体依法定权力执行政策，不可越权、侵权。同时执行主体的权威也来源于一些领导者的个人魅力，因此，也应以身作则，率先垂范，树立良好的政府形象，以获得公众的信任与拥护。

（五）制度资源

制度是政策执行得以有序进行的重要保证，它包括多方面的内容，最基本的有两方面：一是通过制度保护执行主体的权力；二是建立对其行为责任依法追究的制度。执行制度建设至少包括对执行者的人格保障、身份保障、职务保障、执行公务保障、行政裁量、自由申辩等规定，这些保障是与执行者的政治、行政责任相联系的。

四、公共政策执行的影响因素

公共政策执行是在复杂的政策系统中进行的社会活动，政策的贯彻实施并不是一帆风顺的，受到来自执行子系统内部和环境的许多因素的影响与制约。分析这些影响因素对于指导公共政策执行具有非常重要的意义。

（一）公共政策本身与公共政策执行

一项政策执行的成功与否，很大程度上取决于政策本身是否科学、合理。美国政策科学家史密斯认为，理想的或好的政策方案是政策有效执行的前提条件。政策方案有缺陷，如目标与手段之间、新旧政策之间不配套或相互冲突以及政策的超前或滞后等，都会导致政策执行的失败或难以达到理想的效果。公共政策本身的因素主要包括以下几个方面：

1. 公共政策的正确性

公共政策的正确性是其能有效执行的根本前提。政策方案必须能准确地界定和分析社会问题，并制定出科学合理的方案和实施步骤。正确的公共政策容易得到执行者的认同及政策对象的拥护，因而更能有效地执行；反之，政策执行必然会由于执行者和执行对象的消极应付和抵制而不能取得预期的效果。

2. 公共政策的具体明确性

公共政策的具体明确表现在：(1)公共政策目标的具体明确，这是政策执行有效的关键所在，政策目标是政策执行者行动的依据，也是对政策执行进行评估和控制的基础。目标具体明确包括：政策目标的语言表述明确；公共政策是可以或可能达到的；政策目标可以通过一定的方式衡量；政策目标在政策执行机构的职权范围内，并有明确的时限。(2)行动计划的具体明确。政策执行并不是一两次简单的行动，多数政策的实施是一个复杂的、多次反复的过程。要使政策执行的复杂过程变得有条不紊,就必须依据实际情况制定一个尽量周密的行动计划,包括组织的任务、人员的配备、资源的合理分配、技术的运用、措施和手段的设计。

（二）公共政策执行主体与公共政策执行

所谓公共政策执行主体,是指负责组织落实公共政策的人员或组织。主要包括国家和地方政策行政机关、司法机关、被赋予执行权的其他公共权力机关以及供职于这些机关的公职人员。任何一项公共政策执行都有赖于一定的组织、机构及其成员。执行主体掌握着实施政策的资源、手段和方法,是将政策贯彻于政策对象中去的施行者、组织者、管理者和责任者。执行主体的组合状况以及执行人员的素质、政策水平、管理水平、道德素养的高低直接关系到政策执行的成败和政策目标的实现。

1. 政策执行组织

执行政策最终要靠政策执行机关,政策执行机关掌握着执行政策的方法、技术和资源,是联系政策制定者和广大政策对象的桥梁。执行组织结构的合理性、权责的明确性直接对政策执行的力度与效度产生重大影响。

(1)执行组织结构的合理性。合理的执行组织结构是实现政策目标的组织保证,能实现“1 + 1＞2”的整体功能。组织结构的规范、有序、协调程度直接影响组织的外向输出状况。执行组织的合理结构要求组织的纵向结构层级化和横向结构专业化。层级化是指各级政府以及部门的上下级之间的机构、职位、人员配备和责任、权力、工作程序的有序等级划分。合理的层级划分有利于政策执行的统一领导、统一指挥,有利于政策执行的目标分解,逐层落实,有利于政策执行的上传下达和监督控制。专业化是指将执行组织按政策目标、管理对象、权力责任和业务性质划分为若干个横向的职能部门。专业化的部门划分有利于提高政策执行的专业技术水平,有利于合理利用和吸收专业人才,有利于事权一致、政令畅通。执行组织的合理结构还要求执行组织的年龄结构、知识结构、能力结构乃至性格志趣结构等方面的相互协调与功能互补。

(2)执行组织权责的明确性。明确组织权责即理顺中央与地方政府、上级与下级政府、各职能部门之间的权力责任关系。就中央与地方以及地方与地方的关系而言,需进行事权划分,落实责任制,建立责任追究机制,划清中央与地方政府之间、地方政府不同层级之间的事权、财权、产权和立法权等,政企分开、政事分开,简化行政审批制度,实现集权与分权相结合,在保证上级权威和不影响上级政府对辖区内的事务作综合管理和宏观调控的前提下,实现必要的分权,以调动下级政府应对地方实际情况的灵活性和执行政策的积极性与创造性。就各职能部门之间的关系而言，要明确各部门及其工作人员的权利和责任，责权利保持一致，做到统一指挥，统一行动，杜绝各种形式的相互推诿、越权、失职、渎职行为。

2. 政策执行人员

政策执行人员的行为对整个政策执行的效果具有直接的影响。一个合格的政策执行者必须具有较高的自制能力。公共政策的执行在某种意义上是对利益的分配和对行为的调整。当政策的执行者身兼目标群体和执行者的双重角色时，他们的利益就被执行的政策所调整，这时，政策的执行者便处在整体利益与局部利益的矛盾选择之中，他们是否有高度的觉悟和自制力，将对政策的执行产生极大的影响。同时，一个合格的政策执行者必须具备坚定的政策目标的认同感与执行政策的使命感。政策执行的好坏取决于政策执行者对于政策目标的认知、理解，对于不同行为可能产生的政策效果的准确推测，对于政策执行过程中的困难与障碍勇于克服的坚强意志。另外，合理的知识储备和能力结构对于政策执行者也是必不可少的。所谓知识储备，主要指两类知识：一是一般性的政策执行知识；二是进行专门领域的政策实施所需要的专业知识。所谓能力结构是指执行政策的一般能力，包括组织能力、计划能力、协调能力、管理能力、控制能力等等。从政策执行人员贯彻政策的态度来划分，可以将他们大体上分成以下几类。

(1)主动型主体与滞后型主体。所谓主动型政策执行主体是指在实施政策中，一部分执行人员能将政策计划及时地加以贯彻，在执行政策时，能依据实际情况，克服各种障碍，使政策落到实处。所以这种类型的政策执行主体有时又称为及时型主体。所谓滞后型政策执行主体是指在实施政策时，一部分执行人员常常观望，迟迟不将政策计划付诸行动。这部分主体在贯彻政策时，拖拖拉拉，行动迟缓，政策老是落不到实处。有时，人们又把这种类型的主体称为拖拉型主体。

(2)忠实型主体与折扣型主体。所谓忠实型主体是指在报告政策时，一部分执行人员能将政策原原本本地告诉公众，按照政策的精神，采取有效的途径和手段，实现政策的预定目标。这部分政策主体能坚持政策的严肃性，敢于排除各种干扰，完全地按政策办事。因此，有时又将忠实型政策执行主体称为完全式主体。与忠实型政策执行主体截然相反的是折扣型政策执行主体，这部分政策执行人员对政策目标和政策的贯彻往往采取随心所欲的态度，合自己心意的就执行，不合自己心意的就不执行，最终政策实施的结果与政策预定的目标相差甚远。由于这种类型的主体对政策是有保留地实施，因此，有时又称为截留式主体。

公共政策制定出来后，要靠政策执行者去实施。政策执行者是公共政策执行系统中的关键因素。政策执行主体对政策的执行有着不可低估的影响。把握执行者的不同态度十分重要，这便于在政策执行中，做好执行主体的工作。积极鼓励主动型、忠实型主体，充分发挥其作用。而对于滞后型与折扣型主体要采取切实措施改变其工作作风与工作态度。

（三）公共政策对象与公共政策执行

公共政策对象是公共政策直接影响和作用的对象，是与公共政策所分配利益发生关系的个人、群体和组织。政策执行的目的是为了影响或改变政策对象即目标群体。其功能的发挥不仅与执行主体的各个因素有关，也与政策对象对政策认同、接受和支持的程度有关。公共政策对象可分为：

1. 顺应型政策客体与抵触型政策客体

所谓顺应型政策客体是指这部分受政策影响的公众，支持政策执行主体的行动，能够顺从政策的贯彻，所以有时又称这种类型的政策客体为贯彻式政策客体。这类政策客体也有两种情况，一种是能从政策执行中获利的人，一种是虽不能从政策中获利但也能顾全大局的人。抵触型政策客体是指某些公众因感觉到政策的实施会损害他们的既得利益，因此，试图对政策的贯彻采取对应的行为，通过这些行为或者使政策贯彻走样，或者让政策在执行中打折扣，其目的是为了维护原有利益，或使既得利益的损失最小。由于这类政策客体的行为是专门针对政策的，有些人称他们是对策式政策客体。

2. 配合型客体与观望型客体

所谓配合型政策客体是指在政策实施中，政策目标群体中一部分对政策贯彻表示主动支持的公众，他们与政策执行机构和人员紧密配合，保证政策能顺利执行。这一类型的政策客体或者是对政策比较了解，或者是在政策实施过程中已经获得了实际的利益。配合型政策客体因为能主动支持政策执行部门和人员的活动，因此又被称为支持式客体。盲目型政策客体是指政策的目标群体中，一部分对政策的效果表示怀疑，从而一直处于观望状态的公众。他们对政策或者不甚了解，从而不积极；或者是由于过去的政策未能给他们带来实际利益，从而对新的政策也持有疑虑心理。这一类型的政策客体由于对政策的实效不太相信，又被称为疑虑式客体。

政策执行是政策执行主体与政策客体间的互动。政策客体中与政策发生作用的公众个人或群体的态度，对政策执行状况同样具有重要影响。了解政策客体的具体情况，便于在政策执行中有的放矢，更好地使政策客体顺从和接受公共政策，使政策目标得以顺利实现。

（四）公共政策环境与公共政策执行

公共政策环境是指政策系统边界之外并和政策系统进行物质、能量和信息交换的所有事物。影响公共政策执行的政策环境可区分为自然环境和社会环境。

1. 自然环境

公共政策执行子系统的自然环境是指与执行系统发生密切联系并与之进行物质、能量和信息交换的外部自然条件。自然环境主要包括：地理因素，即山川、河流、湖泊、海洋、土壤等自然条件；生物因素，即植物和动物等自然条件。宇宙因素，主要指靠近地球表层的大气和空间。一定的自然环境与一定的政策执行系统发生这样或那样的联系，影响着政策执行过程及其结果。当今世界，生态危机是人类面临的共同危机，如"温室效应"加剧、臭氧层严重破坏、酸雨污染等等，已逐渐成为不仅是区域性而且是全球性的问题。因此，政策执行者应该正确认识和分析当地的自然环境条件，因地制宜，趋利避害，展开执行活动，实现政策目标。

2. 社会环境

任何一项政策的执行都无一例外地要与一定的社会因素发生相互作用，都要受到一定社会环境的制约和影响。适宜的社会环境无疑有助于政策的有效执行。公共政策执行子系统的社会环境是指该系统以外由人们以及人的活动形成的，并对政策执行活动产生交互影响的各种社会因素。这些因素通过社会的经济、政治、文化、教育、科学、技术、精神、道德风尚、风俗习惯等表现为社会的政治环境、经济环境和文化环境等。

(1)政治环境。公共政策执行素来就是一种复杂的政治行为，公共政策执行子系统的输入与输出都离不开政治环境的影响。具体表现为：国家政治制度决定公共政策执行的阶级性质和组织形式；政党制度影响着政策执行的组织机构设置、人员配备、执行沟通、执行评估与监督；政治生活的民主程度和政治稳定影响公共政策执行的运行状态；国际政治环境影响公共政策执行的稳定和功能发挥。

(2)经济环境。经济环境是公共政策执行最深层的环境，是公共政策执行的物质基础。它主要包括生产力和科技发展状况、人口状况、国民收入水平、社会生产关系、经济体制等,即生产力和生产关系状况两大方面。生产力发展状况对政策执行的影响,具体表现为:①物质生产的发展状况是政策执行的物质基础。精良的物质设备和高科技发展,为办公自动化和电子行政等提供了条件,加速了信息传递和资源共享,使政策执行更为便捷。②经济的发展引起一系列社会问题,使政策执行的社会管理功能更为突出和复杂。生产关系状况对公共政策执行的影响表现为:①经济基础决定公共政策执行的性质和功能发挥。②经济体制影响公共政策执行的效率和运行模式。

(3)文化环境。文化环境主要指政策执行系统之外人们的社会价值观念、传统习俗、社会心理和行为模式等。在效益、民主、公平等价值理念备受推崇的社会,政策执行一般能够更多地反映民意和公民参与程度,体现公平与公正并讲究效率等。在全能、管制、人治型文化占主导地位的社会里,政策执行更强调权力统治,政府扮演"守夜警察"角色。喜欢变革、创新、冒险、竞争的社会民族心理一般倾向于支持政策执行更富有创造性,而保守、安逸、小国寡民的社会心理则惯向于喜欢政策执行的渐进与平缓。

综上所述,无论是政治环境、经济环境还是文化环境,都会影响政策执行。因此,为政策执行创造适宜的环境,也是政策得以有效执行的重要条件。

第三节　我国公共政策执行偏差原因及矫正

政策执行是一项极为复杂的社会实践活动,在政策的实施过程中不可避免地会出现各种各样的问题,政策的有效性常常会由于这样或那样的原因而受到影响。就我国的情况而言,党的十一届三中全会以来,各级党组织和各级政府,从总体上来说能够认真贯彻落实党中央、国务院及上级党政机关制定的各项政策,使政策发挥了应有的作用。但是,政策执行中仍然存在一些不可忽视的问题,这在一定程度上干扰和阻碍了政策的贯彻执行,也在一定程度上影响了我国的政治、经济、文化的发展和科学教育事业的进步。

一、我国公共政策执行偏差行为的主要表现

在我国,公共政策的执行主要是自上而下的强制执行模式,由于主客观因素的制约,出现了行为效果偏离政策目标的现象,产生政策执行偏差。主要表现在几下方面:

（一）象征式政策执行

在执行公共政策的过程中，公共政策执行者在执行中只做表面应付，只重视表面文章和形象包装，并未采取可操作性的具体措施，在组织、人员、资金等方面没有真正到位。只制订象征性的执行措施，或执行起来前紧后松、敷衍塞责，而忽视了深层问题的解决；可见，政策执行成为一面到处挥舞的旗帜，政策目标则没有落到实处，使严肃的政令在形形色色的花架子下变成一纸空文。据公安部网站消息，2008 年，全国共发生道路交通事故 265 204 起，造成 73 484 人死亡、304 919 人受伤，直接财产损失 10.1 亿元。[①] 导致这一系列触目惊心的事故的原因是多方面的，但与我国一些地方和部门象征性执行政策分不开。执行者在执行政策时，具体在检查超速行驶、疲劳驾驶、醉酒驾驶、货车、拖拉机违法载人等违规行为时或敷衍了事，或虎头蛇尾，使我国关于道路安全的政策并没有转化为具体措施，也就无法真正落到实处。

（二）附加式政策执行

在执行公共政策的过程中，执行者为了个人利益或者局部利益给所执行的政策附加了一些原政策目标所没有规定的不恰当的内容，如增加新的执行机构和人员，增加更多的执行程序和审批环节，增加更多的收费项目，致使政策的调控对象、范围、力度、目标超越政策原有的要求，影响了既定政策目标的有效实现。"土政策"就是这种附加式政策执行的典型表现。它以地方实际情况为借口，人为地附加了与政策目标背离的其他内容，政策被"充值"，为谋取地方或个人利益提供方便。例如，中国烟草实行专卖制，其目标是优化资源，是便民，也是为国家利税创收。但是在一些地方和部门"搞土政策"，把"专卖制"变成"排外制"，对外省的烟草进入到处封关设卡，保护落后，抵制先进，导致全国烟草市场的人为断层，破坏了游戏规则，也危害了中央宏观政策的贯彻实施。

（三）残缺式政策执行

有选择的政策执行，政策内容只有部分被执行，断章取义。政策执行者在执行政策中对政策的精神实质或者部分内容有意取舍，有利的就贯彻实行，不利的则有意曲解乃至舍弃，各取所需，为我所用。使一个完整的政策在执行中没有完全贯彻落实，使政策内容残缺不全，从而政策的整体功能得不到发挥，导致了政策目标实现得不全面、不充分。如早在 1992 年，国务院颁发了《全民所有制企业

---

① 《2008 年全国道路交通事故 265 204 起 73 484 人死亡》，http://www.chinanews.com.cn/gn/news/2009/01—04/1512371.shtml。

转换经营机制条例》，中央给企业 14 项权利，而至今有许多地方没有落实，不少权利被地方政府截留，政企不分的现象依然存在。

（四）替代式政策执行

在执行政策的过程中，执行者用自己的一套政策替代既定政策，政策执行异化也就是“挂羊头，卖狗肉”。执行者对符合自身利益的政策就充分利用，对不符合的就予以曲解变形，并用是否符合地方利益作标准来决定政策执行的态度，以“开拓创新”作辩护实行所谓的“灵活变通”，“上有政策，下有对策”，“有利就执行，不利就变形”。这种政策执行严重地损害了政策的严肃性、权威性和统一性，严重地影响了政策的正确贯彻和有效实施。如新《义务教育法》规定，学校不得分设重点班和非重点班。但在不少学校，“重点班”仍然变着花样地存在着，要么以“实验班”名义，要么“隐姓埋名”也要存在。

（五）观望式政策执行

即政策执行停滞化，政策执行主体或因疲于应付具体事务；或因自身私利受损等原因，导致行动迟缓、思想犹豫、心理矛盾，对政策执行被动消极，左顾右盼，观望中央是否还有政策变动，观望中央政策是否动真格，观望其他执行机关的执行情况以便于模仿。这种观望式政策执行在国内几成各种政策执行主体的“家常便饭”。它的特点是执行者采取一种“软拖”的手法，能拖则拖；实在不能拖了，只得勉强应付执行。这种观望式的政策执行大大降低了政策的执行效率，损害了政府在目标群体中的形象。在当下，加快廉租房建设是解决中国民众住房难的一个重要途径。中国廉租住房保障制度建设始于 1999 年，至 2007 年，这项工作虽有所推进但进展缓慢，迄今只有 54.7 万户最低收入家庭享受了廉租住房保障，不足目标总数 6%。[①] 廉租房政策的执行在事实上被地方“软拖”。由于中央政府认为廉租住房是国民应有的福利，于是中央要求地方财政无偿投入去建设廉租住房。可是，没有利润的事情，地方政府普遍不愿做。并且如果官员不落实廉租房建设不必担心影响自己的仕途，认真落实廉租房也不会受到奖励，这使得廉租房的建设完全依靠官员的自觉。地方政府缺少主观能动性，出现了政策执行不顺畅乃至停止不前的状况，进而导致我国廉租住房保障制度的政策目标不能圆满实现。

（六）照搬式政策执行

在执行政策的过程中，不经过认真的政策学习与思考，不能根据本地的实际

① 凡心：《廉租房政策被地方架空》，http://i.cn.yahoo.com/zspz2000@yahoo.cn/blog/p_24/。

情况进行政策变通，习惯于机械地照抄照转上级文件，常常出现《关于贯彻××通知的通知》之类的“文件旅行”。“原原本本传达，不折不扣落实”，执行机关成为政策的“收发室”。执行机关不做调研，不能根据地方实际情况提出政策执行的指导性文件，因而对下属部门的政策执行工作缺乏有效的指导，也导致下级政策执行机关的盲目和随意。这样也往往达不到政策制定者本身的目标，既浪费了资源和权威，又没有办成什么实际的事。

二、我国政策执行偏差的原因分析

公共政策执行偏差的表现形式多样，其产生的原因也是复杂的，具体分析主要有以下几个方面。

（一）公共政策科学化程度不高

政策本身的科学性、正确性是政策有效执行的根本前提。科学的正确的政策能被执行者所认同，被调适对象所拥护，因而能到有效执行。反之，政策执行必然在政策执行者和调适对象的消极应付和抵制中搁浅。而我国某些公共政策制定时，不能准确地针对政策问题，不能及时有效地解决相应的社会问题。主要表现在以下几个方面：首先，政策缺乏明晰性，政策目标错位或模糊不清。模棱两可、含糊不清的政策，使政策执行者与政策目标群体无所适从；同时，缺乏明晰性的政策会引起政策的界限不清，导致对政策的随意变通。其次，政策缺乏协调性，政策内容混乱，政出多门、内容相互矛盾，政策“打架”，使政策执行者难以把握正确的执行标准。再次，政策缺乏合理性，政策不可行，政策过于抽象，或缺乏具体的操作方案，使政策的实际执行过程很困难，甚至变成不可能。最后，政策缺乏稳定性和连续性，政策朝令夕改，随意变动，导致政策体系的结构性紊乱，从而造成政策间的摩擦和冲突以及政策间的不衔接和空白，也使政策执行主体感到无所适从，长此下去，慢慢失去对政府及其政策的信赖，从而漠视政策，导致令不行、禁不止，政策的权威严重流失，从而造成政策执行偏差。

（二）利益目标的冲突

每个人都是追求效用最大化的经济理性主义者，官员也不可避免地陷入利益目标的冲突中，实际上对每个官僚而言，他们都是个人利益、部门（层级）利益和公共利益的三重代表，尽管职务要求他们只追寻社会公共利益，但很少有人能这么做，个人利益和部门利益常常左右着他们的行为。当政策执行者的利益与政策制定者或目标群体的利益发生冲突时，如果一项公共政策威胁到自身利益，执行者就有可能抵制这一政策，或通过各种手段来维护、补偿和扩大自身的利益。要使政策执行者在执行政策的过程中始终保持绝对的“价值中立”,实际上是难以做到的。执行者的利益追求会使其以各种借口,利用手中的权力保护狭隘的局部利益或自身利益,置整体利益或国家利益于不顾。

(三) 公共政策执行体制不健全

政策执行体制是影响政策执行因素中重要的一环。健全的体制有利于发挥政策的作用,但现行的政策执行体制却是不能令人满意的。主要表现在以下方面:一是政策执行的权力配置机制不合理。自 1949 年以来,中国对行政职权配置进行了九次大的改革,但纵向间的中央与地方的权力规范,横向执行机构职能配置交叉重叠等矛盾依然尚未真正解决。一方面,权力过于集中,组织缺乏合理的权力制约机制,不利于调动下级组织的积极性,不能因地制宜,容易“一刀切”,从而导致政策敷衍和政策照搬。另一方面,执行权在不同地区、不同职能部门之间的配置不协调,机构之间或机构部门人员之间的权责不明确,争功诿过,政策执行中思想分歧,行动异步。甚至在执行过程中互设障碍,相互拆台。二是政策执行的信息沟通机制不健全。在我国官僚制体系中,由于比较庞大的层级系统,信息的逐级传递会出现不可避免的过滤和扭曲。当中央向地方下传政策时,由于中央的政策更多的是宏观性和指导性的,需要地方根据实际情况,制定具体实施方案,就可能出现对信息的噪声干扰和解读失真。信息在向上传送时,下级只是有选择地上传他们的信息,地方政府报喜不报忧,更让民情民意时有被忽略。横向执行机构间缺乏沟通协调,政策目标得不到合理分解和整合,“各吹各的号,各唱各的调”,产生执行偏差。三是政策执行的监控机制欠缺。政策执行中缺乏必要的监督和法制约束,使政策执行情况得不到及时检查,对造成政策失控者缺乏严厉惩处,从而使政策执行中的失范得不到及时防治和纠正,政策执行力削弱。

(四) 公共政策执行人员素质不高

在政策的执行阶段总要依靠一定的执行机构与人员,所以执行人员的素质就会对政策的执行顺利与否产生重大影响。目前我国在政策执行过程中表现出来的一系列问题说明我们的政策执行人员在自身素质上仍需要很大提高。执行人员的素质缺陷表现为:第一,执行人员的专业知识水平有限,不能正确理解政策的精神实质和内在机理,不能正确认识政策的基本内涵和具体要求。第二,执行人员的能力有限,不能有效地计划和组织实施政策,领导能力、沟通能力、协调能力、创新能力的不足,导致目标群体的不信任和不支持,失去政策执行应具有的威望。第三,执行人员缺乏战略主见和迎接挑战的心理素质,缺乏百折不挠的坚强意志和积极创新的拼搏精神，不能经受住各种挫折与打击，造成政策执行半途而废或减量减质。第四，执行人员的法制观念淡薄，人们并不严格按照政策办事，变化的随意性很大，人治色彩浓厚。

（五）执行手段单一粗暴

执行方式单一，手段粗暴，缺乏科学性，表现在：(1)滥用行政手段，目前有相当一部分执行主体不考虑被执行对象的认识水平、心理承受力等实际情况，而是一味采取高压手段以势压人，对执行对象动辄命令、强制，使执行对象从心理和行为上都难以接受。在政策执行的过程中普遍存在暴力执法现象，导致干群关系紧张，影响了执行效果，不利于完成政策执行任务。(2)法律手段使用不够。依法行政是政策执行者的基本要求。但许多时候，政策执行者不严格按照法律规章办事，有法不依、执法不严等现象还在相当大程度上存在。法律手段没有发挥充分的作用。(3)忽视思想教育手段的正确运用。政策宣传是思想教育的一个重要方面。我国政策执行人员进行政策宣传时要么不全面，政策解释不到位，没有把政策精神真正贯彻到群众心中去；要么宣传过度，执行人员通过报纸、电视、电台等多种媒体大张旗鼓地宣传政策，却没有拿出实际的执行行动来，使群众的政策期望经常落空，出现抵触情绪。

（六）政策执行资源不足

政策资源的充足性是政策有效执行的保证。俗话说："巧妇难为无米之炊。"必要经费的不足、人力的不足、政策执行技术支撑不力、信息的不灵畅、政策执行者的权威不够都是产生政策执行偏差的客观因素。当前，我国政策执行过程中出现的"上有政策，下有对策"的现象与政策资源的不充足是分不开的，特别是权威资源的流失。从我国公共政策执行失控的情况看，主要是中央宏观公共政策在执行中的失控，地方政府执行机关是这种失控的发源地。中央是国家宏观公共政策的制定者，因而是最高和最有权威的政策施控主体，其施控力和权威直接决定了公共政策的有效执行。地方官员的权力来自中央由上至下的层层授权，而这种授权也必然带来很大的自由裁量权，中央的意志经过层层转移，也不可能精确地传递给地方基层，权力会在层层的传递中发生流失。在我国，从中央到乡镇(街道)总共有 5 层正式政府层级，包括 1735 个县(市、自治旗)、48 000 多个乡(镇)和 691 510 个行政村。[①] 对于如此众多的世界上绝无仅有的官僚架构，中央意志的确难以保证自上而下的有效贯彻，中央的关注力、信息的限制和资源能力

① 《浅谈公务员的范围职位体系与队伍状况》，http://cnwmz.com/xindetihui/200810/32401_2.html。

都无法补偿权威在“漫长的”权力链中的流失。官僚组织的层级很多，产生累积性的权威流失导致中央政策无法上行下效。尤其对于那些“天高皇帝远，民少相公多”的基层地方政府而言，中央权威已经很难触碰也无暇顾及。

三、我国公共政策执行偏差的矫正

我国公共政策执行偏差严重影响到政策目标的实现。针对政策执行过程中所存在的种种问题，有必要采取切实的措施，消除执行障碍，使政策执行回到正确方向，提高政策执行效率。

（一）科学诊断政策问题，制定科学合理的政策

我国正处于社会转型时期，政策问题呈现日益复杂的趋势，加之在全球化的背景下，不确定的因素进一步增多，因此，在制定政策的过程中，需要科学地诊断问题，细致地分析问题，脚踏实地地研究问题，以制定更加科学的公共政策，减少来自政策本身的障碍。

1．政策应正确合理

政策的正确性是政策有效执行的根本前提。正确的政策符合社会发展的客观规律，代表人民的根本利益，能够促进社会的发展，给人民带来利益，能被执行者所认同，被调适对象所拥护，因而能得到有效执行。反之，政策执行必然在政策执行者和调适对象的消极应付和抵制中搁浅。政策的正确性首先要求的是内容的正确、方向的正确，其次要求政策制定具有科学的理论基础、严密的逻辑关系和科学的规划程序。

2．政策规则要明晰

政策的具体明确性是政策有效执行的关键所在，是政策执行者的行动依据，也是对政策执行进行评估和控制的基础。一项政策要能够顺利执行，从技术上和操作上来说，它必须具体明确，即政策方案和目标具体明确，政策措施和行动步骤明确。同时政策的具体明确性还要求政策目标是切实可行的，是可以进行比较和衡量的，政策目标的完成必须是政策执行者职权范围内的事，政策方案应该指出所期待的结果，并明确规定完成的期限。

3．要保证政策的稳定和连贯

公共政策反映了一个执政党在一个时期内的基本政治倾向和对其掌握的政策资源的分配，因此，必须保证公共政策的相对稳定性。政策如果朝令夕改，变化多端，执行起来必然困难重重。当然在政策变革和社会快速发展期间，政策的改革和创新是必需的，但还是应坚持政策的连贯性，因为其决定着一国的政治稳

定。而且不同的政策之间，现在和过去的政策应该保持内在联系，中央政策和地方政策在基本精神上都应该保持统一。同时，必须考虑政策之间的联系，搞好政策配套。注意不同层次、不同功能的政策配套，防止配套政策不到位而使政策执行难。

为使公共政策达到上述要求，确保政策的高质量，公共政策的制定要坚持法制化、科学化、民主化。首先，公共政策的制定必须符合法律规章和制定程序，避免公共政策制定的盲目性和不规范性，保证政策制定的合法性。其次，公共政策的制定必须坚持科学化原则，制定严格的执行界限、科学的操作程序、准确的评估标准。再次，公共政策的制定必须坚持民主化原则，强调公众参与，广泛集中民智，追求社会公平、公正，确保政策的制定切合实际。最后，要加强公共政策执行的成本和收益分析。加强政策变通和利益协调，消除政策执行主体和目标群体之间的利益隔阂，争取获得目标群体更多的理解和支持，通过对受损利益群体的适当利益补偿来促进公共政策的有效运转和政策目标的实现。

（二）深化行政体制改革，建立有效的政策执行机制

公共政策总是在一定的体制下产生和运转，管理体制对政策执行有很大的制约作用，它能整合各种政治资源，协调政策执行机构内部与其组织机构之间的各种关系，为政策执行提供制度保障。完善我国的行政体制是公共政策顺利运作的根本要求。

1. 积极推行行政管理体制改革，进一步精简政府机构

通过行政改革，优化政府组织结构，建立办事高效、运作协调、行为规范的行政管理体系。首先是合理划分中央与地方的事权，建立集分结合、职权明确、分工协作、科学规范的中央与地方关系体制，使公共政策走上良性运行轨道。其次，理顺各部门之间的关系，明确各部门的权利和责任，合理配置行政权力，提高政策执行的效率。最后，精简政府机构，简化政策执行流程。政策执行是一种典型的组织行为，是在行政组织体系内从上到下的贯通过程，行政组织结构和层次是否合理对政策执行的效果产生直接影响。因此，优化政府组织结构，减少层次是简化政策执行流程、防止政策执行失控的组织保证。

2. 强化政策执行的沟通协调

柯夫曼在《行政管理反馈》一书中从组织角度研究政策失误的原因，并认为“在组织内部的沟通中，往往有意无意造成相互曲解。执行人员无法知悉上级的真正意图，执行组织平庸，执行人员的思想意向与政策目标出现差异，这三点均为执政成功的障碍”。执行组织之间的沟通和协调是政策执行组织之间进行信

息交流、传递的过程，是对于政策目标及其相关问题获得统一认识的方法和程序。有效的沟通是政策执行成功的重要条件之一。任何公共政策的执行都是而且只能是相关部门协同完成的结果，虽然公共政策执行都会确定一个或几个主要执行主体，但离开了“系统支持”和“系统运作”，事实上不可能推进。为此，要采用先进的信息技术，建立健全合理的信息沟通机制，使政府业务自动化、网络化，加强政府部门在政策执行过程中的整合程度，建立一套上下级之间、地方之间、部门之间公共政策执行的整合协调机制。

（三）提高政策执行人员的素质

公共政策执行是一项涉及广泛的行为，其行为后果即政策效果与公共政策执行水平密切相关，而公共政策执行水平的高低在一定程度上是由公共政策执行者的素质所决定的。公共政策执行者是政策实施中的能动因素，他们的政治思想道德素质、心理素质和知识能力素质的优劣决定着能动性发挥的大小。首先，必须提高公共政策执行者的思想政治素质，增强大局观念，防止和克服以权谋私、地方保护主义和部门保护主义，自觉抵制各种腐朽思想的侵蚀；高度重视政策执行者的道德素质，政策执行者应该做遵守社会公德和职业道德的楷模，应该成为遵纪守法、廉洁奉公的典范。其次，必须提高公共政策执行者的专业技术水平，提高政策执行的实践能力；政策执行者要学习掌握各种文化知识，精通专业知识，建立合理的知识结构，努力学习，勤于实践。再者，还必须不断增强执行人员的实际工作经验，善于处理与公众的关系，养成吃苦耐劳、不怕挫折的品格，培养创新和积极进取的精神。

（四）确保必要的政策执行资源投入

要给予充足的政策资源。无论是什么政策，多么好的政策，如果负责执行政策的机构缺乏必要的、充足的用于政策执行的资源，那么执行的结果也必将达不到政策目标所期望的要求。充足的政策资源包括：必要的经费，必要的人力资源，必要的政策执行技术支撑，必要的信息资源，必要的权威资源。不同的政策主体在政治、经济、军事等方面掌握着不同的资源，具有不同的运用资源的能力，并在社会成员心中形成不同的而相对稳定的评价。必要的经费和人力是政策执行的物质基础，许多政策都有相应的规定；信息是政策执行活动的必要条件，政策方案要保证政策执行者有畅通的信息渠道和充足的信息资源，否则，执行者就无法制定出切实可行的计划，也无法对政策执行过程实施有效的控制；权威是政策执行的根本保证，是政策有效执行的又一特殊而重要的资源，政策执行活动的基本特点是需要很多人的共同活动，而共同活动的“首要条件也就是要有一个能处理一切所管辖问题的支配作用的意志”。这个意志就是权威；必要的政策执行的技术支撑是达成政策目标的工具。没有它的支撑，政策目标就无法实现。

（五）加强对公共政策执行的监督

政策合法化为公共政策的有效执行奠定了基础，然而，“徒法不足以自行”，合法化的公共政策并不能自动得到有效执行。公共政策执行过程中仍然可能会出现政策歪曲、政策截留甚至政策抗拒等现象，正如美国著名行政学家埃莉诺·奥斯特罗姆所指出的，“在每一个群体中，都有不顾道德规范、一有可能便采取机会主义行为的人；也都存在这样的情况，其潜在收益是如此之高以至于极守信用的人也会违反规范。因此，有了行为规范也不可能完全消除机会主义行为”①。所以，在政策执行过程中，必须建立行之有效的监督机制和责任机制。

1. 增强政策执行活动的透明度

对政策执行活动的监督是以行政公开为前提的，行政公开的实质就是要增强政策执行活动的透明度。政策执行活动除涉及党和国家的机密外，其他都是必须依据法律程序和规章制度，在一定范围内公布于众，使各种政策活动广泛地置于公众的关注和监督之下。只有增强政策执行活动的透明度，才能为政策执行过程中公共权利接受监督提供前提条件，从而防止因权力错位而导致的政策执行阻滞。

2. 保证专门监督机构的独立地位

必须采取切实可行的措施来改进现行监督体制，从制度上确保监督机构的相对独立地位，以增强其监督的权威性。具体地说，就是必须将监督机构先行的所谓双重领导体制真正变为垂直领导体制，从根本上改变监督主体与监督客体实际上共存于一个组织单元之中的不正常状况，使监督机构的人员编制、工资福利、财政支出等均由国家机关审批，干部的任命、工作的部署和安排均由上级党政部门和监督机关做出，使监督机构真正获得相对独立的地位，从根本上建立起独立运行的监督体制，从而彻底摆脱同级党政机关及其领导人的干扰，独立地行使监督权。只有这样才能保证监督机构对防止政策执行阻滞所具有的保障功能得以充分发挥。

3. 强化国家权力机关的监督职能

对政府执行政策的行为实施监督是国家权力机关的一项重要职能。当前，

① 〔美〕埃莉诺·奥斯特罗姆：《公共事物的治理之道》，余逊达译，上海三联书店 2000 年版，第 61 页。

从制度上保证作为国家权力机关的各级人大不仅形式上有职而且实质上有权，因为真正的监督实际上是一种权力对另一种权力的控制和约束，要制约权力必须有特定的权力作后盾，否则监督就不可能生效。因此，采取由执政党的各级地方组织领导人担任同级国家权力机关的领导人的办法，对于切实提高我国地方国家权力机关的权威地位，强化地方国家权力机关对政府政策执行行为的监督职能不失为一种可行的制度创新，因为这样不仅可以进一步加强和改善党的领导，有利于发挥中国共产党的执政党作用，而且能够进一步提高人大作为国家权力机关的实际统治地位，有利于发挥国家权力机关的监督作用。

4. 落实和完善各项社会监督制度

要防止政府以普遍的“公共利益”为借口而制定和实施背离公共目标的政策，就需要个体公民联合起来，依靠组织的力量，形成肯定自我和借以抵御政府权力的自由社会空间以及独立于政府之外的社会政治实体。社会监督是相对于国家性质的监督而言的一种非国家性质的监督，只有真正重视社会监督，才能真正落实“把人民满意不满意作为工作出发点和落脚点”的重诺。

（六）多角度调节目标群体

目标群体也是利益群体，也想追求自身利益的最大化。假如政策有利于目标群体，就轻易被他们接受，因此，要想让目标群体接受政策，顺畅执行政策，重要的是进行政策宣传、解释，使合法化的、科学化的政策的可接受性高。同时，强化目标群体的政治社会化程度。任何国家都要通过家庭、学校教育、大众传媒等渠道使人们完成有利于该社会制度的社会化过程。成功的政治社会化能扩大对公众的政策宣传，增强公众的政治参与性和政策认同感，自动倾向于接受政府制定的公共政策，积极配合政策的执行。

本章小结

政策执行在 20 世纪 70 年代后成为美国及西方政策科学研究的一个焦点和热门话题。西方学者们所提出的政策执行研究的途径主要有自上而下的研究途径、自下而上的研究途径、整合研究途径。

所谓政策执行，就是把采纳的政策方案的内容转变为现实的过程，是政策执行主体为达到预期的政策目标所作出的全部活动的总和。具有目标性、经常性、务实性、强制性、时效性的特点。公共政策执行要遵循忠实原则、民主原则、法治原则、效益原则、强制执行与说服宣传相结合原则。政策执行作为经常性、现实性的管理活动，在政策过程中占有十分重要的地位。政策执行是实现政策目标的中心环节，是检验公共政策质量的重要标准，也是后继政策制定的重要依据。

公共政策执行是一个复杂的过程，它包含了一系列相互衔接的基本环节或活动，通常包括公共政策执行的准备、实施及总结三个阶段。公共政策执行手段是指执行机关和人员为实现一定的政策目标而采取的贯彻落实政策的措施和方法的总和，主要有行政手段、经济手段、法律手段、思想教育手段。公共政策执行资源就是执行主体实施既定政策所必须具备的客观与主观条件，包括财物资源、人力资源、信息资源、权威资源、制度资源等。公共政策执行受到来自执行子系统内部和环境的许多因素的影响与制约。公共政策本身、公共政策执行主体、对象及公共政策环境都会影响政策执行。

在我国由于主客观因素的制约，会产生政策执行偏差，主要有：象征式政策执行、附加式政策执行、残缺式政策执行、替代式政策执行、观望式政策执行、照搬式政策执行。公共政策科学化程度不高；利益目标的冲突；执行体制不健全；执行人员素质不高；执行手段单一粗暴；政策执行资源不足是其产生的主要原因。矫正我国公共政策执行偏差应做到科学诊断政策问题，制定科学合理的政策；深化行政体制改革，建立有效的政策执行机制；提高政策执行人员的素质；确保必要的政策执行资源投入；加强对公共政策执行的监督；多角度调节目标群体。

案例分析

“小康村”内的伤心别墅

新疆维吾尔自治区昌吉市北沟村是远近闻名的“小康村”。远远望去，一幢幢色彩亮丽的两层“小洋楼”整齐地排列着，宛若一道风景——这是北沟一村43户农民的住房。19栋色彩亮丽的别墅曾是北沟一村的骄傲，而如今，村民们却满面愁容，他们已无力归还为建别墅而欠下的贷款。43户村民中，已有17户不得不卖掉别墅来还债。

2001年，昌吉市启动了城市扩容工程，北沟一村正好在扩容工程的规划区内。经多次协商，40户村民中的38户同意在城市规划区内建新居民点。同时市政府、城郊办事处和村委会的负责人参观了几家高档别墅区后，被豪华的小洋楼的富丽堂皇打动，号召村民在规划内的城区范围内兴建楼房。根据当时干部们的分析，把居民点建在城市的新区，对今后发展二三产业有利，也有利于改善生活环境，提高生活质量；另外，随着城市的发展，新房将来肯定会升值，加之耕地也会被政府征用，还可以获得一笔拆迁赔偿款。

43户村民和村委会达成意见，倾其所有积蓄支付了楼房首付款；再由市政府协调农村信用社，每家贷款8万元—9万元，建设起别墅区。

然而，正当村民等着新区尽快发展、政府尽快征用他们耕地的时候，情况有了变化。2004年，随着国家宏观调控政策的加强，银根紧缩，土地严管，刚具雏形的昌吉市新区放慢了发展速度。农民期望的土地征用、二三产业兴旺的目标没有等来，等来的却是银行催要每年6000元—7000元的贷款利息。不少村民不得不卖掉别墅还债。

近日，昌吉市委、市人民政府做出政策调整，对在北沟村卖掉住房的11户村民给予四项帮扶措施：在北沟一村居民点周围建设商业门面房，每户分配一间，用店铺收入解决他们今后的生活问题；加强对这11户村民的技能培训，增强他们劳动致富的本领；引导、鼓励周边企业优先安排这11户村民；在该村开展党员干部"一帮一"结对子活动，使这11户村民的生活尽快好起来。

【案例思考题】

分析政策执行偏差的原因并提出对策。

关键词

自上而下的研究途径　自下而上的研究途径　整合研究途径
公共政策执行的特点　公共政策执行原则　公共政策执行的地位和作用
公共政策执行手段　公共政策执行资源　公共政策执行偏差
公共政策执行偏差的矫正

思考题

1. 什么是公共政策执行？其特点有哪些？
2. 公共政策执行原则是什么？
3. 试述公共政策执行在公共政策过程中的地位和作用。
4. 论述公共政策执行的过程。
5. 公共政策执行手段有哪些？
6. 公共政策执行的影响因素有哪些？

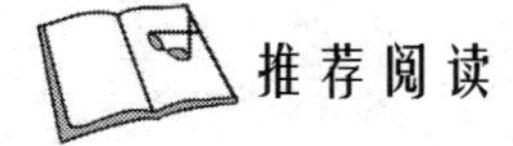

推荐阅读

1. 陈庆云:《公共政策分析》,北京大学出版社 2006 年版。

2. 陈振明:《政策科学——公共政策分析导论》,中国人民大学出版社 2003 年版。

3. 金太军等:《公共政策执行梗阻与消解》,广东人民出版社 2005 年版。

4. 丘昌泰:《公共政策:当代政策科学理论之研究》,台湾巨流图书公司 1999 年版。

5. 丁煌:《政策执行阻滞机制及其防治对策——一项基于行为和制度的分析》,人民出版社 2002 年版。

6. 戴艳军、吴非:《我国公共政策执行中的失控及对策探析》,《行政政策论坛》2003 年第 3 期。

7. 宁国良:《论公共政策执行偏差及其矫正》,《湖南大学学报》2000 年第 9 期。

8. D. S. Van Meter and C. E. Van Horn, "The Policy Implementation Process: A Conceptual Framework", *Administration and Society*, Vol. 6, No. 4, (Feb. 1975).

9. T. B. Smith, "The Policy Implementation Process", *Policy Sciences*, V. 4, No. 2, 1973.

10. D. A. Mazmanian & P. A. Sabatier, *Implementation and Publicly*, Foreman and co. , 1983.

第六章　公共政策评估

【知识框架图】

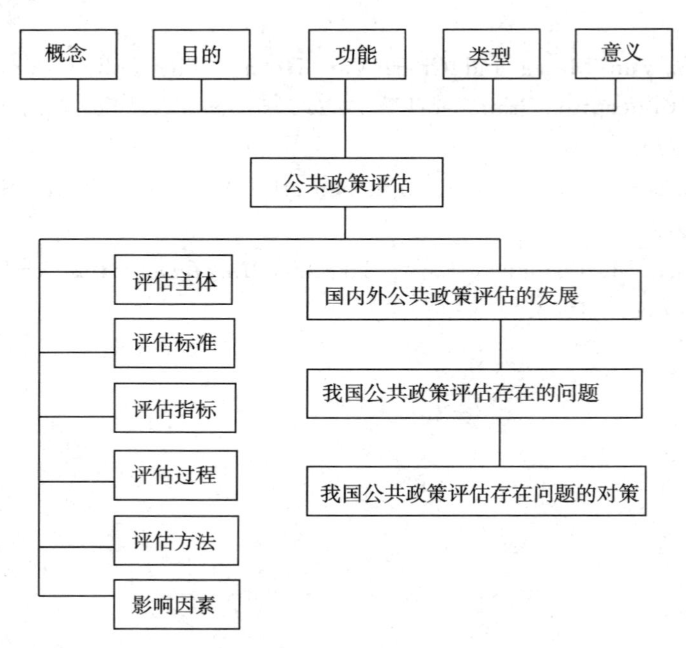

内容摘要

公共政策评估是政策过程的一个重要环节。只有通过公共政策评估，人们才能够判断一项公共政策是否收到了预期效果，从而决定这项公共政策应该继续、调整还是终结；同时，通过公共政策评估，还可以总结公共政策执行的经验教训。本章在介绍公共政策评估的概念、目的、功能、类型和意义的基础上，讨论了公共政策评估的主体、标准、指标、过程和基本方法以及影响公共政策评估的主要因素，进而总结了国内外公共政策评估的发展历程，并探讨了我国公共政策评估发展过程中存在的问题及其对策。

第一节　公共政策评估概述

公共政策评估是政策分析的重要方面，是一种具有特定标准、方法和程序的专门研究活动。对公共政策进行客观的评估是政府决策的重要依据，对公共政策有效执行具有重要的意义。公共政策评估不但是检验公共政策效益和效果的基本途径，而且是决定公共政策走向的依据，也是改善公共政策执行不力、提高行政效率的重要保障。

一、公共政策评估的概念

公共政策评估的对象是什么？是公共政策方案、公共政策过程，还是公共政策效果？国内外学者对此看法不一。相应的公共政策评估的概念也没有统一的、能被绝大多数学者、专家普遍认同的定义。但是整体而言，公共政策评估的概念可以根据公共政策评估对象简单地划分为如下三类。

（一）以政策效果为评估对象的公共政策评估

这类公共政策评估概念的着眼点在于公共政策效果。国外学者戴伊认为，“公共政策评估就是了解公共政策所产生的效果的过程，就是试图判断这些效果是否是所预期的效果的过程，就是判断这些效果与公共政策的成本是否符合的过程"[①]。国内学者陈振明认为,"公共政策评估是依据一定的标准和程序,对公共政策的效益、效率及价值进行判断的政治行为,其目的在于取得有关这方面的信息,作为决定公共政策变化、公共政策改进和制定新公共政策的依据"[②]。陈庆云认为,公共政策评价就是对公共政策实施效果所进行的研究。[③] 这类观点的特点是将公共政策评估的目的界定为评价公共政策执行在实现其预定目标上的效果。评价的重点是该公共政策在多大程度上解决了公共政策所指向的问题,以及该效果的取得是公共政策本身的作用还是公共政策以外其他因素导致等。

（二）以政策方案为评估对象的公共政策评估

这种公共政策评估概念将政策方案视为评估对象,把公共政策评价作为对政策方案的选择。国外学者内格尔认为,公共政策评估包括四个要素:(1)目标,包括规范性约束和各目标的相对权重;(2)政策、项目、目标、计划、决议、可选权和手段或其他用以达到目标的方案;(3)政策与目标之间的关系;(4)根据目标、政策及其相互关系,得出应当选择哪一种公共政策或公共政策组合的结论。[④] 公共政策评价"主要关心的是解析和预测,它依靠经验性证据和分析,强调建立和检验中期理论,关心是否对公共政策有用,而主要关心的是把评价看成一种科学研究活动"。公共政策评估被看做是一种分析的过程,评估者通过搜集相关信息,运用定性与定量分析方法和技术,对各公共政策方案进行分析,确定各种方案的现实可行性及优缺点,以供决策者参考。

（三）以政策过程为评估对象的公共政策评估

这种概念以公共政策过程为评价对象,既包括公共政策方案的评价,也包括对公共政策执行及公共政策效果的评价。国外学者安德森认为,"公共政策评价涵盖对一项公共政策的内容、执行、目标实现以及其他效应的估计与评价"[⑤]。国内学者张金马认为,"所谓公共政策评估,是指采用现代社会科学研究方法对一个社会或社区或特定社会群体的公共政策需求、对拟议之中的公共政策方案

---

① 〔美〕托马斯·戴伊:《自上而下的政策制定》,鞠方安、吴忧译,中国人民大学出版社 2002 年版,第 203 页。

② 陈振明:《公共政策分析》,中国人民大学出版社 2003 年版,第 268 页。

③ 陈庆云主编:《公共政策分析》,北京大学出版社 2006 年版,第 199 页。

④ 〔美〕斯图亚特·内格尔:《政策研究:整合与评估》,刘守恒等译,吉林人民出版社 1994 年版,第 3 页。

⑤ Jams E. Anderson, *Public Making: An Introduction*, Boston: Houghton Mifflin Company, 2003, p. 245.

以及辅助实施的公共政策所产生的效果、执行情况及带来的各种影响等进行客观、系统化的考察与评价”①。林水波、张世贤认为,“公共政策评价是有系统地应用各种社会研究程序,搜集有关资讯,用以论断公共政策概念与设计是否周全完整,知悉公共政策实际执行情形、遭遇的困难,有无偏离既定的公共政策方向;指明社会干预公共政策的效用”②。

三种观点各自的着眼点不同,所以对公共政策评估的重点也不同。本书认为,第一种观点相对较为合理。所以我们认为,公共政策评估是依据合理的标准和规范的程序,对公共政策的效益、效率及价值进行的具有政治性的价值判断,其目的是通过对相关信息的综合,为调整和改进现有公共政策、制定新公共政策提供科学依据。

公共政策评估可以诊断政策效果,判断政策对既定目标或目的的实现程度;作为决定公共政策继续、调整或重新制定的重要依据;能有效地检测公共政策效率和效益,为合理配置公共政策资源奠定基础;促进公共政策科学化和民主化。③

二、公共政策评估的目的

公共政策评估的目的是考察公共政策执行的效果是否达到了其预期目的。它决定了公共政策评估的方法、主体、评价标准等一系列政策评估的基本问题。

有学者依据公共政策的效果将其划分为积极目的和消极目的。公共政策评估的积极目的主要包括:(1)比较各备选方案,为确定备选方案优化顺序提供依据;(2)依据评价结果,提供改善政策执行程序和技术参考;(3)通过政策评价,明确政策的可行性程度,提供继续执行或停止执行政策的参考;(4)作为重新分配政策资源的依据。公共政策评价的消极目的主要包括:(1)拖延决策时间,即政策制定者利用政策评价工作尚未结束,无法进行决策为由,拖延决策时间;(2)规避责任,即决策者利用政策评价的结果,指出其实施或者不实施某项政策的理由,规避其应该承担的责任;(3)炫耀工作绩效,为本级政府或者相关机构歌功颂德;(4)夸大工作难度,要求增加政策活动经费和人员;(5)批评政策以达到改变政策的目的,即利用政策评价的相关结论,批判政策中存在的失误或者不足,并

---

① 张金马:《公共政策分析:概念、过程、方法》,人民出版社 2004 年版,第 449 页。

② 林水波、张世贤:《公共政策》,五南图书出版公司 1982 年版,第 449 页。

③ 王波:《公共政策评估:意义、困难和对策》,《山西经济管理干部学院学报》2003 年第 3 期。

以此要求改变或调整政策。①

也有学者依据公共政策目的的性质和层次将其划分为终极目的、次级目的和具体措施三个层次。

终极目的包括四种基本类型:(1)伦理目的,亦是道德目的,即政策制定与执行的价值判断,显示了公共政策制定者和执行者的价值追求,也显示了政策的终极关怀,是公共政策目的的最高层次;(2)政治目的,即政策制定与执行所追求的政治目标,更大程度上体现了执政党的执政目的,具体表现为是否符合人民群众的根本利益;(3)经济目的,即政策制订与执行中的成本—效益分析,具体表现为政策所追求的目的和效果是否支付了相对应的成本,是成本大于效益还是效益大于成本;(4)社会目的,即政策制定与执行的社会效益分析,与经济目的相对应。

次极目的,即促进经济发展、维护社会稳定、调节社会分配、改善城市环境、提高生活水平、加强政府自身建设等。

具体措施包括:(1)抑制类措施:对有关事项明确禁止或抑制的相关措施;(2)促进类措施:对有关事项明确进行鼓励或促进的相关措施;(3)建设类措施:涉及城市发展建设等相关的措施,如城市道路建设、城市绿化、环境保护等;(4)规范类措施:对某一行业或领域加强管理,进行规范的相关措施;(5)规划、计划类措施:对某一行业或领域的长远规划及相关计划的相关措施;(6)分配类措施:如调整个税率、增加低收入人群福利保障、扶贫工程等具体措施。必须指出的是,为了提高公共政策评估的可操作性,应尽可能地对公共政策的次级目的和措施进行量化。②

三、公共政策评估的功能

政策评估是公共政策过程中不可缺少的重要环节之一,也是进一步完善公共政策实施效果的重要步骤之一。具体而言,公共政策评估主要具有如下功能。③

(一)提供政策运行的可靠信息

政策评估可以运用科学的方法,针对政策绩效进行评估,指出政策所要达到

① 陈庆云主编:《公共政策分析》,北京大学出版社2006年版,第204页。

② 刘嘉音、臧忠鸣、潘旭山等:《中国公共政策评估理论的基本问题研究》,《科学与管理》2007年第3期。

③ 陈庆云主编:《公共政策分析》,北京大学出版社2006年版,第203页。

的目标的范围和程度，以及社会对此政策的需求和价值判断。通过政策评估可以为政策制定者或者实施者，乃至公众提供相关的信息，作为决策者修订、完善政策的依据，不断提高政策质量。

（二）检验政策目标和发现政策执行中存在的问题

政策在执行时，往往会遇到政策方案不切实际，以至于执行困难的问题。此时必须对政策进行调整，重新形成政策问题，拟定政策目标，设计新的政策方案。如果是政策执行过程出现问题，则应该认真核查执行机构的工作流程、资源分配、人员配置、执行手段等，找出原因，强化政策执行。

（三）作为提出政策建议和分配政策资源的依据

政策评估提供的相关信息是决定政策是否延续、调整和终止的依据，同时也是分配稀缺性政策资源的依据。只有通过政策评估，才能明确哪些资源配置是合理的和有效的，哪些资源配置是不合理的和无效的，从而根据政策问题的重要性重新分配有限的政策资源。

（四）向各利益相关者提供政策信息

政策评估可以向决策者、执行者、目标群体、社会公众等提供政策的相关信息，创造一个交流信息和发表建议的场所，形成良好的政策环境。而良好的政策环境有利于提高政策的认同度，为有效执行政策奠定基础。

四、公共政策评估的类型

国外学者依据不同的标准对公共政策进行了不同的分类。而不同的分类方法也反映了学者对公共政策评价的不同的侧重点。如美国评估研究协会根据工作程式把方案评估分为六类，即前端分析、评估预测定、过程评价、效力评估或称影响力评估、方案和问题监控以及元评估（或称综合评估），这六种评估类型构成了方案评估的日常内容。美国社区服务管理局曾提出三种类型：方案影响评估、方案策略评估和方案监控。R. M. 克朗认为，评估是一种循环的问题过程并将评估分为五类：系统评估、投入评估、过程评估、总结评估和预测评估。德尔金斯（D. N. T. Derkins）根据政策发展过程建立了六种评估类别，分别是策略评估、顺服评估、政策设计评估、管理评估、干预效果评估和影响评估。①

我国台湾地区学者林永波、张世贤把政策评估分为四类：（1）政策执行评估，

① 陈振明：《政策科学：公共政策分析导论》，中国人民大学出版社2003年版，第310页。

包括内容摘要、政策的背景环境、原定政策主要特征总述、执行评价描述、总结与考虑；(2)影响评估；(3)经济效率分析；(4)推测评估。

国内多数学者将公共政策评估做了如下分类：(1)以评估组织活动形式规范与否为标准将公共政策评估划分为正式评估和非正式评估；(2)以评估主体的来源为标准将公共政策评估划分为内部评估和外部评估；(3)以政策评估在政策过程所处的阶段为标准将公共政策评估划分为事前评估、执行评估和事后评估。下面对此进行简单说明。

（一）正式评估和非正式评估

正式评估是指特定的评估主体通过执行包括既定的评估程序和步骤等环节的事先制定的相对完整的评估方案，对公共政策作出相对科学且客观的评价的活动。其优点是评价过程较为规范、评价方案较为科学、评价结论相对客观。其缺点是对评价主体、评价程序和评价内容要求较高，而且需要较高的成本。当然，因为正式评估的优点确定了它在政策评估中占据主导地位，其结论成为政府部门评价政策的主要依据。

非正式评估指对政策评估的主体、形式和内容不做严格的限制，且对评估结论也不作严格要求，仅仅根据评估者掌握的情况对政策做出判断的活动。其特点是评价方式灵活、简便易行、形式多样。其缺点是因为评估者的不确定、评估形式和内容的不规范导致用以评估的信息不全面，程序和方法的欠缺，从而使评估结论具有一定的主观性和片面性。

（二）内部评估和外部评估

内部评估是由来自行政机构内部的评估者对公共政策进行的评估。根据评估者的身份可以将其划分为由操作人员自己实施的评估和由专职评估人员实施的评估。内部评估的优点是，评估者对政策制定实施的过程比较了解，对评估的重点较为清楚，且评估结论容易被政策制定者或实施者接受，从而有利于公共政策的调整和改进。其缺点是，评估者的利益与政策评估结论相关，容易降低评估结论的客观性。

外部评估是由来自政策机构外的评估者对公共政策进行的评估。这些评估者可以是行政机构委托营利性或非营利性的研究机构、学术团体、专业性的咨询公司、大专院校，也可以是由投资或立法机构组织的或来自报纸、电视、民间团体等其他各种外部评估者。根据评估的性质可以将外部评估划分为委托评估和非委托评估。委托评估是指政策机构委托营利或非营利性的学术团体、研究机构、专业咨询公司和高等院校对公共政策进行的评估活动。非委托评估是指外部评估者,如立法机关、司法机关、大众媒体和投资者等,出于自身工作的职责、社会责任感、研究目的、研究兴趣或相关利益而自行组织的政策评估活动。外部评估的优点在于评估过程较为公正、评估结论相对客观;缺点在于评估主体获取评估的信息相对困难,评估结论不易得到重视和采纳。

(三)事前评估、执行评估和事后评估

科学的政策评估应该贯穿政策实施及其前后的所有过程,所以学者将政策评估划分为事前评估、执行评估和事后评估。

事前评估是在公共政策执行之前进行的一种带有预测性质的评估,所以也有学者将其称之为预评估。其评估内容主要包括三方面:一是对公共政策实施对象发展趋势的预测;二是对公共政策可行性的评估;三是对公共政策效果的预测和评价。

执行评估是指对在执行过程中的政策实施情况的评估,即确认公共政策是否得到严格的执行。其优点是获取的评估信息具有及时性和有效性,从而有利于对公共政策执行过程的控制和管理,同时有助于对公共政策效果的评价。其缺点是评价的对象仅限于政策执行期间,评估结果带有相对的片面性。

事后评估是政策执行完成后对政策效果的评估,旨在鉴定人们执行的政策对所确认问题达到的解决程度和影响程度,辨识政策效果成因,以求通过优化政策运行机制的方式,强化和扩大政策的效果。公共政策的实施效果需要一定的时间才能显现,且不同的公共政策的实施效果显现的时间长度可能不同。所以事后评估是以政策效果为评估对象的政策评估的最为主要的评估方式。事后评估所处时间点的特殊性决定了其评估结论的重要性,或者说一项公共政策的延续、调整或者终止在一定程度上取决于对该项公共政策的事后评估结论。

五、公共政策评估的意义

政策评估对于改进政策制定系统,克服政策运行中的弊端和障碍,增强政策的活力和效益,提高政策水平具有重要作用,意义深远。

(一)科学的政策评估可以有效地检验公共政策的实施效果

任何公共政策的制定或者实施都是依据制定者或实施者所掌握的有限的信息,制定并实施一定决策的行为,而执行这些决策的社会环境和对象却千差万别,所以不论是在政策的制定过程中,还是在政策的实施过程中,政策方案或者政策实施手段存在一定程度的不合理或者不适当是难免的。但是这些政策方案中不合理的成分或者实施手段中不适当的部分只有通过对政策的实施效果的检验才能发现。通过不断地检验政策效果，或者说不断地政策评估，减少公共政策方案中的不合理成分，完善公共政策实施手段，进而提高公共政策的质量。总之，科学的政策评估有助于检验政策实施效果，提升政策质量。

（二）正确的政策评估结论是政策继续执行、调整或终止的重要依据

一项公共政策是否继续，或者在多大程度上继续或者终止，主要取决于这项政策的实施效果。而政策的实施效果则一般需要政策评估来做出，所以政策评估结论基本决定了一项公共政策的基本走向。一般而言，政策的基本走向分为三种情况：一是政策继续，即通过科学的评估，发现该政策所指向的问题还未得到解决，其政策环境也没有发生大的变化。二是政策调整，或称政策变革或调整。如果一项政策评估的结论认为，该政策在实现其目标时，存在一定程度的缺陷，这时该项政策就需要调整。另外，在执行过程中，遇到了新情况、新变化，原来的政策已明显不适应新的政策情况，也需要对原有政策进行调整或者革新，以适应新变化，更好地实现政策目标。三是政策终结，也就是完全终止原来的政策。政策终结分为两种情况：一种是政策目标已经实现，原有政策的存在已经没有意义，完成了一个政策周期，自然终结；另一种情况是政策环境或问题本身发生了非常大的变化，原有政策已明显不能解决问题，甚至是会使问题变得更为严重，无法通过局部调整或变革来实现政策目标时，就需要终结该政策，制定新的政策来实现其目标。

（三）政策评估的常态化有助于公共决策科学化、民主化

随着公共政策的重要性被人们所认识，公共政策的制定和实施对社会经济发展越来越重要。同时政策评估作为政策过程不可或缺的组成部分也逐渐被强化，以至于常态化的政策评估成为现代社会发展的需要。政策评估主体结构、评估内容、程序、标准、方法和指标的科学化对加快决策的科学化和民主化具有重要的推动作用。通过政策评估，不仅可以检验政策的效果、效益和效率，更合理地配置政策资源，形成一种优先顺序和比例，而且可以与时俱进，随时抓住情况的变化，对政策做出继续、调整或终止的决定。

另外，公共政策何时评估，或者说公共政策的评估时点，对政策评估也非常重要。公共政策评估时点的选取与公共政策周期、公共政策影响周期密切相关。公共政策周期是指公共政策经制定、执行、评估、监控、终结几个阶段后形成的一个完整周期。公共政策影响周期是指一个政策在执行、实施后对相关目标群体影响的时间，一般是从政策的出台开始，到政策的终止结束。需要指出的是，公共政策出台并不意味着政策起效。公共政策出台后，有一个宣传、消化、吸收的

过程。选取公共政策评估的时点时要注意,公共政策评估的重点是公共政策执行的效果,由于不同的公共政策起效周期不同,政策从出台实施后,真正落地、发挥作用、产生效果的时点也就不一致,导致不同公共政策的评估时点选取也不一致。所以进行公共政策评估时要特别注意评估时点的选择。

第二节　公共政策评估的实施

公共政策是社会生活中各个利益团体之间互相协调利益关系的产物。公共政策评估的实施是指政策评估主体在特定的制度环境中,尽量排除政策评估影响因素的干扰的前提下,根据政策评估标准和评估指标体系,按照特定的政策评估方法,对政策评估客体做出评价或判断的过程。

一、公共政策评估的主体、标准和指标

政策评估是公共政策过程的重要环节,但是由谁来评估,依据什么样的标准,采用哪些评估指标等问题对评估结果发挥着非常重要的作用。下面分别探讨这三个问题。

(一) 公共政策评估的主体

公共政策评估主体是指直接或间接地参与公共政策评估过程的个人、团体或组织。探讨公共政策评估的主体问题也就是解决由谁来进行政策评估的问题。公共政策评估主体的选择需要注意如下问题:(1)评估主体多元化原则。政策的公共性、民主性和公正性必然要求其评估主体的多元性。公共组织内部评估主体和来自外部的评估主体构成公共政策评估主体的多元结构。另外,社会组织和公众作为政府行为相对人参与公共政策评估,不仅能够提高公共政策评估的客观性和全面性,更能够提高公共政策评估结论的公信力。(2)政策对象参与原则。政策对象是公共政策的直接接受体,对政策的合理性、公平性以及政策实施效果最有发言权。评估主体中作为政策对象的社会组织和公众代表的缺位,导致公共政策评估过程中相关利益群体和个人话语权的缺失,使得评估结论带有片面性。所以政策评估主体中适度吸收政策对象的人员参与可以提高评估的可信度。(3)评估主体的独立性原则。政策评估是对政策实施效果的评判,肯定涉及相关机构或者人员的政绩或者利益,所以会受到一定程度的干扰,为此评估主体的独立性便成为评估结果客观性的保障。(4)评估主体专业化原则。政策评估的专业性要求评估主体必须掌握关于政策方案和政策结果的足够信息和

关于政策理论尤其是政策评估理论的足够知识，以保证评估结论的可靠性。为此对政策评估主体要不断进行专业知识的训练和评估经验的交流。

有学者认为，我国现有公共政策评估主体存在如下缺陷：(1)公共政策评估主体单一。现阶段我国的公共政策评估主体以官方为主，缺乏社会组织和社会公众的参与。(2)公共政策评估主体缺乏独立性。上级评估下级的方式造成公共政策评估主体和被评估对象有着千丝万缕的联系，就使得评估主体在公共政策评估过程中难以保持其科学性和客观性。(3)评估参与主体的象征性。有些地方政府在公共政策评估中非常重视社会组织和公众的代表参与，但是由于参与公共政策评估过程的社会组织和公众代表产生方式不尽合理，导致评估参与主体的代表性和广泛性有欠缺。(4)评估过程中不同参与主体的信息不对称。政府应该把公共政策制定的目的、规则、标准、实施状况等因素依据国家法律、法规和政策予以公开，使公共政策评估参与主体在评估前可以从有关部门获取评估对象全面、真实的信息，使他们能够结合自身的切身体验以及对被代表公众的信息汇总，做出科学、客观的评价。但是有些政府部门在公共政策评估的过程中，基于自身的利益而提供虚假的信息，或者出于政治性策略的考虑有意歪曲实际效果，使得公共政策评估参与主体在评估过程中难以发挥作用。①

(二) 公共政策评估的标准

公共政策评估标准是指依据政策目标设立的可供比较的指标或准则，是开展公共政策评估的依据、前提和逻辑起点。国内外学者对公共政策评估的标准有不同的表述。如国外学者萨齐曼(E. A. Suchman)提出的政策评估标准包括：工作量(effort)或投入的多寡、绩效(performance)、绩效的充分性(adequacy of performance)、效率和过程。W. N. Dunn 提出的政策评估标准包括：效能、效率、充分性、公平性、回应程度、妥当性。杰弗里·维克斯提出的政策评估标准包括：(1)保持动态平衡的功能(这种平衡不仅必须全面保持，它的暂时性波动也必须保持在该系统的弹性可以容纳的限度之内)；(2)优化自我保护功能；(3)使资源流动最大化的功能；(4)优化功能性绩效的功能。威廉·N. 邓恩将公共政策评估标准分为：效果、效率、充足性、公平性、回应性和适宜性。我国台湾地区学者林水波和张世贤认为，一般性政策评估标准应包括：(1)工作量(或称投入量)。在政策执行过程中所投入的各项资源的质与量以及分配状况。(2)绩效(涵盖产出量、效能及影响程度)。依据具体明确的目标，分析政策对客观事物与政策环

① 高富锋：《公共政策评估主体的缺陷及对策分析》，《求实》2004年第11期，第27—28页。

境所造成的实际影响。绩效既包括政策推动的效果，又包含民众心目中的满意程度。(3)效率，即工作量与绩效之间的比例关系。(4)充分性，即满足人们需求、价值或者机会的有效程度，反映绩效的高低。(5)公平性。政策所投入的工作量以及产生的绩效在社会不同群体间公平分配的程度。政策的类型不同，所反映的公平性的角度和观点也有所不同。(6)适当性，即政策目标和所表现的价值偏好，以及所依据的价值是否合适。(7)执行力。探求影响政策成败的原因，从而构建有效的因果模型。(8)社会指标。对社会状态与发展的数量描述与分析，既可以反映过去的动向，又可以说明社会现状，其特征以描述性指标为主。①

国内学者张国庆认为，政策评估标准包括首要标准和次要标准。对于一项政策的整体评估是建立在若干单元评估基础上的。整体评估的标准称为首要标准，单元评估的标准称为次要标准。所以他认为，总量评估和首要标准是自变量，而单元评估和次要标准就成了因变量。② 陈振明认为，政策评估标准有：生产力标准、效益标准、效率标准、公正标准和政策回应度。③ 陈捷等认为，生产力标准涵盖和统率了公共政策评估的其他标准，如绩效标准、效率标准、回应度标准，并且强调以生产力标准为导向，能够提升公共机构与公共政策的生产力水平。④ 郭渐强等认为科学发展观标准不仅内在地包含绩效标准、效率标准、效能标准、效益标准等事实标准，而且更强调了社会公正、以人为本、社会可持续发展等最基本的价值标准，符合首要标准要将事实标准和价值标准结合起来的内涵。⑤

上述各种评估标准各有不同的侧重点，很难说明其优劣。我们认为，政策评估的标准应该依据政策评估的目的、评估主体、评估形式和评估内容以及评估技术与方法等要素决定，不得一概而论。

(三)公共政策评估的指标

关于公共政策评估指标，美国和法国学者表达了自己的观点。2003 年 9

① 转引自陈捷等：《公共政策评估的生产力标准初探》，《福建行政学院福建经济管理干部学院学报》2003 年第 2 期。

② 张国庆：《现代公共政策导论》，北京大学出版社 1997 年版，第 194—195 页。

③ 陈振明：《政策科学：公共政策分析导论(第 2 版)》，中国人民大学出版社 2003 年版，第 313 页。

④ 陈捷等：《公共政策评估的生产力标准初探》，《福建行政学院福建经济管理干部学院学报》2003 年第 2 期。

⑤ 郭渐强等：《科学发展观：我国公共政策评估的首要标准》，《行政与法》2006 年第 5 期，第 10—12 页。

月,美国政府颁布的《政策规定绩效分析》主要涉及三方面的问题。[①] 首先是对制定公共政策必要性的评估。主要评估指标为:(1)项目目的是否清楚;(2)项目的设计是否为了解决特定的事件、问题、需求;(3)项目的设计对于解决特定的事件、问题、需求是否有重要影响;(4)在解决特定的事件、问题、需求时,该项目是否有独一无二的作用;(5)对于解决这些事件、问题、需求等,该项目的设计是否最理想。[②] 其次是对公共政策选择的评估。主要评估指标为:(1)生效日期的选择;(2)执行过程中监督手段的选择;(3)作用对象的差异性对于公共政策本身的影响;(4)实施的地域差异性;(5)优选市场导向而非直接政府干预。再次是公共政策效绩的分析。[③]

法国国家审计法院对公共政策进行评估设计了五个方面的指标:(1)是否设定工作目标;(2)是否有达到目标的具体指标;(3)是否有一个计算机信息系统;(4)行政行为是否合法,且具有一定的灵活性;(5)是否合理使用达到目标的资源条件。[④]

二、公共政策评估的过程

公共政策评估是指评估主体依据一定的评估标准,通过一系列的评估指标和评估方法评判政策实施效果的系统过程。法国相关机构认为,公共政策评估的一般步骤应该包括下列五个阶段:(1)评估项目的前期论证阶段,即评估机构根据被评估项目的原始资料,论证是否有能力承担某项任务,然后建立评估组织和聘请专家;(2)基础准备阶段,即评估组织制定评估方案,根据评估需要设计详细的调研提纲,制定相应的评估指标,选择指标处理方法;(3)资料收集阶段,即根据评估方案和调研提纲,尽可能具体、准确地收集各方面的数据和资料;(4)分析整理资料阶段,即对收集到的数据资料归纳整理和统计分析;(5)综合汇总阶段,即专家根据分析后的数据资料起草评估报告后,根据具体情况决定是否公布。[⑤] 多数学者认为,公共政策评估主要经过准备、实施和结束三个阶段。

---

① 参见财政部财政科学研究所《绩效预算》课题组:《美国政府绩效评价体系》,经济管理出版社2004年版,第367—412页。

② "Instructions for PART Worksheets"[EB/OL], http://www.whitehouse.gov/omb/budget/fy2004/pma/Instructions.pdf.

③ 马朝琦、雷晓康:《美国公共政策绩效评估方法及借鉴》,《西北农林科技大学学报(社会科学版)》2006年第5期。

④ 奚长兴:《对法国公共政策评估的初步探讨》,《国家行政学院学报》2005年第6期。

⑤ 同上。

（一）准备阶段

为了使公共政策评估取得较好的成绩，在评估实施之前必须进行扎实、细致的准备工作。它是评估工作的基础和起点，也是评估政策得以顺利进行的前提。评估方案是实施评估的依据，其合理程度在一定程度上决定着政策评估的质量，乃至政策评估活动的成败，所以制定政策评估方案是准备阶段最为重要的任务。一般而言，准备阶段主要包括下列任务。

1．确定评估对象

这一环节解决的问题是“评什么”。确定评估对象实质上是解决评估客体及其时间和空间范围的问题。选择评估对象必须遵循有效性与可行性相结合的原则。由于社会的复杂性，公共政策绝对不是独立发挥作用的，而是相关政策共同发挥作用，或者说，公共政策的效果具有协同性，所以很难清楚地划分一项公共政策作用的时间和空间范围。因此，确定合适的评估对象不仅是准备阶段的关键，而且是整个政策评估过程的重要环节。

2．明确评估目的

这一环节解决的问题是“为什么评”。评估目的决定了公共政策评估的基本方向。只有解决了评估什么、为什么评估的问题，才能确定评估主体、评估标准、评估指标和评估方法等，也才能使参与评估的主体形成共识，统一评估思想。

3．选择评估标准

这一环节解决的问题是“以什么标准评”。公共政策评估是对客观事物的价值判断。选择合适的评估标准对政策评估的质量非常重要。对于特定的评估对象，如果评估标准内容范围过大或者过小，同一项标准过高或者过低，都无法达到原定的评估目的，甚至会得出错误的评估结论。

4．确定评估主体

这一环节解决的问题是“谁来评”。评估主体的多元性、独立性和专业性要求对其确定要特别谨慎。评估主体包括哪些类型的人，每一种类型的人在总体中比例是多少，或者说，这些人在评估决策中的权重如何确定，都需要认真地安排。

5．确定评估手段

这一环节解决的问题是“用什么评”。政策评估是一项通过收集大量的相关数据，采用科学的评估手段和方法，对相关政策的实施效果进行的价值判断，其中涉及相当多的数据处理和价值判断，所以运用什么样的评估手段对评估结果非常重要。

上述五项任务也称为评估方案的五个基本要素，即评估者（主体）、评估对象

(客体)、评估目的(出发点)、评估标准(准则)和评估方法(手段)。这五项要素构成一个完整的政策评估体系。

(二) 实施阶段

实施阶段是整个政策评估活动中最为重要的阶段。实施评估阶段中的关键是一些具体调查方法和评估方法的运用,该阶段的主要任务包括以下三个方面。

1. 收集政策信息

实施政策评估时,评估主体需要利用各种调查手段,全面收集政策制定、政策执行、政策影响和政策效益等方面的信息。为了保证所获信息具有全面性、系统性和准确性,需要综合采用各种科学方法来收集信息。常用的方法有:观察法、查阅资料法、调查法、个案法、实验法等。

2. 分析政策信息

数据收集后,更为重要的任务是分析数据。在结合政策实施的背景、时间、社会环境和其他相关政策的影响等因素的前提下,对所收集有关政策的原始数据和信息资料进行系统的整理、归类、统计和分析。

3. 得出评估结论

综合运用适合的评估方法,对政策进行评估,得出评估结论。在实施评估的过程中,评估者应该坚持评估材料的完整性和具体分析的科学性两个原则,客观、公正地反映出政策的实际效果。

(三) 结束阶段

结束阶段的主要任务是撰写评估报告、总结评估工作和评估结论的运用。

1. 撰写评估报告

评估阶段结束后,评估主体应该撰写书面的评估报告。评估报告应该是总结评估主体基于明确的评估目的、合理的评估标准和科学的评估方法对特定公共政策实施效果进行评估后得出评估结论。它比较全面地反映了广告政策执行过程的实际情况,特别是政策执行、政策影响和政策效益等方面的结论。评估报告除了对政策效果进行客观陈述、对政策进行价值判断、提出政策建议以外,还应包括对评估过程、评估方法和评估中的一些重要问题进行必要说明,对评估工作的优缺点进行总结,为提高今后的政策活动水平服务。该报告应该通过书面报告的形式提交相关机构。

2. 总结评估活动

除了撰写评估报告外,对评估活动进行认真总结也是结束阶段的重要任务。首先,要自我检验、统计分析评估信息所得出的结果的可信度和有效度。其次,让评估结论与政策设计者、决策者、执行者、参与者会面，以便发挥评估的诊断、监督、反馈、完善和开发作用，提高政策的科学性。结束阶段还要注意妥善处理决策者与评估者之间的分歧，实现决策者与评估者之间对评估报告的最大限度的协调。①

3. 评估结论的运用

公共政策评估结论的正确运用对评估活动具有重要意义。政策评估结论可以帮助决策者发现政策制定及执行过程中存在的问题的同时，还有下列三个方面的作用：一是评估结论可以作为政策制定和实施机构的上级部门或组织部门对被评估政策制定和执行的相关机构或个人进行奖惩的参考依据；二是被评估政策的制定和执行机构可以通过评估结论发现问题、改进工作；三是通过定期有选择地发布的评估结果可以作为加强社会舆论监督的手段。

三、公共政策评估的基本方法

公共政策评估方法是评估主体在政策评估过程中所采取的评估方法的总称。随着现代社会的发展，执政者越来越重视公共政策的实施效果，公共政策评估的理论和实践也不断得到深化，评估方法不断得到发展。这里仅介绍公共政策评估的基本方法——前后对比法。前后对比法是将公共政策执行前后的相关情况进行对比，从中测度公共政策效果及价值的一种定量分析方法。它通过大量的参数对比，使人们对公共政策执行前后情况的变化一目了然。它不仅可以帮助人们了解公共政策的准确效果，还可以帮助人们认识公共政策的本质和误差，因此，前后对比法成为公共政策评估的常用的基本方法，也是政策评估活动的基本思维框架。前后对比法具有四种表现形式。②

（一）简单“前—后”对比法

简单“前—后”对比法的基本步骤是，首先确定公共政策实施之前的效果值，然后测出公共政策实施后政策对象的效果值，最后求出二者的差值，从而评估公共政策实施的效果。这种方法的优点是简单、方便和清晰；缺点是不够精确，很难将公共政策实施效果和其他因素如公共政策对象自身因素、外在因素、偶发事件等所造成的效果加以区分。该方法具体原理如图 6-1 所示，其中 A_1 表示公共政策实施前的效果值，A_2 表示公共政策实施后的效果值，$A_2—A_1$ 则代表公共政

---

① 陈振明：《政策科学：公共政策分析导论》，中国人民大学出版社 2003 年版，第 316—317 页。

② 陈庆云主编：《公共政策分析》，北京大学出版社 2006 年版，第 212—215 页。

策的实施效果。

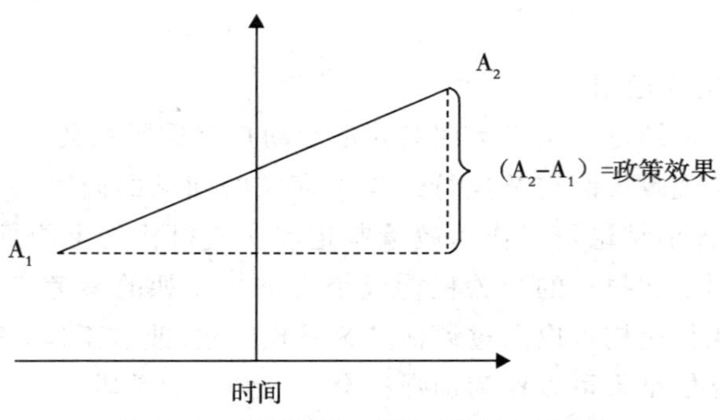

图 6-1　简单“前—后”对比法示意图

（二）“投射—实施后”对比法

与简单的“前—后”对比法相比，“投射—实施后”对比法考虑了事物发展的趋势，换句话说，就是在考虑事物自身发展趋势的基础上，通过比较公共政策实施前后效果的差值来评估公共政策。这种方式由于考虑到了非公共政策因素的影响，结果更为精确，因此较“前—后”对比法更为准确。这种评估方式的困难在于如何详尽地收集政策执行前的相关资料和数据，以建立起政策执行前的趋向线。该法原理如图 6-2 所示，其中 O_1O_2 是根据政策执行前的各种情况建立起来的趋向线，A_1 为趋向线外推到政策执行后的某一时点的投影，代表若无该政策会发生的情况；A_2 为政策执行后的实际情况。（A_1—A_2）就代表了公共政策的实施效果。

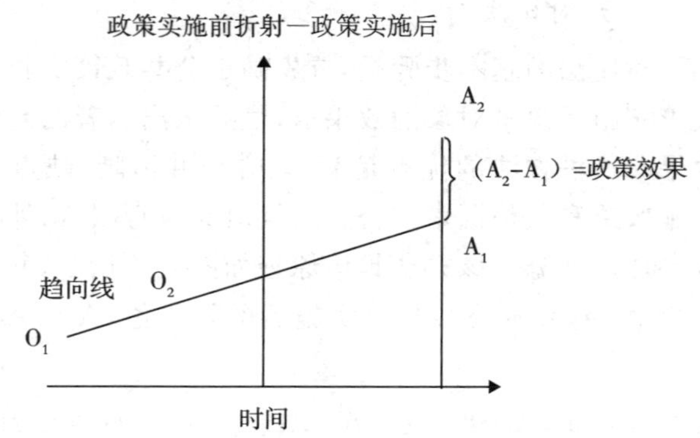

图 6-2　“折射—实施后”对比法示意图

（三）“有—无”对比法

简单地说，“有—无”对比法就是将事物放在有公共政策实施和无公共政策实施的两种环境中，分别分析其发展情况，然后通过对比二者的情况，来评估公共政策实施效果的方法。其原理如图 6-3 所示，其中 A_1 和 B_1 分别代表各个政策执行前有无公共政策的两种情况；A_2 和 B_2 分别代表各个政策执行后有无公共政策的两种情况。（A_2—A_1'）为有公共政策条件下的变化结果；（B_2—B_1'）为无公共政策条件下的变化结果。这种方法是在公共政策执行前后的两个时间点上，分别就有公共政策和无公共政策两种情况进行前后对比，然后在比较两次对比结果，以确定公共政策的效果。该方法的优点是排除了非公共政策因素的作用，能够较为精确地测度出公共政策的效果，是测度公共政策纯效果的主要方法。

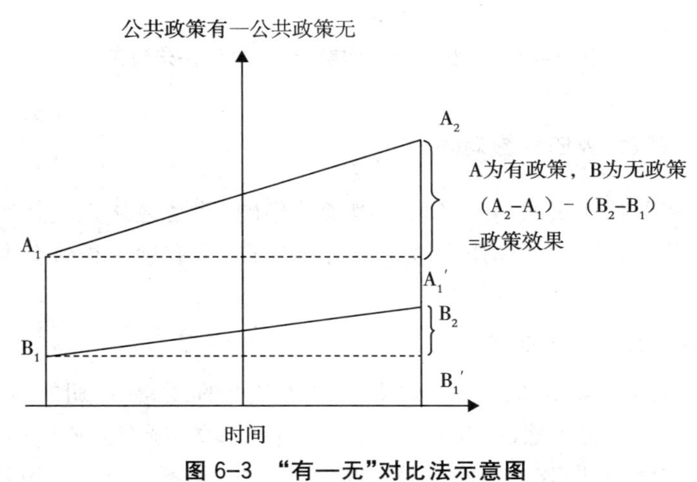

图 6-3 “有—无”对比法示意图

（四）“控制对象—实验对象”对比法

“控制对象—实验对象”对比法是通过设定参照对象的方法对公共政策进行评估的方法。具体做法为，在公共政策实施之前，评估主体将公共政策执行前同一评估对象分为两组，一组为实验组，即对其施加公共政策影响的组；另一组为控制组，即不对其施加公共政策影响的组。然后比较这两组在公共政策执行后的情况，以确定公共政策的效果。它是社会实验法在公共政策评估中的具体运用。该法原理如图 6-4 所示，其中 A 和 B 在执行前后是同一的，A 为实验对象的情况，B 为控制对象的情况。图中 A_1 和 B_1 分别是实验前的实验组和控制组的情况；A_2 和 B_2 分别是实验后的实验组和控制组的情况。（A_2—B_2）则代表公共政策的实施效果。

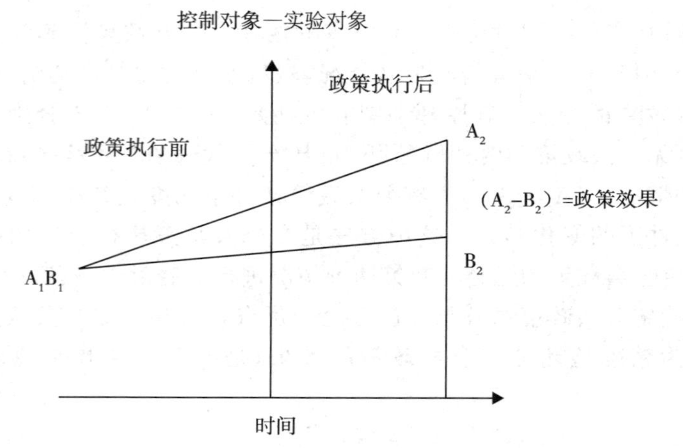

图 6-4 “控制对象—实验对象”对比法示意图

四、公共政策评估的影响因素

公共政策评估质量的高低受很多因素的影响，清楚地认识这些因素不但有利于形成对公共政策评估作用和效果的合理期待，也有助于推进公共政策评估的顺利进行。

（一）公共政策效果的多样性

一项公共政策实施所产生的效果通常是多重的：既有预期的，也有非预期的；既有显性的、一目了然的，又有潜在的、不易感知的；既有实质性的，又有象征性的。另一方面，不同政策实施效果之间的协同性，即不同政策实施效果之间既有相关交叉性或者重叠性。有些政策效果相互配合、相互促进，而有些政策效果之间相互消解。同一公共政策效果的多样性和不同政策效果之间的协同性，给政策评估带来了困难。

（二）政策资源的混合和政策行为的重叠

政策资源的混合时投入不同政策的资源彼此纠结，难以明确界定某些政策的总投入到底是多少。政策资源的混合使政策的成本难以核定，导致其“纯效果”很难测定。政策行为的重叠是指针对相同的或相似的政策问题和政策目标群体，不同机构和部门都制定并执行各自的政策，各种政策行为及其效果相互重叠。

（三）政策与效果之间因果关系的不确定性

公共政策评估应该以政策行动与实际社会效果之间的因果关系为基础。为此，要明确哪些社会效果是公共政策行动导致的，哪些社会效果是社会自然发生的。在明确了由公共政策行动导致的社会效果后，还应该明确哪些社会效果是由这些公共政策实施产生的，哪些社会效果是由那些公共政策实施所产生的。这些社会效果与公共政策行为的因果关系的判断对公共政策评估的质量非常重要。

第三节　公共政策评估的发展

公共政策评估是一个新兴的研究领域，其理论研究始于20世纪30年代，直到20世纪50年代后期，社会科学方法才开始在公共政策评估方面出现小规模的应用。20世纪60年代，美国政府干预政策推动了公共政策评估的快速发展。随着我国政治体制改革的推进，公共政策评估将成为各级政府必须面对的问题，与此相应也必将促进我国公共政策评估理论的发展。不过，目前我国公共政策评估的理论研究和实践都处于初级阶段，评估中还存在一系列的问题。

一、国外公共政策评估的发展

国外公共政策评估的发展经历了一个相对漫长的过程。早在一战之前，就有少数研究人员运用社会学和统计学等学科的知识和方法对教育、卫生和就业等领域的政策进行较为系统的评估。20世纪30年代一些社会科学家主张运用社会研究方法评估政府为“大萧条”带来的经济社会问题而实施的相关政策。二战结束后，随着社会研究方法的不断成熟，对政策评估的方法的可靠性和有效性的不断增加，执政者进一步强化了对公共政策的评估，这又反过来促进了政策评估理论与实践的发展。进入20世纪70年代后，西方国家社会发展中出现了很多问题，政府需要不断地改进和调整政策，所公共政策评估活动也取得了较大发展。近年来，政策科学迅速发展，国外特别是西方发达国家比以前更重视公共政策的评估。公美国学者艾根·G. 古巴（Egon G. Guba）和尹芳娜·S. 林肯（Yvonna S. Lincoln）将公共政策评估演进划分为四个阶段的观点，得到很多学者的认可。表6-1对此进行了简单的介绍。

表 6-1　政策评估发展的四个阶段[①]

	第一代（效率评估）	第二代（实地评估）	第三代（社会评估）	第四代（回应性评估）
主要活动	测量	描述	判断	协商
活动方式	实验室实验	实地试验	社会实验	政策制定
时间	1910 年—第二次世界大战以前	第二次世界大战后—20 世纪 60 年代	20 世纪 60 年代—70 年代中期	20 世纪 70 年代中期以后
理论基础	实证论范式	实证论范式	实证论范式	自然论范式
活动实施内涵	工具导向：运用适当的工具搜集个别资料，如学校对学生所做的考试、智力测验等	目的导向：对已执行的政策方案依预期的目的，描述其结果的优劣	暂时性决策导向：以评估者的内在本质、外在前因后果的价值来判断政策的优劣。强调判断是评估不可或缺的部分	考虑到人类全体，并综合政治、社会和文化等相关的所有因素。强调结合评估者和政策相对人利益，并在彼此互动、协商中进行评估。重视评估的公平性和公正性
评估者角色	技术人员	描述者	判断者	技术人员、描述者、判断者、调停者和变革推动者

二、国内公共政策评估的发展

西方公共政策理论研究于 20 世纪 70 年代末传入中国，但公共政策评估研究作为一个新的理论研究领域，在我国是 20 世纪 80 年代初才开始的。随着政策科学理论与实践的发展，公共政策对社会经济发展的重要性越来越明显，执政党和政府更加重视公共政策评估对决策科学化、民主化的重要作用，政策评估逐渐成为公共政策实践中不可或缺的环节。不过，20 多年来，我国公共政策评估在取得一定成绩的同时，也存在不少问题。有学者甚至认为，迄今为止，学术界对于政策评估很少做过系统、专门的研究，政策评估系统理论研究完全处于一个

① 吴定：《公共政策》，台北：华视文化 1994 年版，第 419 页。

尚未开发或开发不够的领域。一些理论问题，诸如评估的概念、程序、标准、技术方法等，只是从国外借鉴而来，没有形成有特色的政策评估理论体系，难以承担指导政策评估实践的功能。我国目前能够找到的中文文献中，对公共政策评估方法贡献比较多的往往是经济学、数学等领域的学者。但在公共政策，尤其是政策评估学科知识的积累以及方法论的验证和更新方面，国内不同学科之间的交流明显不足，使得很多已经得到检验的政策分析技术还未进入中国公共政策研究的"工具箱"。[①] 学者认为，用国际通行的质量标准来检视中国的一些政策评估研究，在研究方法上都或多或少存在瑕疵，有的甚至经不起基本的方法论推敲。[②] 也有学者认为，当前中国公共政策研究在总体上仍处于"引进"阶段，尚未完全完成"消化、吸收尤其是创新"过程。[③]

三、我国公共政策评估存在的问题

虽然我国政策科学研究的起步较晚，但近年来我国政策科学研究以及公共政策评估等方面的研究都取得了一定的发展。随着我国政治体制改革的不断深入以及政策科学理论与实践的逐渐深化，公共政策评估在社会发展中的作用越来越重要。因此，我国各级政府内部都设有专门的政策研究机构，如各级政策研究室、发展研究中心等；高校和科研机构也有专门的研究机构和研究人员从事公共政策研究活动。但是我国政策评估活动还存在一些问题。

（一）公共政策评估理论不完善

与欧美等西方国家相比，我国政策科学起步比较晚。近年来我国政策科学研究，特别是政策评估研究不断深入，取得了一些成绩，但整体而言，我国的政策评估理论在很多方面还不是很成熟，需要进一步研究。

（二）公共政策目标的模糊性和多变性

公共政策评估是考察、检验政策实施是否达到了预期目标，或者在多大程度上达到目标。但是因为我国公共政策的特点以及政策本身的性质，所以政策目标往往比较模糊，不够清晰。而且，许多公共政策目标具有多重性，很难量化。更为重要的是，在公共政策执行的过程中，政策目标可能因客观环境的变化或政

---

① 陈世香、王笑含：《中国公共政策评估：回顾与展望》，《理论月刊》2009 年第 9 期。

② 和经纬：《中国公共政策评估研究的方法论取向：走向实证主义》，《中国行政管理》2008 年第 9 期。

③ 潘毅、高岭：《中美公共政策评估系统比较及启示》，《甘肃行政学院学报》2008 年 5 期。

策制定者意志的改变而发生调整。

(三) 公共政策评估组织不规范

政策评估组织一般应该包括官方评估组织和非官方评估组织。我国政策过程的一个显著特点是行政的双轨结构功能系统，即从中央到地方的各级党委与各级人民政府，中央设有中共中央政策研究室、国务院发展研究中心、国务院国际问题研究中心，各级地方党委和政府设有政策研究室，分属党委和政府两个系统。这些机构中也设立了相应的政策评估机构，但是这些机构仅代表官方的政策研究机构，不包括非官方的政策评估机构。也就是说，我国的政策评估机构还不够规范。

(四) 缺乏正确的政策评估机制

我国政策评估理论的缺陷和实践经验的不足，导致我国还没有建立科学的公共政策评估机制，导致评估工作主观随意性很大，评价目的和动机不当往往使得政策评估没有真正发挥效能。

(五) 评估信息管理机制的不健全

政策评估是根据政策及其实施效果的相关信息对政策效果的总体判断，所以所需信息的权威性、客观性、全面性和有效性是政策评估质量的保障。目前我国政策评估信息管理体制和机制还不够健全，使得相关资料不完整，统计数据不准确，使得公共政策评估者难以获得精确的信息。

(六) 公众对公共政策评估的参与度不够

公众愿意，并且能够积极参与公共政策评估是政府政策深入人心、发挥作用的保障，也是其改善与公众关系、提高公共服务质量的需要。但是，传统行政管理自上而下的金字塔形的等级模式限制了公众参与政策评估的机会。即使公众参与了政策评估活动，其关于政策的观点在总体观点中的权重也很小。这种现状导致评估结论的可靠性大打折扣。

三、我国公共政策评估存在问题的对策

针对我国公共政策评估存在的问题，我们建议主要做好以下几方面的工作。一是强化公共政策评估意识。公共政策评估意识是政策评估成功的思想保证，评估意识的薄弱是公共政策评估质量的最大障碍，所以决策者、政策评估者及相关主体必须深刻认识到政策评估的重要性，实现公共政策评估的科学化和常态化，提高政策评估的精确性和准确性，从而提高公共政策决策的效率。二是加强

公共政策评估理论研究。较为完善的理论是优化公共政策评估制度和体系的前提,没有扎实的基本理论做支撑,就不可能建立科学的政策评估制度、健全的政策评估体系及合格的政策评估队伍,政策评估活动就不可能取得满意的成果。三是建立高效的公共政策评估组织。公共政策评估组织是进行有效评价的组织保障,不仅要在党政系统内部建立政策评估组织,而且还要建立政策评估的非政府组织。更为重要的是,这些组织必须具有科学、高效和准确进行公共政策评估的能力。四是完善政策评估信息网络系统。信息既是决策的基础,也是评估的依托。应建立覆盖全社会的快速信息反馈网络,最大限度地实现决策中心、评估组织和公众之间的有效沟通,最大程度地避免信息截留、失真。五是积极探索科学的公共政策评估方法和指标体系。科学的政策评估方法和全面准确的政策评估指标体系是保证公共政策评估得出可靠结论的技术保障。现行的政策评估方法存在不少缺点,评估主体必须根据政策的性质和类型,不断地探讨和选择合适的政策评估方法。评估指标的选择及其权重的设计是评估主体长期钻研的课题。六是实现公共政策评估的制度化。公共政策评估制度化是提高政策评估质量的制度保障。随着社会经济的发展,公共政策的重要性越来越被强化。公共政策也无时不在、无处不有。所以将公共政策评估制度化、常态化是政策决策的需要,更是社会发展的需要。七是重视公共政策评估结论的消化和吸收。要重视政策评估质量,合理利用政策评估结论,以期达到公共政策目的,促进社会发展。

本章小结

公共政策评估是检验公共政策效益和效果的基本途径。根据公共政策评估对象的侧重点可以简单地把公共政策评估的概念划分为以政策效果为评估对象、以政策方案为评估对象和以政策过程为评估对象三类。依据公共政策的效果将其划分为积极目的和消极目的;依据公共政策目的的性质和层次将其划分为终极目的、次级目的和具体措施。公共政策评估的主要功能包括:提供政策运行的可靠信息;检验政策目标和发现政策执行中存在的问题;作为提出政策建议和分配政策资源的依据;向各利益相关者提供政策信息。公共政策评估的分类包括:正式评估和非正式评估,内部评估和外部评估,事前评估、执行评估和事后评估。公共政策评估主体的选择需要注意评估主体多元化、专业化、政策对象参与、独立性原则。政策评估的标准应该依据政策评估的目的、评估主体、评估形式和评估内容以及评估技术与方法等要素决定,不得一概而论。公共政策评估主要经过准备、实施和结束三个阶段。常用的公共政策评估方法是“前后对比法”,该法具体包括简单“前—后”对比法、“投射—实施后”对比法、“有—无”对比法和“控制对象—实验对象”对比法四种。美国学者将公共政策评估发展过程划分为效率评估、实地评估、社会评估和回应性评估四个阶段的观点,得到很多学者的认可。我国公共政策评估存在评估理论不完善、政策目标的模糊性和多变性、评估组织不规范、缺乏正确的政策评估机制等问题。

案例分析 >>>

“蜗居”时代呼唤加大保障性住房建设力度①

对于中国的房地产行业,说其好者,看重的是房地产业对经济发展、城市建设发展的推动作用;说其不好者,看重的则是在商品房成为城市住房主流供应的今天,社会保障性住宅的规模不足以满足社会中低收入人群的需求,分配制度不够健全,以及中低收入人群面对日渐高涨的房价而无可奈何的现实情况。而这两种观点的碰撞,也是目前整个行业市场化十余年来所面临的最大矛盾。要解决这些问题,我们认为,不是哪个层面单方面的责任,开发商、政府以及消费者,都责无旁贷。

1. “市场监管方”面临信任危机

“你先拍下来,然后再在容积率方面做一点文章,就有你赚的了……如果现在看起来是块肥肉,别的开发商还会袖手旁观吗?……我就说到这个层面了,怎么做还是看你的。”这是电视剧中宋思明对开发商张洪所说的话。房地产市场是否真的存在这种官商勾结的行为,或者说这种行为到底是个案还是普遍,其实大家都不知道,但目前市场上存在的某些现象,却真的让人侧目,值得深思。

房地产市场近几年发展迅猛,相关部门税费收了不少,但在对整个行业的监管方面,却存在着漏洞。如上海的“楼倒倒”事件,经调查倒楼项目的开发商股东中有多人具有政府背景,作为一个注资仅千余万的地产开发公司却能运作总规模高达数亿的楼盘。我们不能说里面存在“勾结”的情况,但相关职能部门的执法不严、监管不力的现象却是真实存在的。所以仅仅在行业监管及政策执行力度这两方面,就足以引起社会对房地产行业相关职能部门的信任危机。

---

① 陈世明:《“蜗居”时代呼唤加大保障性住房建设力度》,载《云南信息报》2009年12月18日,内容有删节,http://www.wolai.com/news/2009—12—18/54806/4/2010—2—3。

2. 保障性住房“缺位”现状需改变

对于拆迁方以及旧城改造的投资方来说,《蜗居》中的李奶奶想以一个10平方米的小房间换一个100平方米的大房子,简直是痴人说梦。可是,如果社会保障性住房到位的话,相信李奶奶一家早就搬进经济适用房或者是廉租房了,根本就不用坚持做这种白日梦。然而,按照实际拆迁补助标准所得来的补偿款,连个首付都不够,真要是同意了的话就只能住天桥下面了,所以也难怪他们一家要坚持“对抗”下去。

1994年国务院下发《关于深化城镇住房制度改革的决定》,1998年国务院又下发了《关于进一步深化城镇住房制度改革,加快住房建设的通知》。这两个文件明确指出,深化住房制度改革的指导思想是“稳步推进住房商品化、社会化,逐步建立适应社会主义市场经济体制的城镇住房新制度;提出了对不同收入家庭实行不同的住房供应政策。最低收入家庭由政府或单位提供廉租住房;中低收入家庭购买经济适用住房;其他收入高的家庭购买市场价商品房”的住房供应体系。不难看出,从政策层面上,从“房改”开始,国家就一直都非常重视中低收入人群的保障性住房的建设以及相关制度的完善。然而,近几年在商品住宅市场迅猛发展,商品房铺天盖地的同时,我们看到的却是各地经济适用房及廉租房的建设规模上不去,以及保障性制度的不健全。中国房地产及住宅研究会副会长顾云昌曾在接受媒体采访时表示,房改十年最大的遗憾就是经济适用房和廉租房问题。当时希望通过经济适用房既解决老百姓住房问题,同时通过经济适用房大量生产,拉动经济增长。但却出现了有钱人买了多套经济适用房,地方政府没有及时管理到位,甚至有的城市还没有廉租房的政策,从而造成了住房保障的严重缺位。

从本质上说,商品住宅市场的发展速度与社会保障性住宅的供应及相关制度的巨大差距,才是导致“蜗居”现状的原因所在。按照计划,全国今年要完成保障性住房投资2000亿元左右,而据统计,全国前8个月保障性住房的总投资还不到400亿元。从中可以看出,目前社会保障性住房的建设力度还远远达不到计划要求。如果再不加大保障性住房的建设力度,要全面解决中低收入人群的住房问题,只会是一句空话。

3. 消费者应改变住房观念

这里所说的需要改变的住房观念,不仅仅是说传统的“居者必有其屋”的观念,也包括在选择房屋的同时,也要根据自身经济实力,量体裁衣,而不是一味地选择好的,而忽略了自身的经济承受能力。

《蜗居》中的女主人公海萍认为,只有属于自己的房子,才能和女儿住在一起，才能有一个真正属于自己的家，生活才能够幸福。这似乎也是很多年轻人的价值观。其实，真正的幸福是什么，会因人而异，但幸福并不是仅仅靠房屋的平方米的大小来衡量的。所以我们首先应改变的是“无房不家”的传统观念。如果自身没有购买房子的能力，就应该考量一下买房的后果。如果是东拼西借凑足了首付，购房后的还债及月供压力，也会搞得整个家庭举步维艰。所以我们在考虑是否应该买房之前，要算一笔账，即购房时的首付够不够，不够的话借来的钱自己是否能够在相应的时间偿还，今后的收入在承担每个月还贷的同时，还能否保证家庭的正常开销。如果可以就买，反之，则要慎重。因为买房后的经济压力会让你比没有房子更大，成为不折不扣的“房奴”。

另一个需要改变的观念则是专挑好的，不选对的。但事实上好的不一定是最合适的。谁都知道一室户型肯定好过单身公寓，两室户型肯定方便过一室户型。但并不代表买得越大、地段越好、房屋的品质越高，对于购房者来说就越合适。这还是要看购房者的经济实力。特别是中低收入人群，购房是为了解决基本的居住需求，而非享受，在自己的经济承受能力范围内，选择一套合适的房屋就差不多了。就像《蜗居》中的主人公，自身经济能力本来不够，仅有的一点首付还有一部分是靠啃老来的，却在选房时百般挑剔，什么房子太旧、地段不好、噪音太大等等，最终随着房价的猛涨，只能选择在两三个小时车程外的郊区去买房。既然是解决居住问题，那就从最基本的需求出发，量体裁衣，摒弃一些挑剔、攀比的心理，选择一套从价格、地段、面积各方面都最适合自己承受能力的就行了，而不是要求房子在各方面都要条件优越。

【案例思考题】

结合案例，运用本章知识对我国保障性住房建设政策进行评估。

关键词

公共政策	评估对象	评估目的	评估功能	评估类型
评估主体	评估标准	评估指标	评估过程	评估方法

思考题

1. 什么是公共政策评估？
2. 公共政策评估有哪些类型？

3. 公共政策评估有哪些常用的方法？

4. 你认为我国公共政策评估中存在哪些问题？如何解决这些问题？

推荐阅读

1. 陈振明：《公共政策分析》，中国人民大学出版社 2003 年版。

2. 陈振明：《政策科学：公共政策分析导论》，中国人民大学出版社 2003 年版。

3. 张国庆：《现代公共政策导论》，北京大学出版社 1997 年版。

4. 陈庆云：《公共政策分析》，北京大学出版社 2006 年版。

5. 张金马：《公共政策分析：概念、过程、方法》，人民出版社 2004 年版。

6. 〔美〕威廉·N. 邓恩：《公共政策分析导论》，中国人民大学出版社 2002 年版。

第七章　公共政策监控

【知识框架图】

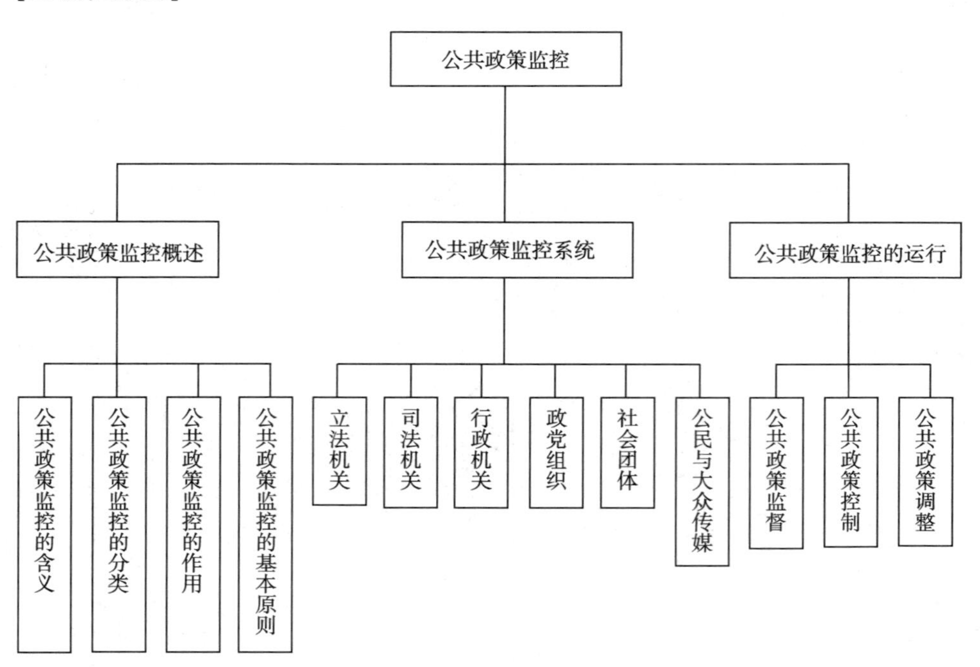

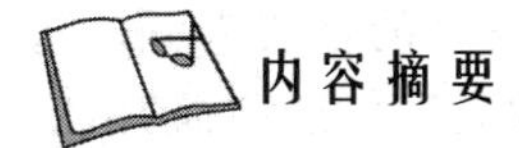

内容摘要

公共政策本身并不能自动达成人们所期望的目标或效果，即使在公共政策制定时考虑得再周到，由于公共政策过程的时间跨度长，难免受到政策问题本身变化、环境改变以及政策过程中涉及人员主观偏差的影响。因此，为了实现政策的合法化、保证政策的贯彻实施，就需要对公共政策的制定、执行、评估和终结等活动进行监督与控制。公共政策监控贯穿于政策全过程，是整个政策过程中不可或缺的一个功能活动。本章将主要讨论以下问题：公共政策监控的含义、公共政策监控的分类、公共政策监控的作用、公共政策监控的基本原则、公共政策监控的系统构成以及公共政策监控运行过程中的公共政策监督、公共政策控制、公共政策调整三大活动。

第一节　公共政策监控概述

公共政策监控渗透在整个政策过程的各个环节，对公共政策的制定、执行、评估和终结都起着重要作用。它主要是在公共政策制定、执行、评估等环节中，通过全方位监督，发现由于各种主、客观因素导致的政策制定失误、执行不力、原订目标偏差、方案缺失等影响政策质量及效果的问题，并及时反馈于相应环节，以对政策进行不断的修正、补充和发展。本节主要介绍公共政策监控的含义、分类、作用和基本原则，以便对公共政策监控有一个初步的认识。

一、公共政策监控的含义

在国内外政策学的研究中，对公共政策监控的研究要晚于对公共政策制定、公共政策执行的研究。在实践过程中，公共政策的制定、执行、评估等环节上都出现了因不可测因素影响政策效果或由于监督不力而出现主观失误的问题，迫切需要从理论上寻求解释并探寻解决途径。因而，在近些年，中外的政策学者逐渐将注意力投向公共政策监控问题。

国外学者对公共政策监控的研究主要强调通过科学的测量和记录政策运作信息来说明和解释政策执行情况，以及评估其执行效果，从而提出了政策监测的概念。

邓恩从监测的本意出发揭示了政策监测的含义。“监测是用来提供公共政策的原因和结果的信息的政策分析程序。由于监测使分析者能够描述政策实施情况与结果之间的关系，它就成了获取有关政策执行状况信息的首要来源。从某种意义上讲，监测是努力说明和解释公共政策的另外一种说法。照此而言，监测乃是形成关于政策运行历史与现状报告的一种途径。”①而“政策监测是为衡量不同目标群体和受益者中目标锁定的主客观条件的变化而获取政策相关信息的过程”②。

彼得·罗西等人的研究认为：“项目监测（政策监测）就是系统地记录项目绩效的主要方面，包括项目是否按预期的或按照恰当的标准运行。项目监测通常包括服务利用领域内的项目绩效、项目组织和（或）项目结果。监测服务涉及对预期的目标人群接受预期服务程度的检查；监测项目组织需要比较项目应该做的内容，尤其是与提供服务有关的计划和实际已完成的事；监测项目结果需要项目参与状况的调查，并调查项目参与者接受服务之后的状况，以确定结果是否与预期要达到的目标一致。”③

国内的学者则多从系统控制论角度出发，强调政策监控的过程及其在政策系统中的作用。从系统控制论的角度看，所谓监控或控制，是指司控系统（监控主体）根据一定的标准，对受控系统（监控客体）发出指令以纠正其由于环境干扰而产生偏差状态的活动。④ 对政策监控的含义，多数学者强调是政策监督与政策控制的合称，即认为正常监控是为了实现政策的合法化与保证政策的贯彻实施而对政策的制定、执行、评估和终结等活动进行监督与控制的过程，其目的在于保证政策系统的顺利运行，提高政策制定与执行的质量，促进既定政策目标的实现和提高政策效率。⑤ 其代表人物有陈振明、张国庆、钱再见等。也有学者提出政策调控的概念，强调政策控制和政策调整两项活动，如严强、王强。

国内外学者对政策监控的定义各有侧重点，但从整体上看可以从以下四个方面来理解政策监控的内涵：

1. 政策监控的目标

政策监控是一种目的明确的活动。政策监控要达到的目标是：保证政策本身的正确与完善，保证政策得到贯彻实施，保证政策目标的实现。

① 〔美〕威廉·邓恩：《公共政策分析导论》，中国人民大学出版社 2002 年版，第 363 页。

② 同上书，第 371 页。

③ 〔美〕彼得·罗西等：《项目评估方法与技术（第 6 版）》，华夏出版社 2002 年版，第 143—144 页。

④ 张国庆：《公共政策分析》，复旦大学出版社 2004 年版，第 370 页。

⑤ 陈振明：《公共政策分析》，中国人民大学出版社 2003 年版，第 299 页。

2. 政策监控的主体

政策监控的主体是从事监控的个人、团体和组织，即阐明谁来进行政策监控。一般由立法机关、行政机关、司法机关、政党系统、利益集团、大众传媒以及人民群众等组成。但政策监控的主体并非是固定的，呈现出变化性，表现为：一方面，由于政策由不同层次的机关及其组成人员制定、执行、评估及调整，因而政策监控的主体也随之改变；另一方面，政策监控在政策过程的不同环节之中由不同的机关及其组成成员负责实施，政策监控主体也相应地变化。

3. 政策监控的客体

政策监控的客体是政策系统及其运行，其中包括政策的制定、执行、评估、终结以及承担这些功能活动的个人、团体和组织。值得注意的是，政策监控的主体与客体的划分具有相对性，它们之间并不是简单的监控与被监控的一一对应关系，而是相互交叉、重合，呈现为复杂的网络状的结构。例如，立法机关主要负责制定政策，它同时又负有对下级立法机关（及人员）及相应的执行机关（及人员）的监督与控制。但是，由于立法机关的权力并不是至高无上的，立法权来自大众对政权的支持与认同，所以，即使是最高的国家权力机关，也受一定的机构和社会力量的监督与控制。由此可见，在政策过程之中，政策监控的主体往往同时也是客体，二者处于复杂的相互作用之中。

4. 政策监控的本质

政策监控并不是一个孤立的活动环节，而是由政策监督、政策控制、政策调整等功能活动所组成的动态过程。它与政策制定、执行、评估等环节相互联系，又反作用于各个环节，形成一个循环系统。

二、公共政策监控的分类

公共政策监控是一种多样化的活动，可以从不同角度对公共政策监控进行分类。

（一）根据政策过程的不同阶段分类

按照政策监控在政策过程所处的不同阶段，政策监控可以分为政策制定监控、政策执行监控、政策评估监控和政策终结监控。

1. 政策制定监控

即是对政策制定过程中的信息收集、问题界定、政策决策、政策撰制人员的选择、政策制定程序、发布程序以及方案的规划、选择和合法化等活动的监督和控制。通过对政策制定的监控，有助于保证政策本身的科学性和合理性，保证政策的实际结果达到预期目标，尽量减少决策失误。

2. 政策执行监控

政策本身的科学合理并不一定能保证实际效果达到既定目标，在政策执行过程中，执行者的误解、目标团体的不配合、客观情况的变化等原因都有可能造成政策的变形、扭曲和走样。因此，为了保证政策能够得到全面、准确的落实，就要对政策执行过程进行监督和控制，以纠正政策执行的偏差。

3. 政策评估监控

它是指对政策执行效果的评估活动过程的监控。由于现实评估工作中存在的障碍可能会阻碍政策评估的顺利运行，如信息反馈的时滞和失真，所以必须对评估工作进行监控，其核心是对政策执行信息反馈过程的监控，以保证获得客观准确的政策效果信息，从而为政策的继续执行或终结提供依据。

4. 政策终结监控

它是指对政策终结活动过程的监控。通过该阶段的监控，促使及时废止失败或过时的政策，以减少损失，提高政策绩效。

（二）根据政策监控的不同时态分类

按照政策监控发生的不同时态，可以分为事前监控、事中监控和事后监控三种。

1. 事前监控

事前监控，即事前评估，帕顿和沙维奇称之为“事前政策分析”①。指监控主体在政策实施之前，就未来政策活动中可能发生的情况，特别是导致与预定政策目标不一致的各种因素进行预测，并采取预防措施加以预防，以尽量减少损失，保证既定政策目标的实现。

2. 事中监控

事中监控，即政策执行的监测。指在政策运行过程中，实施同步监控，记录政策实施的过程，观察参与人员的情况以及评估阶段性执行的效果，一旦与原定的政策目标出现不一致，就采取对应的纠偏措施，促使政策得到真正的落实。

3. 事后监控

事后监控，即事后评估。指在一种政策行为之后或一项政策活动过程结束之后，把政策活动产生的实际效果与既定的目标、要求等做比较，找出并纠正偏

① Carl V. Patton and David S. Sawicki, *Basic Methods of Policy Analysis and Planning*, 2nd. ed., Englewood Cliffs, Nj: Prentice-Hall Publishers, 1993.

差和失误，总结经验，并反馈于下一次的政策活动，避免再犯同样的错误。但由于监控发生于政策活动之后，若政策本身或实施过程有偏差，则损失已经产生，本次政策活动无法减少该损失，就需要在后续政策中考虑对损失的弥补。

（三）根据政策监控的内容分类

按照政策监控的内容，政策监控可以分为目标监控和关键点监控。

1. 目标监控

目标监控是指以政策目标的实现与否作为监控的核心和重点，按照政策目标的要求来运行整个政策活动，随时监测政策运行过程中的目标状态，并以此为标准来调整政策活动的具体细节，以最终实现目标与结果相一致。

2. 关键点监控

关键点监控即对重点的监控，它是指以政策的重点为监控核心，即对政策的重点目标、重点内容、重要环节、重点主体进行的监控。实施关键点监控的首要任务是选准关键点。在一次政策活动中，监控的关键点可以是一个，也可以是多个。

（四）根据政策监控的层次分类

按照政策监控的层次，政策监控可以分为自我监控、逐级监控和越级监控三种。

1. 自我监控

政策制定和执行主体根据政策的目标要求，在政策过程中进行自我检查、自我分析，及时控制政策实施的进度、质量，纠正执行中的偏差，从而实现政策监控。

2. 逐级监控

上下级的政策主体之间按照授权关系，自上而下逐级对政策的制定、实施、评估等政策活动过程中的各项事务进行监督和控制。

3. 越级监控

越级监控指越过中间层级，上层政策主体对下层政策主体直接进行监控，或者下层政策主体对上层政策主体进行监控。

（五）根据政策监控的主体分类

按照政策监控的主体，政策监控可以分为立法机关的政策监控、行政机关的政策监控、司法机关的政策监控、政党系统的政策监控、利益集团的政策监控、公众和大众传媒的政策监控等。本章第二节将对各个监控主体及其构成的监控系统进行详细分析。

三、公共政策监控的作用

邓恩在《公共政策分析导论》中认为，政策行为所带来的后果永远无法完全预知，因此，在政策行为开始之后进行跟踪监测至关重要。帕顿和沙维奇在《政策分析和规划的初步方法》一书中用下表（见表 7-1）来说明政策监测与政策执行（或政策实施）、政策评估的关系。①

表 7-1 政策分析—政策评估连续统一体

事前政策分析	问题的定量和定性分析，实施政策的决策指标、选项、优势劣势、预期结果，实施和评价必要的步骤
政策维持	在实施中对政策或计划进行分析来确保它按照设计得以实施并在实施过程中不出现无意的改变
政策监测	在政策或计划实施之后对变化的记录
事后政策评估	对政策目标是否完成和政策是否应该继续执行、修改或终止作定量和定性的分析

公共政策监控不仅在政策执行和政策评估过程中发挥作用，它贯穿于政策活动的其他各个基本环节之中，在政策全过程中扮演着发现问题、反馈信息、纠正偏差等关键角色。

对于公共政策系统来说，主要是通过政策监控子系统及监控活动来确定政策方案是否合理、合法，找出政策目标与执行手段之间、预期政策目标与实现政策绩效之间的差距，发现问题之所在，并从中寻找解决问题的新办法，如调整政策目标、加大执行力度、重新配置资源等。政策监控的作用主要表现在以下方面：

（一）保证公共政策的合法化

公共政策制定在形式上必须符合法定程序与规则；在内容上必须使政策目标、方案不违背宪法及有关法规，不违背执政党的纲领及章程，不违背公众的利益和意愿。但是，政策的制定要受多种因素的影响，有时并不能保证政策的合法性，这就需要政策监控，以促进政策的合法化。

保证公共政策的合法化，指的是对政策制定活动进行监控，以使政策的制定

① Carl V. Patton and David S. Sawicki, *Basic Methods of Policy Analysis and Planning*, 2nd. ed., Englewood Cliffs, Nj: Prentice-Hall Publishers, 1993, pp. 358—359.

严格遵守法定的程序和原则，并审查所制定的政策是否符合宪法和有关法规。它由有关国家机关根据法定的程序和权限对立法活动所作的审查构成，是政策取得合法性的一个重要环节。一般来说，政策合法化的实现是由各国的立法机关完成的。但各国的实际情况有很大区别，主要体现在宪法的解释权的归属不同。在我国，宪法的解释权属于全国人民代表大会及其常务委员会，因此，人大和人大常委会从法律上来说对政策的合法化负最终责任。

公共政策监控对政策合法化的保障作用主要包括以下两方面内容：一是实现政策形式合法化，即政策的制定活动严格遵守法定程序与规则；二是实现政策内容合法化，即使政策的目标、方案等不违背宪法和有关法规。值得一提的是，即使一项政策从形式到内容都合法化了，未必等于它已经获得了合法性地位，因为该项政策仍然可能危害公众利益，或不能满足公众的愿望和要求。

（二）保证公共政策的贯彻实施

公共政策监控对政策的正确、全面贯彻执行起推动作用。政策只有在被采纳并付诸实施之后，才可能产生实际的作用并达到预期的目标。但要使政策正确、全面地贯彻执行，并不是一帆风顺的，由于执行者的认知水平、价值取向、个人及其所代表的利益、偏好等，经常使得政策在执行过程中被误解、曲解、滥用、消极抵制甚至反抗。因此，为了保证政策全面、正确地贯彻执行，就要根据一定的标准对政策的执行活动进行检查、监督，防止种种抵制、违反、滥用政策的现象发生，或者发现预期目标与实现效果之间的偏差，并找出其中的原因，作出相应的调整。

（三）促进公共政策的调整与完善

客观世界总处于不断的变化发展之中，而人的认识能力的提高速度总是赶不上客观世界发展变化的速度。政策作为人的认识的产物，总会存在不尽完善之处。而且，政策一旦制定出来并付诸实践后，需要保持相对的稳定。这就使政策的变动总是滞后于人的认识的深化，更滞后于外部世界的发展变化。因此，政策必须随着外部世界的变化和人的认识的深化而做出调整，只有这样才能使政策目标、实施步骤、执行手段等与现实相符合，从而产生良好的绩效。政策监控的作用就在于敏锐地捕捉外部世界的发展、认识的深化和政策之间的差距，以便及时做出调整，使之臻于完善。

（四）促使公共政策终结

公共政策监控对于过时的、错误的政策的终结起重要作用。所有政策都具有时效性，即原来适用的政策由于客观环境和政策环境发生变化而不再适用，许多情况并不是仅仅做出政策调整就能解决的。有些政策则是在错误的理论指导下制定的,它本身就是错误的政策。对于这些过时的、错误的政策,只能终结。但政策监控的作用不在于具体实施政策的终结,而是通过工作本身发现那些错误的、多余的或无效的政策,及时向有关方面提出报告或提交合理建议,促使实现政策终结。这对提高政策绩效、推进政策更新有积极作用。

四、公共政策监控的基本原则

虽然公共政策监控涉及公共政策制定、执行、评估、终结等各个不同的环节,但并非散见于各个环节,而是形成自己的完整体系。为保证公共政策监控的科学运行,需要遵循以下基本原则。

1. 封闭原则

在科学的政策监控过程中,首先必须符合封闭原则,即整个政策监控系统是由有机的封闭的系统运行完成的。政策过程从制定、执行、评估到终结构成一个完整系统,政策监控围绕政策目标来不断调整、完善政策,相应地也构成一个封闭的监控系统。这个系统由相互影响和相互关联的子系统组成,局部监控与总体监控协调一致。而且,每个政策活动都有相应的监控,不留空白和死角。例如,在政策发布之后,为保证政策能够正确贯彻执行,不仅需要一部内容全面的执行法,而且应该有对执行的监督法,以及反馈法,其中包括对在执行过程中产生矛盾的仲裁法,对执行发生错误的处理法等。

2. 反馈原则

政策监控贯穿于政策运行全过程,具有动态性,需要随时收集政策运行各环节的信息,因而要运用反馈原则。在政策监控过程中,必须建立准确、高效的信息反馈系统。政策监控主体,通过及时、准确地接收有关政策执行状况、结果等的反馈,及时校正违背或脱离政策目标的情况,使政策按照政策目标的方向运行。因此,政策监控的有效性,在很大程度上取决于灵敏、正确、有力的信息反馈。

3. 能级原则

在政策监控过程中,需要科学合理地划分和设置监控层次,并在每个层次配置有相应能力的监控者,这就是政策监控的能级原则。政策监控系统的子系统处于不同层次,不同的监控主体在各自层次内履行监控职责。需要注意的是,监控层次的划分应适度。如果监控层次设置过少,或监控者能力不够,就会使政策过程在某些环节失去监控;如果监控层次设置过多,或监控者能力过剩,又会造成监控资源的浪费，甚至造成职责不清、互相扯皮，降低监控的效率和效果。

第二节　公共政策监控系统

公共政策监控系统是由政策监控主体与政策监控客体相互作用、互相影响、互相补充而构成的完整体系。主要包括政策过程中所涉及的立法机关、司法机关、行政机关、政党组织、社会团体、公民与及大众传媒等。下面主要从监控主体的角度分别讨论其构成及作用方式。

一、立法机关

立法机关不仅是最重要的政策制定主体，同时也是最重要的政策监控主体之一。正如威尔逊所说："一个有效率的、被赋予统治权力的代议机构，应该不只是像国会那样，仅限于表达全国民众的意志，还应该领导民众最终实现其目的，做民众意见的代言人，并且做民众的眼睛，对政府的所作所为进行监督。"①

经由选举产生的立法机关，是最具权威性的公共主体，是其行使公共政策监控权的基础所在。具体地讲，立法机关对政策监控的权力是其立法权派生的，具有最高法律效力的监督形式，是法律监督、财政监督、人事监督和工作监督的总和。作为监控主体的立法机关的主要活动表现如下：

1. 依靠法律监控公共政策

立法机关所制定及其废止的法律为公共政策提供了框架。一切公共政策的制定与实施都必须遵循法律，均不得违背法律，也不能超越于法律之上，否则均被视为非法。对违背法律、超越法律之上的政策，可以及时依法取缔，从而对政策的制定和实施形成强有力的制约。

2. 听取和审议预算、决算、立项等，对公共政策的内容、规模、方向等加以监控

立法机关有权审查政府的有关报告和计划，如国家行政机关提出的国民经济和社会发展计划及计划执行情况的报告，关于国家预算及预算执行情况的报告，重要项目的立项情况报告等，通过严格审查作出相应决议，对公共政策产生有力的监控作用。

3. 通过人事任免来影响和监控政策

权力机关依法行使人事任免权，它可以通过选举、任命及罢免有关领导者及

① 〔美〕威尔逊：《国会政体》，商务印书馆1986年版，第164页。

工作人员而直接监控政策的制定和执行。例如,总统制国家的立法机关对总统提名的高级官员具有监督审查权;内阁制国家的立法机关对政府首脑具有直接选举的权力,对其他重要官员免职具有监督同意权,还拥有对出现政策失误的政府进行不信任投票的权力,这也是迫使政府改变政策的一个重要方法。①

4. 以质询和诘问等方式对公共政策加以监控

质询是由议员或代表在立法机关中就与公共政策实施有关的事件对政府责任机关及主要相关负责人发问并要求予以答复的方式。质询和诘问都是法律赋予议员或代表的权力,政策执行者无权避而不答,由此来对政策执行加以强有力的监控。②

5. 通过视察、检查和专项调查对政府各部门政策及其执行情况进行监控

各国宪法一般都规定,立法机关及其代表有权视察和检查政府部门工作,以便在这种日常性监督工作中及时发现问题,提出建议,以此来督促政府各部门改进工作,从而对政策的执行实施有效监控。

总之,立法机关通过上述各种形式的活动,对公共政策的采纳、制定、执行、评估及终止等实行有效监控,它是政策监控最重要的主体之一。此外,由于立法权在纵向层次上的分布,为了保证国家法律统一,尤其是在单一制国家,上、下级立法机关之间往往形成一种监控与被监控的关系,上级立法机关有权否决下级立法机关通过的法案。③

补充阅读 1:西方立法机关的监督

在发达资本主义国家,立法机关对公共政策的监控,根源于其分权与制衡思想。政治理论对于权力问题的主要观点是"一切政治权力都必须是有限制的",其根源可以追溯到古希腊斯多葛派关于社会契约的思想,成为宪政理论的基本原则之一。因此,建立了种种体制以限制、监督权力的运行。例如美国的双重分权制度、英国的两院制、瑞士的委员会制度等。这一原则运用于公共政策过程,就是任何一个国家机关即任何一种权力都不能单独操纵公共政策,公共政策的制定、实施、调整、终结更多地是一个交易的过程,是由各方及其所代表的利益集团进行谈判的结果。

如在美国,国会凭借监督权(congressional oversight)的行使,对行政机关执

① 蔡定剑:《中人民代表大会制度》,法律出版社 1998 年版,第 342 页。

② 陈振明:《政策科学》,中国人民大学出版社 2003 年版,第 360—361 页。

③ 张国庆:《公共政策分析》,复旦大学出版社 2004 年版,第 376 页。

行政策加以监督与评估。① 美国国会对行政机关的政策监控权，在宪法上并无明文规定，它是配合国会的拨款权、咨询与同意权而来的。国会通过拨款和预算的权力来控制行政机关的“荷包”，即所谓荷包控制权。行政机关为了维持现有的计划或创设新的计划，所需经费须得到国会的同意。对经费的控制实际上就是对政策的控制。国会对行政机关的政策或计划若表示不满，或是认为行政机关在执行政策时缺乏效率，国会可以削减其经费。

在政策执行的过程中，行政机关扮演了一个重要的角色。政策执行是否有效，视行政人员的素质而定，国会凭借对行政机关的人事控制，保证行政人员素质维持一定的水准，故对机关人事的控制，也是行政效率提高的一种保证。国会对行政机关人事的控制，可以分两方面来说明：一是由国会制定法律，规定行政人员的资格及雇佣条件。二是由参议院行使“咨议与同意”的权力，同意（或否决）总统所作高级行政官员的提名——包括内阁部长、联邦法官、驻外大使等的提名。

此外，国会监督权有时是通过调查权来行使的。由国会就某一项政策的执行，发表调查报告。国会调查有两个目的：一是了解行政机关作业的情形；二是对行政机关缺乏效率或管理不当，予以揭发。

补充阅读 2：我国的全国人民代表大会对公共政策的监督②

我国宪法明文规定，全国人民代表大会是国家最高权力机关，地方各级人民代表大会是地方各级权力机关。人民代表大会的政策监控是其立法权派生的、具有最高法律效力的监督形式，它是法律监督、财政监督、人事监督和工作监督的总和，是人民代表大会影响、制约或控制其他国家机关的一种国家行为。

（1）人民代表大会在政策监控中的地位与作用

现行宪法规定，各级人民代表大会有权监督宪法、法律以及规范性法律文件的实施；有权监督国家或各级行政区域内最高领导人的任免，依法审议罢免案，罢免有关公职人员；有权审查和批准国家或各级行政区域内国民经济和社会发展计划以及财政预算及执行情况的报告；有权撤销或改变本级人大常委会、人民政府所作的不适当的决议、决定或命令；县级以上的地方人民代表大会还有权改变或撤销下一级人民代表大会所作的不适当的决议、决定和命令，县级以上地方人民代表大会有权监督和保障执法机关依法行使职权。也就是说，各级人民代

① 参见朱志宏：《公共政策》，台北：三民书局 1995 年版，第 293—295 页。

② 参见陈振明：《公共政策分析》，中国人民大学出版社 2003 年版，第 323—326 页。

表大会在同级行政区域内是法律行为、人事任免行为和财政行为的监督者。各级人大常委会的立法监督起着核心的作用，这也是由宪法和法律确认和保护的，各级人大常委会不仅享有广泛的监督权，而且拥有对最高国家活动的日常监督权。

(2)人民代表大会的政策监控的基本内容

人大政策监控在总体上可分为法律监督和工作监督两个方面。

法律监督是人大及其常务委员会对规范性文件是否违宪、是否违法所作出的裁决。它既包括对其制定程序，又包括对其内容是否违宪、是否合法所作出的裁决。根据法律规定，全国人大及其常务委员会具体对下列行为进行法律监督：裁决由国务院制定的授权立法、行政法规、决定和命令；裁决由地方国家权力机关制定的地方性法规、条例、单行案例和决议；裁决由最高人民法院、最高人民检察院作出的司法解释、批复以及对有关案件所作的判决和决定；裁定国家主席、国务院、中央常委、最高人民法院、最高人民检察院在行使权力时所产生的权限纠纷或违法违宪等行为。地方人大及其常委会的法律监督主要包括以下内容：各级人大有权改变或撤销同级人大常委会和同级政府的不适当的决议、决定和命令；地方人大常委会有权撤销同级政府和下一级人大及其常委会做出的不适当的决议、决定和命令；地方人大常委会有权监督由下一级人大及其常委会组织领导的选举活动。

工作监督是指人大对行政机关和司法机关的具体活动和官员的具体行为实施的监督。工作监督又可分为行政、司法和人事三方面的监督。行政监督是人大工作监督的重点，指的是对行政行为(如行政决策、行政计划、政府财政行为、外交和战争权等)的合法性、合理性等的监督；司法监督是人大对司法行为的最高监督，具体包括以下内容：听取和审议人民法院、人民检察院的工作报告和专题报告，审查涉及全局的司法政策，监督审查争论较大、涉及面广的重大案件，监督审理人民检察院检察委员会无法形成统一意见、由检察长提请人大常委会决定的案件，监督检查由人大转交给司法机关的人民群众的申诉和控告。人事监督是人大监督的一个实质性的组成部分，主要包括根据宪法和法律的有关规定，对政府官员的任命、考核、罢免等。

(3)人民代表大会政策监督的制度

我国人大监督的制度有以下一些主要内容：第一，听取和审议“一府两院”的工作报告。第二，审查国家计划和预算。这是人大进行财政监督的主要形式。第三，质询。质询是较为严厉的一种监督形式。指由一定数量的代表联名对国家行政机关提出质询案，由受质询的机关负责人在主席团会议、有关专门委员会会议或有关代表团会议上作口头答复或书面答复。第四，调查委员会。调查委员会是人大对特定事宜进行监督和控制的一种形式。第五，罢免。这是较严厉的一种监控方式，指由一定数量的代表团或大会主席团提出对国家机关领导人的罢免案。

二、司法机关

司法机关是专门的法律监督机构，其职责在于通过严格执法以维护法律的尊严。司法机关的监控是一种事后监督，监督的核心在于判断“自由裁量的公正”。对于政策主体而言，无论法律的制定，抑或法律的执行，都存在着相当程度的“自由裁量空间”，司法监督的要义就在于裁定这些政策人员对于自由裁量权的行使是否公正。在西方，司法机关主要是指法院，而我国则包括人民法院和人民检察院。法院和检察院通过审查、提起公诉、审判等行为，对严重违反国家政策的人员实施法律制裁，对政策的执行起着强制性的制约作用，从而达到政策监控的目的。

司法机关的政策监控是通过运用法律手段实现的。监控的主要途径有以下几个方面：

(1)通过对政策制定程序和原则是否合法的裁定来对政策进行监控。

(2)通过对政策的内容是否合法的裁定来对政策进行监控。

(3)通过对政策执行中使诸如对行政裁量权的使用是否合法来对政策加以监控。

司法机关的权力具有被动性，即只有利害关系人请求后才能得以行使，主要体现的是“不告不理”的诉讼原则。因此，司法机关的政策监控具有一定的局限性，如果利害关系人没有向司法机关提出请求，那么即使政府机关及其人员在政策过程中有违法行为，司法机关也是无为力。尽管司法监控是一种消极的监控方式，但它毕竟是以法律为依据、以国家强制力为后盾的，所以仍不失为一种强有力的监控形式。

在我国，由于实行“议行合一”体制，司法权力从属于立法机关，司法监督活动也必须受立法机构即权力机关的监督(也因此，在我国，宪法监督权力并不由最高人民法院行使，而是由人民代表大会及其常务委员会行使)。而在西方各国(以美国为代表)，司法机构对公共政策的监控是非常有力的。根据司法审查学说，联邦法院不仅有权审查联邦行政机关和国会的行为是否违宪，而且有权以州政府的活动违宪为由而宣布其无效。

补充阅读3：美国的司法审查制度[①]

司法审查学说是美国政治理论的一个独特之处。根据该理论，形成了司法审查制度，并以宪法作为保障。

(1)理论渊源。司法审查制度的理论渊源可一直由启蒙运动追溯到中世纪教权与王权的二元对立，直至古希腊和罗马，经过漫长的历史演化，终于使得"限权政府"的观念成为社会各界的共识。其直接的理论则来自于洛克和孟德斯鸠关于分权与制衡的思想。也就是说，美国宪法是欧洲分权与制衡理论的制度化、具体化的表现方式，经此转变之后，分权与制衡的抽象原则才具有可操作性，因而能够在现实生活之中运转起来。

(2)司法审查的内容。首先，对联邦行为的审查。在美国的宪法中找不到有关司法审查制度的任何明示的条文根据。首开司法审查先例的是"马伯里诉麦迪逊案"(1803)。此后，联邦法院在阐释宪法方面具有最高权威这一基本原则就得以确立。在"合众国诉尼克松案"(1974)的判词中，最高法院裁定，国会可以要求总统对司法程序做出回答，被告是总统这一事实并不使秘密通信特权问题成为不可由法院审理的理由。其次，对州政府行为的审查。早在1801年，最高法院就曾宣布一项州法律违宪。在对"马丁诉亨特的承租人案"(1816)的裁决中，斯托里大法官代表联邦最高法院发表意见，认为"决定联邦最高法院享有管辖权的因素是案件，而不是法院"。对此案的裁决一直是联邦最高法院对州法院行使管辖权的关键依据。根据美国宪法第三条，最高法院的管辖权范围包括引用宪法规定而产生的案件。由于州法院对合宪性问题行使了初审管辖权，联邦最高法院有权根据上诉管辖权对诉讼进行复审。此外，斯托里大法官还以联邦需要对宪法进行统一解释为由，从政策角度提出了进行司法审查的理由。他指出，宪法绝不能在50个不同的辖区有50个不同的解释。否则，联邦势必陷入危险之中。

(3)限制司法审查的具体原则。进行司法审查并不意味着联邦法院可以为所欲为，它同样也要受到许多限制。其中，有宪法上的限制，如宪法第十一条修正案的限制性规定和案件或诉讼规定即只对实际存在的诉讼进行判决，也有政策限制(这是担心如果最高法院积极参与政治进程就可能侵犯私人权利，因而法院必须十分注重自我约束)。此外，最高法院还根据一些具体原则拒绝受理某些案件，而不去裁决它是否违宪。这包括以下三个方面的问题：其一是诉讼资格问题，即什么人可以对是否合宪问题提出诉讼；其二是时机问题，即何时可以对是

① 参见陈振明：《公共政策分析》，中国人民大学出版社2003年版，第321—322页。

否合宪问题提出诉讼；其三是标的问题，即什么样的宪法问题可以向联邦法院提出诉讼。上述三个方面的问题已经将具体进行司法审查涉及的诸多问题基本厘清，因而使司法审查制度具备了可操作性。

三、行政机关

行政机关的政策监控是行政系统内部对自身行为的一种纵向监督和控制。主要是指上级主管机关对下级执行机关工作的指示、检查、布置，督促等。这种监控分为两种形式，即行政监督与监督行政。

1．行政监督

又称为一般行政监控，它是从行政法规定的行政管理权中产生，由上级政府部门对下级政府部门及其所属机关进行业务监督、人事任免等，达到政策监控的目的。主要包括三种情况：第一，中央政府对所属部门和地方政府及其人员的监督与控制；第二，综合部门的政策监控，即行政机关通过综合性的业务，如劳动人事、福利、保险、文教、卫生、税务等，对各部门、各地区进行政策监控；第三，主管部门对下级业务部门及所属单位的执行情况的监控。

监控的具体方法有：改变、撤销所属部门和下级机关发布的不适当的命令、指示；直接对所属部门和下级机关发布命令、决定和指示；对所属部门和下级机关进行人事任免；考核、奖惩。由于这种监控以法律、法规、纪律等为监控的依据，因而具有强制性。

2．监督行政

又称为专门行政监督，即行政监察。它是由依法享有行政监督检查职权的行政机关或法律、法规授权的组织对行政机构内部的工作人员在政策制定、执行过程中的行为进行监控，其内容侧重于对违法违纪现象的查处，其对象是自然人而非法人。其监控的方式见本节对"司法机关政策监控"的介绍。行政监察是以国家的强制力为后盾，具有很强的监控效果。

另外，在行政系统内部的这种纵向监督，也存在自下而上的辅助形式，即下级机关对上级机关进行监控。这种监控虽然并不具有强制力和法律效力，但是这种来自下边的声音很可贵很重要。它有利于上级机关进行正确的政策决策，及时纠正工作中的失误，减少不必要的损失，以提高政策的绩效。

四、政党组织

政党组织可以分为执政党、参政党和在野党。其中执政党在政策制定与执行中发挥着决定性的作用，同时也是对政策运行过程进行调控最重要的力量。在实行多党合作制的国家中，参政党作为政治生活中的重要力量，也会对政策起到一定的影响和监控作用。而那些有在野党的国家中，在野党对政策的监督与调控作用比较显著。

1. 执政党的政策监控

执政党分为一党执政和多党联合执政两种形式。一般来说，执政党的政策监控大都采用以下几种方式：

(1)将执政党成员选入立法机构，通过影响立法来影响并监控公共政策的制定。通过这种途径，该党及其所代表的利益、纲领、路线、方针等都可以在公共政策中得到反映。这种方式对公共政策的监控力度很大。

(2)将执政党成员列入各级政府机关及政府各部门中，以影响政策的实施。这是一种强有力地监控政策执行的途径。如在西方，执政党一般不直接参与政府决策和政策执行，而是以政府首脑的名义发挥间接作用。①

(3)通过从党纪到国法的各种形式对政策制定者和执行者进行检查、监督、任免或处罚，以强制手段保证执政党的政策贯彻执行。执政党对国家各种权力机构的控制权为实现这一监控方式提供了有力保障。

(4)通过执政党所影响的社会团体、社会组织以及它所掌握的大众传媒等进行舆论宣传，从而对公共政策各个环节进行有力的监控。

2. 参政党和在野党的政策监控

参政党和在野党在公共政策的监控中也发挥着重要作用。其监控的主要方式有二：一是通过在立法机关、行政机关占有一定的席位，根据法律赋予的权力对政策的制定和执行过程施加一定的影响，起着一定的制约作用。比如，美国的在野党虽"无权参与政府政策的制定，但有权在议会内外批评执政党的内政外交，发挥监督、牵制政府施政的作用，并组成后备政府，随时准备取而代之"②。二是动用其所影响的社会力量如社团组织、群众组织、新闻媒体等对国家各级机关及其工作人员进行各种形式的监督。但它们的政策监控力度不如执政党那样大。

补充阅读4：中国共产党与人民政协的政策监控③

我国宪法明文规定，中华人民共和国是工人阶级领导的，以工农联盟为基础

① 林勋健：《西方政党是如何执政的》，中共中央党校出版社2001年版，第16页。

② 同上书，第98页。

③ 参见陈振明：《公共政策分析》，中国人民大学出版社2003年版，第327—329页。

的人民民主专政的社会主义国家。这种国家的性质和党对全国社会生活各个方面的领导，决定了中国共产党在政策监控系统中的特殊地位和作用。中国共产党的政策监控主要采取以下方式：(1)党对国家生活的领导决定了政策的内容或方向与政策的实施。中国共产党对国家及社会生活的领导表现为政治领导、组织领导和思想领导。(2)党纪监督。党纪监督主要是通过党的中央和地方各级纪律检查委员会具体负责实施，是中国共产党监督广大党员及干部的重要形式，它虽不具备法律效力，但由于党的纪律监督必然影响着监督对象的政治前途，因而具有极强的现实约束力。(3)通过党的基层组织实施政策监控。党的基层组织遍及国家和社会生活的各个角落，是党与党员及群众相联系的桥梁和纽带，是领导群众进行社会主义建设的具体执行者，是党的路线、方针、政策等的具体贯彻者。(4)通过各种大众传播媒介进行政策监控。中国共产党可以用其所掌握的大众传播媒介为采纳、实施、调整、改变甚至废除某些政策等大造舆论，这样就可以为此后的实际操作减少摩擦，从而降低实施成本。还可以利用信息网对基层组织与党政机关及其工作人员进行全方位的监督等，都可以视为舆论监督在中国的特殊表现。

在我国，民主党派是参政党。各民主党派对政策的监控主要是通过人民政协这一爱国统一战线组织实现的。人民政协主要以如下方式履行其监控权力：政协全国委员会全体会议、常务委员会会议或主席会议向中共中央、全国人大常委会、国务院和地方各党政领导机关提出建议案，各专门委员会提出的建议或有关报告，委员视察、委员提案、委员举报或以其他形式提出批评建议，参加中共中央、国务院有关部门以及地方各级政府部门组织的调查和检查活动。由于人民政协的委员来自各行各业，并且一般具有较高的思想文化素养，所以，由他们提出的建议往往比较合理，其批评也往往比较中肯。然而，由于人民政协的权力仅在于参政和议政，即仅在于参与、议论，而无权形成有约束力的决议，所以，由人民政协所实施的政策监控是不具备强制力的。当然，其中的合理化建议与批评都可能被采纳或接受。也就是说，民主党派对整个政策系统都仅能施加一定的影响，起着有限的作用。

五、社会团体

社会团体一般是以特定的利益为背景而进行经常性活动的组织，如工会、各种社团、协会等。这里讨论的是除取得法权地位(如政党)以外的社会团体，其对政策活动的影响，在形式上和公民一样，但比单个公民的影响力要大得多。社会团体是现代社会中参与政策运行的重要力量。社会团体基于自身的利益，不仅积极参加政策的制定与实施，而且也关心对政策过程进行监控。

它在政策过程中的主要作用在于：一是以各种方式将社会变化及该集团的要求表述出来，以期影响公共政策的制定、采纳与实施；二是将国家意志和信息传达给社会，以达到全社会对政策监控的目的。

社会团体对政策的监控，主要体现在两个方面，即一方面极力阻挠、反对、阻滞不利于自己团体利益的法规、政策的制定与实施；另一方面极力争取有利于自己团体利益的法规、政策的制定与实施。具体方法是：

(1)通过向政策决策者、政策执行者提供有关的信息来影响政策制定。

(2)通过举办民间政策研究机构，通过政策咨询和评估来影响政策运行。

(3)通过组织基层群众的政策参与来进行政策监控。

补充阅读5：利益集团的游说

利益集团的存在与发展及对政治生活的参与，是现代社会多元化的一个表现。利益集团对政策活动的影响，虽然在形式上和公民是一样的，但与单个的公民相比，其影响力要大得多。

游说活动是各种有组织的利益集团影响政府决策的主要方式。这种活动在有些国家受到主导价值观念的排斥，但在美国却受到宪法第一修正案的保护。游说活动主要包括：(1)接近政府决策者；(2)提供决策者所需且对本利益集团有利的信息；(3)通过基层动员对议员施加压力以影响国会的决策；(4)对议员提供竞选赞助，以增加议员对本利益集团的依赖感。①

在市场经济国家中，企业是以追求利润最大化为行为动机的组织。企业或以企业为背景的利益集团往往最热衷和最善于应用自身优势积极地影响政府决策。查尔斯·E.林德布洛姆在《政治与市场》一书中系统地分析了自由市场制度下市场、私人企业、民主、多元政体的相互关系。他认为，企业投身于利益团体、政党及有关的选举活动，并从中获得优势影响力。由于企业能够提供就业机会，配置国家资源，发展国家投资，提供公共服务。即实际支撑着国家的经济运行，于是政府不得不迁就企业的要求，使企业能充分扮演处理公共事务的角色。

六、公众与大众传媒

公众对政策的监控主要是通过社会舆论的形式实现的。社会舆论是公共意

① 张国庆：《公共政策分析》，复旦大学出版社2004年版，第382页。

志的集中反映，可以表达公众的利益、愿望和要求。由于政策总是与公共事务有关，因此，政策制定和执行的各个环节，都必须充分考虑人民群众的利益和要求。“公共舆论确定了公共政策的基本范围和方向。”[①]因而，社会舆论在现代政策中的影响应引起高度重视。

在现代民主社会中，大众传媒、社会舆论的作用越来越大。它不仅对政策问题的发现、政策的规划、政策的决定具有重要影响，而且它在政策执行的调控中也发挥着特殊的功能。大众媒介对政策执行的调控主要是通过以下方式实现的：一是对政策的执行进行跟踪报道，让政策执行机构的行为直接显露在政策目标群体和公众面前，从而使政策的执行更为公开化、透明化。二是对政策执行中的效果和问题加以评论，让政策执行机构能及时地听取政策目标群体和公众对政策的实施和实施中的中间效果的意见和建议。

但是大众传媒监控作用的发挥只有以自由为前提，才可能独立、客观地反映政策活动中的事实，以达到监控的目的。一旦丧失舆论自由，缺乏进行监督的权利，大众传媒往往会降低监督意识，甚至可能沦为权力的附属品。若为利益集团操控，可能会出现社会小部分人的利益或某些利益集团的利益比公众利益更为强烈地表现出来的情况。在此基础上制定并执行的政策就不可避免地被扭曲，即公共政策不反映广大民众的普遍利益，而仅仅是反映了一小部分人或一些集团的利益。从而无法实现对政策的监控。

另外，公民作为公众意志的载体，还可以通过选举成为民意代表、向司法系统（或监督系统）提出申诉等方式，对公共政策实现间接的监控。

补充阅读6：西方社会舆论在政策监控中的显著作用[②]

在西方，新闻自由权是人民主权的一种具体表现。既然国家的权力来源于人民，政权的合法性来自于人民的认同与支持，建立国家及政府的目的就在于谋求人民的幸福、自由等。所以，人民可以表达自己的利益、愿望和要求。在西方，国家的官方机构一般没有查处新闻的权力。新闻是自由的，也是有力量的。“新闻媒介的真正功能在于他们能够决定将被决定的事。规定问题的范围，分辨可选择的政策，将民众的目光引向社会、经济及政治危机——这些都是政策制定的重要方面。”大众传媒因为能让公众关心的问题引起全社会的关注，从而推动政府确定议事日程，因此也对公共政策制定有至关重要的影响。人民群众、团体、

① 〔美〕詹姆斯·E.安德森编：《公共政策》，华夏出版社1990年版，第95页。

② 参见陈振明：《公共政策分析》，中国人民大学出版社2003年版，第319—321页。

公民、官员等可以通过形成舆论对现行政策的效果和是否符合现实要求的政策方案做出判断，并且在此基础上形成对政策的支持、反对或冷漠等态度。这些态度既会影响到公共政策的制定，也会影响到公共政策的采纳与实施，同样会对如何评价公共政策产生一定的影响。而政府，通过大众传媒、社会舆论，获得公众有关过去的政策决定和效果的信息反馈。政府如果能对公众所持的态度及倾向有比较准确的把握，那么提出的政策的可行性将是很大的。

社会舆论对于公共政策的影响取决于这一点：国家是否控制着一切或大多数社会化工具和一切传播媒介？如果是，则意味着只允许有一种声音即国家的声音；如果不是，则意味着存在着多种声音。只有在第二种情况下，社会舆论才能对公共政策进行监督和控制。欧美各国的社会舆论之所以能够对公共政策的制定、采纳、实施、评估、调整以及终止等各个环节产生较大的影响，原因无他，只在于新闻自由有宪法上的与制度上的保证，在于任何国家机关、任何领导人都不敢公然侵犯、损害新闻的自由与独立。

第三节　公共政策监控的运行

公共政策监控的具体运行过程实际上是由公共政策监督、公共政策控制、公共政策调整三大环节所组成一个动态过程。每个环节既有自己在内容、方式等方面的特点，又相互影响、相互依存，相互配合。本节将分别对这三大活动的具体情况进行较全面的介绍，以便深入了解政策监控的全过程。

一、公共政策监督

公共政策监督是公共政策监控主体以一定的制度、法规为依据，对公共政策系统的运行，包括公共政策的制定、执行、评估及终结活动，所实施的监测和督促。

（一）公共政策监督的基本条件

1. 建立必要的制度、法规

这是形成政策监控的依据，有了一定的法规制度，明确了政策主体的职责，政策监督就有了强有力的支持。

2. 政策监督者与政策监督对象之间应保持时时沟通

主要是通过各种监督机构或机制及时了解公共政策系统运行状况，掌握公共政策问题和公共政策目标，使监督有明确的标准。

3. 在机构设置上保持监督机构的独立性

只有在不受掣肘的前提下，监督才能真正有效运转，监督过程中才敢于提出异议。

4. 对监督对象有影响权

影响权包括对违反制度、法规和政策者加以处罚和责令其纠正政策过程中的各种错误和偏差的权力。影响权决定了监督的实际意义。

（二）公共政策监督的步骤

公共政策监督过程主要可分为三大步骤：第一，建立必要的制度、法规，明确公共政策主体的职责，为公共政策监督提供依据和标准。第二，监督机构对公共政策运行过程实施监督，调查了解公共政策运行过程的情况。第三，纠正公共政策运行过程中出现的各种错误和偏差，对违反制度、法规和政策的责任人给予处罚。

（三）公共政策监督的内容

公共政策监督活动贯穿于整个政策过程之中，其内容主要包括对政策制定、执行、评估及终结的监督。

1. 对政策制定活动的监督

制定的政策由于多种主客观因素影响，可能有不完善甚至错误之处，需要对政策的制定过程及其活动进行有效的监督，以保证政策制定的质量。

政策制定过程中的欠完善、欠科学，主要可归为三大原因：第一，政策决策者个人及其所代表的利益具有局限性以及掌握信息的有限性，使其以有限的甚至是错误的知识体系或价值体系为指导进行政策制定。国外学者的学术研究表明，官僚们能够转而为狭隘的集团利益服务。托马斯·麦加里蒂（Thomas McGarity）在对几项行政机关的研究的基础上，注意到“技术官僚理性倾向于在决策过程的早期阶段缩小选择的范围并且排斥后来出现的新的选择，问题的规定性本身就可能取消了选择机会”①。如一些地方政策以保护主义为价值取向，制定出一些损害“公共利益”的公共政策，对本地区资源和市场的行政性保护现象以及为了维护本行业、本部门和本地区利益，人为设置市场障碍，防止外地同行业竞争者进入等。陕西某县曾出台政策，规定非本县生产的香烟一律按“走私烟”处理，即是这类典型。第二，由于决策者在制定政策时，没有严格遵守宪法和法律所规定的规则与程序，致使制定出的政策不合法。第三，决策者用以指导决

① 〔美〕威廉·F. 韦斯特：《控制官僚——制度制约的理论与实践》，重庆出版社 2001 年版，第 179 页。

策的理论不正确以及对国内外形势的估计失误，也影响着决策的科学性。

2. 对公共政策执行活动的监督

制定出科学的政策并不能完全保证其实现既定目标，因为政策执行过程中的具体情况，以及政策行为所带来的后果无法完全预知，政策若得不到贯彻实施，那么它所要解决的社会问题以及经济、社会发展目标就无法实现，再好的政策也可能成为一纸空文。因此，在政策出台之后，对其执行过程进行跟踪监督至关重要。

导致政策无法有效贯彻执行的原因可能来源于政策问题的特性、政策本身以及政策执行机构及其人员等方面。其中，政策执行机构及其人员，如执行人员对政策意义的认识不足、自身素质与工作态度欠缺、机关组织间的沟通与协调不够，是影响政策执行有效性的重要因素。由于每项政策本质上都是对社会成员利益的调整，不可避免地会损害一部分人的既得利益，增加另一部分人的利益。利益受损的一方会以各种方式抵制甚至反对现行政策，利益增加的一方则欢迎和维护它。如果政策执行者本身的利益或他们代表的集团的利益受到该项政策的损害，就可能出现对政策的抵制反抗，或对政策曲解、误解、歪曲及滥用。

对政策执行进行监督就是为了保证政策执行活动遵循政策原定方案进行。通过对执行进度、阶段性效果等的跟踪监测，及时发现和纠正一切违背政策目标的行为，提高政策实施的效率，确保政策目标的顺利实现。正如威廉. F. 韦斯特所言："无论是主动的还是反应式的立法监督，都可以因之而起到保护政策执行的完整性，防范立法机关以外的破坏性影响的作用"。①

3. 对公共政策评估活动的监督

公共政策评估是对公共政策效果、效益和功能等进行判断的活动。而政策评估监督则是监督主体对政策评估活动的监督，以保证政策评估活动的客观、公正，及时地发现政策偏差，并决定对其进行修改、调整、完善、暂停执行或终止。

政策评估本身就是对政策制定、执行活动的一种监督形式。通过评估，可能对政策制定者曾经认为已经解决的问题进行再度设计，对政策执行者以为圆满的过程进行修正。如果没有政策评估工作，就无法对政策的可靠性、实施人员的责任以及政策制定机构的职责做出判断。②

但是，政策评估在世界各国刚刚起步，是政策过程中的一个薄弱环节。常常由于在政策效果测量的准确性、评估标准的科学性、评估人员的意识和态度、评

① 〔美〕威廉 · F. 韦斯特:《控制官僚——制度制约的理论与实践》，重庆出版社 2001 年版，第 179 页。

② 〔美〕拉雷 · N. 格斯顿:《公共政策的制定——程序和原理》，重庆出版社 2001 年版，第 130—132 页。

估意图的纯正性等方面欠妥，使评估行动和评估结果不可信，评估的真正目的被歪曲。所以，就有必要对政策评估本身进行监督，使其在预计轨道上运行，以达到完善公共政策的预期效果。

我国经济体制改革的目标模式的变化和最终确立，生动地说明了政策评估监督的重要作用。党的十一届三中全会决定将党和国家的工作重心转移到经济建设上来；十二大提出了以计划经济为主、市场调节为辅的改革模式；十二届三中全会提出建立以公有制为基础的有计划的商品经济改革模式；十三大提出建立计划与市场内在统一的有计划的商品经济体制改革模式；十三届四中全会提出建立计划经济与市场调节相结合的经济体制和经济运行机制的改革模式；十四大确立了建立社会主义市场经济体制的改革模式。在这个过程中，经历了政策修改、完善、部分终止、重新制定等各环节。其中既有认识上的重大突破，也有对实践经验的不断总结，更有政策评估监督的巨大作用。①

4. 对公共政策终结的监督

公共政策终结是公共政策运行过程的最后一个环节，也是政策更新、政策发展的逻辑起点，有助于提高政策的绩效。对政策终结的监督主要是从终结及时性、程序规范性等方面进行。通过及时废止多余、无效、已完成使命的政策，维护了政策体系秩序和严肃性，给社会发展提供更广阔的空间。

二、公共政策控制

（一）公共政策控制的概念

公共政策控制的概念主要来源于控制论。控制论是研究动态系统在变的环境条件下如何保持平衡状态或稳定状态的科学。它以信息为基础，强调通过信息反馈了解运行状况传递，同时通过信息传递来实现控制。控制论的思想和方法渗透到了几乎所有的自然科学和社会科学领域。

在政策活动中，无论政策在制定时做得再完备、再周密，在执行过程中都会出现一些难以预料的情况。可能是客观环境发生变化，也可能是执行人主观的偏差，这就需要纠正工作偏差或原订计划，以保证制定出来的政策最大程度地得到贯彻和落实。政策控制就是政策监控主体为了保证政策的权威性、合法性和达成政策的目标，通过不断的信息反馈，对政策过程中出现偏差的发现与纠正的行为。其实质是对实际活动的反馈所做出的反应。它是改进工作的有效手段。

① 刁田丁、兰秉洁、冯静：《政策学》，中国统计出版社2000年版，第285页。

（二）公共政策控制的分类

1. 按性质的不同，公共政策控制可以分为前馈控制与反馈控制

前馈控制是利用已掌握的有关主客观环境的变化趋势的信息对未来的政策运行状况进行预测，把计划的结果与预测的结果进行比较，发现可能出现的偏差，从而事先制定纠偏措施，使实际绩效与期望的结果相一致。

反馈控制则是根据政策实际运行过程中反馈的信息，与计划方案做比较，从中发现偏差，分析偏差产生的原因，并纠正偏差的活动。反馈控制是最主要的控制形式，但这种控制形式的局限性表现在其反映问题的滞后性上，即从发现偏差到纠正偏差之间存在时间差，往往使纠正偏差错过时机，或者客观情况发生变化，影响纠偏的效果。

在政策控制中，应把前馈控制与反馈控制结合使用，做到事前控制和事后控制相互弥补。

2. 按照控制人员与控制对象的关系，政策控制可分为间接控制和直接控制

间接控制是相对于决策分权化而言的，是指政策监控主体将控制权力下放给各政策执行主体的一种控制形式。间接控制有一个前提条件，即被授权执行监控的一方与授权方有一个一致的价值系统。在此前提下，高层管理部门即可把决策下放，并且有理由相信其结果将会符合他们的期望。[①] 采取间接控制的目的是为了克服信息反馈滞后对纠偏效果的影响。

直接控制，则是监控主体保留集中控制，保留决策权，对政策各环节进行实时监控，以全面掌握政策系统运行情况，及时控制政策发展方向。

（三）公共政策控制的程序

公共政策控制的一般程序是由确立标准、衡量绩效和纠正偏差三个主要环节构成的。

1. 确立标准

标准是衡量政策的实际效果（绩效）的尺度。只有设定一定的标准才能去衡量政策实施的绩效，并找出实际绩效与预期绩效之间的偏差。政策控制的目的是为了使政策实施后达到预定的目标。因此，政策目标是政策控制的最根本的标准，控制的具体标准来源于政策目标。但是，政策目标往往是一般的、原则性的。要将政策目标转化为政策控制标准，就必须将政策目标具体化，即把政策目

① 〔美〕弗莱蒙特·E. 卡斯特、詹姆斯·E. 罗森茨韦克：《组织与管理——系统方法与权变方法（第4版）》，中国社会科学出版社 2000 年版，第 637 页。

标变成一系列可以计算的带有指标和数字的标准。目标的标准化一般从两方面着手：一是将政策目标按其时间和空间细化为阶段性的标准，比如月度标准、季度标准、年度标准，或初始阶段标准、中期阶段标准、结束阶段标准等等；二是将政策目标细化为可以衡量的标准，如实物标准、成本标准、资本标准、效率标准、收益标准、进度标准等等。

2. 衡量绩效

该环节的任务是在政策的实际运行过程中，随时监控政策运行的情况，运用确立的控制标准对政策执行过程中的实际效果进行评价，将实际结果与预定的目标或期望的结果加以比较，以便及时发现偏差，采取纠正措施。

对政策实施的实际绩效的计算与衡量必须做到全面、准确。

所谓绩效的全面性，是指政策调控者掌握到的政策实施的结果是全面的而不是片面的。在政策绩效中不仅要包括正面的、积极的效果，而且要包括负面的、消极的效果；不仅有显露出来的效果，而且有还未完全暴露出的效果。

所谓绩效的准确性，是指政策控制者掌握的政策实施的效果必须是真实的、可靠的。关于政策实施的绩效绝不是估猜出来的，也不是迎合某种需要“制造”出来的，而是通过科学的方法测量出来的实实在在的效果、效率与效益。衡量政策绩效的准确与否，既取决于标准是否合理，也取决于是否找到合适的衡量、评价方法。需要注意的是，不能将实际测量的政策效果一味理解为政策的最终结果，由于政策效果的显现有一个时间过程，因而某一时点上测量的可能仅是一种阶段性的成果，或由中间状况推测出的结果。对绩效的衡量既要关注最终的政策结果，也要重视过程中的阶段性成果。

3. 纠正偏差

这一环节包括确定偏差的类型，找出偏差产生的原因，并采取纠正偏差的措施三个具体任务。

首先，当有关政策实施的阶段性绩效的信息反馈到政策控制中心后，政策控制主体先要将政策目标或预期的阶段性效果与实际绩效加以对比，从而确定是否存在偏差。若确有偏差，则需要进一步分析偏差的类型。有些偏差是合理的偏差，有些则是不合理的偏差；有些是能够允许的偏差，有些则是不能允许的偏差；有些是客观条件变化造成的偏差，有些则是主观因素造成的偏差。对于合理的、允许的偏差则无需去纠偏。而不合理的、不能允许的、主客观因素造成的偏差则必须采取措施纠偏。

其次，发现并确认偏差之后，就需要寻找产生偏差的原因。政策在实际运行中产生偏差的原因是各种各样的，政策环境改变、目标不恰当、执行组织或人员执行不力、财力或人力投入不足等等。找到明确的原因，才能为根本上纠正偏差奠定基础。该过程可以运用政策的回溯分析，即回过去分析政策的目标、内容、作用范围、发生效力的时间、实施的方法等。

最后，根据偏差类型与原因制定调整方案，主要是确定调整的时机、调整的力度、调整的流程与方法。政策调整必须选择适当的时机，一般是选在政策执行的前一个阶段结束，后一个阶段还未开始时调整，才不会引起执行中的混乱。选择调整的力度也很重要，调整力度过大，会引起思想混乱和心理承受方面的问题；力度过小又会导致调整不到位。

三、公共政策调整

公共政策调整是在公共政策监督和控制所获得的有关公共政策系统运行（尤其是政策执行的效果）的反馈信息基础上，对政策方案及方案与目标之间的关系等进行不断修正、补充和发展，以达到预期效果。它实质上是公共政策方案的重新制定和执行的过程，或者是政策方案的局部修正、调整和不断完善的过程。

公共政策调整与公共政策控制中的纠正偏差有一定的联系。但两者是有区别的。公共政策控制中的纠偏是对政策过程中出现的偏差与失误进行校正，这种偏差产生的原因可能是两方面的。一是政策是合理的、科学的，但执行者实施的计划、方法和手段出了问题；二是政策本身有问题，执行者执行的计划、方法和手段也有问题。对于第二种这种原因导致偏差，除了要采取控制纠偏措施外，还需要对政策进行必要的调整，即政策本身的修正、补充或重新制定。①

（一）公共政策调整的意义

1. 公共政策调整的积极作用

首先，公共政策调整有利于政策的科学完善。主要体现在两方面：一是，任何政策都是为了解决既定环境和背景下的具体问题而制定的。在政策实施过程中，如果制定政策所依据的客观环境发生变化，使原来的政策问题改变或者解决了，或者出现了新情况、新矛盾，为了保证政策的科学性，就需要依据新环境，对原有政策作出部分或全部的改变。二是，任何政策都是在政策制定和执行主体一定的认识水平的基础上形成和运行的。而人的认识有一个从低级向高级、从片面向全面、从不完善向完善的发展演化过程。当政策制定和执行主体对政策

① 严强、王强：《公共政策学》，南京大学出版社 2002 年版，第 277 页。

问题、目标及环境的认识提高后，就需要对原来的政策加以纠正、补充，使之更加完善。

其次，公共政策调整有利于政策的有序运行。政策在实施过程中可能会有一些计划之外的情况使政策运行出现无序状态，如政策执行的主体之间出现矛盾与意见分歧，政策执行主体与客体发生矛盾，几种政策交叉且相互摩擦。这时，就需要暂时中断政策的实施，对政策主体的内部关系、政策主体与客体的关系、几种政策的相互关系进行调整，从而使政策有序地运行。

最后，公共政策调整有利于保持公共政策的相对稳定性和连贯性。公共政策作为人们日常生活的指南必须具有空间和时间内的相对稳定性，即在目标和宗旨不变的情况下，根据变化了的实际情况进行微调，使政策的合理内容在变动中得以保留，这样既可保证政策的动态发展性，又可保证政策的连贯性和稳定性。

2. 公共政策调整的消极作用

公共政策调整既能对政策产生积极的作用，又会产生某些消极的影响。

首先，公共政策的调整会造成一部分已经投入的政策资源的浪费。政策在制定、执行等环节需要进行调查论证、政策宣传、典型试验，建立相应的管理和操作的组织，培训有关管理与操作人员，还要对与政策相关的工程与项目投入资金、设备和技术等，如果政策需要调整，这些投入就会没有收益或收益不足。

其次，公共政策的调整会挫伤一部分公众的积极性。在按原来的政策计划实施时，一部分公众可能从中获得了利益。如果政策发生调整，原先获得利益的公众可能不会再得到这些利益，甚至可能丧失已经得到的利益，因此这部分公众就会变得消极，甚至对公共机构不满。

最后，公共政策的调整会对公共机构的形象产生影响。公众总希望政策能够保持稳定性，从而使自己的努力有可靠的预期并作出长期性的计划。如果政策经常调整，公众会无所适从，对行为的结果无法预期，就会对政策产生怀疑，对公共机构产生不信任，从而损害公共机构和公共政策的形象。

公共政策调整中产生某些消极影响是不可避免的，关键是政策的实施机构如何采取积极的措施，将政策调整中出现的消极影响控制在最低限度，并让调整后的政策迅速发挥作用，以便将消极影响化解掉。这方面的措施主要有以下几种：一是进行政策调整宣传。通过宣传让公众对政策调整的必要性有充分的认识，对政策调整可能产生的影响有足够的心理准备。二是注意调整力度。如果对某项政策须作大力度调整，可分几次进行，尽量做到不产生巨大震荡。三是把握调整时机。政策调整直接涉及部分公众的利益，当公众意见较大，或者具体的环境还不太有利时，可以暂缓调整，待公众情绪冷静下来，具体环境又较为宽松时，再实施调整。

（二）公共政策调整的依据

公共政策的调整，无论是修正、增删、更新还是撤换，都必须通过谨慎、全面的论证，认为确有必要时才进行，做到有理由而为之。政策调整的必要性往往来源于主、客观条件的变化。这既是论证政策调整的依据，也是需要进行政策调整的预兆性情况。

1. 公共政策问题发生改变

公共政策意在解决公共问题，在现代社会，公共问题的涉及范围越来越广泛，问题之间相互交叉，某领域内出现了新问题或者发生某个事件，会引起相关政策问题的变动，因此，公共问题在政策制定或执行过程中可能发生改变。问题的改变通常要求对政策做出相应调整。

2. 政策目标发生改变

政策目标是公共政策的重要构成因素，政策内容的确定、政策方案的选择、政策手段的运用，都是以更好地实现政策目标作为依据的。一旦政策目标发生了变化，政策方案就必须加以调整，以重新与目标一致。这种政策目标的改变，既可以发生在具体政策的层次上，也可能发生在国家的总政策、基本政策的层次上。

3. 政策环境发生改变

公共政策作为一个开放性系统，存在于社会环境之中，与环境相互作用、相互影响。政策问题归根到底是从环境中产生出来的，政策运行的条件和资源也都是由环境提供的。而环境是不断变化的，如果政策环境发生的变化已经对政策运行的条件与资源产生影响，或者已经超出了政策问题的状况，政策就必须适应环境作出调整。

4. 政策资源发生改变

与环境改变的依据有关联的是政策资源变化的依据。政策的制定、执行、监控、评估，都是需要一定类别、一定数量的资源作为支持的。政策资源并不是一个现成的恒量，它与政策制定、实施主体实际掌握的公共管理权力、本身的权威、从环境中提取资源的能力有关。因此，政策资源也是一个变量，政策资源出现变化，政策的实施就需要进行调整。

5. 政策局限性的暴露

任何一项公共政策，都不可避免地存在某种局限性。有些局限性是在政策制定和实施的过程中，由于人们主观的失误或客观条件的影响导致的；有些局限性是由政策的时空特点决定的。在政策实施前，或在政策执行初期阶段上，局限性不一定会立即暴露出来，但随着政策实施的深入，某些局限性就会起作用并影响政策的效果。为尽量减少局限性带来的损失，就需要进行政策调整。

6. 政策的负面作用加大

与政策局限性有联系的是政策的负面作用。从辩证的观点看问题，任何政策都是矛盾的统一体，既有正面的作用，也有负面的作用。但制定和执行政策的初衷是希望利用它来积极推动社会向前发展，总是希望让它发挥最大的正面效用。在制定政策时，可能已经将副作用降到最小，但还是有些负面作用要到政策执行的一定阶段才会表现出来。一旦这些负面影响扩大，政策就必须进行调整，以抑制其负面的效应。

7. 政策主体认识的改变

政策是认识的产物，体现了参与者的认识水平。在现实生活中，客观事物总是复杂多变的，而人们的认识能力有一定的局限性，这就使政策的制定和执行存在不足。人们认识到了政策的不足，就会采取适当的措施对政策进行调整。

（三）公共政策调整的特点

1. 公共政策的非零起点

政策调整的实质是协调政策目标与政策方案之间的关系，通过目标的修正或方案的修改消除两者的差别、矛盾。因此，政策调整是政策的再制定与再执行。但是，政策的这种再制定、再执行，不是将以往的政策制定和执行活动一笔勾销，不是完全从头来起，而是在先前政策运行的基础上作出的调节。新目标的设定必须考虑旧目标中的合理部分；新方案的论证选择必须充分吸纳原方案中的可取之处。如果简单地将原来的政策目标、政策方案推翻，已投入的政策资源就会浪费掉，已经从先前的政策实施中获得利益的公众也会反对。

2. 公共政策的双重优化

在政策调整过程中，制定的调整方案是从许多可供选择的方案中择优的，这就做到了政策的第一道优化。而调整后的政策方案和政策目标的关系得到改善，能更好地实现政策目标，又形成了第二次优化。

3. 公共政策的延续性

公共政策调整是在原有基础上的修改，因而需要充分考虑新旧政策的继承和平稳过渡，尽量延续原政策的积极部分，避免由于政策改变而带来社会动荡。

（四）公共政策调整的内容

公共政策调整是对政策系统的调整，其内容多种多样，主要包括问题重新界定、政策目标修订、政策方案的重新拟定以及政策效力、政策主客体、政策关系调整等方面：

1. 政策问题重新界定

随着政策过程由制定到监控等环节的推进，人们可能发现对问题原有的认识并不全面，问题的某些重要方面或边界条件可能被忽视，环境的变化可能改变了问题的性质。因此，在这一阶段，有必要根据已掌握的新信息，对政策问题加以再认识和重新界定。

2. 政策目标修订

这包括将原来模糊、不准确的目标加以明确，根据变化了的环境校正或修订原有的目标等方面。有些政策在实施时，会发生原设计目标与客观实际不完全一致甚至相脱离的情况，或者目标值定得过高而无法达到；或者目标值定得过低公众不满意；或者规定的分目标过多，分散资源；或者实现目标的时限定得过死，缺乏余地。这就必须采取措施对政策目标进行必要的校正、修订或再确立，或降低目标要求，或减少目标个数，或改变目标时限，从而使经过调整的新目标符合客观实际。

3. 政策方案完善或重新拟定

政策实施时，也会发生原定方案的运行成本过高、运行条件过于苛刻、负面影响过大等不利于政策继续执行的情况，这时需要调整的就是政策方案。方案的调整应根据不同情况而定：原先方案基本可行的，只要做某些修改或补充，如降低运行成本、拓宽适应范围、加强应付紧急事态的能力等，使之更加合理和适应变化了的现实；原先方案实施的理想条件与实际所能提供的条件差距过大时，则要对旧方案作较大变动；若原来的方案基本行不通，则应及时重新制订方案。例如，国有股减持方案出台之后，经过一段时间的实施，股市未涨反跌，大部分股民对该政策方案表示反对，有关部门不得不停止执行该方案，进行调整。

4. 政策效力的调整

政策效力即是政策发挥作用的范围和程度。每一项公共政策都是针对一定范围、一定时间、一定层次的社会公共问题而制定和实施的。因此，政策对社会生活和公众利益调节的效能会受到时间、空间和层次的制约。当政策实施中发现政策的效力达不到要求时，就应当对政策的效能加以调整，从而保持政策具有较高的效能。一般从三个方面加以调整：范围上，或扩大或缩小政策起作用的范围；时间上，或缩短或延长政策实施的时间；层次上，或加深或减少政策调节的层次。

5. 对政策主体、客体的调整

政策的实施是一个动态的过程，其主体总是处于不断的变化之中，有些客体也处于变化之中，为保证政策运行的连续性须及时调整政策主体。有时政策执行的主体与客体本身的问题会使政策实施不到位，如执行政策的主体内部产生矛盾、机构不健全、职责不清，或政策执行主体与政策客体关系紧张，这也需要对政策的主、客体进行调整。

6. 政策关系调整

社会公共问题是复杂多样的，也是相互关联的。因此，管理公共事务的不同层次的政府部门或同一层次政府的不同部门，在同一时间可能从各自不同的角度制定相互关联的政策。而各个部门在制定和实施政策时，往往只从本部门的职责、利益出发，自觉或不自觉地忽略其他的政策，就容易使一项政策与其他相关政策缺乏协调，产生矛盾、摩擦、冲突、功能互相抵消等问题。这就需调整政策间的关系，形成协调的政策结构，发挥出相关政策的互补功能扩大政策的积极效应。

（五）公共政策调整的形式

公共政策由于其所要解决的社会问题的发展与所发挥作用的环境不同，需要调整的幅度也有所不同。有些公共政策因为影响的要素只发生了部分变化，就只需要对政策系统和实施过程做出少量的、缓慢的修改或补充，即局部调整。而有的公共政策则由于影响要素发生了性质上的转变，需要作全面的系统调整。不论是局部调整还是系统调整，都会表现为以下形式：

1. 政策的修正

这是对正式实施中和正在试行中的政策的具体内容、作用范围所作的修改与订正。主要有两种方式：一是政策修改。即在保持原政策基本框架不变的情况下，对其部分内容、适用范围及有关实施的手段、技术所作出的改动。二是政策修订。即在保持原政策的基本框架不变的前提下，对其主要内容、功能范围所进行的修改订正。这两种调整方式的目的都是为了使具体政策更为精确、完整。

2. 政策的增删

这是对执行中政策的内容、作用范围和适用时间所作的缩减与扩充。主要有两种方式：一是政策补充。它是由于原来的公共政策方案已经不适应不断发展的形势的需求，导致新的社会的需要未能在政策方案中有所体现，因而必须对原有的公共政策做出进一步的扩充，主要是在保持原来公共政策的基本框架的前提下，或者对公共政策内容做出补充，扩大公共政策的适用范围，提高公共政策的作用目标，或者延长公共政策起作用的时间，以拓展现行政策的功能，增强公共政策的作用效力。二是政策删减。由于原有的政策目标定得过高、政策作用的范围过广等原因，而目前还不具备完全实行和实现的条件，需要在继续执行现行政策的条件下，减少其政策的部分内容，缩小其作用范围，缩短其作用时间，以在最有效的范围内发挥公共政策的功能。

3. 政策的更新

这是对实施中的现行政策所作的变革。原来政策陈旧，需要一些新的内容来代替。主要的政策内容、政策目标、政策适用范围、政策执行主体、政策目标团体都程度不等地发生了变化。政策更新通常是在一个国家的政治、经济生活出现重大变革的时期发生的政策调整形式。

4. 政策的撤换

这是对实施中的已经失去了合理性和科学性的政策所采取的调整形式。当社会政治、经济生活出现重大改革，原有的体制和社会评价标准正在为新的体制和新的评价标准所取代的情况下，将原先实施的政策从整体上加以撤销，并代之以全新内容、目标、效能的政策。

（六）公共政策调整的策略

由于公共政策调整是非零起点，对既有的利益分配格局会在一定程度上发生改变，因而在政策调整过程中，会对公众利益、参与积极性及政府形象会产生一定的消极影响。为了尽量减少政策调整的消极作用，更好地实现政策的目标，在政策调整过程中，需要进行策略上的思考。

1. 局部调整

局部调整是在政策执行与预定目标产生差距时，只对政策系统和实施过程作出少量的、缓慢的修改或补充。比如，存在若干相关政策时，只对其中个别政策加以调整；对单项政策，只对其个别的分目标或实施范围作出修订；对政策执行的某些措施进行改变等等。这种调整不会引起太大的震动。这是政策调整中使用最多的调整方法。

2. 分层调整

分层调整主要是用在对政策系统的调整上。为了解决某个较为复杂的政策问题，必须制定和实施不同类型、不同方面或领域的政策。政策的分层调整主要有两种调整策略：一是在不同执行层次上进行政策调整。可以是自上而下的调整，也可以是自下而上的调整。二是对于相关政策构成的系统，先挑选具有代表性的、对解决政策问题起关键作用的单项政策加以调整，然后再对其余政策逐步调整。这样可以集中突破一点，取得相关经验。

3．跟踪调整

这种策略常常在对政策执行的偏差原因、政策调整的最终结果以及各个步骤还不太清晰的情况下使用。有时，一项或几项政策在实施后与预期的效果出入较大，公众中也产生出强烈的政策调整诉求。但偏差原因究竟是什么？详细的调整计划是什么？调整后会出现什么新问题？这些都不太清楚，而公众对调整的要求又非常迫切，在这种情况下，最适宜的办法就是抓住影响最大的个别政策或某项政策的个别环节进行调整，然后再逐项政策、逐个环节地跟踪调整。这种方法的好处是可以摸索试验，对的就推进，错的就停住。

本章小结

政策监控是由监控主体，一般由立法机关、行政机关、司法机关、政党系统、利益集团、大众传媒以及人民群众等组成，通过对政策的制定、执行、评估、终结以及承担这些功能活动的个人、团体和组织进行监督、控制和调整，以保证政策本身的正确与完善、政策得到贯彻实施以及政策目标的实现。它贯穿于政策全过程，与其他环节形成循环体系。政策监控的类型划分很多，按照政策监控在政策过程所处的不同阶段，政策监控可以分为政策制定监控、政策执行监控、政策评估监控和政策终结监控。按照政策监控发生的不同时态，可以分为事前监控、事中监控和事后监控。按照政策监控的内容，政策监控可以分为目标监控和关键点监控。按照政策监控的层次，政策监控可以分为自我监控、逐级监控和越级监控。不论哪类监控，都需要遵循三个基本原则，即封闭原则、反馈原则、能级原则，从而确保政策监控的科学运行。最终保证政策的合法化、保证政策的贯彻实施、促进政策的调整与完善、促使政策终结等作用的顺利发挥。

政策监控系统，是由政策监控主体与政策监控客体相互作用、互相影响、互相补充而构成的完整体系。主要包括政策过程中所涉及的立法机关、司法机关、行政机关、政党组织、利益团体、公民以及大众传媒等。其中，有的既是监控主体，又是监控客体，因而在具体的监控过程中应准确区分责任。同时，不同国体、政体的国家，其具体的监控主体可能不同，各主体的权力、监控途径也有差异。值得通过比较研究，不断完善和优化我国的公共政策监控体系。

政策监控的运行过程，是由政策监督、政策控制、政策调整三大环节所组成一个动态过程。政策监督是政策监控主体以一定的制度、法规为依据，对政策系统的运行，包括政策的制定、执行、评估及终结活动，所实施的监测和督促。政策控制就是政策监控主体为了保证政策的权威性、合法性和达成政策的目标，通过不断的信息反馈，对政策过程中出现偏差的发现与纠正的行为。政策调整是在政策监督和控制所获得的有关政策系统运行的反馈信息基础上，对政策方案及方案与目标之间的关系等进行不断修正、补充和发展，以达到预期效果。

案例分析

“环评”工作走向科学化、民主化①

1.《环境影响评价法》出台，成效初见端倪

早在2001年4月的“两会”上，以中国环境法专家王曦等为代表的委员们就已经提出，中国当时的《环境保护法》规定的环境影响评价制度仅限于对具体建设项目环境影响的评价，难以起到保障宏观决策科学性的作用，并积极呼吁独立的环境评价法的出台。

2002年10月底，期待已久的《环境影响评价法》正式出台，规定了政府在制定规划时对环境负责，部门在报批规划草案时要附送环境影响评价报告书，从而对政府决策者、执行者从法律上追究环境影响责任。2003年9月1日，该法正式开始实施。

《环境影响评价法》刚刚出台时，便立即成为了轰动全国的怒江水电开发与环境保护之争的最后判据。争论主要集中在水电开发是否是当地经济发展的唯一选择以及对生态、动植物、水生动物等的影响上，即开发怒江造成的环境影响、生态问题、社会问题等是否能够接受，这些问题只有通过环境影响评价才能够解决；即使是定性的判断，也要通过环境影响评价来回答。据此，国家发改委和国家环保总局立即依法开展了怒江流域水电开发规划的环境影响评价工作，并于2004年11月13日发布了《怒江中下游水电规划环境影响评价报告书》，给持续一年的怒江电站的争论下了一个决断。

2. 国家环保总局掀起“环保风暴”

《环境影响评价法》出台后，尽管有环保部门在“把关”，水电开发中还是有不少的漏洞可钻，有些地区甚至把环境评价仅仅当作是走一个形式、盖一个图章而已，根本没有起到实质性的作用，仍然有大批项目未通过评价便已上马。

为保证《环境影响评价法》真正落到实处，国家环保总局又于2004年12月

---

① 宁骚、林震、吴群芳、孙广厦、傅广宛：《公共政策学案例精选》，高等教育出版社2006年版，第343—347页。

9日发布了《严格电站环评项目 坚决制止电站无序建设》，强调环境影响评价要有法必依，并在同年12月27日向公众通报了68家不合格环评单位的处理情况，要求全面整顿环评行业秩序，坚决查处违法违规单位和行为。但是，由于执法力度不够等原因，违规开工现象仍屡禁不止。

2005年1月18日，公众真正见识了国家将环评进行到底的决心。在国家环保总局当天召开的新闻发布会上，副局长潘岳向50多家媒体通报了全国30个严重违反环境法律法规的建设项目名单，并责令立即停建，其中包括装机容量仅次于三峡工程的国家发展战略性项目金沙江溪洛渡水电站和为三峡工程配套的延伸性投资项目等，牵涉到8个省份、三大电力公司以及与国家环保总局同属部级单位的长江三峡工程开发总公司，堪称史无前例。当天的发布会还披露出，从2004年1月至11月，国家环保总局已受理200个电站项目的环境影响报告书，总装机容量为17559万千瓦。如果这200个项目全部上马，预计每年将增加耗煤量4亿吨以上。如不采取污染控制措施，将新增二氧化硫和烟尘排放量500万吨/年和5326万吨/年以上，必然造成严重的环境污染。国家环保总局的这种做法，引起了世人的关注，人们惊呼"环保风暴"来了。

潘岳在会后接受记者采访时表示，这次清查显示了国家环保总局的坚定决心，是解决环评问题的三板斧。第一板斧"直指蜂拥上马的电站项目"；第二板斧是"砍掉不合格环评单位"，2004年年底，国家环保总局已对68家不合格环评单位进行了严厉处理；而第三板斧就是严厉查处违反环境法律法规的建设项目。《环境影响评价法》第31条规定，建设项目的环境影响评价文件未经批准，该项目审批部门不得批准其建设，建设单位不得开工建设。而此次予以曝光停建的建设项目都是在环评报告书未获批准的情况下，就已开工建设，有些工程已基本完成，属于典型的未批先建的违法工程，必须予以查处，并追究相关人士的法律责任。"违法必究，环境影响评价绝不是橡皮图章。"潘岳强调道。

尤其令人瞩目的是，这30个项目的投资都很大，资本超过数亿，甚至上百亿。据了解，三峡工程电源电站项目静态总投资4.27亿元；三峡地下电站项目静态总投资为69.97亿元；金沙江溪洛渡水电站项目总装机容量1260万瓦（18×700mW），静态总投资446亿元……而且，这些项目大多为国有资本投资项目，甚至不乏国字头大型企业项目。其中，五大电力公司中就有三家公司项目居在查之列；省级电力公司亦不占少数，四川、宁夏、福建等资源型省份皆有违规项目上榜。项目之大，投资之多，范围之广，史无前例。

但是，也有人认为，这些工程大都已经开工，有的甚至快要完成，如果继续建设，项目建成之后，地方和国家都会有所收益；但是，一旦停工，损失则是100%，实在太大。对此，潘岳回答说："叫停一批项目可能损失几十个亿。但如果这种势头持续下去，火电厂燃煤排放的温室气体一旦超出人均4吨，我们国际履约的费用每年就要达到500亿。这个损失大不大？据世界银行计算，2020年之后，我们仅为燃煤造成的疾病就将支付3900亿美元的费用，占GDP的13%。这个损失大不大？如果发电能力大量过剩闲置，银行不良贷款激增，中国的金融系统一旦发生动荡，所造成的国民经济损失恐怕就不能以千亿计算了。"

同时，潘岳又指出，在全国电力需求猛增的情况下，一些地区和企业不顾国家多次重申电力建设必须有序发展的要求，违法违规开工建设了大量电站项目，致使电站在建规模远远超出电力规划确定的目标，也超出了资源和环境的承受能力，极易再次形成高能耗工业无序发展的恶性循环，形势已相当严峻。

在各级领导的理解帮助和广大人民群众的大力支持下，经过环评工作人员的不懈努力，这次的"环保风暴"至今已取得了良好的效果。据国家环保总局的有关负责同志介绍，自"环保风暴"后不到一周的时间，22个项目按规定停建；随后，其余8个项目在国家环保总局和国家发改委联合发出的《关于加强水电建设环境保护工作的通知》后被叫停。30个违法开工项目在接到国家环保总局的通知后先后都递交了环境影响评价书并积极进行整改，而国家环保总局也专门对这些项目的评价书进行了评定；对符合2003年9月1日实施的《环境影响评价法》的项目，国家环保总局下发了项目环评同意函。目前，"环保风暴"中涉及的30个违法开工项目中的29个已经获准复工，仅有一个火电项目还在评审当中。

3. 新措施出台，环评工作走向科学化、民主化

为巩固这次"环保风暴"的成果，使我国的环评工作真正落到实处，国家环保总局还出台了一系列环评工作新措施：

一是将环境保护指标列入干部考核之中。据国家环保总局局长解振华介绍，目前，黑龙江省委出台的市地级党政领导班子主要责任指标考核暂行办法，已将环境保护的指标列入其中；重庆市把环保指标的考核对象从各区县党政一把手扩大到市政府有关部门的一把手；河北、广东、天津、四川、浙江、吉林等也在全省（市）范围内将环保指标列入了党政领导干部的政绩考核范围。

二是健全和完善公众参与机制，充分发挥公众参与的作用。建设项目数量庞大，仅靠政府去监管显然力不从心。发动社会团体和公众参与到环境影响评价和"三同时"（建设项目中的环境保护设施必须与主体工程同时设计、同时施工、同时投产使用）管理过程中，以听证和座谈等多种形式，使公众成为影响环境影响决策一支基本力量，是提高两项制度有效性的重要途径，也能弥补环境影响评价和"三同时"监管的不足，保证决策的科学性。

另外，国家环保总局还在积极研究生态补偿机制，就是让环境受益地区为保护环境牺牲利益的地区付费，让环境资源消费多的富裕人群向贫困人群付费，让污染大户向受害百姓付费。这样弱势地区和群体就不用在环境保护和经济发展之间做出非此即彼的选择了，真正实现经济、社会、生态三方面的“和谐”。

潘岳在接受《华夏时报》采访时明确表示：“我们应该是经济、环境、社会三者协调发展。发展是硬道理，但是发展不等于唯经济发展，更不等于唯经济增长。经济发展是协调发展，把经济增长等同于发展这是错误的。所以中国的发展须是全面的发展，如果不是全面可持续发展，经济发展到一定程度必将难以为继。”

【案例思考题】

1. 什么是政策监控？政策监控的主体是谁？

2. 从案例中分析，国家环保总局为监控环评政策的实施，采取了哪些监控措施？监控的手段是什么？

3. 结合上述案例，谈谈如何完善我国的政策监控体制，如何通过监控而推动政策调整。

关键词

政策监控	监控主体	监控客体	立法控制	司法审查
政策监督	政策控制	政策调整	政策修正	程序控制

思考题

1. 简述政策监控的内涵、类型和作用。
2. 简述公共政策监控系统的构成及其各自的作用方式。
3. 简述政策监控运行过程的主要环节及其关系。
4. 简述政策监督的含义和内容。
5. 简述政策控制的一般程序。
6. 简述公共政策调整的依据和内容。
7. 联系实际，谈谈如何进一步完善我国的政策监控体系。

推荐阅读

1.〔美〕彼得·罗西等：《项目评估方法与技术（第6版）》，华夏出版社 2002

年版。

2. 陈振明:《政策科学》,中国人民大学出版社2003年版。

3. 刁田丁、兰秉洁、冯静:《政策学》,中国统计出版社2000年版。

4.〔美〕拉雷·N.格斯顿:《公共政策的制定——程序和原理》,重庆出版社2001年版。

5. 林勋健:《西方政党是如何执政的》,中共中央党校出版社2001年版。

6.〔美〕威廉·邓恩:《公共政策分析导论》,中国人民大学出版社2002年版。

7.〔美〕威廉·F.韦斯特:《控制官僚——制度制约的理论与实践》,重庆出版社2001年版。

8. 严强、王强:《公共政策学》,南京大学出版社2002年版。

9.〔美〕詹姆斯·E.安德森编:《公共政策》,华夏出版社1990年版。

10. 张国庆:《公共政策分析》,复旦大学出版社2004年版。

第八章　公共政策的终结与政策周期

【知识框架图】

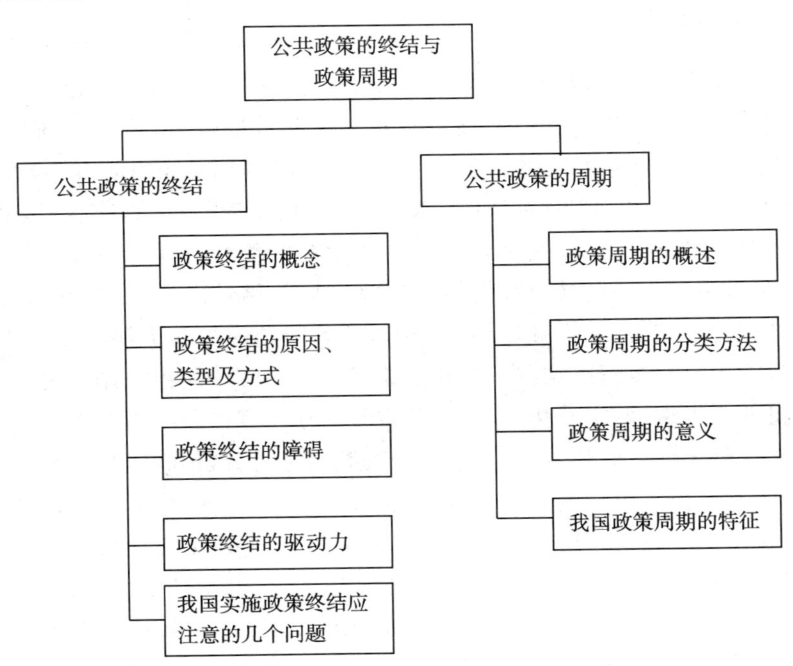

内容摘要

人类正处在一个复杂性和不确定性迅速增长的历史时期，它的基本特征就是一切事物的“时间性”都凸现了出来。公共政策也是这样，周围复杂的环境和变幻莫测的问题要求其不断地作出调整变化，政策的生命周期也变得越来越短暂。在这种背景下，公共政策终结和公共政策周期的研究逐渐地同公共政策开发的研究一样重要。本章介绍了公共政策终结的概念、原因、类型和方式，介绍了政策周期的内涵、划分方式及其意义，着重分析了公共政策终结的阻碍因素及动力机制，以期优化政策系统、把握政策发展规律。

第一节　公共政策终结

一、历史回顾

政策终结由于处于政策过程的最后一个环节，长期以来未受到足够的重视，这种局面在20世纪70年代以后逐步改变。70年代以来，出现了一批对公共政策终结进行深入研究的学者，代表人物有巴达克（Eugene Bardach）、考夫曼（Herbert Kaufman ）、德利翁（Peter Deleon）、丹尼尔斯和G. D. 布鲁尔。作为这一领域的开拓者，他们的研究奠定了公共政策终结领域的理论基础。巴达克在《作为一种政治过程的公共政策终结》一文中对“终结的形式、由谁支持终结、为什么终结很少被接受、怎样减轻终结的困难”等问题作了较为深入全面的分析。考夫曼致力于公共政策终结的一般化理论建构，他在《政府组织是不朽的吗？》和《时间、机遇和组织》两本著作中，对公共政策终结尤其是公共组织的终结进行了可以看作是经典性的研究，他通过对大量的数据进行分析和整理，考察了公共组织的活动，针对公共组织也像有机体一样经历“年轻、成熟、变老、最后死亡”的生命过程，提出了组织生命周期理论模型和框架，为公共政策终结研究提供了理论框架。德利翁不仅对公共政策终结的性质、类型、方式等进行了细致的分析，也对促进公共政策终结的因素进行了系统的梳理，提出了公共政策终结障碍的理论框架，在他的其他著作中，他又接着讨论“如何克服公共政策终结的障碍”、“如何制定和实施公共政策终结策略”等问题，使得这些问题成了公共政策研究中的热点话题。

20世纪80年代以来,公共政策终结的研究更加受到重视。由于西方国家普遍从凯恩斯主义向新自由主义的方向转变,价值理念的转换使得各国都面临大规模的经济、社会政策调整,政府部门急需相关研究的理论指导和支持。在这种现实的要求下,人们才认识到,政策终结的问题是不可回避的,公共政策终结在公共政策研究和实践中具有重要地位。也正是自此开始,公共政策的终结问题才逐渐成为学术界的热门话题,公共政策终结研究领域的深度和广度都大大扩展,现在,对公共政策终结问题的研究已经成为公共政策研究中的一个不可缺失的话题。

二、政策终结的概念

世间万物都要遵循从产生到发展再到衰亡的自然规律,公共政策同其他事物一样,也有其终结之时。关于政策终结的内涵,国内外学者给出了多种解释。布鲁尔认为政策终结是"政策与计划的调试,大凡政策与计划无法发生功能或已成为多余或过时,甚至不必要时,则将政策与计划予以终止或结束"①。德利翁认为,政策终结是"政府当局对某一特殊功能、计划、政策或组织,经过深入评估而加以结束或终止的过程"②。丹尼尔斯发展了德利翁的定义,他认为德利翁的定义没有考虑到组织的主动性,也不能应用于政府精简、削减预算的终结行为上来。因此,丹尼尔斯给政策终结下了一个不同的定义:政策终结是对政府项目、政策、组织的终结,也是组织为削减预算对自身的调适和政府服务民营化而产生的削减。③

我国学者也从自己的角度提出了政策终结的定义。陈振明认为,"公共政策的终结是政策决策者通过对政策或项目进行慎重的评估后,采取必要的措施,以中止那些过时的、多余的、不必要的或无效的政策或项目的一种政治行为"。台湾学者林水波等认为,"公共政策终结这个概念隐含了一套期望、规则和惯例的终止,政策活动的停止、机关组织的裁撤",同时它也是"新期望的提出,新规则、惯例的建立,崭新活动的展开,机关组织的更新与发展"④。

综合以上观点,结合我国实际,笔者认为公共政策终结是政府决策者根据政

---

① 刘东杰:《破解政策终结困境的有利因素分析》,《重庆行政》2006年第6期。

② 陈振明:《公共政策学——政策分析的理论、方法和技术》,中国人民大学出版社2004年版,第327页。

③ 同上。

④ 林水波、张世贤:《公共政策》,台湾五南图书出版公司1982版,第354页。

策评估结果，对已经无法发挥其功能、多余或者过时的政策与计划予以终止或结束，是政府的再决策行为。该定义应该从以下几个方面深入理解：

(1)政策终结的主体应是政府，其他任何组织或个人无权终结公共政策，但是政策终结的过程是政府与公众互动的过程，不是政府单方面的行为与决策；政策终结的客体是实施中的不能发挥其正常功能、多余或者过时的政策或计划。

(2)政策终结是政策过程中的重要环节。政策终结处于政策过程的末端，是政策过程的最后一个环节，由于其较少发生，人们往往忽略它的存在。在这里，我们强调政策终结是完整的政策过程不可缺少的有机组成部分，它是优化政策系统，提升政策系统科学化、理性化不可忽略的环节，在政策过程中占有重要地位。

(3)政策终结的前提是科学的政策评估。政策终结是在审慎评估的基础上作出的科学决策行为，政策评估的结果决定了政策终结是否需要发生。当评估结果显示，政策无法发挥其功能、政策已经过时或者多余、政策是无效甚至有若干反功能时，政策终结将被启动，这项政策将被废止或者撤销，否则，政策将持续发展下去。

(4)政策终结是一个发展的概念。在政策生命周期的视野中，政策终结实际上所包含的是旧的政策寿终正寝和新的政策粉墨登场这样的含义，它起到承上启下、吐故纳新的作用。政策终结并不是一种消极行为，而是具有积极意义的公共政策变迁和调整，既是前一项公共政策周期的终结，又是后一项公共政策周期的开始；既是一个旧周期的终点，又是一个新周期的起点。

(5)政策终结是一个政治过程。公共政策除了可以解决具体的经济社会问题之外，还是政府协调各种社会力量、实行政治统治的工具。政策终结意味着各种社会力量的利益平衡被打破，在政策终结的过程中，往往包含着各种社会力量的斗争和博弈，这些斗争和博弈甚至会反映在议会等最高决策机构层面，因此，政策终结的过程是一个颇为复杂的政治过程。由于政策终结暗含着错综复杂的利益斗争，因此它要求决策者运用高超的政治智慧和政治艺术，采取灵活的策略，加以妥善处理。

三、政策终结的原因、类型和方式

(一) 政策终结的原因

1. 政策系统本身的要求

政策系统是一个不断进行新陈代谢的开放系统，随着社会经济发展以及国际形势的变化，无论是政策系统可利用的资源，还是政策所要解决的问题，都处于一种不确定的变动中，政策系统只有保持其开放性、不断地与周围环境互动、修正自身的不足，才能可持续发展。我们常常发现，一项政策的制定花费了大量的时间，经过了严格的调查和科学的论证，经过一段时间的运行后，由于主客观环境发生了变化，政策效力开始逐步递减，进而失效或产生负效应。所以，政策系统只有不迭地推陈出新，随着环境的变化废除旧的政策、制定新的政策，才能保证政策的科学与理性。

2. 政治观念或者价值取向的转换

一般来讲，我们认为政策终结的原因是因为政策的无效或者过时。德利翁(P. Deleon)和卡梅伦(Cameron)却提出了另外的观点，他们认为相对于政策评估结果，政治价值观念和意识形态的变化在政策终结中更能起到核心作用。德利翁引用了很多里根政府的例子①，他指出："是价值立场而不是严密的分析或评估引发了政策终结的活动。"卡梅伦(Cameron)进一步指出，在当局作出政策终结的决策以后，与决策者思想不一致的数据将被忽略或者搪塞过去，对价值信条的绝对忠诚比对政策终结潜在的风险的研究调查要重要得多。纵观世界各国经验，德利翁和卡梅伦的理论具有相当的解释力，即一旦政治观念或者当局的价值取向发生变化，公共政策的相关内容必然也要变化。

3. 财政困难、财政赤字、税收减少而导致政策或者项目的终结

政策资源是政策持续的保证，当出现财政方面的问题，某些政策就可能面临终结。如20世纪80年代，英美废除了相当一部分福利政策，采取这种措施最主要的原因是这些福利政策给政府财政带来极大的负担，英美等国的福利支出占GDP的比重一路上扬，新上台的保守党政府为了减轻财政负担，保证自由市场经济的快速发展，采取了终止福利政策。

4. 政策目标已经实现

当一项政策的目标已经实现，问题已经解决，政策持续下去就没有必要了。过期的政策不仅不能有效地解决社会问题，反而会导致社会治理成本的增加、资源的浪费、政府信任关系的消解等问题，及时地终结政策有助于减少或缓和政策冲突和政策矛盾，也能大大地提高公共政策的效率。

5. 政策自身消极作用大于其积极作用或局限性大于其有效性

任何一项政策都不同程度地存在着副作用，当政策出现不能在其适用范围

---

① 由于里根政府奉行新自由主义理念，坚信自由市场的效用，与他前任总统奉行的价值理念极为不同，他上台后，采取了一系列的减税和削减福利政策。

内发挥作用或者发挥的作用极为有限时,可以通过政策调整使其继续发挥作用,或是终止该项政策实行政策更替。

(二) 政策终结的类型

政策终结有以下四种类型。它们在政策终结中所遇到的阻力依次递减,功能是最难消失的。即使在组织被撤销以后,政策的功能也有可能由别的组织来执行,机构居于其次,既存的机构会不断地自我调整以适应变化了的环境,相对来讲,政策和项目由于其面对终结时能找到的同盟最少,因此其阻力最小。

1. 功能的终结

即终止由政策执行所带来的某种或某些服务,在政策终结的所有内容中,以功能的终结最难。因为一方面,功能的履行或承担,是政府满足人民需要的结果,若取消,势必引起各方面的反对;另一方面,某项功能往往不是由某项政策单独承担的,而是由许多不同政策和机构共同承担的,要予以终止往往需要做大量的组织和协调工作。

2. 组织(机构)的终结

伴随着政策终结进行的机构缩减或撤销,就是机构终结。有些机构是专门为某项政策而设立的,随着政策的终止,机构也随之撤销;有些机构,往往同时承担着多项政策和功能,某项政策的终止不足以导致机构的撤销。因此,通常的做法是通过缩小规模、减少经费等办法对机构进行缩减。机构终结的困难也比较大,因为它关系到有关人员的切身利益,在实施时难免遭到有关人员的强烈抵制,使得机构终结无法顺利进行。这就是为什么我们会在现实生活中看到许多本该随着某项政策历史使命结束而应裁撤的机构仍然存在的原因。

3. 政策本身的终结

与前两种终结相比,政策本身的终结所遇到的阻力较小。这是因为,就某项具体政策而言,其目标比较单纯,如教育政策、社会福利政策等,容易进行评估并决定取舍。另一方面,政策更改的成本远比功能转变、组织调整要少得多,因而容易得到实际部门的认可。再加上政策的可选择性较大,也使得政策本身的终结在操作上比较容易实现,不像机构终结那样受到多方面的牵制和约束,不容易操作,实行起来步履维艰。

4. 项目的终结

即政策的具体项目以及执行措施的终结。在所有终结内容中,项目的终结是最容易达成的。因为具体项目以及执行措施与实际问题连接,结果好坏或影响怎样有目共睹,容易达成共识。

政策终结各类型之间并不是相互孤立的，它们之间的几种常常会“一损俱损，一荣俱荣”，但又不完全是相互连带的关系。比如功能的终结伴随着政策或者项目的终结，但是可能不会引致机构的终结，再比如机构的终结和政策的终结相互联系，但是并不意味着功能的终结。政府外包服务就是很好的例子，政府将某项服务外包给企业或者非营利组织，就意味着政府不再承担此项职能，但可能相关部门或机构仍然存在，只是转变了职能，转而承担政策制定与监督管理等宏观职能。

（三）政策终结的方式

巴达克(Eugene Bardach)在其《作为一种政治过程的政治终结》一书中提出政策终结的两种路径。第一种路径被称作是“大爆炸”(Big Bang)式的政策终结路径。在这种路径下，政策终结是一个已决议的事项，它在强力推动下迅疾转换，发生得极为迅速而有力，反对者甚至没有时间做出反应。这是最经常发生的一种路径。第二种被叫做“缓进式”(Long Whimper)的政策终结路径，有时也被称作逐步删减策略。这种政策路径步调十分和缓，通过一步一步地减少组织或者政策资源，消除组织的功能，逐步地终结一项政策。

具体而言，政策终结的主要形式有如下六种：

1. 政策废止

即直截了当宣布一项政策的废止。政府根据政治、经济和社会经济形势的发展变化，不定期地清理、废止了大量不合时宜、过时了的政策。例如，我国加入世贸组织后，全国人大常委会和国务院当即宣布废止了 830 余项与 WTO 规则不符的国家法律、法规和政策。

2. 政策替代

指的是新政策代替旧政策，但所面对的问题不变，所要满足的要求不变。在这里，新政策是对旧政策的补充、修正，目的是更好地解决旧政策所没有解决好的问题，以充分实现政策的目标。

3. 政策合并

指的是旧政策虽然被终止了，但政策要实现的功能并没有取消，而是将其合并到其他的政策中去。合并政策有两种情况：一是将原有的政策内容合并到现有政策中，作为现有政策的一部分；二是将多个旧政策经过调整，合并成一项新的政策。比如，国务院将原来由各部委分别颁布的一些有关联的单行规章或条例合并成一部完整的行政法规，由国务院来颁布实施，这样就具有了更高的政策权威，也便于各地更好地执行。

4. 政策分解

指的是将旧政策的内容按照一定的原则分解成几个部分，每个部分各自形成一项新政策。当原有的政策过于庞杂，目标众多以至于影响到该政策的有效执行时，常常采用分解的办法，将原政策按主要的目标分解成几项较小的政策。这样有利于执行者明确政策目标，提高执行效率。

5. 政策缩减

指的是采用渐进的方式对政策进行终结，以缓冲终结所带来的巨大冲击，逐步协调好各方关系，减少损失。主要表现形式有：缩小对政策的资源投入，减小实施范围，放松对政策执行的控制等等。政策缩减的另外一种方式是，把政策中过时的不合时宜的部分废除，而保留原来政策中合理的部分。

6. 政策的法律化

一项经过长期实行、确实有效的政策，为了提高其权威性和强制力，经过立法机关或授权立法的行政机关的审议通过，上升为法律或行政法规。这是另一种意义上的政策终结。

三、政策终结的障碍

一项公共政策在何时、何种程度上被终结，取决于维持与变更政策的两种力量的均衡格局，或者说是取决于终结这项政策所受的阻力和推力的对比情况。当终结政策的推力等于或小于终结政策的阻力时，政策维持原状；当主张终结政策的推力大于终结政策的阻力时，将产生强烈的终结政策需求，并在一定条件下导致政策终结的发生。终结政策的推动力超过终结政策的阻抑力越多，则政策终结的速度越快，政策就越早被终结。说到底，政策终结其实就是一个赞成终结和反对终结双方的博弈过程，是双方力量的较量比拼。政策主体欲使过时无效的政策得以顺利终结，就必须对现行政策安排下的各方力量的对比情况进行分析，使推力大于阻力。由此，我们可以建构出一个政策终结的动力学模型。

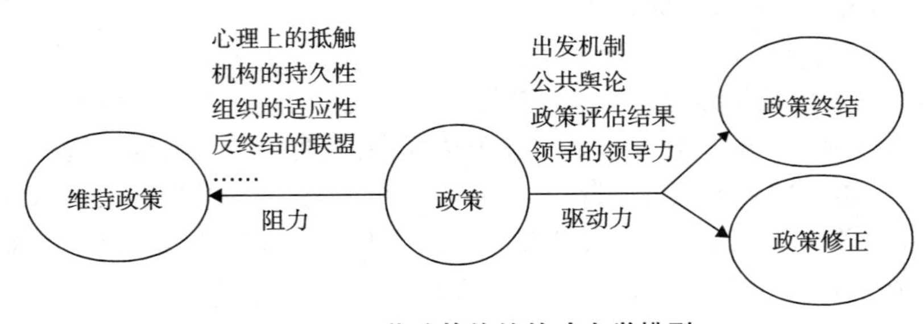

图 8-1 公共政策终结的动力学模型

如图 8-1 所示，政策终结并不像人们想象的那样是自然而然的结束过程，而是既存在推动力，又存在阻抑力，需要变革者付出努力并积极采取行动最终才能促成政策的终结。为了能够顺利地使那些过时、无效的政策得以终结，使得政策的驱动力得以顺利实现，分化和削弱终结政策的阻力是关键。我们先来看看政策的阻力都有哪些。

关于政策终结的阻力，最著名的就是德利翁提出关于政策终结障碍的理论框架（termination obstacles framework），它包括七种障碍：

1. 心理上的抵触

对政策终结存在抵触心理的主要有三种人：政策的受益者、政策的制定者、政策的执行者。政策制定者不愿意承认他们制定的政策不再有存在的必要，更不愿意承认在制定政策的过程中所犯的错误；政策执行者不愿意看到政策被终止；政策受益者不愿意既得利益受到损失。这三类人的抵触心态，往往成为政策终结的首要障碍。

2. 机构的持久性

组织自其产生之后，就拥有了一套政策、资金、人力资源，并逐渐发展出一套稳定的规则和运作体系，随着时间的推移，组织会逐渐与周围的环境融为一体，并与若干其他组织机构唇齿相依，共同组成一套稳定的结构，以抵抗外力的影响，因此，组织很少自动灭亡。政府组织同样具有此类特点，甚至相较于其他类型的组织，政府有更强的持久力。

3. 组织和机构对环境的适应性

查尔斯·琼斯在《公共政策研究导论》中指出："组织机构是动态而不是静态的，它会调整自己的方向以适应变化了的要求。"[①]当政策的终结危及组织机构的生存时，它会想方设法地延续政策，给政策终结带来消极影响。

4. 反终结的联盟

执行政策的行政机关在政策终结时往往会联合相关利益受益者组成反终结的联盟，阻碍政策终结的进行。琼斯指出，"一旦他们结成一个共同体，就能有效地威胁政策终结的行为"[②]，加剧政策终结的阻力。

5. 法律程序上的障碍

任何政策的确立和组织机构的建立，都得通过一定的法律程序进行，同样，

---

① Charles O. Jones, *An Introduction to The Study of Public Policy*, 3rd. ed., Montery, California: Brooks/Cole Publishing Company, 1984, p. 236.

② Ibid.

任何政策的终止和组织机构的撤销,也必须按照法律的程序来办理。程序的复杂性往往影响政策终结的及时进行。立法机关在考虑终止某项政策或法律时,往往顾虑重重,举棋不定。因此,许多政策的终结行为受阻于法律的滞后性。

6. 社会舆论的压力

随着现代传媒技术的发展,社会舆论对政策过程的影响效用愈来愈大,舆论的偏向有时决定着政策的范围和走向。如果社会舆论不利于政策终结的进行,政策终结就失去了民意的基础,决策者在这时坚持推行政策终结将影响到政府的合法性和自己的政治生命。

7. 终结的高成本

政策的沉淀成本和政策终结本身付出的成本都会进入政策终结者的考虑范围,成本越大,越会使得决策者进退两难。

政策终结的阻碍因素往往相互交织在一起,形成一股巨大的力量,使得政策终结未始先终。任何一位政策终结的推动者,在发起这项进程之前,首要地就是做好调研论证,尽可能地全面估计种种不利因素,争取做到阻碍因素的逐一分解和逐个击破。消除政策终结阻力常用的策略有以下几条:第一,做好利益补偿,消解既得利益者的阻动力。既得利益者大多数是该项政策的积极倡导者和拥护者,他们从政策中获取利益并满足于这种状态。对于他们来说,除非政策朝着更有利于他们的方向变动,否则,他们就会强烈要求保持现状,维护现有政策,因此,政策终结方案的设计中,必须给予既得利益者补偿,以弥补其损失,避免其与其他力量组成反终结的联盟。第二,新旧政策并举,新旧政策同时出台,利用新政策弥补旧政策消除后的空缺。新政策的出台不仅可以使人们在丧失对旧政策期望的同时得到了一个新希望,而且还可以使更多的人或团体受益。这些受益者能成为政策终结的推动力量。如我国于 1994 年开始的税收改革政策就是利税分流包干政策的终结与分税制政策同时出台,收到了良好的效果。第三,启动综合改革消解体制惯性。公共政策制定和实施都需要借助于一定的组织载体。特别是政策的实施,必然会形成执行指挥层面、执行协调层面和具体操作层面的专门机构。公共政策终结过程中如果不及时对这些专门机构进行分解、压缩、转型或精简,体制的惯性就会使原政策"回潮",偏离公共政策终结的预期目标。在此基础上,还应该充分挖掘和利用政策终结的可行性因素,一方面消解政策终结的阻力,一方面加强政策终结的推动力,两方合力,以推动政策终结的顺利进行。

四、政策终结的驱动力

一般认为,政策终结的推动力主要来自政策本身的缺陷,已经过时的、多余的或者效果极差的政策本身就为政策终结提供了理由。但是,我们发现,仅仅拥有这个前提,还不足以发起一场政策终结,政策终结还需要一些外在的推动力。而且,这些推动力对于政策终结的发起非常重要,没有它们,一项多余的政策也可能被忽略多年而不终止。下面我们探讨几种常见的政策终结动力机制。

(一)政策终结的触发机制

拉雷·N.格斯顿在《公共政策的制定:程序和原理》一书中阐述了政策制定的触发机制:"触发机制是指一个重要的事件(或整个事件),该事件把例行的日常问题转化为一种普遍共有的、消极的公众反应。公众反应反过来成为政策问题的基础,而政策问题随之引起触发事件。"[①]按照这个理解,某个重要事件是政策制定的导火线,在政策制定的过程中起到了催化剂的作用,这个事件通过重组或者强化了公众及政策制定者对该社会问题的看法,引发了政策变革的需求,加速促成了公共政策的制定。事实上,在政策终结阶段同样存在着引致政策得以终结的触发机制。现实中,过时的、多余的、无效的政策长期充斥于社会,引发大量的社会问题,这些问题虽然已经是日常生活中需要政府解决的困难,但是,政府也未引起足够的重视,公众反应也是消极的。这时,某个事件的发生改变了这种局面,这个事件扮演了政策问题的感知和政策终结的行动之间联结点的角色,这时足够多的人认识到当前政策的不足,甚至引发了公众以担心或愤怒的形式关注,社会上有了强烈的变革要求,那么公共政策的制定者们很可能会对此事件予以足够的重视。他们就会考虑是废除过时的、无效的政策,还是部分修改,或制定一项全新的政策来取代旧的政策。

政策终结的触发机制受到三个相互作用的因素的影响:范围、强度和触发时间。范围是指一个重要事件影响到的公众的数量,强度指的是一个事件对公众刺激的程度。一个事件受到的关注越广泛,对公众的刺激越强烈,越有可能促进政策终结抉择的形成。触发时间指的是某事件发生时,政策终结的条件都已成熟,如资金条件、相应执政理念等。只有当这三个因素共同作用于事件本身,才有可能形成触发机制。即,当在一个恰当的时间内,如果一个事件引起公众的普遍关注和公众对变革的强烈要求,那么它就被认为是一种触发机制。政府决策者如能敏锐地抓住这一触发事件带来的契机,政策终结将能一蹴而就。

① 〔美〕拉雷·N.格斯顿:《公共政策的制定——程序和原理》,重庆出版社2001年版,第26页。

案例：李昌平上书与取消农业税

在我国以农业税为载体的农民负担问题从20世纪80年代中期就开始“浮出水面”，由于特产税分摊等办法的普遍实行，在90年代以后迅速加重。随着农民负担问题的日趋严重化和表面化，中央政府的态度发生着明显的转变。在1985年农民负担问题仅仅是“消极因素”，1993年定性为“政治问题”，到1999年已经将其定性为“重大政治任务”。对中央政府来说，农民负担问题已严重威胁到政府的长远利益，不仅影响政府的经济目标，而且也威胁到了国家的政治稳定。但在社会上特别是城市社会，人们对农民负担问题并没有引起很大的关注。2000年3月，时任监利县棋盘乡党委书记的李昌平含泪上书时任总理的朱镕基同志，反映农村盲流如“洪水”、负担如“泰山”、债台如“珠峰”、干部如“蝗虫”的现状，发出“农民真苦，农村真穷，农业真危险”的呼喊。李昌平的上书通过媒体报道，震动了全国，也再次引起了中央高层和社会各界对农民负担问题的高度重视，一些学者也开始把研究转向“三农”问题。在这样的背景下，2002年中央果断决策在全国推行农村税费改革，从2004年起连续四年发出“一号文件”关注三农问题。正如一些媒体所评论的，“李昌平事件”在中国农村历史上具有符号意义，作为一种触发机制，它推动和加速了国家从制度层面来解决农民负担问题。

（二）政策评估的助推力

政策评估既是政策终结的前提和依据，同时也是政策终结的驱动力之一。科学的政策评估能够有效地检验公共政策在实际运作过程中出现的问题，评估结果可以作为决定政策是否继续、调整或重新制定的重要依据。当评估结果发现，有些公共政策所针对解决的矛盾已经化解或者因环境变化政策已经变得不适应，类似的评估结果就为政策的终结提供了强大的推动力。

作为为政策终结提供推动力的政策评估，应该注意两个问题：一是政策评估既可以是政府行为，也可以由非政府的第三方组织作出。随着社会的发展，要更加注重发挥第三方评估机构的评估作用，促进政策评估主体的多元化，以保证政策评估的公正、客观。二是评估结果应该公开化。经常出现的情况是，政策评估结果仅在政府内部低度使用，致使评估结果不能起到应有的反馈、沟通作用。实际上，评估结果的公开不仅是政府民主化、透明化的象征之一，而且可以有效提升公众对政策的客观认知。决策者在政策终结过程中如能及时地公开政策评估结果,将有利于争取社会大众的支持,形成推动政策终结的势能。

案例：医改不成功

2003年,国务院发展研究中心在对我国的医疗体制作出深入的评估之后,由社会发展研究部副部长葛延风发表了“目前中国的医疗卫生体制改革基本上是不成功的”评估结论,并在随后发表了题为《对中国医疗卫生体制改革的评价与建议》的报告。该报告对中国医改的总体评价是:既不公平,效率又低下。在公平性方面,由于收入两极分化,多数社会成员(包括相当多农村人口以及部分城市居民)的医疗卫生需求很难得到满足;在卫生投入的宏观绩效方面,尽管全社会的卫生投入水平大幅度提高,居民综合健康指标却没有明显的改善,一些卫生、健康指标甚至恶化。在世界卫生组织于2000年对191个成员国的卫生总体绩效评估排序中,中国仅列144位,结果令人深思。

该报告指出,中国医改不成功的根源在于商业化、市场化的走向违背了医疗卫生事业发展的基本规律,认为与一般消费品不同,大部分的医疗卫生服务具有公共品或准公共品性质,而具有公共品性质的服务是营利性市场主体干不了、干不好或不愿干的,必须而且只能由政府来发挥主导作用,否则就一定要出问题。

国务院发展研究中心的评估报告,引起了官方和民间的广泛思考,其主要观点得到社会的普遍认可。中国于2009年提出的新一轮的医改方案,也正是基于对这个问题的思考和认识,从而确立了医疗卫生产业的公平性取向,提出了将“基本医疗卫生制度”看作是一种公共产品和人人享有卫生保健的目标。

（三）公共舆论的号召力

由于公共舆论的独立性及其在政治社会生活中的重要地位,在西方国家,公共舆论其被誉为“第四种权利”。托马斯·戴伊将媒体制造出的公共舆论作为新政策制定和旧政策终结的必要条件。① 詹姆斯·D.安德森认为“公共舆论确定了公共政策的基本范围和方向”。公共舆论扮演着“双刃剑”的角色,它既可以阻碍公共政策的终结,也可以加快公共政策终结的进程。当公共舆论对政策终结持积极态度时,政策终结就显得比较容易;相反,当公共舆论对政策终结持消极态度时,就会阻碍政策终结的进行。

① 托马斯·R.戴伊:《自上而下的政策制定》,中国人民大学出版社2002版,第147页。

既然公共舆论是公共政策得以终结的催化剂，其作用不可小视，那么，如何引导舆论走向？耶勒(1992)和布罗迪(1991)经研究发现，公众的选择倾向受到两个方面的影响：一是受到政治精英中不同意见的实际状况的影响，二是受到传媒报道程度的影响。[①] 笔者认为，在第一点中，除了政治精英以外，专家学者在引导舆论中也扮演了十分重要的角色，甚至相较于政治精英，学者的“第三方”取向更能影响公众的态度。传媒的报道程度和报道方式同样也会影响公众的舆论导向。研究表明，传媒可以通过它们对问题的描述或“构造”来影响听众。伊因格通过一种实验设计来考察公众的责任心的属性时发现：“对于一系列事件中的具体的(一幕的)新闻报道，听众往往将之归因于个人责任；而提供广泛‘主题’，并上下有联系的报告会促使听众将之归于社会因素。”[②]这就要求媒体对某政策问题的报道必须全面而广泛，能够引起公众的广泛关注和共鸣，以形成一种势能，迫使政府考虑政策的废止问题。因此，在政策终结的过程中，如能拥有一批政界和学界的支持者，对于一项政策的存废，通过媒体晓之以理的利害分析，可以大大增强社会公众对于政策终结的支持力度，从而营造政策终结的良好社会氛围。

(四) 领导者的决断力

政治领导者的领导力是领导者知识、智慧、意志和决断力等内在素质的外在综合表现。政治领导者的人数虽少，但他们能量巨大，往往对于全社会甚至对于一个时代的世界格局发生重大影响。在公共政策方面，他们的影响也是举足轻重的，可以说直接影响，有时甚至决定政策的制定、执行、评估和终结全过程。政治领导者的领导力越强，意味着其对形势的判断能力、新事物新情况的分析能力以及创新能力越强，因而也就越有可能促成过时、无效的政策的终结。英明的政治领导者会倾听来自专家学者、普通民众等各方面的呼声，且能敏锐地觉察到过时无效的政策所带来的弊端和危害。据此，他们会向政策制定者施加强大压力，从而促使政策制定者不得不去真正评估那些有问题的政策，且把那些过时无效的政策及时地予以废止，同时，也将那些过时无效的、不必要的组织机构予以撤销。领导者在政策终结上的作用是无人可替代的，而政治领导者的这种作用归根于其自身的领导力，因此，政治领导者的领导力是引致政策终结的一个重要的外因，也是政策得以终结的保障。

---

① 〔美〕雅各布斯·夏皮罗:《政治传播、公共舆论和政策制定过程的一体化研究趋向》,《现代外国哲学社会科学文摘》1996 年第 12 期。

② 同上。

政策终结的推动力远不止上述四点，这里我们仅介绍了几个最常见的政策终结的推动力。不容置疑的是，政策终结必须要有效地利用外部动力，决策者需要在公开政策评估结果的基础上，选择恰当有利的时机，争取社会广泛的支持，并以超凡的魄力来完成政策的终结。当决策者能很好地分解政策终结的阻抑力，有效地利用政策的推动力，让“政策问题的凸显、社会舆论支持、政策终结资源”等源流同时汇合，那么“政策终结之窗”就会打开，政策终结必将水到渠成。值得指出的是，政策终结之窗并不经常打开，而且政策终结之窗开启的时间并不长，决策者如果在“第一轮选择”时不抓住历史的机会积极行动，时过境迁，政策问题日积月累越发严重，可能到头来不得不走向“剧变”的道路，那么社会就会蒙受更大的损失和痛苦。

五、我国实施政策终结过程中要注意的几个问题

我国在经济体制转轨的过程中，有大量的公共政策需要随着变化的经济社会环境而进行变革。20 世纪 90 年代初，我国就开始梳理部分政策，对部分早已过时无用或与法律相违背的旧政策进行了修改或终结，如 1992 年国家物价局废除治理整顿期间的文件 23 份，废除行政法规 13 份，国家外经贸部连续发了 3 号公告，宣布废除了几百项具体政策规定。① 尽管政府部门在政策终结中已经做了大量的工作，但由于经济体制改革的进程加快和政策终结机制稍欠规范等原因，我国仍然有较多急需终结或修改的政策没有得到相应的处理。大量冗余过时政策的存在使得政策“打架”现象时有发生，严重破坏了我国政策法规规范化过程，影响了社会主义市场经济体制的建立。我国急需建立科学的政策终结机制。

第一，建立“终结的政策”，促使政策终结常态化。建立一套政策终结制度即“终结的政策”，改变我国目前政策终结随意化的现状，促使政策终结行为走向规范化，能够进一步优化我国的政策系统，从而推进我国社会主义市场经济体制的建设进程。具体地说，制度化的终结机制的建立需要从以下几个方面做起：首先，“终结的政策”应该明确规定政策终结的意义及必要性。在决策机构内部，应达成以下共识：政策终结是一个常态的过程，目的是为了促使保证政策的科学化，而不在于追究政策的制定与执行当事者的责任。明确了这点，就便于消除政策制定者及政策执行者的抵触心理，争取政策终结支持的力量。其次，“终结的

① 聂元军：《我国公共政策终结的现状障碍及其对策分析》，《湖北行政学院学报》2002 年第 5 期。

政策”应该具体规定什么样的政策应该终结。实践中，人们常常对于什么样的政策符合终结的条件而应进入终结的程序感到为难，因此，亟待出台相关的标准，具体说明应该终结的政策的范围。有几个原则必须参照：是否符合宪法与法律、是否经过合法化程序、是否符合实事求是原则。再次，“终结的政策”应该具体规定政策终结应遵循的程序。一项政策的终结最起码应该包括政策评估、相关部门认定、启动法律程序、宣布政策终结决策等几个程序。我国政策终结的不规范主要源于没有法定的程序，因此，应该着重建立相关的法定程序，保证“终结的政策”规范执行。最后，“终结的政策”应有必要的监督制度和机构。要对政策终结进行监督，建立健全相关的监督机制，尤其是强化法律监督，建立健全相关的监督制度，确立专门的政策终结的监督机构。此外，提高公众的民主政治意识，使公民积极主动地参与监督，形成良好的舆论监督，对于推进政策终结也是必要的。

第二，政策终结过程的民主参与。政策终结必须是采取民主方式，经过精心酝酿、几上几下，建立在广泛征求民意的基础上，由领导集体共同决定或立法机构民主表决。政策终结过程中的民主参与可以为政策终结提供科学的评估结果、舆论动力和推动政策终结的强大势能。政策终结过程中的民主参与主要是指应该征求两个群体的意见：首要的是广泛征求政策客体的意见，政策主体在决定对有关政策进行终结前，应当让政策客体有广泛的知情权，鼓励人们对政策是否应当终结畅所欲言，这不仅是政策终结过程体现民主化的需要，也为新一轮政策的实施奠定民意基础。政策终结还应广泛征求参谋咨询人员、政策研究者、相关政策执行者的意见。政策参询、研究人员对政策过程有着专业的知识和技能，应当营造良好的民主氛围，鼓励智囊机构、研究学者对政策终结中可能出现的问题进行思想交锋，以对政策是否终结进行全面的考虑和权衡。

第三，公共政策终结的法制化。[①] 所谓公共政策终结的法制化，就是政策终结必须依照法律的相关程序进行，而不能是主观臆断的。在我国政治体制内，应当着力处理好党、人大、政府的关系，确保政策终结体现依法治国的基本理念。涉及宪法和法律公布的重大公共政策的终结，必须由全国人大集体通过，按照法律程序来进行。至于政府部门根据宪法和法律所制定的重大政策，在终结前也应该经过充分协商、广泛讨论。党和政府的各级组织，不能随便终结人大通过的各项公共政策。尽管可能由于政策环境的变化，人大通过的某些公共政策变得

① 吴桂韩：《公共选择视角下的非常态政策终结及其“三化”演绎》，《上海城市管理职业技术学院学报》2007年第5期。

不合时宜，但也应当通过合法渠道，依法进行终结，而不能对这些政策自行处决，破坏了公共政策的严肃性。党和政府应当支持人大实行公共政策终结的权力。党和政府可以对人大进行公共政策终结提出建议和意见，但不能干扰人大通过政策终结的决议，人大对法律意义上的公共政策具有最终的决定权。

第二节　公共政策周期

一、政策周期的概述

周期是指事物在运动、变化的发展过程中，某些特征多次重复出现，其连续两次出现所经过的时间。公共政策作为一个连续不断的运动发展过程，当然也有周期。公共政策的周期指的是政策的主体与客体以及作为它们之间互动结果的政策过程所经历的一个循环。政策周期能够揭示政策发展的一般规律，了解政策周期能便于我们总结政策执行经验，更好地把握政策发展的趋势。

公共政策周期由于所涉及的范围不同，大约可以分为两种类型。(1)单项政策的执行周期。它指的是每一项政策都要经历从政策制定到政策终结的全过程，从制定阶段开始，经过执行阶段、评估阶段，到政策终结，就走完了一个周期。旧政策的贯彻，解决或改变了旧的问题，又会产生出新的问题。同一个社会生活领域中的旧问题与新问题并不是毫无关联的，新问题是从旧问题中延伸出来的，因此，解决新问题的新政策与旧政策就存在必然联系。新旧公共政策在形式上的连续性表现为，旧政策的终结也就是新政策的开端。从旧政策过程的某个具体阶段到新政策过程的对应阶段，就构成了政策的周期性循环。这种政策周期循环的链条有多种：从旧政策的制定阶段到新政策的制定阶段，从旧政策的执行阶段到新政策的执行阶段，从旧政策的评估阶段到新政策的评估阶段。(2)阶段性政策周期。它指的是伴随着经济发展周期或者伴随着执政理念转换而出现的可以明显划分出阶段的政策周期。公共政策通常和经济发展以及国家政治的变化相联系，这是由于经济的发展通常带有周期性特征，国家的执政理念也可能随着政党的轮换或者社会的发展而产生变化，当这两者中的一项发生变化时，整个公共政策如社会政策、文教卫生政策、科技政策也都会发生改变。

案例：我国新一轮的政策周期呈现公平取向

效率和公平问题历来受到中国共产党和中国政府的高度重视，纵观改革开放以来的政策变化，不难发现，以中共十六大的召开为分界，中国共产党和中国政府对公平与效率关系认识有一个明显的变化。

从改革开放到党的十六大召开，这个阶段我党奉行的方针理念是“以经济建设为中心”，“合理拉开收入差距……”，“让一部分人先富起来，先富带动后富，最终走向共同富裕”。这个方针理念表现出明显的效率优先特征，相应地，这一阶段我国公共政策的价值取向同样也是“效率优先”，国家把大量的精力投入到经济建设中去，对社会保障、基础教育、环境保护等促进社会公正的公共政策重视稍显不足。

以党的十六大的召开为标志，我国进入新一轮公共政策周期，我国的公共政策价值取向已悄然发生变革。党的十六大指出：“……坚持效率优先、兼顾公平。……加强政府对收入分配的调节职能，调节差距过大的收入。……以共同富裕为目标，扩大中等收入者比重，提高低收入者收入水平。”党的十七大强调，“必须在经济发展的基础上，更加注重社会建设，着力保障和改善民生，推进社会体制改革，扩大公共服务，完善社会管理，促进社会公平正义，努力使全体人民学有所教、劳有所得、病有所医、老有所养、住有所居，推动建设和谐社会”。这表明中国的社会发展已经进入到一个新阶段，民生正成为我们党工作的重点，社会公平和正义成为社会的目标，“效率优先，兼顾公平”变为了“效率和公平并重”。十六大以来我国政府颁布出台的各项政策表明了公共政策的公平价值取向，以“三农”问题为例，近几年来，我国一直要贯彻工业反哺农业、城市支持农村的方针，国家取消了农业税，加大了粮食直补，积极推进农村体制改革和制度创新，注重农村教育的发展，实施全面免除农村义务教育阶段学生学杂费。

二、政策周期的划分

这里主要是对单项政策周期过程进行阶段划分。最早尝试对政策过程进行阶段划分的是美国学者拉斯维尔，他在1956年的《决策过程》一书中把政策过程划分为七个阶段：(1)情报，即引起决策者注意的与政策事务相关的信息是怎样被收集并处理的；(2)建议，即处理某一问题的那些建议(或可供选择的方案)是怎样形成和被提出来的；(3)规定，即普遍的规则是由谁颁布的；(4)行使，由谁决定特定的行为违反规则或法律，并要求对规则和法律进行遵守；(5)运用，规则和法律是怎样被运用和实施的；(6)评价，政策是如何被实施的以及怎样评价政策的成功和失败；(7)终止，最初的规则和法律是怎样终止的，或经修改以改变了的形式继续存在。在拉斯维尔看来，这七个阶段不仅描述了公共政策是如何制定的，而且描述了应该怎样制定公共政策。学术界普遍认为，拉斯维尔对政策过程的分析主要是关注政府内部的决策过程，而没有考虑外部环境对政府行为的影响，同时拉斯维尔把政策评估放在政策运用之后也与现实不符，因为不仅要在政策执行之后对政策进行评估，在政策执行之前也要对政策进行评估。但是应当看到，这个模型对政策科学发展影响很大，它通过把政策阶段独立起来从而减少了公共政策研究的复杂性，从而为以后的政策研究者开辟了一条道路。

20世纪70年代中期，布瑞沃提出了政策过程六阶段论：(1)发起，指的是确认问题并提出备选解决方案；(2)估计，指的是对每个备选方案的风险、成本与收益进行计算，其目的是排除不可行的方案，缩小可选择的范围，并根据方案的优势进行排序；(3)选择，选择阶段是从剩余的方案中选择一个或者综合剩余方案成为一个新方案，或者不选择任何方案；(4)执行，指的是对政策方案的科学认真的执行；(5)评估，指的是对整个过程进行评估；(6)终止，指的是根据政策评估的结果对政策进行终止。布瑞沃不仅对拉斯维尔提出的七阶段论进行了修正，而且认为应当在讨论问题确认阶段时把政策过程扩展到政府之外。此外，布瑞沃还把政策过程看作是一个不间断的周期，即大多数政策并不是一个从生到死的有限的生命周期，而是会以不同的形式不断重现。此后，不断有学者对政策周期的阶段提出自己的见解，其中广为学界接受的是琼斯。

美国政策学家C. O. 琼斯(Charles O. Jones)提出的政策周期理论最被广泛接受。琼斯在分析政策过程时，提出一种旨在合理系统地考察公共政策的制定与实施的分析框架，这个政策过程分析框架便构成了政策周期理论的雏形。琼斯认为，政策过程架构的基本要素有：感知或定义、界定、汇集或累加、组织、确立议程、方案形成、合法化、预算、执行、评估和终结。他根据系统分析的概念，将政策分析过程分成五个阶段：(1)问题认定，即从问题到政府的阶段；(2)政策发展，包括方案规划以及合法化等功能活动，即政府为解决公共问题而采取行动的阶段；(3)政策执行，即政府解决问题的阶段；(4)政策评估，即由政府回到政府的阶段；(5)政策终结，即问题解决或变更阶段。

结合我国政策实践，本书认为，一个完整的政策周期应包括“制定—执行—评估—监控—终结”这五个阶段。政策制定是核心，包括了问题的认定和政策的发展；政策执行是关键，包括了资源的整合和人力的有效运用；政策评估是对政策方案合理性最具权威的检验；政策监控能够及时发现并纠正政策偏差，是政策运行中不可缺少的一个环节，贯穿于政策过程的始终；政策终结则意味着一个旧周期的结束和一个新周期的开始，如图 8-2 所示。

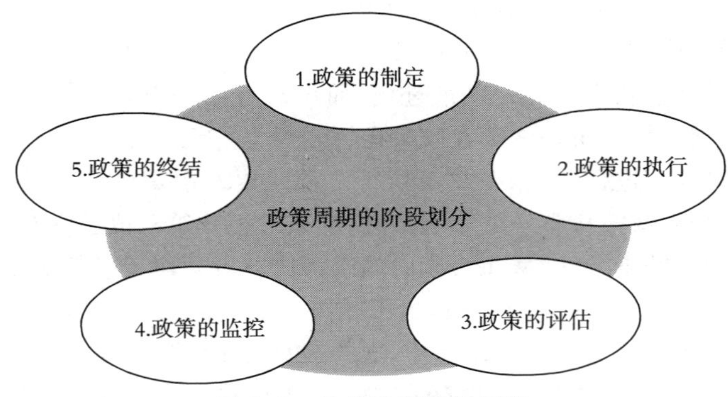

图 8-2　公共政策运行周期

不同政策周期的时间长度是不一样的。这种决定时间长度的因素很复杂，但主要和政策目标的大小远近、环境变化以及实施的难易相关。一般说来，政策目标越大越长远，环境情况变化越复杂，实施难度越大，政策的周期越长；反之，政策周期越短。政策周期的长短还与具体政策的情况相关，一项错误的政策，人们自然希望它的周期短一些，尽快结束；一项经实践检验是正确的政策，人们可能也希望它的周期短一些，尽快用法律的形式固定下来，以便具有较强的稳定性，如我国的改革开放政策。

三、政策周期的意义

政策周期理论揭示了政策发展的一般规律，有利于指导政策行进过程，保持政策系统科学与理性。

1. 提高政策制定的科学性

这是因为，通过政策周期阶段化的研究，可以优化政策制定系统，促进政策决策的科学化，减少政策制定的失误，确保政策发挥应有的作用。它有助于我们通过对以往政策周期的研究，吸取经验教训，克服政策制定上的缺陷，确立政策制定的科学化和程序化，促进有中国特色的政策制定体系的建立。

2. 巩固和发展现行政策，保持政策的连续性和稳定性

这是因为：(1)通过对政策周期的研究，政策制定者可以了解政策是否实现了预期的目标，政策执行是否出现了偏差，以及随着条件的变化，是否需要进行

追踪决策；(2)政策制定者可以依据对政策周期进行研究所得出的结论，做出是坚持原政策、修改原政策、还是终止原政策，制定新政策的决定；(3)通过对政策周期的研究，政策制定者可以根据原政策成功或失败的经验教训，使建立在原政策基础上的新政策在新一轮的周期中扬长避短，提高政策的功效。政策的连续性和稳定性是由政策本身的严肃性决定的，是经济发展、社会进步的必然要求。我国政策领域中出现的诸如政策之间缺乏连贯和衔接、"撞车"现象时有发生、政策朝令夕改等问题，通过对政策周期的研究和分析，都是可以避免的。

3. 推动改革开放、市场经济和社会经济发展

当前，我国正处于经济体制、政治体制的全面改革之中，改革给我们带来了生机和希望，改革也给我们带来了许多新问题和新挑战。通过对各项政策周期及其互动关系的研究，制定出一整套相互配套的改革政策，以在新体制内部形成相互制衡的机制，可以推动改革开放事业向前发展。同时，市场的发育和完善，离不开科学、合理的政策的推进。随着社会主义市场经济的逐步发展和改革的深入，哪些政策要淘汰，哪些政策要完善，哪些政策要制定，这些都离不开政策周期的研究。如果理论研究跟不上，不能及时地回答政策领域中提出的新问题，经济发展就不能顺利进行。

四、我国政策周期的特征

与已经发生和正在发生的各国公共政策改革与建设相比，改革开放以来的中国公共政策的变革，无论是其所处的国内背景还是直接影响其变迁的因素，都表现出异常的复杂性。这种复杂性表现之一是国内、国际的背景十分复杂，中国在20世纪80年代前后进入经济改革、对外开放与社会转型时期，思想解放运动在"左"与"右"的激烈碰撞中前行，高度集中的计划经济体制与活力四射的市场机制在彼此的较量中此消彼长，社会逐步分化，城乡之间产生一种新的格局。国际上则是新自由主义之风盛行，全球化迅猛发展，世界政治朝多极化方向迈进。这种复杂性还表现在中国公共政策的发展和变革是在经济制度尚未定型的情况下发生。绝大多数国家的公共政策都是在基本经济制度定型的条件下，基于制度本身而进行的改革，而中国的公共政策的发展或者变革却常常是因为市场机制发展的需求，是为我国经济体制的改革提供配套支持。这种情景下，我国公共政策的发展缺乏独立的空间，公共政策的实践往往受制于诸多外在因素。

基于环境的复杂性，我国公共政策的周期表现出的第一个显著特征就是在政策制定和政策执行两个环节之间，多了一个"试点"环节，政策发展阶段被拉

长，通常我国的公共政策周期表现为“政策制定—政策试点—政策推广执行—政策评估—政策监控—政策终结”六个环节。我国公共政策一般采取渐进式的发展策略，一项政策出台后，中央一般会要求“试点先行、缓慢推进”，先制定有关改革方案，选择个别或者少数地区进行试验，通过试点发现问题，经过修正后再逐步推广至全国，其好处在于可以避免政策失误而导致大的危机的发生。并且，一项政策经过改革后，并不是立即以新制度取代旧制度，而是新旧制度同时并存，形成双轨甚至多轨并存的政策格局，待到新政策具有了一定的发展势能以后，再取消旧的政策，旧的政策的消亡有一个较长的缓冲期，留有相当长的时间让各方做好准备工作，有利于社会的稳定。我国的医疗保险的改革、农业税的取消、价格体制的改革都采取这种策略，如我国在实行价格体制改革中，为了让改革能够平稳地进行，在一段时期内实行了价格双轨制，当价格实现平稳的目标后，才终止了双轨制。

我国政策周期的第二个明显特征是政策周期较短，政策与政策之间的更替较快，政策表现出不稳定性。不少学者对这个特征做出过探讨。克拉克(Christopher M. Clarke)认为，中国领导人的政策框架时间是不断变小的。在20世纪80年代初，一个计划还有2—3年的时间，然后作适当的调整和改进；在80年代中期，则缩减到一年时间；到了80年代末，就变成一个季度了。[①] 郑竹圆分析了1953—1981年我国的经济策略，发现在这30年的时间里，几乎没有一个经济增长战略能够延续6年以上。[②] 建国以来的经济发展史上有不少事例可以证明这一点。比如，在1958年“大跃进”期间，将当年工业总产值增长率指标修改为33.0%，农业总产值增长率指标修改为16.2%。1991年3月七届人大四次会议通过的“十年规划”目标是，在2000年GNP比1980年翻两番，平均每年经济增长率指标为6%左右，明确提出“坚定不移地保持国民经济持续稳定协调发展”。而到1992年的十四大和1993年的八届人大一次会议上，要求重新修改“八五计划”和十年规划，发展目标又改为提前到1995年实现GNP翻两番，经济增长率指标提高到8%—9%，经济发展指导方针改为“加快改革开放和现代化建设步伐”。当然，随着我国的基本经济体制的定性，政策周期逐步趋于正常，政策不稳定性有所改善，如全面建设小康社会的各项指标已经经过了近十年的实践。

---

① Christopher M. Clarke, “China's Transition to the Post-Deng Era”, Joint Economic Committee Congress of the United States, China's Economic Dilemmas in the 1990s: The Problems of Reform, Modernization, and Interpendence. Joint Committee Print. April, 1990, pp. 1—13.

② Cheng Chu-yuan, *China's Economic Development: Growth and Structural Change*, Westview Press, 1982.

我国政策周期的第三个特征是政策周期链条时有断裂，一些公共政策环节时有缺失。理想的政策过程包括从问题界定到政策终结的各个环节，然而，我国目前的公共政策实践中，一些功能环节（如问题界定、结果预测追踪评价和政策终结）往往没有受到重视或被忽视，科学、合理的政策程序并未完全确立起来。没有经过长期的调研及理论探讨，没有经过专家的详细论证，没有经过多次代表大会的充分讨论，少数领导凭借经验，甚至按照主观设想"一锤子拍板"的情形在讲求政策科学的今天仍然没有绝迹。此外，由于对政策运行效果缺乏科学、公正的追踪评估，公共政策的运行常常有始无终，冗余政策充斥政策系统，导致政策系统混乱，政策执行相互打架，给政策执行者和群众带来困扰。

我国正处在全面建设小康社会的关键时期，社会要发展，群众的生活水平要提高，还有待于我国遵循政策周期发展规律，脚踏实地地求发展，避免政策波动，提高政策理性，从而保证我国社会的稳步、快速发展。

本章小结

公共政策终结含吐故纳新、谋求发展之意，其实质性内容就是通过政策自身的扬弃，不断地吐出糟粕，不断地吸取养分，从而推动政策的循环更新。政策终结是政策链条中不可缺少的一个环节。近些年来，学界对公共政策终结问题的研究日渐兴盛，这既是由于现实中的政策冲突问题迅速恶化，在一定程度上也是由于构建效率政府的需要。

政策终结研究所要考察的是政策在失去了合理性之后如何被终止的问题，是要发现终止政策的一般性规律和程序。研究表明，公共政策作为人类管理、改造和形塑社会的智力工具，其终结过程并非像自然生命一样会自动消亡，而是需要执政者人为地废止，因此，在终结一项公共政策时，既要严格地遵循政策终结的程序启动政策终结机制，也要合理地利用政策终结的触发机制。政策终结主体必须对现行政策安排下的各方利益进行细致分析，一方面要善于化解政策终结的阻力，另一方面要敏锐地发现政策终结的推动力，当政策终结的推力大于阻力，政策终结才能最终完成。

公共政策周期是对于公共政策从生到死一个相当长而复杂的过程的一个简化描述，目的是为了便于学习和掌握公共政策的运行特征。现今一般都认为，一个完整的政策周期应包括"制定—执行—评估—监控—终结"这五个阶段。"五阶段"时常有重合和反复，如决策与执行是很难分得开的，评估和监控经常交错，终结和再次制定往往连接，但总的来说，"五阶段"作为指导政策流程的一个模型还是具有很强的指导意义的。

案例分析

“农村中小学代课教师”政策终结的障碍因素分析与思考[①]

2006年3月27日，在教育部以“代课教师清退”为主题的新闻发布会上，发言人宣布“在很短的时间内，将要把中小学代课人员全部清退”。这就意味着，“代课教师”在我国将逐步退出农村中小学的教育舞台。但从笔者对部分地区的调查情况看，“清退”步伐比较缓慢。南方某发达地区的教育局甚至公开宣称，“代课老师情况十分特殊，代课老师政策不变”，认为“目前当地近万名代课教师都是教学所必需的教师”，承诺“不会‘清退’”。“清退”代课教师政策遭遇了较大阻力。那么，代课教师清退这样一个“利国利教”的政策终结过程为什么会出现重重障碍而执行迟缓呢？本文试图从政策分析的视角对教育政策终结面临的障碍进行分析。

一、“代课教师清退”政策中的障碍因素及分析

1. “清退”是一个特殊的政策终结过程

“清退”政策的对象是一个特殊而又复杂的弱势群体。代课教师到教学岗位上任教，一般不经过有关部门履行法定的正式聘任程序，他们是在我国基础教育投入不足、地区发展不均衡的特殊历史时期产生的特殊群体，曾经对我国农村地区基础教育的发展作出重要贡献。代课教师的薪资十分微薄，自踏上教育岗位起，他们就从未享受过《劳动法》规定的“最低工资保障制度”和必需的保险福利保障，他们与公办教师、民办教师长期“同工不同酬”，是一个“游离”于法律保障之外的弱势群体。绝大多数的代课教师都在偏远的农村小学和教学点任教，工作环境艰苦，教学任务重，往往越是贫穷的地方代课教师明显越多，甚至在有些边远地区的部分学校仍是保证当地义务教育教学不可或缺和无法替代的群体。

2. “清退”政策在一定程度上影响地方政府利益

国家层面的政策从未允许过招收代课教师，其存在是地方政府运作的结果。在国家政策不允许的情况下，地方有关部门热衷于广招“代课教师”的背后其实有着深层次的原因和背景。

20世纪80年代后，国家一直奉行了“分级办学，分级负责”的农村义务教育

---

① 杨润勇：《农村中小学代课教师”政策终结的障碍因素分析与思考》，《教育理论与实践》2007年第9期，有删减和修改。

管理体制。很长一段时间内，农村地区的义务教育责任“以乡镇为主”。代课教师队伍正是在当时农村中小学“教师缺编、财力不足”的特殊背景下“发展壮大”的。为了解决农村边远地区教师缺编问题，一般是学校自聘教师，工资费用主要从学校公用经费支出，乡镇财政也从预算外资金中负担一部分；“以县为主”的管理体制实施后，县级人民政府一方面具有了对本区域教育的统筹权，另一方面，原本由乡镇负责为主的农村中小学教师工资由县统一发放，导致教职工“人头费”在县财政经费比例急剧上升。为了“开源节流”，农村很多县区都奉行着“缺编不补师范毕业生”，而改为招用代课教师。

据调查，一个正式在编教师的基本工资可以维持7—8个代课教师的工资费用。所以农村很多地区今年就出现了“一方面全县有数百个正规师范毕业生在家待岗，一方面县内代课教师不减反增”的现象。说到底，招收代课教师是为了“节省费用”，那么“清退”政策必然要求“身价数倍于代课教师”的正式教师接替岗位，而且离岗的代课教师的经济补偿也需要地方政府买单，精于算经济账的地方主管部门不会对此无动于衷；与此同时，地方主管部门也深知代课教师“清退”工作的难度，他们普遍认为这是一个“费力得罪人”工作。所以，在执行“清退”政策会导致经济支出大幅上升又会“惹火烧身”的情况下，必然会对相关的政策终结过程产生抵制心理。部分地方主管部门对相关政策“能拖就拖”、“顶着不办”就构成了“清退”政策的另一障碍因素。

3. “清退”政策引发部分大众媒体的质疑和对代课教师的同情

值得注意的是，近乎于“一刀切”的“清退”政策，在社会各界引发了极大反响，引起媒体广泛关注，包括《人民日报》在内的诸多报纸杂志纷纷参与到关于“清退”的讨论中。有的媒体列“清退”为2006年教育十大关键词之首。

客观地说，绝大多数媒体对“清退”政策本身还是比较认同和理解的，认为“代课教师一般没有接受过系统培训，教学水平不高，长期任教不利于教学质量和国民素质的提高。从这个角度看，代课教师退出历史舞台，是我国在2010年之前实行全面义务教育的题中应有之意”。但是，对“清退”政策的内容、方式等质疑也屡屡见诸报端，提出了“如此多的教师离开岗位，谁来填补这些空缺”的问题，甚至对“清退”一词也产生了极大的疑义，认为“清退”充满了贬义、歧视的味道，似乎代课教师成为了农村教育发展的羁绊，而“把责任完全推到代课教师身上并让他们承担后果是不公平的”。对代课教师“清退”后的安置，更多的媒体都发出了“善待”的呼声。另有一部分媒体则直言“清退”政策没有“尊重代课教师”，“无视代课教师的贡献”。

公共舆论能够确定教育政策的基本范围和方向，在西方甚至被认为是“与立法、行政、司法并立的第四种权力”。舆论监督是社会的“减震器”、“解压阀”，是新闻工作的职责、人民群众的愿望，也是教育主管部门改进工作的手段。对教育政策的舆论监督是一种宝贵的社会资源，对代课教师政策的有关报道即便略有瑕疵，甚至有所偏激，至少提供了发现、解决问题的契机和向社会充分解释的机会。但若一项需要终止的教育政策或某项政策的内容、执行方式受到舆论质疑，对于政策的执行无疑会构成极强的阻力。媒体舆论对代课教师政策的“不同声音”、代课教师赢得的“广泛同情”也就构成了“清退”政策的障碍性因素之一。

4. “清退”政策的“一刀切”方式要付出较大代价

“很短时间内全部清退”反映了教育部在代课教师“清退”工作中的决心，但代课教师的特殊性更是决定了政策终结过程不应该是一蹴而就的。

首先，作为农村地区教育发展中的特殊形态，代课教师在农村教育特别是中西部边远地区义务教育中撑着“半边天”，清退几十万农村代课教师就必须有同等数量的“高水平、高质量”公办教师来替代他们。若找不到或不能及时找到合适的替代者，那原本已经薄弱的农村教育岗位就只能承受“雪上加霜”的结果，这是“清退”政策要付出的最大代价。

其次，相当一部分代课教师在岗时，都为了争取“早日转为公办教师、胜任教学”参加了各种形式的培训学习，为此代课教师本人、学校也投入不菲的培训费用。全面清退就意味着这些费用随着代课教师的清退而“打了水漂”。由此看来，代课教师在农村岗位上不仅付出了艰苦劳动，还投入了巨大的机会成本和经济费用——这是所有代课教师心理不平衡的根源，也是教育政策终结要付出的代价。

最后，虽然代课教师的身份没有得到法律认可，但仍然应该享受劳动者的权益，他们长期为农村义务教育作出的贡献应该得到肯定，其付出的艰苦劳动也应该得到相应的经济补偿，这也应该是“清退”政策另一个代价，是国家彰显社会公正和教育公平必须付出的。

我们可以看到，在整个“清退”过程中，遇到的困难既有如果公正看待代课教师的问题，也有地方政府对政策代价进行实际考量的问题，还有农村教育的持续发展问题，这些困难预示着政策终结的过程必须充分考量各方利益，寻找合适的政策终结方案。

二、基于“清退”代课教师政策的相关思考与建议

反思代课教师的终结过程，相对于“清退”的决心，可能目前最需要的是如何区别对待不同地区、不同情况的代课教师问题。换言之，如果“清退”政策目标正确无误的话，也还需要地方政府制定细致、合理而又具备可操作的行政措施方案

出台。

在此，我们需要考虑中小学代课教师被清退后，农村地区特殊岗位以及代课教师未来的安排等相关问题。在“清退”政策实施之时，甚至在政策出台之前，就必须要解决好两件事情。

其一，解决好代课教师退出后农村地区特别是边远地区的中小学教师“缺编问题”。在地理位置、交通、医疗诸方面待遇不尽如人意的情况下，在农村教师“人心思走”的背景下，政策制定和执行中必须思考边远小学、教学点在代课教师离开后能否找到公办教师“继任者”，或以怎样的方式安排这些特殊岗位的教学工作，保证农村义务教育普及不受影响。现在看来，有关部门对此所作的心理准备并不是特别充分。

其二，代课教师虽然不是国家编制内的“正式教师”，但是他们的确为农村地区的义务教育作出过不可替代的贡献，对于如何合理、妥善地安置这些必须“下岗”的人员问题，代课教师构成的复杂性决定了安置方案必须细致可行，同时要体现国家、社会对其工作的肯定和对其未来生活工作的负责。通过制度性设计，确保被清退者的权利和权益得到公正的保障，让代课教师顺利退出历史舞台。当然，方案的推出应为“地方政策”分内之事，也是在完成“清退”政策时着重考虑的问题。“清退政策”涉及几十万代课教师，直接关系到他们未来的生活命运，因此，政策终结的方案要精心设计，要预先考虑可能会发生的种种问题，制定出详尽的政策终结方案。

【案例思考题】

1. 政策终结的主要障碍有哪些？
2. 你能对代课教师的清退工作提出哪些好的建议？

关键词

政策终结　　组织终结　　项目终结　　功能终结　　政策终结动力机制
政策周期　　政策过程　　试点先行　　渐进策略

思考题

1. 如何理解政策终结？
2. 为什么说政策终结既是终点又是起点？

3. 政策终结经常遭遇哪些阻力?

4. 常见的政策终结动力机制有哪些?

5. 政策周期的含义是什么?

6. 政策周期通常包含哪几个阶段?

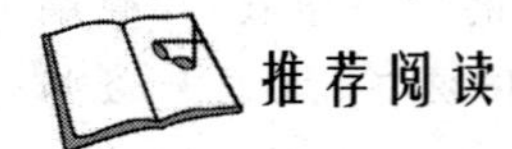

推荐阅读

1. 朱志宏:《公共政策》,台北:三民局出版社 1995 年版。

2. 陈庆云:《公共政策分析》,北京大学出版社 2006 年版。

3. 托马斯·戴伊:《理解公共政策》,彭勃等译,华夏出版社 2004 年版。

4. 陈振明编著:《公共政策分析》,中国人民大学出版社 2002 年版。

5.〔美〕雅各布斯、夏皮罗:《政治传播、公共舆论和政策制定过程的一体化研究趋向》,《现代外国哲学社会科学文摘》1996 年第 12 期。

6. Charles O. Jones, *An Introduction to the Study of Public Policy*, 3rd. ed., Montery, California: Brooks/Cole Publishing Company, 1984.

7. 张康之、范绍庆:《从公共政策运动到公共政策终结问题研究》,《东南学术》2009 年第 1 期。

第九章　公共政策的量化分析

【知识框架图】

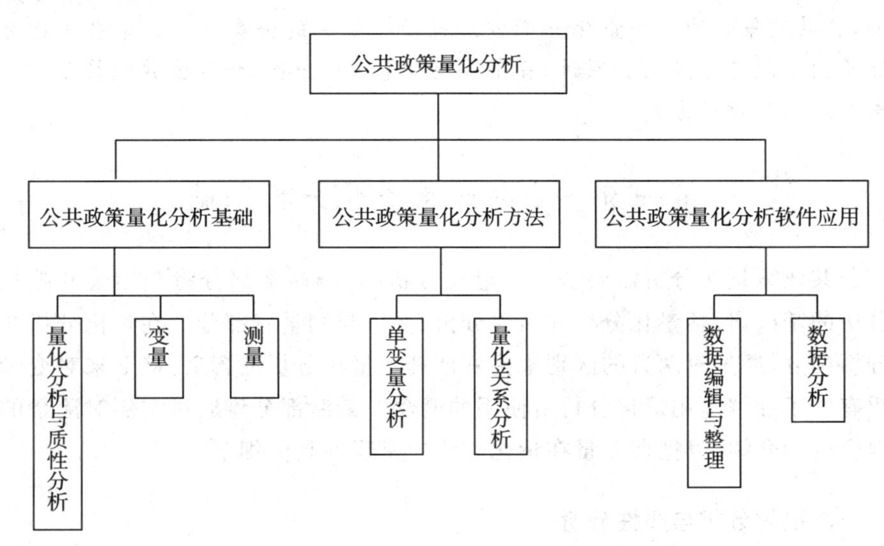

内容摘要

公共政策学在传统政策学的基础上增加的公共二字以凸显其重要性，这一做法来自19世纪末西方新公共管理运动实践带来的对公共管理研究的学术讨论，进而影响到国内学术界。传统的政策研究派生于政治学和行政学，重在规范意义上对各行为主体之间的利益关系的探讨。公共政策领域内的量化分析(quantitative analysis)方法在目前国内公共政策类教材及著作中并不多见。陈庆云主编的《公共政策分析》用两章介绍了公共政策分析的量化方法，其中一章主要介绍规划方法、决策方法、博弈论及投入产出方法，另一章主要介绍统计分析技术。由李钢等编著的《公共政策内容分析方法》则单独介绍了在公共政策领域内，内容分析方法(content analysis)的应用，而内容分析方法正是量化分析的一种方式。

鉴于公共政策与公共决策的差别，并受到量化分析方法分类标准多样化的影响，公共政策领域内的量化分析方法也没有统一的分类标准。本书该部分的论述不同于规范意义上的探讨，旨在从经验意义的角度，介绍公共政策量化分析的思维逻辑和行进方式。

第一节　公共政策量化分析基础

公共政策量化分析需要基于对量化分析的理解，本部分将介绍公共政策量化分析的基础，包括量化分析和质性分析、变量与测量三部分。在量化分析与质性分析部分，通过对两者的区别来更好地理解量化分析的含义，接下来对变量的介绍有助于理解运用量化分析所使用的概念。最后部分将通过实例对测量的主要内容进行介绍，以把握变量在量化方法中呈现的具体细节。

一、量化分析与质性分析

量化分析与质性分析①同属经验研究(empirical research)，指向经验问题，但量化分析是区别于质性分析(qualitative analysis)的另一种思维方式，其资料

① 国内常翻译为定量分析与定性分析。

采取数字的形式，一般指的是统计数据，例如统计指标、政府预算或者是通过电话访谈以及面对面访谈所搜集的调查资料。量化分析来自以建立知识的客观性为目的的实证主义方法论传统，以变量形式探求事物之间的因果关系。量化分析在方法观、研究对象、研究者、研究目的、研究表述及资料收集上均与质性分析有所差异，详见表9-1。

表9-1　质性与量化：理论观点的对照

	量化	质性
方法观	实证方法观	诠释方法观
研究对象	现实是客观存在的	意义是主观流动的
研究者	现实可以客观地加以理解掌握	现实或意义均受理解角度的影响
研究目的	掌握现实的方式是因果关系，以此便可控制、改造现象界	感知意义的方式是互动，目的在于人与人之间的相互理解与沟通
研究表述	普遍因果关系	深刻的启发理解/参照推论
资料搜集方法	研究者适度疏离，保持客观（一致的量表/预设的问卷）	研究者积极互动投入，发展深刻理解（参与互动/解释互动）

本表整理自汤京平、耿曙：《质性与案例研究方法》，中国人民大学出版社，即将出版。

二、变量

规范研究探讨的问题常基于不同角度定义的概念，在量化研究中，我们通常用到的是变量(variable)，而变量一词本是自然科学领域的术语，在此的运用，充分表明量化研究的科学自然主义倾向。概念是对具体事物的抽象，这种抽象来自对多种事物相似点的概括，所以当我们说到概念的时候，我们是在强调一些共同的特性。若再深入地想想，你会发现这些特性内部存在差异，比如特性的强弱、高低、大小、快慢等等都不同。因此，变量是我们用来表明那些能有不同取值(两个及其以上)的概念，这是对概念内部变异的呈现。比如，对某项政策的态度，这里的变量是态度，同意与否的回答，有“同意”、“不同意”、“不知道”三种不同的变量取值，这就是态度变量内部的变化状态。

根据变量取值的特点，变量可以被分为数量变量(quantitative variable)和属性变量(qualitative variable)两类：前者是指变量按照随机规律所取的值，也称为随机变量(random variable)或数值型变量，比如年龄、男性的数目等；后者是指那些取非数量值的变量，也称为分类变量(categorical variable)，比如性别、教育程度等。

如何理解变量与变量值的特点？我们来看一个例子：

例：A. 您(有/没有)儿子？(有/没有)女儿？

B. 您有____________个儿子？____________个女儿？

在A中，有两个变量，分别是儿子变量与女儿变量，因为是用“有”和“没有”两个变量值来描述，所以是属性变量。在B中，同样是两个变量，但变量的取值是数量，因此，这两个变量是数量变量。

三、测量

变量是靠测量(measurement)来区分差别或差异，所以测量其实就是把变量值进行分配的过程。我们还是以家庭子女状况来举例：

例：A. 您(有/没有)儿子？(有/没有)女儿？

“家庭子女状况”：以是否有儿子或女儿来测量。

B. 您有____________个儿子？____________个女儿？

“家庭子女状况”：以儿子数量与女儿数量来测量。

在上例中，除了看到测量的过程，你一定也会注意到A和B在此测量过程中的差别，对B的测量所获取的信息包括了在对A的测量中所获取的信息，比如在A中选择没有儿子或女儿，在B中均可以写为“0”，同时在B中，非“0”的数字均代表有儿子或女儿。那么，若要对家庭子女情况进行测量，以B的方式进行测量是不是一定好于以A的方式进行测量呢？

在对变量值进行分配的过程中，根据变量值提供信息量的差异，有三类测量：

类别测量(nominal measurement)，也被称为定类测量或名义测量。类别测量是四种测量方式中层次最低的一种，这表明类别测量所包含的信息资料最少。这里的类别是指按某个标准进行分类，比如“性别”这个变量，它将每个样本按照其性别特质进行分类，变量值为“男”和“女”，这代表两种不同类别。类别测量所使用的类别仅表明不同类别之间的差异，无法表明差异的大小或程度。我们可以用数字代表不同类别，比如用“1”代表男性，“2”代表女性，但1和2不表示类别间存在大小关系。

顺序测量(ordinal measurement)，与类别测量相比，顺序测量不仅可以进行类别区分，并且可以按照变量性质的多寡依序排列。因此，当我们用数字来分别代表变量值的类别时，数字的大小就会显示出性质的不同和程度，并可以进行比较。比如美国社会心理学家李克特(Rensis Likert)于1932年改进的李克特量表(Likert Scale)中的李克特选项(Likert Item)就是顺序测量，它包括五个有程度差异的选项，“非常同意”、“同意”、“不一定”、“不同意”、“非常不同意”，并且可以分别被赋予1、2、3、4、5分，分值的差异可以表明研究对象态度的强弱程度。但是，顺序变量的变量值通常没有被赋予分值，那么我们就只知道各个变量值的大小排序，并不清楚它们之间的距离，如教育程度变量，大学究竟比高中高出多少，大学与高中之间的距离和高中与初中之间的距离是否相等，我们并不知道。因此，顺序测量所取的变量值通常只具有大于或小于的性质。

距离测量(interval measurement)，距离测量除了包括顺序测量的特点外，还能准确测量不同变量值之间高低、大小次序之间的距离，具有加与减的特质，因而距离测量所包含的数据信息远远多于类别测量与顺序测量。与距离测量最相似的是比例测量(ratio measurement)，比例测量是测量层次最高的一种，与距离测量的唯一区别是具有绝对零点，比如智商变量，某人智商为零并不表示没有智力，而收入变量，月收入为零表示没有收入，因此，前者是距离测量，后者是比例测量。比例测量可以进行乘除运算，表示倍数，距离测量只能表明变量值之间的距离，比如A的智商为160，B为80，我们不能说A的智商是B的两倍，只能说两者相差80，因为零点不是固定的，若零点增加10，那么A的智商为150，B为70，两者间距离未变，但A是B的两倍多。在这两种测量方式下的变量均属于连续变量，即数量变量，在统计软件中，通常将这两种测量合并为距离测量。包括年龄、收入、温度等变量。

表9–2 不同测量类型的特点

测量类型	分类	排序	固定距离
距离测量	有	有	有
顺序测量	有	有	
类别测量	有		

表9–2对三类测量类型进行了归纳，从中我们可以看出，距离测量作为高层次测量包含了顺序测量与类别测量的特点，顺序测量包含了类别测量的特点。从距离测量到类别测量，信息量依次递减。不同测量所包含的信息量的多寡将影响到量化分析的方式，我们将在下面进行介绍。

第二节　公共政策量化分析方法

本节将具体介绍公共政策量化分析的主要方法，按量化分析的变量逻辑进行分类，包括单变量分析与变量关系分析两部分。单变量分析是变量关系分析的基础，为了将抽象的量化指标变得更容易理解，对单变量分析的介绍将先后包括统计图与统计量两个部分，前者以图的方式直观展现量化数据的意义，后者是对数字规律的指标说明。在变量关系分析部分，将先后介绍相关分析与回归分析两方面内容，后者在探析变量关系上比前者更为深入与复杂。

一、单变量分析①

量化分析是基于对数据的处理，也就是对变量值的处理，这里的变量值也可以称为统计学意义上的观测值，如表 9–3 的虚拟资料中，我们可以看到身高、体重、性别 3 个变量，4 个样本，3×4 个观测值。

表 9–3　变量与观测值示例

姓　名	身高(cm)	体重(kg)	性别
刘兴强	182	75	男
李小明	172	87	男
王　慧	160	48	女
宋建国	165	58	男

资料来源：虚拟资料。

数据本身并不会说话，我们必须用一定的方法来分析这些数据，使这些数据的意义呈现出来。首先，结合测量的四类方式，我们将数据进行以下分类，具体见图 9–1。不同的数据类型对应着不同的分析方法。

① 在统计图中，散点图将涉及两个变量的描述分析。

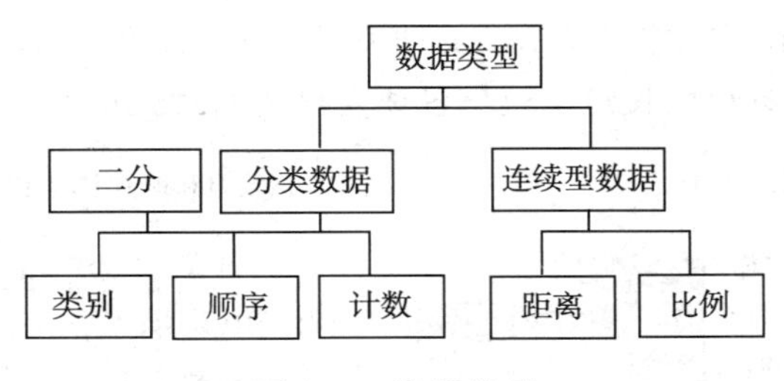

图 9-1　数据类型

（一）统计图

统计图是一种呈现数据信息的直观形式，一般都有两条直角相交的横轴与纵轴。横轴也称为 X 轴，通常表示变量中的类别，纵轴也称为 Y 辆，显示各类别相对的频次和百分比。几种常用的描述数据分布形态的图形包括条形图、直方图、饼形图、折线图、散点图、茎叶图、箱形图等。

1. 条形图

条形图(bar)主要用于类别变量或顺序变量类型的资料。它是用条的个数代表分类变量所分组的多少，或者选用变量的个数；用条的高度来表示类别的次数或百分比，各个条之间有间隔。

条形图的横轴为分类轴，用来统计分类变量所分的组数。如果只有一个分类变量，这种条形图称为简单条形图；如果有两个分类变量，这种条形图称为复合条形图。若类别变量类型的资料，横轴上的类别可以按任何顺序排列；若顺序变量类型的资料，横轴上的类别需要按相应的顺序排列。条形图的纵轴为刻度轴，用来统计各个分组的特征值。按照特征值描述的对象不同分为组内特征值描述、平行变量特征值描述和个案描述。组内特征值描述，是指分类变量将统计个案分成若干组，统计每个组的特征值，如统计各个组的频数、频率或其他能反映组特征变量在各个组上的特征值，这类条形图简称为分组条形图。平行变量特征值描述是指选择若干个平行变量，对这些变量的特征值进行统计，这类条形图简称为平行变量条形图，比如公众对若干项政策进行评价打分，若干政策的各自得分即是若干平行变量。个案值描述是指直接描述数据库的原始数据而不再进行统计计算，这类条形图简称为个案条形图。

条形图可以直观揭示或比较频数变量的频数特征值、分类变量在有关综述变量方面的特征值大小，以此发现重要组或类别(group)。条形图的条形宽度并没有实际意义。

图 9-2 以条形图的方式展示了美国联邦政府、州政府与地方政府的各职能支出的比重,图中条形的长短反映出各项支出的相对大小。

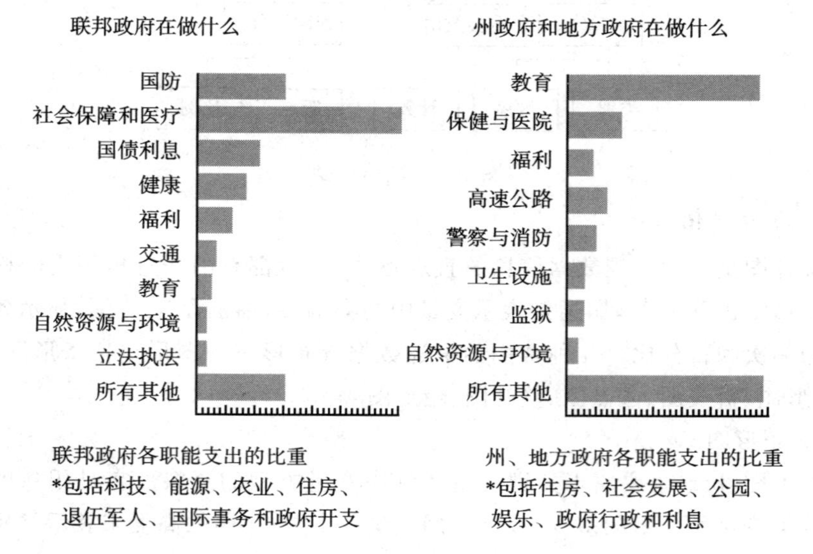

图 9-2　条形图示例:"美国政府在做什么"

资料来源:托马斯·戴伊:《理解公共政策(第十版)》,彭勃译,华夏出版社 2004 年版,第 3 页。

2. 饼形图

饼形图(pie)主要用于类别变量或顺序变量类型的资料,它是表示一事物中各部分的比重。饼形图也称圆图,该图形将圆分成几个扇形,各扇形的大小与各类别次数比例的多寡成正比。各扇形的大小可以通过将各类别的次数除以总数,将所得的百分比乘以 360°后得到的各扇形圆心角度来绘制。

与条线图绘制原理相同,饼图类型线图按照反映指标值的不同分为以下三类:一是描述按照一个频数变量或分类变量分组的各组特征值,简称为组特征值饼图或分组饼图。二是描述若干个平行变量的特征值,简称为平行变量饼图。三是直接描述原始数据库中的个案数值,简称为个案饼图。如图 9-3 所示,从图中可以看出联邦对贫困和非贫困人口的福利支出占全部福利支出的比例。

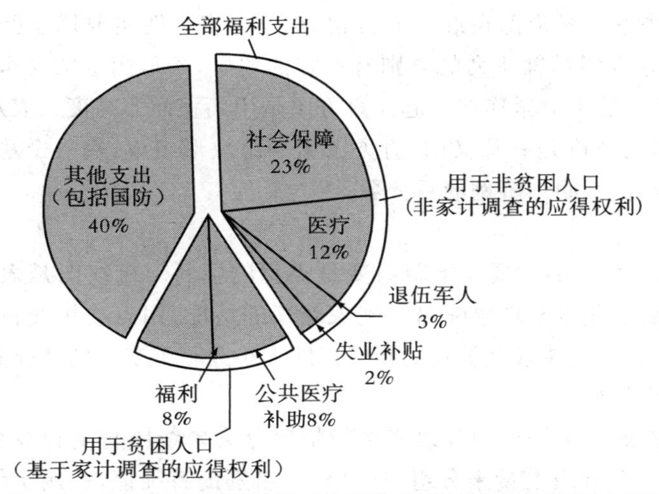

图 9-3　饼形图示例："联邦对贫困和非贫困人口的福利支出"

资料来源：托马斯·戴伊：《理解公共政策（第十版）》，彭勃译，华夏出版社 2004 年版，第 81 页。

3. 直方图

直方图(histogram)主要用于距离变量类型的资料，它是用一组连续的矩形来表示距离变量资料的频数分布。直方图的横轴表示变量，纵轴表示次数，各矩形宽度相等，等于组距。如图 9-4 所示。

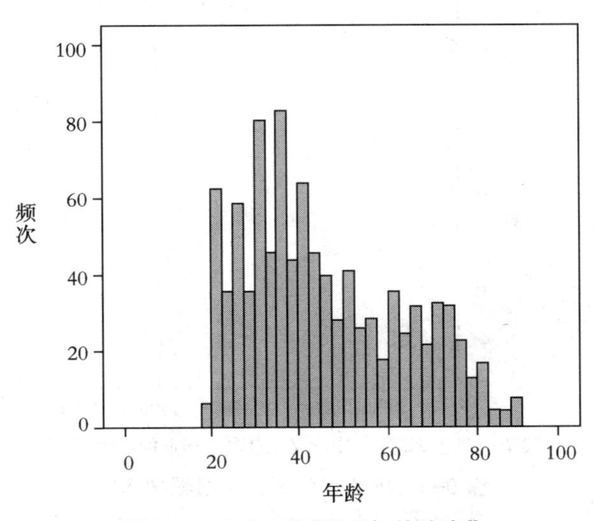

图 9-4　直方图示例："年龄分布"

资料来源：虚拟资料。

尽管直方图与条形图在形态上很相似，但是直方图主要用于距离变量类型资料，所以，直方图横轴所列的类别有一定的顺序，条形图上的各个条形是分开的，而直方图上的条形紧连在一起。直方图是用面积而非高度来表示数量，也就是说，直方图的宽度是有意义的，直方图由一组块形组成，每一个块形的面积表示在相应的小组区间中事例的百分数。

4. 折线图

折线图(polygon)主要用于距离变量类型的资料。折线图是表示某事物在时间上的发展变化或某现象随另一现象变迁的情况，用点或折线将各个组别的指标值连接起来，反映各个组别的指标值的大小或相关变量的变化趋势，以此发现重要的变化趋势。

折线图按照分类轴选用分组变量的情况分为单线图与复合线图两大类，单线图只选用一个分组变量来分组，计算各个组别的特征值，并用折线连接起来，只有一条线。多线图选用一个分组变量和一个分线变量来分组，横轴为分组变量所分的组数，纵轴统计由分组变量和分线变量产生的各个组别的特征值，并用折线将属于同一个分线变量的各个数据连接起来，形成多线图，线的条数表示分线变量的分类个数。如图 9-5 中，分组变量为年份，分线变量为种族，分成了三个类别。

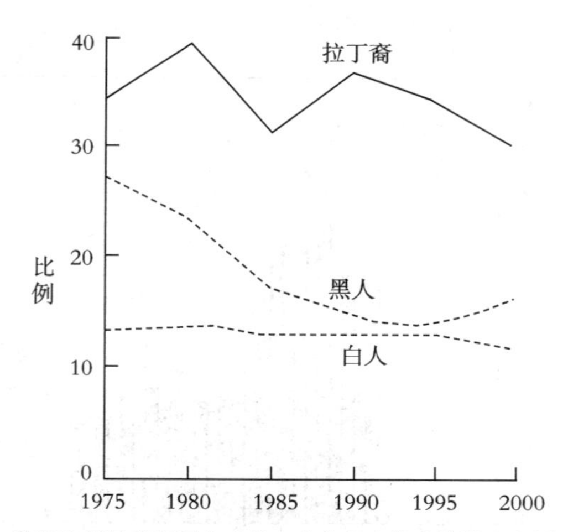

图 9-5　折线图示例："美国辍学率"

资料来源：转引自托马斯·戴伊：《理解公共政策（第十版）》，彭勃译，华夏出版社 2004 年版，第 113 页。

由于折线图和条形图的原理相似，只是折线图用点的高度代替了条形图条形的长短，所以两者可以转换，但是当分类轴的组别太多时，适合用折线图，而不是条形图，若要反映两个距离变量之间的关系，只能用折线图来表示。

5. 散点图

散点图(scatter)主要用于距离变量类型的资料，它是用点的密集程度和趋势来表示变量之间的关系(后面将专门介绍变量间的关系)。散点图将两个或两个以上变量对应的值在坐标系中用点表示出来，根据点的分布规律或离散程度判断这些变量之间的相关性及其规律，图 9–6 中显示的是最高教育年限与配偶的最高教育年限两个变量的散点图，从图中散点的趋势，我们可以看出，最高教育年限与配偶最高教育年限之间有明显的相关关系。

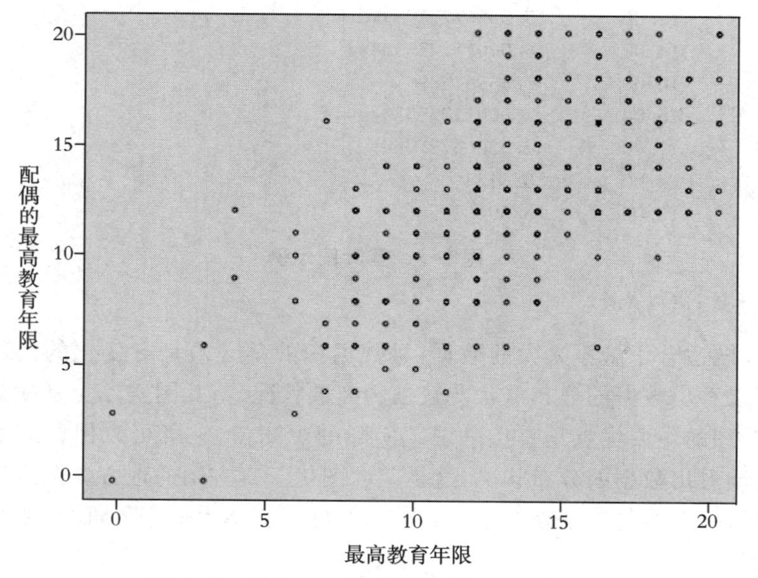

图 9–6　散点图示例："夫妻最高教育年限"

资料来源：虚拟资料

6. 茎叶图

茎叶图(stem-and-leaf)是将数据分成茎和叶两部分，通常以数据的高位数值为茎，低位为叶，树叶上一般保留数据的最后一个数字，树叶长在树茎上。茎末位上的"1"所代表的实际值是茎的宽度，比如，若茎的宽度为 100，136 用茎叶的方式表示则为 1. 36。图 9–7 是 n = 200 的年龄数据集合的茎叶图，把不同的茎从小到大纵向排列，就得到该茎叶图，其中，茎的宽度为 10，所以图中第一行的茎叶分别代表一个 20 岁、三个 21 岁、三个 22 岁、三个 23 岁和三个 24 岁，总共是 13 个观测值。各行的频次加总即为 200 个观测值。

年龄的茎叶图

频次	茎 & 叶
13.00	2. 0111222333444
13.00	2. 5566667788889
31.00	3. 0000111111112222222233344444444
22.00	3. 5555555666677889999999
24.00	4. 000000111112222233334444
17.00	4. 55556778888899999
11.00	5. 0000122224
12.00	5. 555677777899
14.00	6. 00011122233444
10.00	6. 5556788999
16.00	7. 0001123333344444
11.00	7. 55666777788
4.00	8. 1134
2.00	8. 59

图 9-7　茎叶图示例

资料来源：虚拟资料。

茎叶图适合于量不太大的数据，且数据中的茎必须是有变化的。通过茎叶图，也可以看出数据的分布形状及数据的离散状况，茎叶图实际上是横放的直方图。茎叶图的主要优点是直接呈现了实际的观测值，它既可以保留原始数据的信息，又能看出数据的分布状况，这是茎叶图优于直方图的地方。但是当数据资料太多时，每个茎的叶子就会过多，此时，茎叶图就不太适用了，而绘制直方图的效果较好。

7. 箱形图

箱形图(boxplot)是综合表达数据的中心特征和离散特征的图形方法。箱形图的基本构造是：首先找出待分析数据的五个特征值，包括最大值、最小值、中位数、第一个四分位数(四分位数后面将单独介绍)和第三个四分位数，然后，连接两个四分位数构成一个箱子，最后连接两个极值点与箱子，形成箱形图。箱形图可以观察数据的分布形态，箱形图中间的箱体是从第一个四分位数延伸到第三个四分位数，箱体里面的直线标示出中位数的位置，箱体两头有直线往外延伸到最小数和最大数，图 9-8 显示了男性年龄与女性年龄的箱形图。

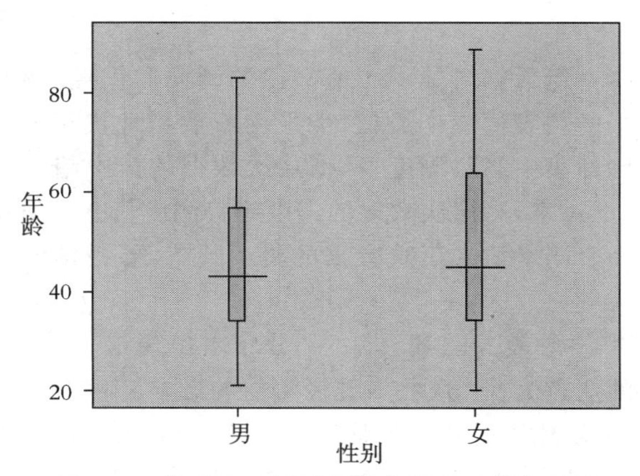

图 9-8　箱形图示例:"男性年龄与女性年龄"

资料来源:虚拟资料

箱形图包含的细节比直方图及茎叶图少,所以箱形图比较适合用于同时比较两个或两个以上的数据分布。比如从图 9-8 中,我们可以直观地观察出虚拟资料中男性年龄分布与女性年龄分布的特点。

(二) 统计量

除了统计图外,下面将介绍用统计量来表示数据信息的方法。单变量数据通常呈现两种数据分布形态:集中趋势(central tendency)与离散趋势(measures of dispersion)。对数据资料的简化与归纳需要使用到在这两种状态下的统计量,具体见表 9-4 的单变量分析的内容结构。

表 9-4　单变量分析内容结构

<table>
<tr><th rowspan="2">变量</th><th colspan="2">描述</th><th>推断</th></tr>
<tr><td>集中趋势</td><td>离散趋势</td><td rowspan="4">区间估计
(Interval Estimation)
假设检验①
(Hypothesis Testing)</td></tr>
<tr><td>类别</td><td>众数(Mode)</td><td>异众比(Variation ratio)</td></tr>
<tr><td>顺序</td><td>中位数(Median)
四分位数(Quartiles)</td><td>级差(Range)
四分位差
(inter—quartile range)</td></tr>
<tr><td>距离</td><td>均值(Mean)</td><td>标准差(Std. Deviation)
方差(Variance)</td></tr>
</table>

① 假设检验将在变量关系分析部分进行介绍。

1. 集中趋势

集中趋势是指一组数据向其中心值靠拢的倾向和程度,测度集中趋势就是寻找数据一般水平的代表值或中心值,能平均或典型地代表一个数据集。不同类型的数据用不同的集中趋势测度值,低层次数据的集中趋势测度值适用于高层次的测量数据,反过来,高层次数据的集中趋势测度值并不适用于低层次的测量数据。选用哪一个测度值来反映数据的集中趋势,要根据所掌握的数据的类型来确定。

众数是指出现频率最高的数,即一个分布中出现最多的变量值,如一组数据,“5,6,4,5,5”的众数为5。众数不受极端值的影响。一个分布中可能没有众数,或有几个众数,众数主要用于类别数据,所以众数用来描述集中趋势具有现实意义,比如大多数公众对某项政策具有偏好。由于众数不受极端值的影响,所以在某些情况下,使用众数才比较合理,比如公众对某项政策的评分分值出现频次最多的为8分,而平均分值为5分,主要原因是极端值的影响,那么在进行政策分析时就需要注意到众数,而不能仅仅只看平均值。

中位数是指将全部观测值按数值大小排列,排在最中间位置的观测值即为中位数,也就是数据分布中最居中的点,大于或小于中位数的数据各占数据总数的一半。如“3,4,5,6,7”这组数据的中位数为5,因为观测值的数量为奇数,所以中位数取中间位置的观测值。当观测值数量为偶数时,取位于中间位置的两个观测值的平均数。当观测数据中出现极端值时,对均值的影响非常大,但中位数不受极端值的影响,此时,使用中位数比均值更合理,收入变量最常出现极端值,因此对收入变量的分析要特别考虑到中位数。中位数主要用于顺序数据,不能用于类别数据。

四分位数是指将数据从小到大排列后划分为四个相等的部分,此时会形成三个分割点,那么四分位数是指数据排序后处于25%和75%位置上的值,如“10,36,40,42,53,67,81,85,87,92,96”的四分位数为40,67与87,两个四分位数加上中位数,正好把观测值分为四份,因此,第二个四分位数正好与中位数相等。取分位值时,如果正处在某观测值上,就取该观测值;如果正好处在两个观测值中间,就取两个观测值的平均数。与中位数一样,四分位数不受极端值的影响,主要用于顺序数据,不能用于类别数据。

中位数、四分位数都是分位数的特例,分位数是根据数据的升序阵列计算得到的特征数,用符号Qj/m表示,Qj/m指示处于升序阵列的第j/m位置的值,也就是说,数据中有j/m的测量值小于这个值,在频数直方图或频数曲线图中,如果过Qj/m作一条垂直线,那么这条垂直线左边图形的面积为总面积的j/m。也就是说，我们还可以定义任何分位数，比如十分位数等，当定 N 分位数时，即表示 N 分之一的数值小于第一分位置。

均值又称算术平均数，指一个分布中数值的总和除以数值的总数，如“10,5,9,13,6,8”的均值为 8.5。均值是最常用的测量集中趋势的方法，易受极端值的影响，用于距离型数据，不能用于类别数据和顺序数据。

在数据的集中趋势中，我们需要注意到均值、中位数与众数三者之间的关系。当数据分布完全对称时，均值、中位数与众数的位置重合，数值相等；当数据形态呈左偏分布时，由于极端小的数值影响了均值，则众数最大，中位数次之，均值最小；当数据形态呈右偏分布时，由于极端大的数值影响了均值，则均值最大，中位数次之，众数最小。

“没错，老包会溺毙完全是因为不懂统计，他还以为只要知道河的平均深度就成了呢。”

注：R.I.P是“Rest in Peace”的简写，愿他安息之意。

图 9-9　关于“平均数”的小幽默

来源：戴维·穆尔：《统计学的世界(第五版)》，郑惟厚译，中信出版社 2003 年版，第 257 页。

2. 离散趋势

我们先来看下列两组数据：

A 组：70,91,91,90,85,85,100,95

B 组：60,150,92,20,115,85,80,105

表 9-5　统计量

		A 组	B 组
N	有效值	8	8
	缺省值	0	0
均值		88. 38	88. 38
标准差		8. 911	38. 467

从表 9-5 中我们可以看出两组数据的中心倾向一致，两组数据的均值都是 88. 38，但 A 组数据集中在均值附近，但 B 组数据相对于中心的变异较大。通过集中趋势的几个测度值可以描述一组数据的总体变化趋势，但集中趋势相同的两组数据的分布可能存在较大的差异。如图 9-10 所示：

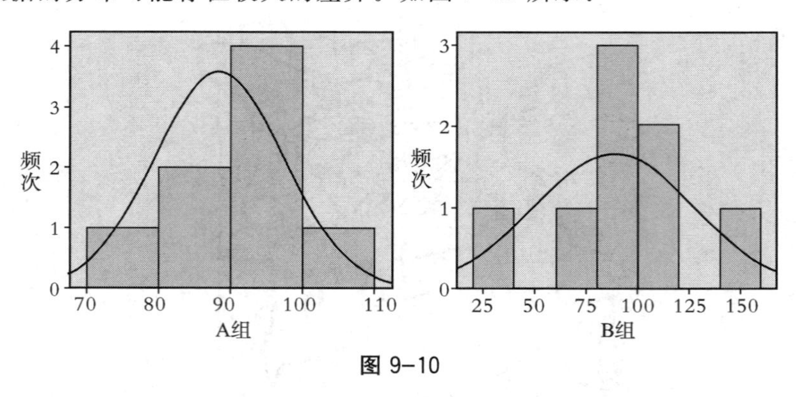

图 9-10

A 组图与 B 组图中的曲线呈现出不同的形态，B 组图中的曲线的形态是我们将要介绍的数据的离散趋势。离散趋势是对数据离散程度所作的描述，反映各变量值远离其中心值的程度。离散程度越高，均值的代表性越小，离散程度越小，则均值的代表性越高。所以观察数据的分布特征，也需要观察数据的离散趋势，离散趋势也从另一个侧面说明了集中趋势测度值的代表程度，不同类型的数据有不同的离散程度测度值。

异众比是指非众数组的频次占总频次的比率，用于衡量众数的代表性，适用于类别数据。如“5，6，4，5，5”这组数据总频次为 5，众数为 5，众数的频次为 3，非众数的频次为 2，异众比计算出来为 0. 4。

极差也称全距，是指一个分布中最大值和最小值之间的差距。它是离散程度的最简单测度值，如数据“3，4，5，6，7”的极差为 4。极差的优点是计算方便，缺点是只利用了最大值与最小值，忽略了中间一些数值的差异，极差不适用于出现极端值的情况。

四分位差，也称四分间距，指第一个四分位数与第三个四分位数之差，如前面提到的这组数据“10，36，40，42，53，67，81，85，87，92，96”的四分位数为 40、67 与 87，67 同时也是中位数，第一个四分位数 87 与第三个四分位数 40 的差为 47，也就是四分位差。四分位差反映了中间 50% 数据的离散程度，不受极端值的影响，所以，四分位差较极差稳定，常与中位数一起，描述不对称分布资料的特征。

方差和标准差，是离散趋势中非常重要的测度值，一般适用于常态分布资料，前者是后者的平方。在具体了解方差与标准差之前，我们需要了解偏差（Deviation）与平均偏差（Average Deviation）的含义。

偏差也称离差，是指数据中各个数值相对于均值的距离，平均偏差也称平均离差，是指数据中各个数值相对于均值的距离的平均数。平均偏差适用了所有的数据，很好地反映了数据的离散程度。由于偏差与平均偏差的公式使用的是绝对值，所以偏差与平均偏差的局限是绝对值在更高级的统计分析中不易处理。方差对这个问题进行了修正，用平方代替了绝对值，因此，方差是一个分布中偏差平方和的均值，即一组数据中各个观测值与均值的差的平方的总和再除以观测值个数。方差很好地反映了数据的离散程度，且数学处理较容易，方差相对于平均偏差的优点还在于它关注到数据中的极端值，对分布中的偏离程度更加敏感，见表 9–6 对两组数据的分析。

表 9–6　方差与平均偏差

分布 A			分布 B		
X	$\|X-\overline{X}\|$	$(X-\overline{X})^2$	X	$\|X-\overline{X}\|$	$(X-\overline{X})^2$
3	2	4	4	1	1
5	0	0	4	1	1
5	0	0	6	1	1
7	2	4	6	1	1
均值 = 5 平均偏差 = 1 方差 = 2			均值 = 5 平均偏差 = 1 方差 = 1		

资料来源：李明：统计学课程讲义资料，南京大学，有修改。

方差的单位是原始数据单位的平方，所以为了回到测量的初始单位，取方差的平方根，就得到了标准差。标准差是方差的平方根，是实际中最常使用的描述数据离散程度的测度值。方差与标准差的公式如下：

总体方差的计算公式

$$\sigma^2 = \frac{\sum_{i=1}^{N}(X-\overline{X})^2}{N}$$

总体标准差的计算公式

$$\sigma = \sqrt{\frac{\sum_{i=1}^{N}(X-\overline{X})^2}{N}}$$

样本方差的计算公式

$$S^2 = \frac{\sum_{i=1}^{N}(X-\overline{X})^2}{n-1}$$

样本标准差的计算公式

$$S = \sqrt{\frac{\sum_{i=1}^{N}(X-\overline{X})^2}{n-1}}$$

在观察数据分布时，我们常常结合集中趋势与离散趋势，比如用均值来测度数据中心，用标准差来测度离散程度。均值是我们再熟悉不过的了，标准差就是找出观察值和均值的平均距离，若不习惯公式，就先仔细理解这句话，标准差是“一组数据中，每个数据与平均数相距的平均距离”。所以要算出 n 个观测值的标准差，首先要找出每个观测值距平均数的距离，并将距离平方，再把所有的距离平方加起来，并除以 n－1，最后再取平方根。

总体标准差与样本标准差是不同的概念，通常我们无法获得总体标准差，而以样本标准差来估计总体标准差，S 代表样本标准差。从上面的公式中，你会发现分母是 n－1，而不是 n。一般来说，当样本为大样本时，用 n－1 和 n 都可以。当样本量不足够大时，n－1 与 n 的差别有专门解释，简单来说，当用样本的标准差估计总体标准差时，如果分母为 n，这个估计值是有偏的。而分母为 n－1 时，所得到的估计是总体标准差的无偏估计，即估计值的数学期望等于标准差的真实值。

为什么标准差可以测度数据的离散趋势呢？对这个问题的理解比计算公式更为重要。标准差测度的是以均值为中心的偏离程度，只有在用均值来描述数据分布的中心时，才可以用标准差来描述偏离程度。在所有观测值都相同的情况下，标准差等于零，这表示没有偏离程度，即观测值没有离散，全部都在同一点，否则，标准差一定是不为零的数。所以当观测值距离均值越远时，标准差就越大。我们来思考一个实例：你现在手上有一笔不少的资金，在考虑是存进银行还是进行投资，若是投资，该不该用于买股票呢？存款获得的利息相对较小，利息率变化不大，股票的收益则可能刚好相反，收益大，变化大。如果将手上的资金一半用于存款，一半用于买股票，在一段较长的时间内（你可以将这段时间分成几个时间点），存款的利息收益数据与股票的收益数据会呈现什么样的变化趋势？经过前面我们对数据集中趋势与离散趋势的分析，现在你已经可以自己解释这个问题了。

二、变量关系分析

数据分析常常会探析两个或多个变量之间的关系，在分析变量之间关系时，常用的基本模型有两个，一是相关模型（correlation model），一是回归模型（regression model），前者探析变量间的共变关系状况，后者探析变量间的因果关系。对相关模型和回归模型的选择基于变量的不同测量类型和我们想要实现的分析目标，表 9–7 显示了基于变量测量类型的数据分析方法的选择状况。

表 9–7　变量关系分析内容结构

变量	描述	推断
分类与分类	Phi，Lambda	χ^2 检验
顺序与顺序	Gamma，Tau-b，Tau-c，dyx，ρ	Z 检验，t 检验
分类与距离	Eta，ANOVA	t 检验，F 检验
距离与距离	Pearson's r，Regression	F 检验

（一）相关分析

对变量进行相关分析主要包括三方面的内容：首先是判断样本数据是否存在相关关系，其次是判断样本所代表的总体是否存在同样的关系，最后是考察样本数据关系的强弱程度。

1. 相关关系

判断变量间是否存在相关关系，最直观的方式是先画图。最常用来展现两个距离变量之间关系的是散点图，散点图的横轴与纵轴分别用来标示不同变量的值，图中所有散点的位置由两个变量的值决定。如果两个变量中有一个是解释变量（independent variable），我们一般用横轴来标示解释变量的值。我们对散点图整体形态的观察，可以通过描述图中散点的分布形式和方向进行，并需要特别关注异常值，即落在由绝大部分散点构成的整体形态之外的散点，如图 9–11 所示，可以很明显地观察到左上方的散点，即异常值。

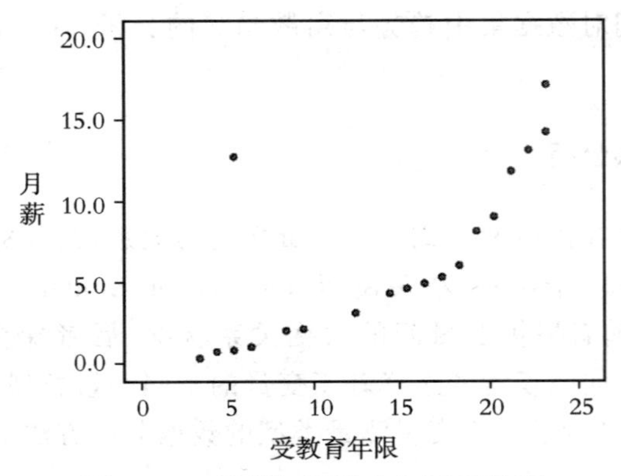

图 9–11　月薪与受教育年限示例图

同时，图 9–11 也显示，随着受教育年限的增加，月薪也在增加，也就是说，横轴与纵轴上变量的值在共同变化。现在，我们来理解相关关系的含义，如果说变量 X 与变量 Y 有相关关系，意思就是它们一同起变化，即 X 有变化，Y 也有变化，反之也一样。在相关关系中，一般无法区分哪个是原因，哪个是结果，同时，具有相关关系的变量在数量上确实存在共变关系，但是具体关系值是不固定的，对于某个变量的某个数值，另一个变量可以有若干个数值与之对应，这些数值表现出一定的波动性。比如，身高与体重存在一定的共变关系，但是体重除了与身高有关外，还受年龄、性别等诸多因素影响，身高与体重并无严格的对应关系，具有同一身高的人，在大多数情况下体重是不相等的，但即使如此，身高与体重之间仍然存在规律性，一般来说，身高越高，体重越大。

如果当变量 X 的值高于平均水平时，变量 Y 的值也倾向于高于平均水平，当变量 Y 的值低于平均水平时，变量 Y 的值也倾向于低于平均水平，则变量 X 与变量 Y 是正相关关系，此时散点图是从左到右往上倾斜的；如果当变量 X 的值高于平均水平时，变量 Y 的值倾向于低于平均水平，当变量 Y 的值低于平均水平时，变量 Y 的值倾向于高于平均水平，则变量 X 与变量 Y 是负相关关系，此时散点图是从左到右往下倾斜的。在使用符号表示时，“+”表示正相关，“-”表示负相关，但要注意，正负号并不表示关系的强度，而仅表示变化的方向。图 9–12中左边两个散点图属于正相关，中间两个散点图属于负相关。

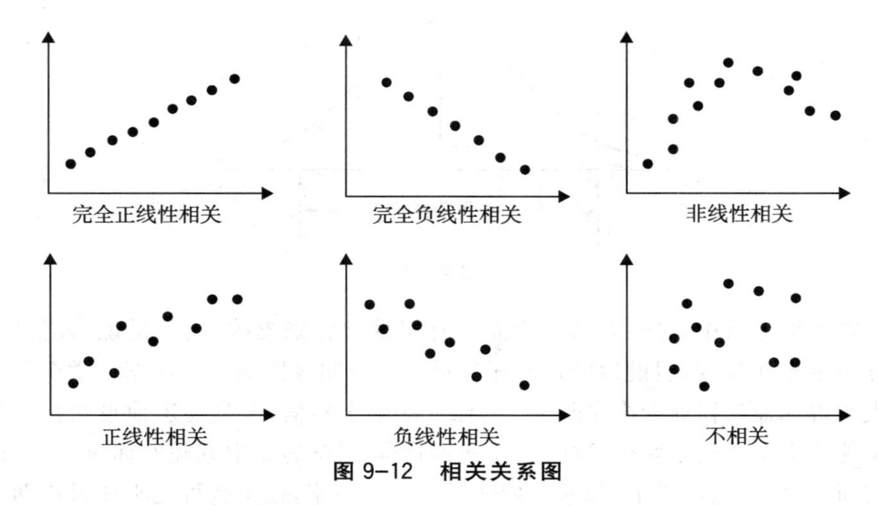

图 9-12　相关关系图

图 9-12 中的完全正线性相关图与完全负线性相关图显示出很强的直线相关关系，直线是重要的相关形式，因为它简单并且好应用。相关性强是因为散点的分布非常接近于一条直线，直线的方向代表着相关关系的方向。需要说明的是，这并不常见于实际的数据，现实的数据中更多出现的是其他的散点图形态。

如果一个变量的变化不引起另一个变量的变化，即为不相关，我们称两个变量存在虚无关系，虚无关系说明从某一变量的变化很难预计到另一个是以怎样的方式发生变化的，它表明一个变量与另一个变量不存在共变关系。在数据的统计分析中，通常要对虚无关系进行检验，即对虚无假设进行检验，如果虚无假设被否定，那么对命题中各变量的关系，就给予了更令人信服的证实，下面我们接着说假设检验。

2. 假设检验

假设检验是推断统计的内容，统计推论是根据样本数据来对总体做结论，并利用概率来表示结论的可靠程度。比如"该政策客体的平均年龄是多少?"这类问题针对的是总体的值，我们称为总体参数(parameter)。这是需要估计的，对总体参数的估计值是通过样本算出来的值，即样本统计量(statistic)，但是用样本统计量来估计总体参数是有风险的，怎么能保证一定准确呢？我们不能保证，没有整个总体的数据，结论不是完全确定的，处理的方法是我们放弃百分之百的准确性，提供估计的不确定程度，因此，置信区间(confidence interval)提供了一个估计的信心区间，我们常用的是 95% 的置信区间，这是从样本数据中算出来的一个区间，表明在所有样本当中，有 95% 会把真正的总体参数包含在区间之中。

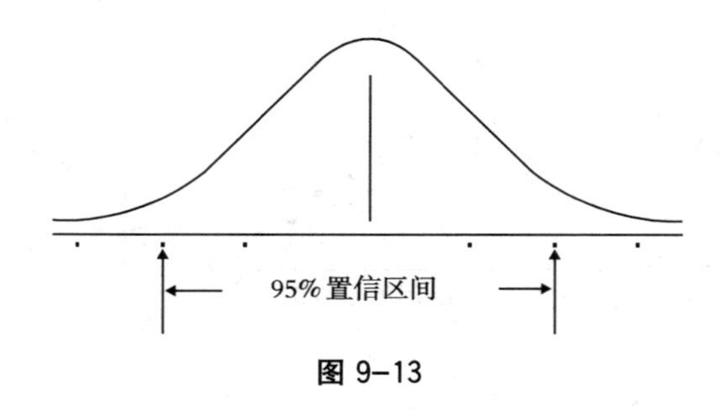

图 9–13

在数据分析中，对数据的推论需要有假设检验来支撑，也就是说，置信区间估计一个未知参数，假设检验是要评估对某一未知参数估计的证据。举个例子，有人告诉你他的罚球命中率是 90%，你可能不太相信，于是要求他投给你看看，结果他投十个球进了两个，这时你如何评估他 90% 的命中率呢？你可能会有两种判断：一种是他说谎了，如果真如他所说的命中率，他怎么可能十球只中两球；另一种是他没说谎，可能碰巧他运气太差，才会十球只进两球。这两种判断正好相反，但是背后暗含的统计思维是一致的，即在结论正确时很少会发生的结果发生了。第一种判断结果表明，在结论正确时很少会发生的结果发生了，就是结论不正确的有力证据，第二种判断结果表明，结论正确时很少会发生的结果发生是偶然性因素。我们不能确定他一定是说谎，因为我们目测的罚球结果可能真的是偶然造成的，但是，这样的一个结果完全是由偶然造成的概率非常小，所以我们有信心做出第一种判断，这也是小概率事件原理。

所以，检验要判断的是，如果我们抽取许多样本而且结论正确，我们很少会得到这样的结果。把很少用概率来代替，就可以得到样本证据的强度，我们称为显著性水平(significance level)。那么什么是显著性呢？我们观察到的结果如果大到某种程度，光靠机遇产生这种结果的概率很小时，我们称此结果具有显著性，也就是说，变量之间或样本统计量与总体参数之间的任何差异是由于系统因素的影响而不是偶然性因素。但是我们对引起差异的因素不能百分之百保证，我们做出错误推论的可能性始终存在，不论这个可能性有多小。那么我们怎么来处理这个可能性呢？这就是前面提到的显著性水平，即我们愿意承担的风险水平，当我们定义了风险水平后，如果结果落在这个范围内，也就是说这不是偶然出现的，是有其他因素在产生影响。

在假设检验中，受检验的假设叫零假设(null hypothesis)，用 H0 代表。检验是用来评估否定零假设的证据有多强，通常零假设的陈述是“什么与什么之间没有差别”。因为在没有其他信息的情况下，零假设就是可被接受的真实状态，比如前面的例子，零假设为“他的罚球命中率与观测到的罚球命中率之间没有差别”。再比如“A 班与 B 班学生的身高没有差异”，这也是一个零假设，如果对变量之间的关系没有任何了解，在获取观测数据之前，假设两者没有差异不是较好的选择吗？也就是说，如果两者之间存在任何差异，你必须证明，许多数据分析报告暗含零假设，但我们通常能清楚看到的是报告中的备择假设（alternative hypothesis），用 H1 代表，与零假设的陈述刚好相反，如“他的罚球命中率与观测到的罚球命中率之间存在显著差别”，再比如“A 班与 B 班学生的身高存在显著差异”。备择假设是我们希望可以取代零假设的，因此，假设检验也被称为显著性检验（test of statistical significance），显著性检验会找对零假设不利，但对备择假设有利的证据，如果观测的结果在零假设为真的情况下是出人意料的，而在备择假设为真时却较容易发生，这个证据就很强。

统计检验的 p 值是在零假设为真的情况下，所得到的样本结果会像实际观测结果那么极端或更极端的概率，p 值越小，数据所提供否定零假设的证据就越强。

我们通常事先决定，用于否定零假设的证据必须强到何种程度，也就是前面所说的显著性水平，用希腊字母 α 表示。$\alpha=0.05$ 表示观测数据的结果否定零假设的证据要强到当这种结果发生的概率不超过 5%，即二十次中发生一次。$\alpha=0.1$ 表示观测数据的结果否定零假设的证据要强到当这种结果发生的概率不超过 1%，即一百次中发生一次。如果 p 值小于或等于 α 值，我们称该观测数据有 α 的统计显著性水平（statistically significant at level α）。

需要说明的是，多数定量分析软件仅给出 p 值，而不给出 α 值，因为 p 值是实际观测到的显著性水平，会比 α 值提供的信息更多，让我们可以对选择的任意水平进行统计显著性的评估，所以在软件中输出 p 值的位置，常常用“p-value”或“significant”的缩写“Sig.”来表示。

统计显著性（statistical significance）表明零假设为真的情况下拒绝零假设所要承担的风险水平，所以不管是 α 还是 p 都以 H0 为真作为前提，但是 H0 有可能不为真，那么这时，若拒绝了零假设，就犯了一个错误，犯此类错误可能承担的风险，也就是我们所说的显著水平，同时，我们把这类错误称作第一类错误。

通常人们把零假设为真而被拒绝的错误称为第一类型错误或弃真错误，而当零假设不为真时反而不被拒绝的错误称为第二类型错误或取伪错误。见表 9-8，第一类错误（type Ⅰ error）是拒绝了实际上成立的零假设，其概率通常用 α 表示，研究者可以根据需要确定 α 值大小，一般规定 $\alpha=0.05$ 或 $\alpha=0.01$，其意义为假设检验中如果拒绝零假设发生第一类错误的概率为 5% 或 1%；第二类错误

(type Ⅱ error)是不拒绝实际上不成立的零假设,其概率通常用β表示。

表 9-8　两类错误

		真实情况	
		H0 为真	H0 为假
判断	拒绝 H0	α错误概率 第一类错误	$1-\beta$正确概率
	不拒绝 H0	$1-\alpha$正确概率	β错误概率 第二类错误

我们需要特别注意的是,零假设的真实情况我们并不清楚,可能为真,可能为伪,这是确定的,因此,两类错误反映的是我们做出判断可能犯错的情况,所以我们在根据观测结果做出判断的同时也应该注明可能犯错的概率。那么,事先设定的显著性水平α的取值并不是越小越好,因为这可能导致零假设难以被拒绝,从而使得犯第二类错误的概率增大,在这一意义上,你也就更理解为什么说α是犯第一类错误的概率。

我们来总结下假设检验在实际执行时的基本步骤:首先,提出 H0 和 H1,H0 表示样本与总体或样本与样本间没有差异,差异是由抽样误差引起的,H1 表示样本与总体或样本与样本间存在本质差异,差异是由其他因素引起的。预先设定的显著性水平为 0.05,即当 H0 为真,但被错误拒绝的概率,记作α,通常取$\alpha=0.05$或$\alpha=0.01$。其次,选择统计方法,由样本观察值按相应的公式计算出统计量的大小,如卡方值等,根据变量的测量类型,可分别选用卡方检验、T 检验等。最后,根据统计量的大小及其分布确定 H0 成立的可能性 p 的大小并判断结果。若$p>\alpha$,结论为按α所取显著性水平不显著,证据不足,无法拒绝 H0,即认为差别很可能是由于抽样误差造成的,在统计上不成立;如果$p\leqslant\alpha$,结论为按α所取显著性水平显著,拒绝 H0,接受 H1,即认为差别很可能是实验因素不同造成的,故在统计上成立,此时犯第一类错误的概率最多为α。我们在做假设检验时需要注意统计显著不一定等于实际显著,也就是说我们需要考虑实际问题的背景,统计意义上的差别在实际应用中有无意义。

假设检验要解决统计假设是否正确,常见的统计假设包括总体均值等于或大于或小于某一数值,总体相关系数等于零,两总体均值或两总体方差相等,总体分布服从常态分布等。表 9-8 介绍了测定不同类型变量所用到的不同假设检验类型。

3. 相关系数

通过绘制散点图，可以基本判断变量间相关关系的方向和程度，但这只是相关分析的开始，如果通过散点图发现变量间是线性相关，那么如何判定其线性关系的密切程度呢？这可以用相关系数来衡量。

相关系数(correlation coefficient)是用来表示两个变量之间的直线关系，并判断其相关程度的方法。表 9–7 介绍了测定不同类型变量所用到的不同相关系数，如两个类别变量通常用 Lambda 系数，两个顺序变量用 Gamma 系数。我们在这里主要介绍皮尔逊相关系数 r(Pearson's r)，它适用于两个距离变量，是以它的发明者卡尔・皮尔逊(K. Pearson)命名的。r 没有单位，其值域是[-1，+1]。相关系数的绝对值越接近 1，两个变量之间的直线相关程度越高；越接近 0，相关程度越低。r 的数值在[0，+1]之间表示一个变量的数值随另一个变量的数值增大而不成比例地增大，或者随另一个比例的数值减小而不成比例地减小。比如身高和体重一定呈正相关的关系，但不一定是正比的关系。r 的数值在[-1,0]之间表示一个变量的数值随另一个变量的数值增大而不成比例地减小，或者随另一个比例的数值减小而不成比例地增大。相关系数 r 不能表达直线以外，如各种曲线之间的关系。根据 r 数值的大小，相关程度可分为以下几个等级：r 在 0 到 0.2 表示弱相关或无关，r 在 0.2 到 0.4 之间表示低度相关，r 在 0.4 到 0.6 之间表示中度相关，r 在 0.6 到 0.8 之间表示强相关，r 在 0.8 到 1.0 之间表示非常强的相关，r 等于 1 表示两个变量的关系为完全的正相关或成正比关系，r 等于 -1 表明两个变量为完全的负相关或成反比关系。图 9–14 呈现了用 r 来衡量不同相关程度的散点形态。

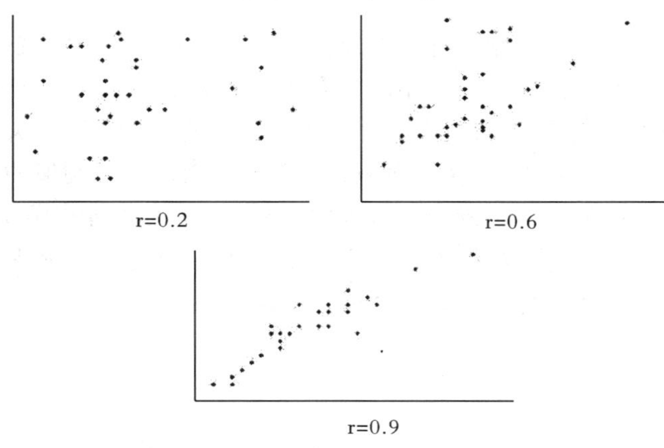

图 9–14　不同散点形态与 r 的对应关系

虽然通过统计软件，我们很容易算出相关系数，但是如果知道 r 值的计算方法，我们能更理解相关系数的性质。首先我们谈谈常态曲线(normal curve)与常态分布(normal distribution)，常态曲线是一种理论模式，虽然实际观测数据不可能是这种完美的理论模式，但非常接近这种模式，因此可以假定它们的分布是常态的，这使我们可以运用常态曲线的特点。

常态曲线是形状左右对称的钟形曲线，该曲线的众数、中位数及平均数是相同的值，其曲线两尾向两端无限延伸，只要知道平均数和标准差，就可以确定常态曲线，平均数确定曲线的中心，即在 x 轴上的位置，标准差决定曲线的形态，高瘦或矮胖，如图 9-15 所示。我们可以用偏度系数(Skewness)来测量曲线的形态，当分布对称时，偏度系数为 0，偏度系数为正值即为右偏或正偏形态，反之为左偏或负偏形态。

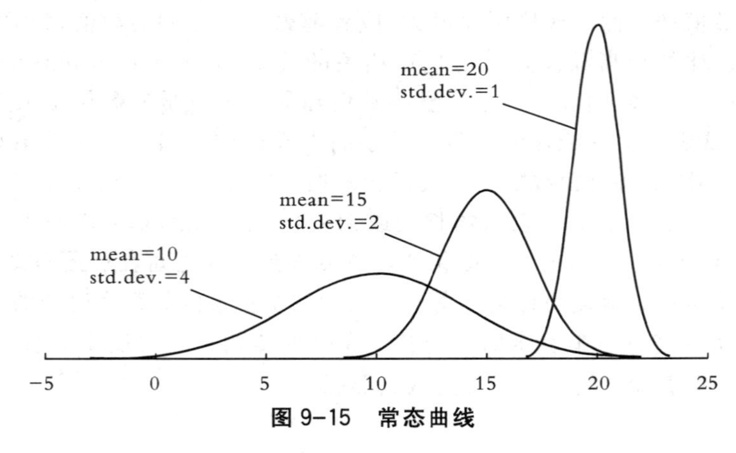

图 9-15　常态曲线

常态分布有一个重要性质：在常态曲线下，以平均数 $\bar{x}$ 为中心，任何一个在左边的点与 $\bar{x}$ 之间的面积与另一相对在右边同距离之点与 $\bar{x}$ 之间的面积相等。同时在常态曲线下，平均数与标准差之间所占面积的比例有一定关系，如果一个变量的分布接近常态曲线，那这个面积的比例也代表所占观测值的比例，大约有 68% 的观测值落在距 $\bar{x}$ 一个标准差范围内，95% 的观测值落在距 $\bar{x}$ 两个标准差范围内，99.7% 的观测值，落在距 $\bar{x}$ 三个标准差范围内，所以，就常态分布而言，只有少数观测值是在平均数加减三个标准差以外。

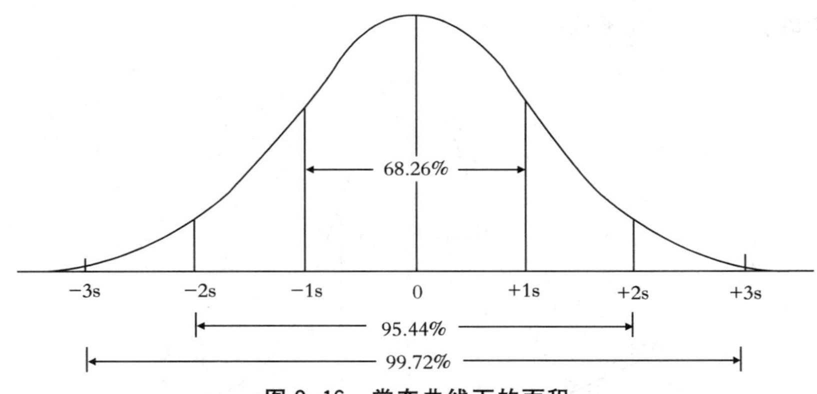

图 9-16 常态曲线下的面积

我们常常要处理不同形态的分布，当对它们进行比较时，我们需要一定的标准，即标准分(standard score)，也叫 Z 值或 Z 分数(Z scores)，是以标准差为单位，把观测值表示成距离平均数几个单位。将原来数据中的观测值转变为 Z 值是数据标准化的方法，标准化后的平均数为 0，标准差为 1。比如，A 的分数为 120 分，此分数是比样本平均数多一个标准差，即 10 分，转换成 Z 值，即为 1。任何观测值的标准分为：

$$标准分=\frac{观测值-均值}{标准差}，即\ Z=\frac{X_i-\overline{X}}{S}$$

其中，X_i 是各观测值，$\overline{X}$ 是均值，S 是标准差。由此公式可知，当 $X_i=\overline{X}$ 时，$Z=0$，此外，一个原来分数等于原来的 $\overline{X}$ 加上一个 S 时，代入公式转换后，$Z=1$，即 $X_i=\overline{X}+1S$ 时，

$$Z=\frac{(\overline{X}+1S)-\overline{X}}{S}=1$$

那么标准分为 1 的意思是所对应的观测值在平均数之上一个标准差的位置，同理，标准分为 -1 表示该观测值在平均数之下距离一个标准差的地方，也就是说，Z 值是偏离均值的标准差的个数。我们需要注意到，均值以下的数值对应的 Z 值是负数，均值以上的数值对应的 Z 值是正数。所以，标准化的观念是将原有的数值转换成一种标准值，使得不同的样本分布经标准化后可以比较。此时，原来的分数所构成的常态分布也就转变为标准常态分布(standard normal distribution)。标准常态分布是常态分布的标准化，其特点是平均数为零，标准差为 1。同时，标准常态分布也有前述常态分布的所有特点，如图 9-17。我们用峰度系数(kurtosis)来测量标准常态曲线的形态，峰度系数是对数据分布平峰或尖峰程度的测度，峰度系数为 0，表明数据为标准常态分布，若峰度系数大于 0，则数

据为尖峰分布，反之为平峰分布。

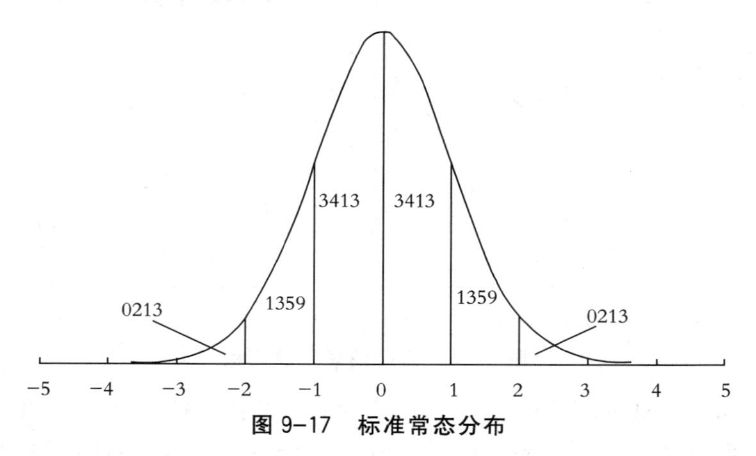

图 9−17　标准常态分布

现在我们再来看看相关系数的公式，假设两个变量为 x 与 y，其相关系数 r 为：

$$r=\frac{1}{n-1}\sum\left(\frac{x_i-\bar{x}}{S_x}\right)\left(\frac{y_i-\bar{y}}{S_y}\right)$$

这个公式的后半部分很熟悉吧，除了我们熟知的均值与标准差符号，就是我们前面介绍的标准分公式。x_i 表示变量 x 的各观测值，y_i 表示变量 y 的各观测值，从公式可以看出，相关系数 r 的算法是先分别算出 x 与 y 的均值与标准差，然后再分别计算出 x 与 y 的各观测值的标准分，最后，相关系数 r 就是这些标准分乘积的平均，但注意，分母是 $n-1$。这也看出相关系数的大小与 n 有关，因此，我们在做出两个变量关系的判断时，除了看 r 值的大小，还需要再考虑到样本个数 n 以及显著性水平 α。一般而言，n 越小，r 值需越大，才能说明两个变量间有相关存在，相反，n 越大时，r 不需太大，也可以说明两个变量间有相关存在。α 越小，则 r 必须越大，才能说有相关存在。

相关系数 r 的化简公式为：

$$r=\frac{S_{xy}}{S_x\cdot S_y}\frac{\sum(x_i-\bar{x})(y_i-\bar{y})}{\sqrt{\sum(x_i-\bar{x})^2\sum(y_i-\bar{y})^2}},\quad \text{即}$$

$$\text{相关系数}=\frac{\text{变量}(x,y)\text{的协方差}}{\text{变量 }x\text{ 的均方差}\times\text{变量 }y\text{ 的均方差}}$$

协方差是指两个变量之间的方差，其大小在一定程度上反映了 X 和 Y 之间的关系，但协方差还受 X 与 Y 本身度量单位的影响，在这一意义上，相关系数是对协方差的标准化。

我们需要注意的是相关的程度不是与 r 成正比，相关系数只是表示变量之间关系密切与否的指标，所以不能将相关系数视为比率或等距变数；在使用相关系数时，x 和 y 的所有数值，一定要成对出现且每个数对相互独立，我们可以把这些数对看成平面上的点，直观了解相关系数与两个变量的实际关系：相关系数为零时表明变量间无线性相关关系，但不等于说变量间没有相关关系，因为变量间可能具有曲线相关关系。

与平均数及标准差一样，相关系数会受到少数异常值的影响，有无异常值会使相关系数产生较大的变化。特别重要的一点是，r 公式中的两个变量都是随机的，因而改变两者的位置并不影响 r 的数值，这也表示相关系数不能解释两个变量间的因果关系，这看起来很容易理解，但相关经常会被误解，我们得牢记变量的关联现象与因果是不同的。

决定系数(coefficient of determination)可以更精确地解释相关系数，它是一个变量的方差可以被另一个变量的方差解释的百分比，等于相关系数的平方。我们已经知道两个变量越相关，表明它们共享的特征越多，假如 $r=0.8$，那么 $r_2=0.64$，这表明一个变量方差的64%可以被另一个变量的方差解释，r_2 越大表明越多的方差可以被解释，两个变量共享的方差就越多，一个变量可以更多地解释另一个变量表示出的信息。但是我们不能忽略还有36%不能被解释，即使非常强的相关程度也存在无法解释的原因导致变量间的差异。

（二）回归分析

回归一词最早由英国生物学家高尔顿(F. Galton)使用，他对父代和子代在身高、性格及其他特点的相似性问题上很感兴趣，于是他选择研究父母身高对子女身高的作用程度，并假设父母身高对子女身高有遗传作用，父母身高在一定程度上决定着子女的身高。高尔顿观察了上百对夫妇，以每对夫妇的平均身高作为自变量 x，他们的一个成年儿子的身高作为因变量 y，并将观测数据在直角坐标系上绘制散点图，结果发现这些点近似于一条直线。这样，他根据这些数据求出了一条直线方程：

$$\hat{y}=33.73+0.516x$$

父母平均身高 x 增加时，其子的身高 y 也倾向于增加，这是意料中的结果，此外，高尔顿发现人类身高在一定时期是相对稳定的，不会让人类身高向高矮两个极端分化，而是让身高有回归于中心的趋势，比如父母平均身高170cm，大于平均值166cm，表明这些父母属于高的一类，其儿子也倾向属于高的一类，平均身高176cm，大于平均值174cm，但儿子身高的离差小于父母身高的离差；父母平均身高 162cm，其儿子同父母一样属于矮的一类，平均身高 172cm，小于平均值 174cm，但不像父母离中心那么远。高尔顿把这种现象称为回归，他的学生皮尔逊继续把回归的概念和数学方法联系起来，把代表现象之间一般数量关系的直线或曲线叫回归直线或回归曲线。后来，回归这个名词被用来泛指变量之间的一般数量关系。

回归分析（regression analysis）的目的在于深入了解两个或多个变量间的相关关系。如果变量之间没有关系，就无法进行回归，回归需要建立在变量间有相关关系的基础上。如果我们在散点图中画条直线来勾勒散点分布的形态，那么我们就可以运用线性关系实现一个变量对另一个变量的解释与估计，所以回归描述的是一个解释变量和一个反应变量之间的相关关系。回归曲线（regression line）是一条直线，描述解释变量 x 变化时，反应变量 y 的变化情况，我们可以用回归直线来估计在给定 x 值的条件下 y 值的大小。根据研究变量的多少，可以分为一元回归和多元回归（multiple regression）。

1. 一元回归

在回归分析中，最简单的模型是只有一个因变量 Y（response variable，dependent variables）和一个自变量 X（predictors，independent variables，explanatory variable）的线性回归模型，这类模型就是一元线性回归方程。该类模型假定因变量 y 主要受自变量 x 的影响，它们之间存在着近似的线性相关关系，其基本形式是：$\hat{y} = a + bx$。

上述一元线性回归模型中，$\hat{y}$ 表示因变量的估计值，a，b 是待定的未知参数，要根据样本的实际观测值加以确定，其中 a 是回归直线的起始值，为直线纵轴截距，即 x 为 0 时 $\hat{y}$ 的值，它表示在没有自变量 x 的影响时，其他各种因素对因变量 y 的平均影响。b 是回归系数，为直线的斜率，它表示自变量 x 每变动一个单位时，因变量 y 平均变动 b 个单位，同时它还表明 x 与 y 的变动方向，即 b 为正值表明 x 与 y 是正相关，b 为负值表明 x 与 y 是负相关。

确定回归方程中的待定参数是根据最小平方法的原理，即最小二乘法（least-squares method），在自变量和因变量的原始数据资料的基础上求出的。利用这种方法可以使得当自变量确定时，相应的因变量估计值与实际观测值之间的离差平方和最小，即 $\sum(y-\hat{y})^2$ 与 $\sum(y-a-bx)^2$ 相等并且值最小。其计算公式为：

$$b = \frac{n\sum xy - \sum x \sum y}{n\sum x^2 - (\sum x)^2}$$

$$a = \hat{y} - b\overline{x}$$

当 a、b 求出后，一元线性回归方程 $\hat{y}=a+bx$ 便可确定了。

我们知道回归方程在于根据自变量来估计因变量，根据回归方程取得的回归估计值 $\hat{y}$ 与对应的实际观测值 y 之间是有一定误差的，因此我们需要考虑到估计的准确性问题，如果差距小，说明估计结果准确性高，所以，我们需要了解实际值和估计值离差的一般水平，这可以通过计算估计标准误差来实现。回归估计标准误差说明观测值围绕回归直线的变异程度，是衡量回归直线代表性大小的分析指标，这一指标可以衡量利用线性回归方程对因变量做出回归估计的准确程度。估计标准误差就是回归分析的估计值与对应的实际观测值之间误差的平均值，其计算公式为：

$$S_{yx}=\sqrt{\frac{\sum(y-\hat{y})^2}{n-2}}$$

其中，S_{yx} 表示估计标准误差，$\hat{y}$ 是根据回归方程计算的估计值，y 是与自变量对应的因变量的实际观测值。S_{yx} 数值的大小，说明回归估计值的准确程度和回归线的代表性。S_{yx} 越小，说明回归估计值的准确程度越高，回归线的代表性越好。回归估计标准误差与一般标准差的计算方法一致，两者都是反映平均差异程度。一般标准差反映的是各变量值与其平均数的平均差异程度，表明其平均数对各变量值的代表性高低。回归估计标准误差反映的是因变量各实际值与其估计值之间的平均差异程度，表明其估计值对各实际值的代表性高低，其值越小，估计值的代表性就越高，用回归方程估计或预测的结果就越准确；反之，代表性越低，准确性越低。

回归直线的拟合程度可以用误差消减比例(PRE)来表示，误差消减比例是相关系数 r 的平方，被称作决定系数 r^2，其计算方法如下：

$$PRE=\frac{SST-SSE}{SST}$$

$$SST=SSR+SSE$$

其中，SST 为总平方和，反映因变量的 n 个观察值与其均值的总离差。SSR 为回归平方和，反映自变量 x 的变化对因变量 y 取值变化的影响，或者说，是由于 x 与 y 之间的线性关系引起的 y 的取值变化，也称为可解释的平方和。SSE 为残差平方和，反映除 x 以外的其他因素对 y 取值的影响，也称为不可解释的平方和或剩余平方和。决定系数反映回归直线的拟合程度取值范围在 0 和 1 之间，决定系数越倾向于 1，说明回归方程拟合得越好，决定系数越倾向于 0 说明回归方程拟合得越差。

2. 多元回归

简单线性回归反映的是一个自变量和一个因变量之间的关系，但是通常我们想要了解的现象非常复杂，会收到诸多因素的影响，此时，我们就不能只建立一元回归模型，而要进行一个变量和多个自变量的多元线性回归分析。多元回归模型的一般形式为：$\hat{y} = a + b_1x_1 + b_2x_2 + b_3x_3 + \cdots + b_nx_n$。

为了方便介绍，我们用两个自变量来建立多元回归方程，即用一个因变量 y 和两个自变量 x_1, x_2 建立多元线性回归方程，该方程为：$\hat{y} = a + b_1x_1 + b_2x_2$。利用最小二乘法，可以得到以下方程组：

$$\begin{cases} \sum y = na + b_1\sum x_1 + b_2\sum x_2 \\ \sum x_1y = a\sum x_1 + b_1\sum x_1^2 + b_2\sum x_1x_2 \\ \sum x_2y = a\sum x_2 + b_1\sum x_1x_2 + b_2\sum x_2^2 \end{cases}$$

解该方程组即可得出 a, b_1, b_2。多元线性回归方程也可以按照上述的最小二乘法通过求解方程组得出，但在实际操作中，我们通常利用统计软件求出。上面两个自变量的多元回归方程的建立方法可以推广到 n 个自变量的多元回归，此时，回归方程为：

$$\hat{y} = a + b_1x_1 + b_2x_2 + b_3x_3 + \cdots + b_nx_n$$

N 个自变量的多元回归方程同样可用最小平方法，建立一个$(n+1)\times n$ 阶方程组，解该方程组即可求出有关参数。

$$\begin{cases} \sum y = na + b_1\sum x_1 + b_2\sum x_2 + \cdots + b_n\sum x_n \\ \sum x_1y = a\sum x_1 + b_1\sum x_1^2 + b_2\sum x_1x_2 + \cdots + b_n\sum x_1x_n \\ \sum x_2y = a\sum x_2 + b_1\sum x_1x_2 + b_2\sum x_2^2 + \cdots + b_n\sum x_2x_n \\ \quad\vdots \\ \sum x_ny = a\sum x_n + b_1\sum x_1x_n + b_2\sum x^2x_n + \cdots + b_n\sum x_n^2 \end{cases}$$

用回归方程来表示变量之间的关系需要满足一定的假定条件。这些假定条件包括正态性假定、零均值假定、等方差假定、独立性假定和线自性假定。这些假定条件中有一个不满足，回归方程都是没有价值的。由于上述的假定都是对总体而言的，而总体的情况又属于未知，因此在建立回归方程后应该用样本观测值对上述假定进行检验。

相关分析和回归分析都是研究和测度两个或两个以上变量之间的数量关系的方法，二者相互补充又有区别。相关分析中，变量 x 和变量 y 处于平等的地位，回归分析中，变量之间不是对等的关系，要根据现象之间的因果关系或研究目的确定自变量和因变量。变量 y 称为因变量，处在被解释的地位，x 称为自变量,用于预测因变量的变化。相关分析中所涉及的变量 x 和 y 都是随机变量;回归分析中,因变量 y 是随机变量,自变量 x 可以是随机变量,也可以是非随机的确定变量。相关分析主要是描述两个变量之间线性关系的密切程度;回归分析不仅可以揭示变量 x 对变量 y 的影响大小,还可以由回归方程进行预测和控制。

需要注意的是,变量之间是否存在真实相关是由变量之间的内在联系决定的。相关分析和回归分析只是量化分析的手段,通过相关分析和回归分析,虽然可以从数量上反映变量之间的密切程度及其联系的数量形式,但是无法准确判断变量之间是否存在内在的联系,也无法判断变量之间的因果关系。

第三节 公共政策量化分析的软件应用

在使用软件进行数据分析前,我们需要知道软件只是一种计算工具,无法替代我们对变量进行选择和解释,因为只要数据格式无误,没有出现基本的常识性错误,比如算相关系数只键入一个变量,软件就一定会给你结果,而且一般没有任何警告。此外,统计软件输出的结果较多,即使是同样的方法,不同软件输出的内容还有差异。所以使用软件进行数据分析必须基于对统计学的理解,才能很好地解释数据输出的结果。

目前可以用于量化分析的统计软件比较多,包括 SPSS,EXCEL,STATA,SAS,R,MINITAB,EVIEWS 等,这些软件有的功能齐全,有的价格便宜,有的容易操作,有的只是专门的软件,只处理某类统计问题。SPSS 在我国很受欢迎,容易操作,尽管也有程序语言,但已经傻瓜化,非常适合非专业的数据分析者;EXCEL 严格说来不是统计软件,对于简单的数据处理还算方便,但随着问题的深入,EXCEL 就没有相应的处理方法了;SAS 功能非常齐全,但价格比较高,没有 SPSS 容易操作,需要经过一定的训练才可以使用;R 软件是一个免费的、由志愿者管理的软件,其编程语言很方便,从网上可以不断更新和增加有关的软件包和程序,是网上程序资源最齐全的软件,但没有傻瓜化;MINITAB 和 STATISTICA 都是很方便且功能强大又齐全的傻瓜软件,但在我国用的也不如 SAS 与 SPSS 那么普遍;EVIEWS 是一个主要处理回归和时间序列的软件。本节将着重介绍量化分析软件 SPSS 的基本操作方法。

SPSS 是社会科学统计软件包(Statistical Package for the Social Science)的英文简写。1968 年,三位美国斯坦福大学的学生开发了最早的 SPSS 系统,并基于这一系统于 1975 年在芝加哥合伙成立了 SPSS 公司。目前,SPSS 已被 IBM 收购,目前已改名为 PASW Statistics,SPSS 使用 Windows 的窗口方式展示各种管理和分析数据的方法，可方便地用于各种数据分析。本节以运行于 Windows 9X/NT/2000/XP 上的 SPSS 16.0 for Windows 标准版为例，并在后面的内容中简称为 SPSS。

SPSS 主界面主要有两个，一个是 SPSS 数据编辑窗口，另一个是 SPSS 输出窗口。数据编辑窗口主要包括数据的编辑和统计分析，后面将详细介绍。结果输出窗口主要的功能是显示和管理 SPSS 的各种统计分析的结果，在 SPSS 中，大多数的统计结果都以表或图的形式显示在输出浏览器中。输出浏览器中的最上面一行是文件名，第二行是菜单栏，第三行是工具栏。左面的窗口是文件的目录窗口，右面的窗口是统计结果的显示窗口，也称为输出文件窗口。SPSS 结果输出窗口名为 Viewer，它是显示和管理 SPSS 统计分析结果、报表及图形的窗口。此窗口中的内容可以以"＊.spo"的形式保存。

结果输出部分分成左右两个部分，左边部分是索引输出区，用于显示已有的分析结果标题和内容索引；右边部分是各个分析的具体结果，称为详解输出区。这和 Word 的文档结构视图十分类似。输出区是详解输出区的一个视图，以简洁的方式反映出详解输出区中各个内容项，便于用户查找操作结果。我们也可以对详解输出区中的表格进行编辑等操作。

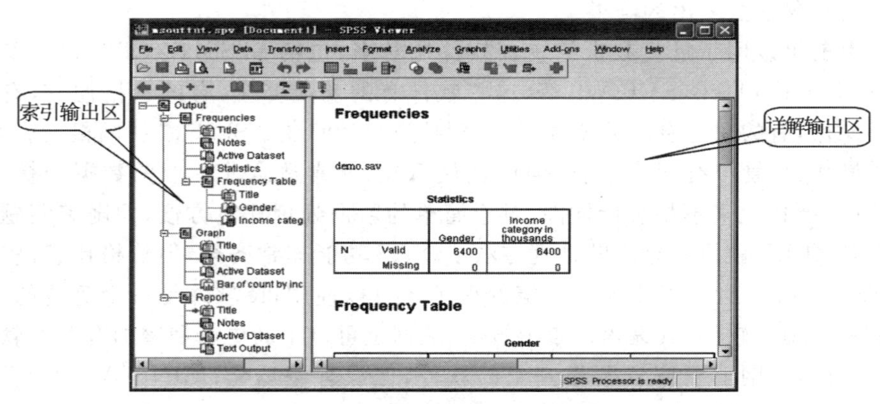

图 9-18　SPSS 结果输出窗口

一、数据编辑与整理

在使用 SPSS 进行数据分析之前，我们需要建立数据文件，并对数据文件进行编辑和整理，下面将分别进行介绍。

(一) 数据编辑

进入 SPSS 后,你会看到一个窗口。这个窗口就是数据编辑窗口。数据编辑窗口由标题栏、菜单栏、工具栏、编辑栏、变量名栏、内容区、窗口切换标签页和状态栏组成,如图 9–19 所示。

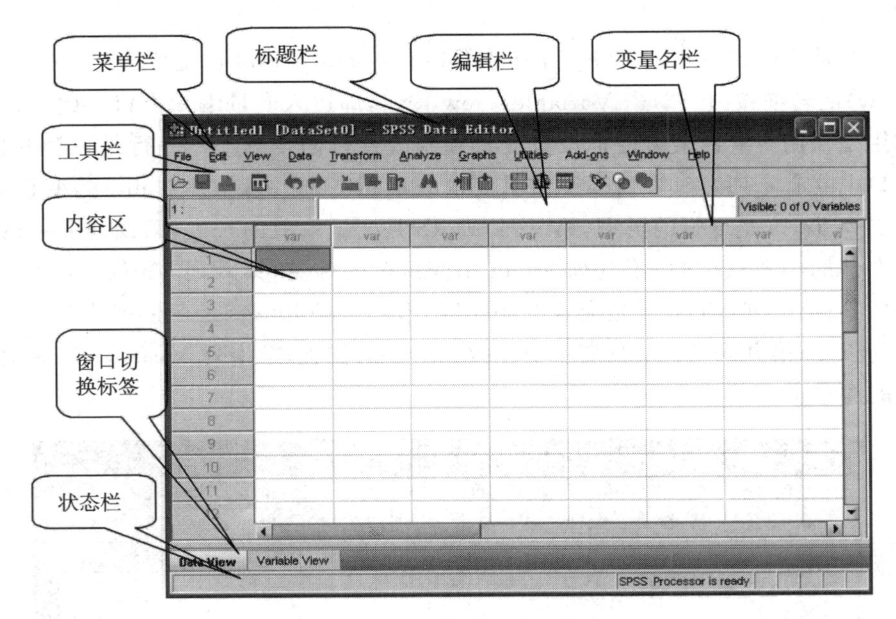

图 9–19　SPSS 数据编辑窗口

窗口中有一个可以扩展的平面二维表格。窗口的最上面一行是文件名,第二行是菜单栏,第三行是工具栏。表格的每一列是一个变量,每列最上面一格中的文字或字符是变量名。表中的每一行是一个被观测个体的全部记录,称为一个个案(case)。最左侧的一列是个案排序后的编号。表中的每一个格中的数字或字符称为一个样本观测值,是相应个案对应的变量的值。

不论是数据编辑窗口,还是变量编辑窗口,都在窗口的最上方排列着十个主菜单按钮,File 等按钮大多软件都有,比较容易操作,我们在这里介绍 SPSS 中特有的。Data 按钮的功能是数据文件的建立与编辑确定变量特征,包括拷贝数据特征、确定日期、插入变量、插入个案、个案定位、个案排序、数据文件的转置、改变数据的排列格式、数据文件的合并、分类汇总、生成正交设计表格、拆分文件、选择个案、个案加权;Transform 按钮的主要用于数据整理与转换,包括计算新变量、随机数种子设置、计数、重编码、分类变量、排序、自动重编码、创建时间序列、重置缺省值；Analyze 按钮的功能是统计分析，包括统计概要、描述统计、统计表、均值分析、一般线性模型、相关、回归、对数线性回归、聚类与判别、数据简化、标度、非参数检验、时间序列分析、生存分析、多选变量分析；Graphs 按钮实现作图功能，包括统计图、统计图概览、交互作图方式、各种图形的建立与编辑。

在数据编辑窗口的左下角，有数据窗口（Data View）和变量窗口（Variable View）的转换按钮。单击 Variable View 按钮，即进入变量编辑窗口。此窗口的作用是让用户能比较方便地设置变量和修改变量的设置。每一行是一个变量。窗口中共有十列。每一列都说明了变量的不同特点。第一列 Name 是变量名；第二列 Type 是变量的类型；第三列 Width 是变量取值的长度；第四列 Decimals 是变量的小数点位数；第五列 Label 是变量名的标签；第六列 Values 是变量值的标签；第七列 Missing 是变量的缺省值；第八列 Columns 是变量在数据窗口显示的长度；第九列 Align 是变量值在数据格中的位置；第十列 Measure 是变量取值的测量类型。

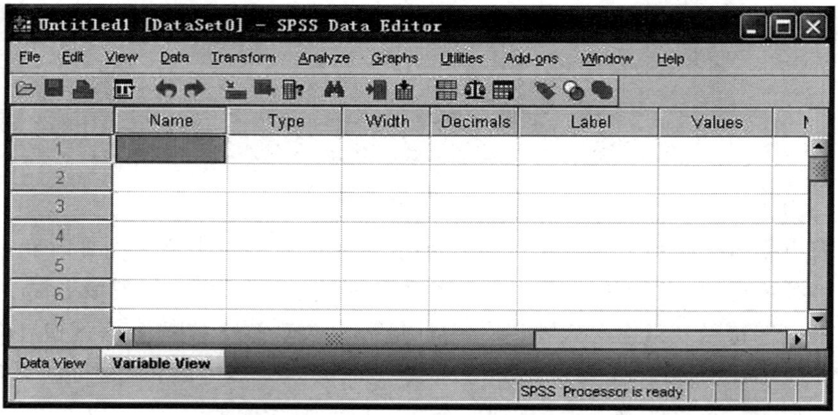

图 9-20　SPSS 变量编辑窗口

输入数据以前首先要定义变量。定义变量首先要定义变量名、变量类型、变量长度、变量标签、变量格式等。定义变量首先要在 SPSS 中新建一个数据文件，通过单击 Variable View 按钮进入变量编辑窗口，接着定义变量名（Name），将光标移至 Name 列对应的第一行，在光标格内输入变量名。再定义变量类型（Type）。系统默认的变量类型是数值型变量（Numeric），定义变量宽度（Width）和小数点位数（Decimals）时，在 Width 列下面显示的是系统默认的变量值的宽度,然后定义变量标签(Label)和变量值标签(Values)。因为变量名不宜使用过多的字符,当变量名包含的内容比较复杂,需要对变量名进行进一步的解释说明时可以使用变量名标签。对它们的说明可以写在变量标签中。对于定类和定序变量,变量的取值是可列有限多个,取值是以数字或字符形式出现的,每个数字或字符所代表的实际意义可以用值标签予以说明。定义缺省值(Missing)的方法是打开定义缺省值对话框,在 Variable View 窗口中,将光标移至 Missing 列下与要说明的变量名相对应的单元格上,然后单击按钮,出现定义缺省值对话框,系统默认状态是没有缺省值,我们也可以选择定义离散缺省值或定义缺省值范围。变量的显示格式包括变量的显示宽度(Column)和对齐方式(Align),定义了变量以后就可以输入数据了,我们可以按个案(Case),将光标移至该个案最左侧的单元格中,输入数据后可以按 Tab 键或右移建依次向右移动。

(二) 数据整理

SPSS 中的数据整理主要通过 Data 菜单来实现,通过数据整理使变量和数据符合分析的要求。Data 下拉菜单的各项指令功能分别为:Define Dates,生成日期变量;Insert variable,插入一个变量,执行后在光标的左侧空出一列的位置,可供插入一个变量;Insert Case,插入一个个案,执行后在光标的上方空出一行的位置,可供插入一个个案;Go to Case,到指定的 case,单击后,出现对话框,在 Case Number 后面的窗口中输入想要达到的 case 编号,执行后,具有该编号的 case 位于数据编辑窗口的第一行;Sort Cases,对 cases 进行排序,系统已经按录入的先后将所有的个案排序了,如果用户想按照其他变量的大小顺序排序的话,可以使用该选项;Transpose,实现转置,其功能是将变量变为个案,个案变为变量;Merge File,合并文件。功能是将两个文件中的变量或个案合在一起,Merge Files 的二级菜单中的 Add Cases 是合并个案,Add Variable 是合并变量;Aggregate,分类汇总,系统以某一变量为分类依据,对选择的其他变量进行汇总分析;Split File,分割文件,其功能就是将当前使用的数据文件分割成两个或两个以上的组,随后的分析将对每个组分别进行;Select Cases,选择个案。其功能是选择出一些符合一定条件的个案,分析时将只对这些个案进行分析。下面我们将介绍几个常用的功能。

(1)个案排序的方法。我们在进行数据处理时,有时需要按某个变量值重新排序,排序的功能可以通过下述过程来实现:首先打开个案排序对话框,选择排队变量,从左侧的原变量窗口中选择一个或多个变量,通过单击中间的箭头按钮,使之进入到 Sort by 窗口中,这些变量将作为排队依据的变量。如果选择的是多个变量,系统先按选择的第一个变量排队,第一个变量值相等时,按第二个变量排队,以此类推。Sort Order 是排队规则选项栏,栏中包括 Ascending(按照升序的顺序排序)和 Descending(按照降序的顺序排序)。

(2)合并文件(Merge Files)的功能是将一个外部文件与当前文件合并成一个新的数据文件。合并时既可以增加个案(Add Cases),也可以增加变量(Add Variable)。增加个案是指将外部数据文件中,与现在的工作变量具有相同变量名的个案追加到现在的工作变量中,也称纵向合并。增加变量是将外部数据文件中的变量增加到当前的工作文件中,也称横向合并。合并的方法有两种。一种是直接合并,另一种是按关键变量合并。直接合并需要选择要合并的外部文件。在 Read File 对话框中的文件名列表窗口中选择要合并的外部数据文件的文件名。单击"打开"按钮,打开增加变量(Add Variables from)对话框。Excluded Variables 是拒绝变量窗口,在将要合并的外部数据文件中,如果存在与当前工作文件的变量名同名的变量,这部分变量被拒绝加到合并后的新的数据文件中去。New working data file 是新的工作数据文件窗口,该窗口中包括了原工作数据文件中的全部变量及合并进来的外部数据文件中与原工作数据文件不同名的变量。该窗口中的所有变量将存在于新生成的数据文件中。直接合并可以对任意两个数据文件进行合并,但如果合并进来的变量不属于原文件中的个案时,这种合并便毫无意义。为使合并进来的变量确属于原来文件中的个案,可以采用按关键变量合并的方法。按这种方法合并时,要求两个文件至少有一个共同的关键变量,Key Variables 是关键变量窗口,选择在两个文件中具有相同变量名的变量作为关键变量,方法是从 Excluded Variables 窗口中选择一个关键变量,使之进入到 Key Variables 窗口中,最后系统将生成一个变量合并后的新的数据文件。

(3)选择个案的功能是选择出一些符合一定条件的个案,分析时将只对这些个案进行分析。打开 Select Cases 对话框,确定选择个案的方法,all cases 是所有的个案都选择,这是系统默认状态。If condition is satisfied 是满足一定条件的选项。选择此项后,激活 If 按钮,进入选择条件对话框。Random sample of cases 是随机选择个案的选项,即在所有的个案中按随机抽样的方式选择个案。选择此选项后,激活 Sample 按钮,进入 Random sample 对话框进行选择。Based on time or case range 是在设定的范围内随机选择个案的选项。选择此选项后,激活 Range 按钮进行选择。

(4)数据文件的转置(Transpose)实现把个案转换成为变量。选择转值置变量从左侧的原变量窗口中选择欲转置的变量，使之进入 Variable(s)窗口。执行转置命令后，这些被选择的变量将变为个案。未选择的变量将消失。如果原数据文件中包含一个序号变量，或者某个变量在每个个案上的取值都是唯一的，可以将这个变量作为名称变量，并使之进入到 Name Variable 窗口，转置后，名称变量的值变为新变量的变量名，如果名称变量是数值型变量，则新变量的名以字母 V 开头，后面的是名称变量的变量值，如果不选择名称变量，系统会自动给转置后的变量命名为 var001，var002 等。

变量内容的重新编码(Recode)在 Transform 的下拉菜单中，这是用来实现不同测量类型变量之间的降序处理功能。转换方法有两种，用重新编码的变量取代原来的变量(Into Same Variables)和用重新编码的变量生成一个新变量(Into Different Variables)。用重新编码的变量取代原来的变量的方法是打开重新编码对话框，从左侧的原变量窗口中选择将要重新编码的变量进入到 Variables 窗口中，同时激活 Old and New Values(新旧变量值的转换)按钮，单击 Old and New Values 按钮，进入新旧变量值转换对话框，该对话框包含三组内容，左侧的部分的 Old Value 是旧变量值选项栏。右上部分的 New Value 是新变量值选项栏。右下部分的 Old→New 是新旧变量的转换关系。根据变量值的测量层次的不同，转换方法有所不同。如果对系统缺省值或系统与用户缺省值进行重新定义时，可在 Old Value 选项栏中选择 System-missing(系统缺省值)或选择 System-or User-missing(系统与用户缺省值)，并将新定义的缺省值输入到 New Value 框中的 Value 窗口中，单击 Add 确认。如果对缺省值的内容不做转换，则在 Old Value 框中做完选择后，在 New Value 框中选择 System-missing，并单击 Add 确认。用重新编码的变量生成一个新变量的方法，从左侧的原变量窗口中选择将要重新编码的变量进入到 Input Variable→Output Variable 下面的窗口中，此时 Name 和 Label 窗口被激活，在 Output Variable 栏中的 Name 和 Label 的窗口中分别输入新的变量名和变量名的标签，此时 Change 按钮被激活，单击 Change 按钮予以确认，单击 Old and New Values 按钮，进入新旧变量值的转换对话框，该对话框与用重新编码的变量取代原来的变量的新旧变量值转换对话框，新旧变量值的转换方法与用重新编码的变量取代原来的变量的新旧变量值的转换方法基本相同。

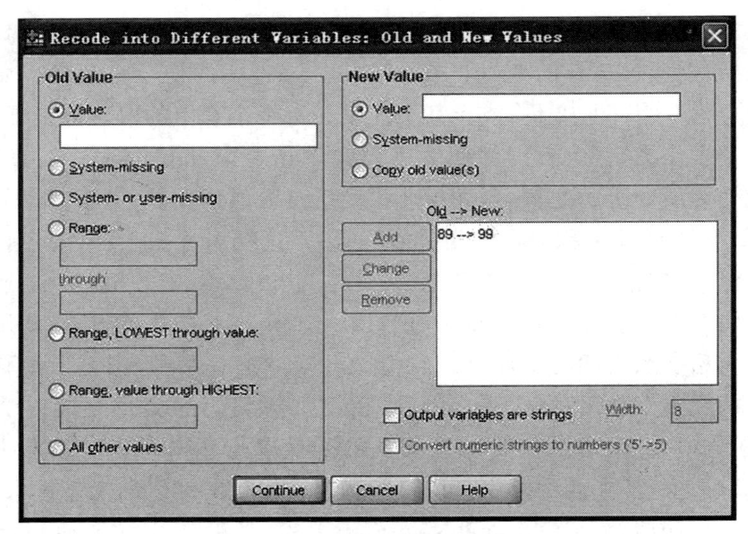

图 9-21 SPSS 重新编码窗口

二、数据分析

下面我们将介绍几种在 SPSS 中进行数据分析的方法，包括频数分析、描述统计分析、列联表分析、线性相关分析与回归分析。

1. 频数分析

频数分析是统计分析中最常用的功能之一，它适用于离散型资料，也就是分类变量(Nominal)和顺序变量(Ordinal)，其功能是描述离散型变量的分布特征，频数分析通常是通过频数分布表来完成的。频数分析的功能可通过下述过程来实现，首先执行下述操作，Analyze→Descriptive Statistics→Frequencies，打开频数分析对话框，左侧原变量窗口列出的是该文件的全部变量。从左侧的原变量窗口中选择将要进行频数分析的变量，使之进入到 Variables 窗口内，单击 Statistics(统计量)按钮，打开对话框，在该对话框中包括四个选项栏，每个选项栏中都包括若干个可选项。可选项被选中后，将在输出文件中输出对应的统计结果。现将各部分进行解释，Percentile Values 是百分位数选项栏，Quartiles 是四分位数，包括上四分位和下四分位，Cut points for equal groups 是每隔指定的百分位间距输出一个百分位数的选项，Percentiles 是直接指定输出的百分位数。如指定输出位于 2.5% 和 97.5% 的变量的值，Central Tendency 是集中趋势选项栏，Dispersion 是离散趋势选项栏，Distribution 是分布特征选项栏。系统默认状态是不输出任何选项。上述选项选择完以后，单击 Continue 按钮返回频数分析对话框。Charts 按钮是绘图对话框，format 按钮是定义输出频数表的格式。

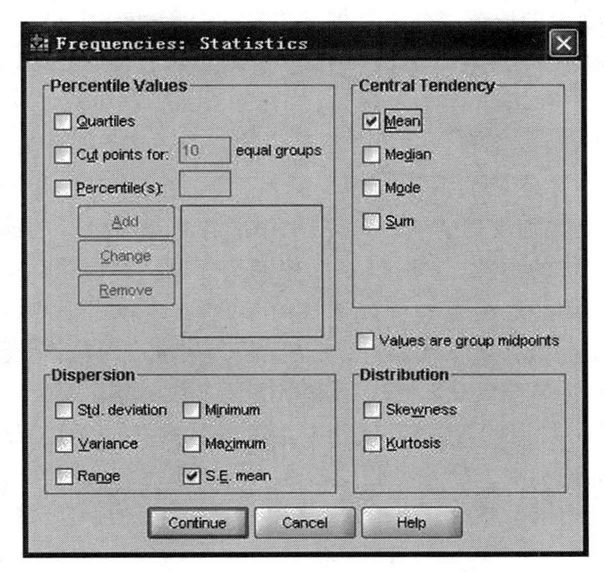

图 9-22　SPSS 频次分析窗口

2. 描述分析

描述分析是对变量的描述统计分析，它既适用于定类变量和定序变量，也适用于距离变量，它的功能是将描述统计的各个统计量作为分析结果输出，操作步骤为 Analyze→Descriptive Statistics→Descriptives，打开描述统计对话框，Save standardized values as variables 是将原始数据的标准分存为新变量的选项。选择该项以后，系统将以原始数据的标准分为变量内容生成一个新变量。然后从左侧的原变量窗口中选择将要进行描述统计的变量，使之进入到 Variable(s)窗口中，单击 Options 按钮，打开对话框，该对话框中的大部分内容均在 Frequencies 中见过。下方的 Display order 选项栏中，Display order 是确定输出统计结果排列顺序的选项栏，当用户选择了多个变量进行描述时，在输出文件中如何排列这些统计结果，由该栏中的选项来确定。

3. 列联表分析

列联表分析是对两个变量之间关系的分析方法，被分析的变量可以是类别变量也可以是顺序变量，系统通过生成列联表对两个变量进行分析。首先打开列联表分析对话框，执行 Analyze→Descriptive→Crosstabs，从左侧的原变量窗口中选择两个名义变量或顺序变量分别进入 Row(s)(行)窗口和 Column(s)(列)窗口，进入 Row(s)窗口的变量的取值将作为行的标志输出，而进入 Column(s)窗口的变量的取值将作为列的标志输出，Display clustered bar charts 是在输出结果中显示聚类条图，Suppress table 是隐藏表格，如果选择此项，将不输出 R×C 列联表。单击 statistics 按钮，打开 statistic 对话框，Chi-square 是卡方值选项，用以检验行变量和列变量之间是否独立。适用于类别变量或顺序变量，Correlations 是皮尔逊相关系数 r，用以测量变量之间的线性相关。适用于距离变量，Nominal 是类别变量选项栏，选项栏中的各项是当分析的两个变量都为类别变量时可以选择的参数，Ordinal 是顺序变量选项栏。选项栏中的各项是当分析的两个变量都为顺序变量时可以选择的参数，Nominal by Interval 选项栏中的 Eta 是当一个变量为名义变量，另一个变量为尺度变量时，测量两个变量之间关系的相关比率。系统默认状态是不输出上述参数。单击 Cells(单元格)按钮，打开 Cell Display 对话框，系统默认状态是输出观测值的频次，Percentages 是确定输出百分比的选项栏。该选项栏中的选项用于确定在输出文件中的列联表单元格中是否要输出百分比。Residuals 是确定残差的选项栏。Format(格式)按钮是确定交叉表的行顺序。全部选择完后提交运行，即可在输出文件的 Output 窗口中输出交叉表。

4. 线性相关分析

两个变量之间的线性相关分析可以通过下述过程来实现：首先打开双变量相关分析对话框，执行下述操作，Analyze→Correlate→Bivariate，选择进行相关分析的变量，从左侧的原变量窗口中选择两个要进行相关分析的变量进入 Variable 窗口，然后在 Correlation Coefficient 中选择相关系数，栏中提供了三个相关系数的选项：Pearson 皮尔逊相关系数，适用于两个距离以上的变量，且均为正态分布，这是系统默认的选项。Kendall 肯德尔相关系数和 Spearman 斯皮尔曼等级相关系数表示的是等级相关，适用于两个顺序变量。

接着确定显著性检验的类型，Test of Significance 是显著性检验类型的选项栏，栏中包括两个选项：Two-tailed 双尾检验和 One-tailed 单尾检验。我们还可以选择 Flag Significant Correlations，这是标出相关系数的显著性选项，如果选中此项，系统在输出结果时，在相关系数的右上方使用“*”表示显著性水平为 0.05；用“**”表示显著性水平为 0.01。Options 是选择输出的统计量，Missing Values 仍然是处理缺省值的选项栏，单击 OK 按钮，提交运行，系统在输出文件窗口中输出相关分析的结果，如图 9-23 所示。

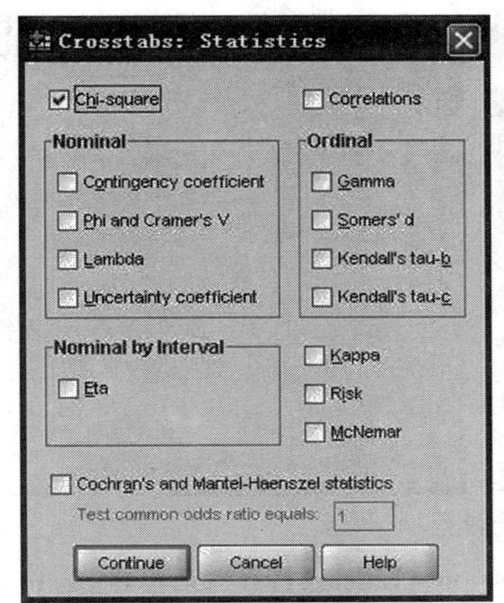

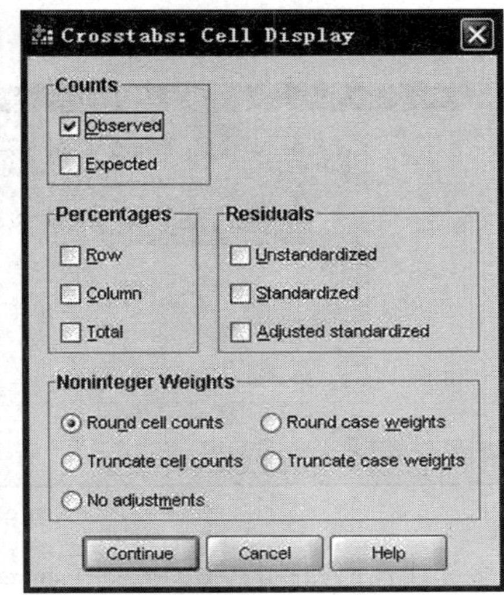

图 9-23

5. 回归分析

回归分析选项较多，这里介绍一元线性回归模型与多元线性回归模型的建立及相关检验的选项。

一元线性回归分析需要执行 Analyze→Regression→Linear，即打开回归分析对话框，从左侧原变量窗口中选择一个变量作为因变量进入 Dependent(s)窗口。再选择一个变量作为自变量进入 Independent 窗口，单击 Statistics 按钮，打开对话框，Regression Coefficients 是回归系数选项栏，该栏中与一元回归有关的选项有 Estimates(输出估计值选项)，Confidence intervals(输出回归系数置信区间选项)。在对话框中右上方的五个选项中，与一元回归有关的选项有 Model fit(模型配置选项)，选择此项后，系统将在输出文件中输出引入模型或从模型中剔除的变量，提供复相关系数 R 及调整的 R^2、估计值的标准误、方差分析表。Descriptives 是输出描述统计结果选项，Residuals 是残差选项栏。单击 Plots 按钮，可以选择输出的图形，系统默认状态是不输出图形的。但图形对检验残差的正态性、等方差性、奇异值等是非常有帮助的。我们可以从左侧的原变量窗口中选择两个变量分别进入右侧的 X 窗口和 Y 窗口，系统将输出以这两个变量为坐标的散点图，我们也可以确定图形类别，用 Standardized Residual Plots 图形类别的选项来实现。最后确定保存变量，系统将把被选择的分析结果作为新变量保存到数据窗口中，最常用的是 Unstandardized(保存非标准化预测值)和 Standardized(保存标准化预测值)。

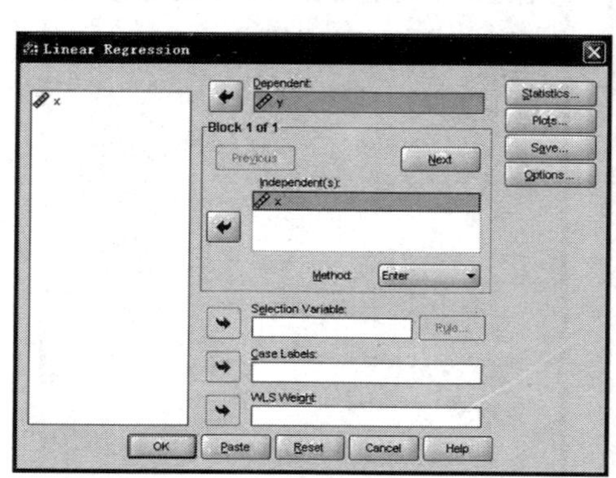

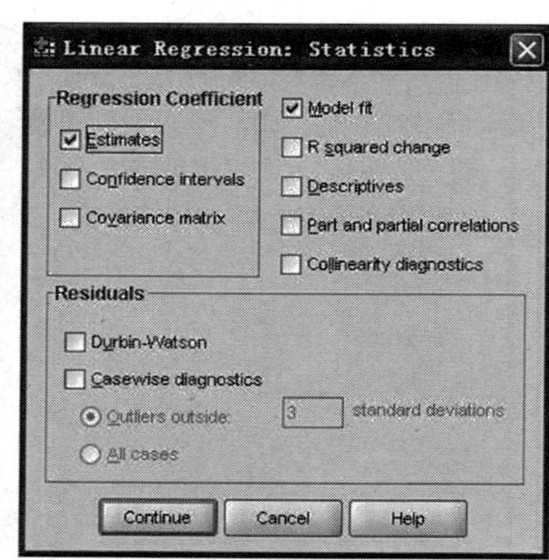

图 9-24

多元线性回归执行 Analyze→Regression→Linear，打开对话框，这是一个与一元回归完全相同的对话框，从左侧原变量窗口中选择一个变量作为因变量进入 Dependent(s)窗口。再选择多个自变量进入 Independent 窗口，Method 是回归分析中自变量的挑选方法的选择窗口。由于人为选定的自变量未必是对因变量有较大影响的变量，系统要根据自变量对因变量作用的大小，从选定的自变量中筛选出一部分自变量作为回归模型中的自变量，最终保留在模型中的自变量应该是对因变量的变化贡献较大的变量。在 Method 窗口中有五个选项可以选择，Enter，Backward 和 Stepwis 是较常用的选项，Enter 是强行进入法选项，即所有选择的自变量全部进入回归模型，这是系统默认的选项，用户可根据各个自变量的回归数 T 检验的值是否达到了显著性水平来确定那些自变量应进入模型；Backwar(向后剔除法选项)，即先将全部所选变量进入模型，每次剔除一个使方差分析的 F 值最小且 T 检验达不到显著性水平的变量，直到回归某型中不再含有达不到显著性水平的自变量为止；Stepwise(逐步进入法选项)，首先根据方差分析的结果选择对因变量贡献最大的自变量进入方程，每加入一个自变量进行一次方差分析，如果有自变量使 F 值最小且 T 检验达不到显著性水平，则予以剔除，这样重复进行，直到回归方程中所有的自变量均符合进入模型的要求，而模型外的变量均不符合进入模型的要求为止。Statistics 按钮中 Regression Coefficients 是回归系数选项栏，前两项在一元回归中有介绍，Covariance matrix 是输出回归系数的协方差矩阵、各变量的相关系数矩阵。Part and partial correlation 是相关系数选项，选择此项后，系统将输出回归方程的部分相关系数、偏相关系数和零阶相关系数。Collinearity diagnostics 是共线性诊断选项。Option 按钮的功能是确定自变量引入模型或从模型中剔除的标准及缺省值的处理方法。最后单击 OK 按钮提交运行，系统在输出文件窗口中输出回归分析的结果。

本章小结

目前国内学界对政策量化分析的强调也是决意从方法的角度进一步改变相关政府部门“拍脑袋决策”的现象，使政府制定的公共政策有更为科学的依据支撑。社会科学在科学性上饱受自然科学的指责，文科生也常被称为“耍嘴皮子”，这是一种误解，因为社会科学和自然科学可以在对方研究领域的局限上走得更远，而量化分析方法也是文科类学子所需要的基本知识储备。鉴于此，本章内容在架构上更多地考虑到社科类学生不擅长于公式推导与数学运算，因此本章对量化分析的撰写更着重于从经验意义的角度介绍公共政策量化分析的思维逻辑和行进方式，对公式的介绍也都以文字描述的方式进行，重在理解，以期更切合文科类学子的思维习惯，尽量消解“一看到数字”就头痛的心理障碍。

公共政策的量化分析来自背景更广阔的西方实证主义方法论传统，是经验研究中量化研究的具体操作。量化分析需要基于对数据处理与分析，如何在陌生、枯燥和单调的数据中发现规律并不容易，更为关键的是对数据的理解与驾驭，本章各层级的标题是在帮助读者了解数据的粗线条逻辑，对变量与测量的理解是学习驾驭数据的起点，也就是理解数据分析的前提。要描述一组数据，首先要画图，学会从统计图中发现选择下一步分析的方式，描述数据的中心和偏离程度有两种常用方式，分别是五数综合和均值及标准差。五数综合里包括了最大值、上四分位数、中位数、下四分位数和最小值，旨在全方位描述一组数据的分布状况；均值与标准差常一起使用，前者定位中心，后者测量离度。其次，大部分的数据分析都在探讨变量之间的关系，包括变量之间关系的方向、形式、程度以及对可能出现的异常值的处理，读者会了解到因果关系的认定是如此困难。最后，统计软件的使用解决了繁琐的数字计算问题，并为政策定量分析的推广提供便捷。

案例分析

司机年龄与交通死亡事故①

为了研究交通安全，美国交通部收集了每 1000 个驾驶员中发生死亡事故的

① 资料来源：韩延春：“定量分析方法课程讲义”资料，清华大学，有增减。

车祸次数和有驾驶执照的司机中21岁以下者所占比例的数据，样本由42个城市组成，在一年间收集的数据如下：

21岁以下者所占比例(%)	每千个驾驶员中发生车祸次数	21岁以下者所占比例(%)	每千个驾驶员中发生车祸次数
13	2.962	17	4.100
12	0.708	8	2.190
8	0.885	16	3.623
12	1.652	15	2.623
11	2.091	9	0.835
17	2.627	8	0.820
18	3.830	14	2.890
8	0.368	8	1.267
13	1.142	15	3.224
8	0.645	10	1.014
9	1.082	10	0.493
16	2.801	14	1.443
12	1.405	18	3.614
9	1.433	10	1.926
10	0.039	14	1.643
9	0.338	16	2.943
11	1.849	12	1.913
12	2.246	15	2.814
14	2.885	13	2.634
14	2.352	9	0.926
11	1.294	17	3.256

【案例思考题】

1. 请对这些数据做出数值的和图示的描述。

2. 利用回归分析研究发生死亡事故的车祸次数和司机中21岁以下者所占比例之间的关系，并对其结论进行讨论。

3. 尝试从上述分析中得出相应的政策建议。

【简要分析】

Descriptive Statistics

	N	Range	Minimum	Maximum	Mean	Std.	Variance	SKewness	
	Statistic	Statistic	Statistic	Statistic	Statistic	Statistic	Statistic	Statistic	Std. Error
X	42	10.00	8.00	18.00	12.2619	3.1317	9.808	.210	.365
Y	42	4.06	.04	4.10	1.9244	1.0706	1.146	.192	.365
Valid N (listwise)	42								

在42个调查的样本数据中，21岁以下者所占比例最小(Minimum)的是8%，最大(Maximum)的是18%，极差为10%，平均(Mean)所占比例是12.26%，方差(Variance)是9.808%，标准差(Std. Deviation)是3.1317%，说明在42个城市中21岁以下执照司机所占比例的差距不是很大，且比较集中，没有异常值出现(根据经验法则：$|X_i-\overline{X}|\leqslant 3S$)，偏度系数为0.210≥0，说明样本数据是右偏态分布。每千个驾驶执照中发生车祸次数最少(Minimum)的是0.039，最多(Maximum)的是4.10，极差为4.06，平均次数(Mean)是1.9244，方差(Variance)是1.146，标准差(Std. Deviation)是1.0706，说明在42个城市中有驾驶执照的司机发生死亡交通车祸率都在5‰以内，城市之间的差距不是很大，且比较集中，没有异常值出现(根据经验法则：$|X_i-\overline{X}|\leqslant 3S$)，偏度系数为0.192≥0，说明样本数据是右偏态分布。

Correlations

		X	Y
X	Pearson Correlation	1.000	.839 *
	Sig. (2-tailed)	.	.000
	Sum of Squares and Cross-products	402.119	115.306
	Covariance	9.808	2.812
	N	42	42
Y	Pearson Correlation	.839 *	1.000
	Sig. (2-tailed)	.000	.
	Sum of Squares and Cross-products	115.306	402.119
	Covariance	2.812	9.808
	N	42	42

通过相关分析，样本的皮尔逊相关系数是0≤0.839≤1，说明交通死亡事故

发生次数和21岁以下者所占比例之间存在正线性相关，且相关性比较强，有执照的司机中21岁以下者所占比例和交通死亡事故发生次数同步变化。

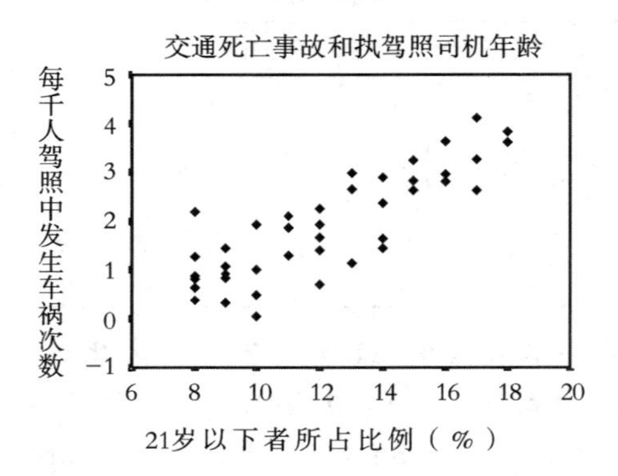

根据42个样本数据做出散点图，横轴表示21岁以下者所占比例，纵轴表示每千个驾照中发生车祸次数。从散点图中可以看出，21岁以下者所占比例高的城市，其发生死亡车祸率的比例也较高。另外还可以看出，这两者之间似乎有正向线性相关关系。

通过上面的分析，我们选择发生交通死亡事故次数为被解释变量，21岁以下者所占比例为解释变量，考察它们之间的线性回归关系。

Model Summary

Model	R	R Square	Adjusted R Square	Std. Error of the Estimate	Change Statistics				
					R Square Change	F Change	df1	df2	Sig. F Change
1	.839[a]	.704	.696	.5901	.704	94.958	1	40	.000

Coefficients

Model		Unstandardized Coefficients		Standardized Coefficients	t	Sig.	95% Confidence Interval for B	
		B	Std. Error	Beta			Lower Bound	Upper Bound
1	(Constant)	−1.592	.372		−4.277	.000	−2.344	−.840
	X	.287	.029	.839	9.745	.000	.227	.346

利用SPSS对样本数据进行回归分析，可得如下估计结果：

$$\hat{Y} = -1.592 + 0.278X_i$$

该估计模型中，各参数的标准差较小(0.37，0.03)，样本决定系数较大(0.7)，说明模型的估计效果较好。T统计量较大(9.75)，说明 X 与 Y 之间存在显著的线性关系。所以可以利用所求的样本回归方程来进行预测分析，或作为政策建议的理论依据。

从样本回归方程 $\hat{Y} = -1.592 + 0.278X_i$ 知，有驾驶执照的司机中21岁以下者所占比例每增加一个百分点，则每千个驾驶执照发生死亡事故的车祸次数将增加0.278次。

通过分析，我们建议美国交通部应加强对有驾驶执照中21岁以下司机的管理，一方面要对他们取得驾照的资格进行严格审查，驾驶技术考试也要严格要求；另一方面要增强他们的交通安全意识，这不仅是为他们自己，更是为他人负责。这样可以减少交通死亡事故的发生率。

关键词

类别测量　　顺序测量　　距离测量　　条形图　　饼图　　折线图
集中趋势　　离散趋势　　相关关系　　回归分析

思考题

1. 如何理解变量？

2. 测量有哪几种类型？请举例说明。

3. 美国联合食品公司在新墨西哥州、亚利桑那州和加利福尼亚州经营连锁超市。一项促销活动通知连锁店提供一项新的信用卡政策，使联合食品的顾客除了通常的支付现金或个人支票的选择外，还有用信用卡如Visa和Master卡进行购买支付的选择权。新的政策正基于试验基础而执行，希望信用卡选择权将会鼓励顾客加大采购量。在第一月经营之后，在一周期间内选择了有100名顾客的随机样本。100名顾客中的每一个的支付方式和消费多少的数据被收集上来。样本数据列示在下表中。在新的信用卡政策出现之前，大约50%的联合食品顾客用现金支付，约50%用个人支票支付。①

① 资料来源：韩延春："定量分析方法课程讲义"资料，清华大学，有增减。

100 个顾客的随机样本的购买金额和支付方式(单位:美元)

现金	个人支票	信用卡	现金	个人支票	信用卡
7.40	27.60	50.30	5.08	52.87	69.77
5.15	30.60	33.76	20.48	78.16	48.11
4.75	41.58	25.57	16.28	25.96	
15.10	36.09	46.24	15.57	31.07	
8.81	2.67	46.13	6.93	35.38	
1.85	34.67	14.44	7.17	58.11	
7.41	58.64	43.79	11.54	49.21	
11.77	57.59	19.78	13.09	31.74	
12.07	43.14	52.35	16.69	50.58	
9.00	21.11	52.63	7.02	59.78	
5.98	52.04	57.55	18.09	72.46	
7.88	18.77	27.66	2.44	37.94	
5.91	42.83	44.53	1.09	42.69	
3.65	55.40	26.91	2.96	41.10	
14.28	48.95	55.21	11.17	40.51	
1.27	36.48	54.19	16.38	37.20	
2.87	51.66	22.59	8.85	54.84	
4.34	28.58	53.32	7.22	58.75	
3.31	35.89	26.57		17.87	
15.07	39.55	27.89		69.22	

请用本章所学内容操作并回答:

(1)支付方式的频数分布和频率分布;

(2)支付方式的条形图或饼形图;

(3)每一支付方式下花费金额的频数和频率分布;

(4)每一支付方式下花费金额的直方图和茎叶图。

你对联合食品的消费金额和支付方式有了什么样的初步了解?

4. 标准差与标准误的区别与联系是什么?有人说标准误是推断统计的基础,你认为呢?为什么?

5. 如何确定两个变量之间有相关关系？

6. 统计软件 spss 与 stata 在运用上有什么优缺点？请举例说明。

推荐阅读

1. 陈庆云主编:《公共政策分析》,北京大学出版社 2006 年版。

2.〔美〕托马斯·戴伊:《理解公共政策(第十版)》,彭勃等译,华夏出版社 2004 年版。

3. 李钢等编著:《公共政策内容分析方法》,重庆大学出版社 2007 年版。

4.〔美〕苏珊·韦尔奇:《公共管理中的量化方法:技术与应用(第三版)》,中国人民大学出版社 2003 年版。

5.〔美〕肯尼斯·迈耶、杰里弗·布鲁德尼:《公共管理中的应用统计学(第五版)》,中国人民大学出版社 2004 年版。

6.〔美〕艾尔·巴比:《社会研究方法(第十一版)》,邱泽奇译,华夏出版社 2009 年版。

7. 陈克艰:《上帝怎样掷骰子:因果性、概率与归纳》,四川人民出版社 1987 年版。

8.〔美〕戴维·穆尔:《统计学的世界(第五版)》,郑惟厚译,中信出版社 2003 年版。

9. 吴喜之编著:《统计学:从数据到结论(第二版)》,中国统计出版社 2006 年版。

10. 张文彤主编:《SPSS 统计分析基础/高级教程》,高等教育出版社 2005 年版。

11. 宋志刚等编著:《SPSS16 实用教程》,人民邮电出版社 2008 年版。